国家出版基金项目
NATIONAL PUBLICATION FOUNDATION

国家安全战略研究丛书 | 总策划◎王吉胜 | 主 编◎赵小康

本书获得南京森林警察学院学术著作出版基金资助

反恐原理

（第4版）

恐怖主义、反恐与国家安全战略

［美］布丽奇特·L·娜克丝（Brigitte L. Nacos）／著
陈 庆 郭刚毅／译

金城出版社 GOLD WALL PRESS
社会科学文献出版社 SOCIAL SCIENCES ACADEMIC PRESS (CHINA)

图书在版编目（CIP）数据

反恐原理 /（美）娜克丝著；陈庆，郭刚毅译 .—北京：金城出版社：社会科学文献出版社，2015.9（2020.12重印）
（国家安全战略研究丛书）
书名原文：Terrorism and Counterterrorism
ISBN 978-7-5155-1274-7

Ⅰ.①反… Ⅱ.①娜… ②陈… ③郭… Ⅲ.①反恐怖活动—研究 Ⅳ.① D815.5

中国版本图书馆 CIP 数据核字（2015）第 205267 号

反恐原理

作　　者　[美] 布丽奇特 · L · 娜克丝（Brigitte L. Nacos）
译　　者　陈　庆　郭刚毅
责任编辑　谢艳芝
文字编辑　毕思露
开　　本　700 毫米 ×960 毫米　1/16
印　　张　28.75
字　　数　385 千字
版　　次　2016 年 8 月第 1 版
印　　次　2020 年 12 月第 3 次印刷
印　　刷　天津旭丰源印刷有限公司
书　　号　ISBN 978-7-5155-1274-7
定　　价　68.00 元

出版发行　**金城出版社**　北京市朝阳区利泽东二路 3 号　邮编：100102
发 行 部　(010)84254364
编 辑 部　(010)64222699
总 编 室　(010)64228516
网　　址　http://www.jccb.com.cn
电子邮箱　jinchengchuban@163.com
法律顾问　北京市安理律师事务所　18911105819

前　言

2010 年，美国政府发布了《美国情报界年度威胁评估》。与以往的国家情报评估（NIE）不同，它首次将破坏性网络攻击视为严重威胁，并指出："美国的国家安全、经济繁荣和政府的日常运作都依赖于公共和私人情报基础设施，包括电信、计算机网络和系统，以及其中包含的信息数据。"国家情报评估警告说："我们的关键基础设施正受到严重的威胁，我们面对的是不同的国家、恐怖网络、有组织犯罪团体、个人以及其他网络参与者。他们基于不同的访问意图，使用各种访问方式和技术手段，并且其中相当一部分人具备了锁定我国信息基础设施要害部位的能力，从而搜集情报、盗窃知识产权或是搞破坏。"这些还只是国家情报评估中列出的关于国内外恐怖主义威胁的部分内容。

如果情报界的评估准确，那么没有任何迹象可以表明恐怖主义威胁正在消退。相反，各国都面临着严重的网络攻击，国内和国际的恐怖分子利用网络进行恐怖活动的可能性也在大大增加。此外，考虑到在阿富汗的增兵和伊拉克的持续军队部署，很明显，恐怖主义和反恐怖主义在很多国家仍然是国内政策和外交政策的首要内容。

17 年前，当我为第一节恐怖主义课程备课的时候，我想要找一些能够涵盖国内和国际恐怖主义要点的好文章都是很困难的，更不用说专门的教科书了。在 2001 年的"9 · 11"事件后，一大批关于恐怖主义的出版物如洪水一般涌现。然而，这些作品的绝大部分内容只是聚焦于"9 · 11"事件本身：此次可怕事件的肇事者本 · 拉登、"基地"组织及其他类似的个人或组织的背后动机，该事件对美国国内政策和外交政策的意义，以及对美国外交政策和国际关系产生的影响等。

一些不错的专著教科书往往只针对某些特定的读者，例如刑事司法类课程的学生或是紧急事态应对机构的工作人员。另外一些教科书涵盖的话题太多，受篇幅限制，每部分都语焉不详。还有一些过于侧重跨国恐怖主义。而那些合集类的教科书，即使是其中最好的，从内容上看也只是更适合作为专著教科书的补充材料，而不是教科书本身。

在我的恐怖主义与反恐怖主义课程上，不论是过去还是现在，政治学专业的学生都占绝大多数，大部分是研究国际关系、美国政府和比较政治学，另外也有一些社会学、历史学、城市研究和心理学专业的学生。本书主要是针对本科的学生，但是即使是研究生，只要掌握相关内容的基础知识，在深入研究恐怖主义的时候，善用本书也一定会受益匪浅。例如，在为研究生讲授媒体与政治这门课的时候，我发现很多专业以外的本科生，如果能用好一本优秀的教科书，也能够快速进入高水平的研究阶段。

第四版新修订的内容

- 全书各章节都增加了最新的事件和进展，比如增加了时代广场爆炸未遂案和圣诞节爆炸案，并分析了这些事件对于恐怖主义威胁和国家反恐的意义。
- 第四章和第五章的新增内容为奥巴马总统第一个五年任期内爱国运动的复兴，以及最近美国境内圣战数量上的增长。
- 第六章的新增内容主要论述儿童恐怖分子和儿童战士的兴起。第八章增加了海上恐怖主义威胁日益壮大的内容。
- 第十章的新增内容主要分析恐怖主义和反恐形势对于奥巴马政府国家安全战略的影响。
- 第十四章的新增内容主要讨论大众传媒和现代通信在传播政治暴

力方面是否扮演了帮凶。

• 第十五章的新增内容论述了日益增长的网络恐怖主义威胁。

一本成功的教科书是永远需要不断补充完善。自从《反恐原理》第一版问世以来，试用该教材的师生都对该书提出了很多评论和建议。这些好的建议成了本书第二版和第三版修订的重要内容和参考。如今，第四版也不例外。它绝不是前一版本的简单更新，而是前一版的重要补充和提升。

全书的第一部分主要讲述国内国际恐怖主义，以及分析恐怖组织、恐怖分子和资助恐怖主义的国家的主要行为和背后的动机。对于这部分的章节本次做了较大的修订，其中第四章的新增内容论述了奥巴马总统2008 年 11 月选举胜利后爱国运动和民兵组织的复兴。第五章新增加了一节以论述美国和西方的本土圣战分子。第六章新增加了一节以论述儿童恐怖分子和儿童战士的兴起。第八章增加了海上恐怖主义的内容，以及日渐发展的海盗团伙对于恐怖主义的启示。

第二部分主要讲述反恐怖主义，在本次修订中也有大幅更新。第十章主要论述恐怖主义和反恐怖主义已经成为“9 · 11”事件后美国国土安全战略中的核心内容，在布什政府时期是充满争议的“反恐战争”，奥巴马政府对此既有继承也有变革，本次修订中专门增加了一节来阐述新的变化。

第三部分主要讲述在恐怖主义与反恐怖主义的背景下的宣传、媒体以及沟通。第十四章新增了一节以论述媒体和通信正成为恐怖分子传播和复制恐怖行动的帮凶。第十五章新增了一节以阐述日益发展的网络恐怖主义和网络战。

本书特点

本书对非国家组织实施的政治暴力和政府对应的反恐行动进行了详细阐述、分析和讨论。与本领域通常的教科书不同的是，本书在架构全书内容时，并未包括所有的相关议题，而是只选取了作者认为最核心、最重要的议题，并对其进行全面阐释。本书的前几章介绍了过去和现在美国本土的恐怖主义，以及历史上各个时期的国际恐怖主义，包括当前带来灾难性威胁的新型恐怖主义。在此基础上，后续章节就恐怖主义相关的最重要问题进行逐一阐释：例如恐怖分子产生的外部条件和个人特质，恐怖分子的资助国和对恐怖分子提供无意识庇护的国家所起的作用，恐怖组织的结构和他们资助恐怖行动的方式，以及恐怖分子是如何理性选择袭击目标和袭击方式的。反恐怖主义部分的章节也是同样围绕最重要的话题展开：军事和非军事应对策略，避免遭受恐怖袭击的方法，以及保障国土安全和公民自由的必要性。本书的最后两章专门解释大众传媒、通信和宣传的关键作用，以及互联网对于国内外恐怖分子和仇恨团伙的重要性。

致谢

本书的架构和主要内容主要来源于我在研讨会上关于恐怖主义议题的讨论，我讲授美国政治中的恐怖主义及媒体应用课程而准备的笔记，以及学生积极参与课堂讨论过程中提供的灵感——在此我要对他们表示感谢。

最重要的是，我要感谢朗文图书的总编埃里克·斯坦诺（Eric Stano），在其娴熟的指导和耐心帮助下，我才能够一直保持专注，始终没有偏离我们编书的初衷和方向。埃里克还有后来的维克拉姆·穆克西加（Vikram Mukhija）帮我选了很多专家来改进本书。这些专家提出了很多细致的评论、建议和中肯的批评。在此，我对下面列出的专家们致以谢意：

肖恩·K·安德森，爱达荷州立大学

维克多·阿塞尔，纽约州立大学阿尔巴尼分校

文森特·奥格，西伊利诺伊大学

沙欣 · 阿与比，罗格斯大学，卡姆登
彼得 · A · 巴罗内，桥港大学
汤姆 · 布里斯特，维克森林大学
萨宾娜 · 伯顿，威斯康星大学，普拉特维尔
瑞秋 · 布佐斯特克，加州州立大学，贝克斯菲尔德
蒂莫西 · A · 卡普隆，美国加州州立大学，萨克拉门托
拉蒙特 · 科卢奇，里彭学院
迈克尔 · V · 迪弗，塞瑞亚学院
拉里 · 埃罗卫茨，佐治亚学院和州立大学
约翰 · 菲尔丁，蒙特诸塞社区学院
詹姆斯 · L · 弗里德，马里兰大学学院大学
哈桑 · 科比巴拉班，犹他大学
杰西克 · 卢比奇，阿肯色大学，小石城
C. 奥古斯都 · 马丁，美国加州州立大学，多明格斯山
迪安 · A · 米尼克斯院长，北肯塔基大学
特里西娅 · 穆利根，艾奥娜学院
托马斯 · R · 奥康纳，北卡罗来纳卫斯理学院
威廉 · 罗斯，康涅狄格学院
斯坦利 · E · 斯潘格勒，本特利学院
乔治 · C · 托马斯，马凯特大学
罗纳德 · 瓦迪，休斯顿大学
卡洛斯 · 约尔丹，德鲁大学

在本次第四版修订过程中，我要感谢维克拉姆 · 穆克西加和贝弗莉 · 方（Beverly Fong）的鼓励、指导和大力配合，他们的加入使得这项工作成为一次令人愉悦的任务。

最后，我要感谢负责本书第四版编辑和制作工作的全球前媒体出版社（PreMediaGlobal）的萨拉斯瓦蒂 · 穆拉迪哈（Saraswathi

Muralidhar）。她的敬业精神和尼瓦丝尼·穆图拉曼（Nivasini Muthuraman）的优秀审稿水平让本次修订得以顺利进行。

本书作者对于恐怖主义、反恐怖主义、大众媒体，以及时事的评论和意见都发表在她的博客上：reflectivepundit（http://www.reflectivepundit.com）。欢迎广大读者浏览她的博客文章并发表评论，或将自己的问题和观点发送电子邮件与作者沟通。

目 录

第一部分 恐怖主义

第一章 导论：恐怖主义威胁……003
第二章 长期的争论：什么是恐怖主义……022
第三章 全球背景下的恐怖主义……047
第四章 美国背景下的恐怖主义……076
第五章 宗教恐怖主义：借上帝之名实施的政治暴力……111
第六章 恐怖分子的形成：原因、条件和影响……147
第七章 从国家资助到无意识庇护……174
第八章 共同思路：目的、目标、战术……192
第九章 恐怖活动的组织结构和财务状况……225

第二部分 反恐怖主义

第十章 美国“9·11”事件后的国家安全战略……247
第十一章 硬实力和软实力在反恐怖主义中的应用……265
第十二章 平衡安全、自由和人权……297
第十三章 国土安全：未雨绸缪、防范于未然……329

第三部分 新闻媒体和互联网

第十四章 恐怖主义传播及媒体……………………………………………359
第十五章 网络空间中的恐怖和仇恨………………………………………381
第十六章 新闻中的防恐和反恐……………………………………………406
第十七章 结论：与恐怖主义威胁共存 ……………………………………424

附录：20 世纪 70 年代早期以来的重大恐怖事件 ………………………433

第一部分
恐怖主义

第一章　导论：恐怖主义威胁

2010年5月1日，曼哈顿市中心旅游景点时代广场上，成千上万的人正享受着周六美好的傍晚。下午6点30分，一名街头小贩发现附近停靠的一辆越野车中浓烟滚滚。他警惕地将此情况报告给了执勤警察。警察立刻无线电求援。几分钟后，警队开始疏散周围街道、饭店和其他商业机构中的人群。在这辆车里，拆弹组发现了一枚自制炸弹。它由三罐丙烷、两个五加仑塑罐装汽油、一个计时器、一些电子元件和一罐火药组成。虽然这个简易爆炸装置已被启动，但并未爆炸造成伤害。纽约市长迈克尔·布隆伯格（Michael Bloomberg）在调查现场时松了口气："我们太幸运了！"

仅仅54小时之后，一名30岁的美籍巴基斯坦人在肯尼迪国际机场被捕。当时他登上了一架阿联酋航空公司飞往迪拜的飞机，正准备离开美国。几周后，费萨尔·沙赫扎德（Faisal Shahzad）在曼哈顿联邦特区法院承认了所有指控，并对法官说："我愿意无数次承认指控。因为只要美国不从伊拉克和阿富汗撤军，不停止在索马里、也门和巴基斯坦的无人机袭击，不停止对伊斯兰领土的侵占，不停止对穆斯林的杀害，不停止向政府揭发穆斯林的行为，我们将不会停止对美国的攻击。"在和法官米里亚姆·戈尔德曼·塞达鲍穆（Miriam Goldman Cedarbaum）交流的过程中，沙赫扎德承认他选择在时代广场中心引爆炸弹是因为他知道周六晚上这里到处都是人。法官问他是否想要伤害很多人时，他回答说："对，我想要大开杀戒。"

虽然沙赫扎德和培训并资助他的巴基斯坦塔利班没有达到预期的恐怖目的，但是这一原本可能伤亡惨重的事件在全美引起了轩然大波。因为它再次暴露了美国的脆弱，并又再次登上了全球的新闻头条。《纽约客》的史蒂夫·科尔（Steve Coll）写道："在一个平静的周六夜晚，试图在时代广场利用车辆纵火的人一定想要制造大新闻。可能这也是这些行凶者的主要目的，即引起关注、制造恐怖。"如此理解的话，这次恐怖袭击至少在美国国内和纽约市中心达到了预期效果。

2001年9月11日，劫机者驾驶商用飞机穿过纽约世贸中心双子塔，撞击华盛顿特区旁的五角大楼（美国国防部总部的地标大楼）。毫无疑问，"恐怖主义"这个词对大部分美国人及全球大部分人来说，意义从此发生了变化。从那天起，"9·11"事件已成为衡量恐怖袭击严重程度和袭击范围的一个标准。从此，人们使用"黑色星期二"来指代"9·11"事件，因为其恐怖程度改变了多数人对灾难片虚构场景中恐怖主义的印象，让他们看到了现实生活中的恐怖画面。此次事件导致约3000人丧生，创下单次恐怖行动死亡人数最多的纪录。之前从未有恐怖袭击能引起如此大的悲伤，造成如此大的破坏，引发人们对未来更致命袭击的恐惧。它比1993年世贸中心第一次爆炸案更加令人悲痛。现在恐怖主义已变得更具灾难性、威胁性，变成了所谓的"新恐怖主义""超级恐怖主义"或"后现代恐怖主义"。

同样重要的是，之前的恐怖袭击从未如此剧烈地改变一个受害国的关注点和实际政策，并对国际关系产生如此严重的影响。因为这次恐怖袭击是以纽约和华盛顿这样的大都市为目标的。面对"9·11"事件，美国小布什总统（President George W. Bush）宣布发动战争，对象不是某个传统敌人或某个国家，而是某种暴力行为，即恐怖主义。这得到了美国国会多数成员和绝大多数美国人民的支持。“9 · 11”事件后不到四周的时间里，以美国为首的国际盟军在阿富汗拉开军事行动的序幕，打击在美国本土实施恐怖袭击的嫌疑幕后策划人，即“基地”恐怖组织（Al-Qaeda）的奥萨马 · 本 · 拉登（Osama bin Laden）及其同伙，并打击多年来庇护“基地”恐怖分子及阿富汗训练营的塔利班统治势力。布什总统认为，在打击遍布全球的恐怖巢穴和组织网络，以及打击积极支持恐怖活动国家的长久艰难的战役中，阿富汗仅是第一战。此外，总统在 2002 年 6 月 1 日西点军校的演讲及随后在白宫详尽描述的“打击大规模杀伤性武器（WMD）国家战略”中，制定了防御性战争的新规则，为消灭“尚处萌芽状态的威胁”而采取的先发制人的军事行动提供了正当理由。布什政府的依据是伊拉克存有大规模杀伤性武器，并且其统治者萨达姆 · 侯赛因（Saddam Hussein）很可能会将这些武器交至恐怖分子手上。依据这条新规则，布什政府决定入侵伊拉克并强制推动了政权更迭。[1]

甚至在“9 · 11 事件”的相关事宜解决完毕之前，美国和其他国家的民众就开始意识到，这种恐怖袭击将美国和全球大部分地区拖入了一场灾难之中。与二战后以苏联和美国为首的两大阵营间几十年的冷战相比，这场灾难同样危险，甚至更具毁灭性。在一些地区，冷战的结束激发人们期待着一个有着更好国际间理解与合作的时代，梦想“和平红利”能够更好地改善欠发达地区的经济条件，促进工业国家的发展。但在 20 世纪 90 年代期间，这样的梦想并未实现。相反，在世界许多地区，冲突浪潮不断，引人担忧。

媒体即时评论将“9 · 11”事件与 60 年前的日军偷袭珍珠港事件

---

[1] 2005 年 1 月，白宫宣布美国在伊拉克未找到任何违禁武器，因此结束了对其大规模杀伤性武器的搜寻。伊拉克调研组的 1200 名专家花费将近两年时间搜寻了许多地方，如实验室、工厂和军事基地。

进行了对比，称两者都如同晴天霹雳般让人始料不及。确实，在飞机自杀式撞击世贸中心和五角大楼前两个月，美国一位前国务院（United States Department of State）反恐专家在《纽约时报》（New York Times）发表专栏说：“从我们的新闻报道和流行文化对罪犯的描述来判断，美国人脑子里充满了对恐怖主义的各种骇人想象。他们似乎相信，恐怖主义是美国最大的威胁，波及范围越来越广，也越来越有杀伤性……所有这些想象都毫无事实根据。”但是多年来另一些人已发出警告称，美国和其他西方国家应准备迎接大规模伤害和毁灭性、灾难性的恐怖活动。例如，研究恐怖主义的著名专家沃尔特·拉克尔（Walter Laqueur）曾将恐怖主义解读为一种挑衅而非主要威胁。他在 20 世纪 90 年代末期作出不同以往的总结性评论：

> 几百年来，恐怖主义阴魂不散。因其具有戏剧性特点，且往往毫无征兆地发生，它总是吸引了极度的关注。对受害者来说，它确实是悲剧，但从历史角度看，它仅是件麻烦事……在今天，这种情形不复如此，也许在将来每况愈下。以前的麻烦事已变成了人类所面临的最大威胁。

20 世纪 90 年代所发生的几次恐怖事件，包括“9 · 11”事件，都验证了这些悲观主义者的观点，并结束了这场关于恐怖主义威胁的辩论。大家可能会争辩说，灾难性恐怖主义时代开始于 1988 年 12 月泛美航空公司 PA103 航班因为恐怖炸弹袭击坠毁于苏格兰洛克比的事件。机上（大部分是美国人）和地面（全部是苏格兰人）共有 270 位平民丧生。在当时，这是恐怖活动中伤亡最为惨重的一次。事实上，在 1983 年，当黎巴嫩真主党（Lebanese Hezbollah）极端分子开着一辆载满炸药的卡车冲进贝鲁特机场附近的美国海军陆战队兵营时，也有许多美国人丧生。本次事件中，受害者是驻扎的维和人员。他们既非战场上的战士，也不是泛美航空 103 航班上的乘客或机组人员，或洛克比地面上的平民。下一章将会阐释，在讨论哪种暴力行为应归为恐怖主义时，以平民或以军人为目标以及受害者的人数对比有着十分重要的影响。1988 年泛美航空 103 航班的命运和 1995 年俄克拉荷马市 168 人丧生的爆炸案，代表了恐怖主义杀伤力的转折点。在此之前，人们广泛推测："恐怖分子并不希望伤害太多人，只希望观众多多，听众多多。"但在泛美航空 103 航班和俄克拉荷马市的恐怖事件后，这种推测就不成立了。而另一起恐怖事件激起了人们对未来更致命恐怖袭击的恐惧，也改变了恐怖分子的意图：1995 年，一个日本末日论邪教组织奥姆真理教（Aum Shinrikyo）的教徒在东京地铁里释放毒气，12 人丧生，成千上万名乘客中毒。虽然结局已经很惨烈，但专家们认为，如果奥姆教教徒换种方式，这种沙林神经毒气杀害的乘客将远不止这个数目。美国参议员萨姆·纳恩（Sam Nunn）指出，这个日本组织能研制出神经毒气，并能从澳、美、俄及其他地方获得毒气原料和制作方法。因此，他认为，东京地铁毒气事件标志着一个恐怖主义"新时代"的开始。他警告称，大规模杀伤性武器很有可能恣意扩散，并落入恐怖分子之手。

在"9·11"事件三周后，就发生了一场大规模生物恐怖主义灾难，威胁直击美国要害，无数封装有炭疽孢子的信件被邮寄到一些媒体机构或美国国会议员手中。虽然这次灾难"只有"五人丧生，十多人因吸入这种生物制剂粉末而有呕吐感，但是炭疽攻击是被设计用来伤害尽可能多的人。它原本可以轻易造成更惨重的灾难。在炭疽信件事件引起美国民众惊慌前，《纽约时报》记者朱迪思·米勒（Judith Miller）、史蒂芬·恩格尔伯格（Stephen Engelberg）和威廉·布罗德（William Broad）三人合著了一本书，书中称细菌武器是"可怜人类的原子弹"，并警告说：

受全球科学发现和政治动荡的影响，细菌武器的威胁真实存在并日益增加。正如奥姆教的失败案例（意图杀害更多人）所示，一次成功生物袭击的关键并非先进实验室设备或剧毒微生物，而是知识。而这方面的知识也越来越容易获取。

“9 · 11”事件发生数月后，美国政府高官警告，恐怖分子必将掌握大规模杀伤性武器。在参议员委员会进行证实之前，美国国防部长唐纳德 · H · 拉姆斯菲尔德（Donald H. Rumsfeld）说，恐怖分子“将尽一切所能获取核能、化学和生物武器，并最终得逞，即使美国努力制止（他们得逞）。”更糟糕的是，在2002年6月，美国政府宣布逮捕了一名美国公民，阿卜杜拉 · 穆哈吉尔（Abdullah Al Mujahir），他在数年前曾是个名叫约瑟 · 帕迪利亚（Jose Padilla）的芝加哥街头帮派分子。这个出生于布鲁克林的穆斯林教徒据称受训于阿富汗的“基地”组织。罪名是和恐怖分子同伙们图谋在华盛顿特区或美国其他地方寻找目标并引爆一枚所谓的脏弹。虽然这不会引发核爆炸，也没有精密核武器的杀伤力大，然而一颗脏弹将释放出足够多的放射性物质，覆盖数个城市街区并造成大量人员伤亡和污染。尽管最后并无证据证明帕迪利亚企图安置脏弹，但此类涉及恐怖袭击的新闻加深了美国民众的担忧。

虽然“9 · 11”撞机事件后数年内，美国境内未发生更多恐怖袭击，但在其他国家却有多起严重袭击事件。在2004年马德里、2005年伦敦、2006年孟买的交通高峰时刻拥挤的通勤列车、地铁和公交车里，发生了数起爆炸，造成数百名无辜百姓丧生，成千上万名百姓受伤。在摩洛哥、印尼、巴基斯坦、埃及和世界其他地方，还发生了一些更加致命的爆炸。虽然在伊拉克占领期间，伊拉克叛乱者和国外恐怖分子的首要目标是盟军军人和国外承包公司的工人，但最终大部分受害者都是伊拉克平民。到2006年，什叶派（Shias）和逊尼派（Sunnis）之间殊死的派别争斗似乎已恶化为一场内战，恐怖主义成了他们首选的袭击方式。所有这些发展变化都支持这样一个观念，就是恐怖主义以及反恐怖主义已进入最为危险的新阶段。

虽然恐怖分子的面孔和暴力行为特征会随着时间而改变，但恐怖主义的模式基本未变。恐怖主义模式或计划是基于一系列的假设：

- 对于那些实力太弱，不足以在常规国内外战争中公开打击民族国家的组织来说，他们将通过打击或仅仅威胁平民或非战斗人员以达成其部分或全部目的。
- 对于恐怖分子发起的民众心理战，各国政府有些措手不及。虽然他们能在常规战争中打败其他民族国家，但即使是最强大国家的军事力量也不适于打击游击作战的敌人，因为这些敌人以各种未知方式，在未知时间和未知地点袭击各种未知目标。
- 自由的民主政体具有开放性和影响深远的公民自由权——尤其是新闻自由）——对恐怖活动和恐怖主义宣传比对专制政体更为敏感。通过看起来毫无章法的袭击，恐怖分子传达给目标国家的错觉是，人人自危，人人都可能是下一个袭击目标。
- 面对严重的恐怖行为，宪政民主国家的决策者在制止和打击恐怖主义时，很可能因反应过度，而牺牲本国基本价值观和公民自由权。这种反应过度的行为会激起民主国家的民众或至少部分民众去反对自己的政府。

这类政治暴力行为的基本逻辑指引着天真的外行和世故的内行、“独行狼”式的恐怖分子和恐怖组织、受全球解放阵线启发的纵火犯，以及“基地”组织派遣的“9 · 11”自杀式恐怖分子。本章首先描述和分析的是恐怖计划的最重要方面，其次是目标国政府或其他机构（如新闻媒体和国际组织）应该如何应对现实中的恐怖主义威胁。

过去 30 年的恐怖主义趋势

大卫 · C · 拉波波特（David C. Rapoport）总结说：“‘9 · 11’标志着恐怖主义漫长和血腥历史中最重要的一天。没有任何其他恐怖袭击会用客机当作炸弹并造成如此惊人的伤亡数字。”虽然在当时，“9 · 11”事件袭击范围空前广泛，但其实在此前二十多年里，国际重大恐怖活动都将目标对准了美国人。尽管大部分发生在国外，但从1993年世贸中心第一次爆炸案起，美国国内也成了目标地。虽然美国人肯定并非唯一的受害者，但“过去30年间接近1/3的全球恐怖袭击”目标都瞄准了美国。

除了地点、目标的国籍、国内或国际的性质外，与20世纪最后几年及21世纪最初几年相比，过去几十年所发生的个人恐怖行为已造成了更多伤亡。虽然国际和国内恐怖主义事件的数目显著下降，但是伤亡总数却大幅度上升。正如图1.1所示，在1988年到1992年的5年期间，记录在案的2345起国际恐怖主义事件造成了4325名伤亡人员（被杀害和受伤的人员）。在接下来的5年期间（1993年到1997年），恐怖事件数字减少了552起，下降至1793起，但却增加了8767名伤亡人员，即总数为13092名伤亡受害者。最终，在下一个5年里（1998年到2002年），恐怖行为进一步减少为1649起，伤亡人数进一步飙升为16807名。此处第一个趋势数字表的最后年份被划定在2002年，原因是美国国务院最初发布的2003年的数字引起了争议。2003年的数字反映了国际恐怖事件和伤亡人数的剧烈下降。一名国会官员告诉媒体说：“你可以从这些表中清楚看到，我们正在增强打击（恐怖主义）的力度。”但事实上，此数据表并不涵盖所有相关的国际事件。在修订后的报告中，伤亡人数和恐怖事件的数字都有增加。这一变化和其他一些问题都引起了人们的怀疑。人们猜测这些数字被修饰过，以佐证反恐战争已取得进展。鉴于国务院为《全球恐怖主义格局》（*Patterns of Global Terrorism*）报告已经准备了多年，国土安全部（Department Of Homeland Security，DHS）、联邦调查局（Federal Bureau of Investigation，FBI）和国防部（Department of Defense）联合新成立的“恐怖威胁整合中心”，由该中心负责处理 2003 年事件。

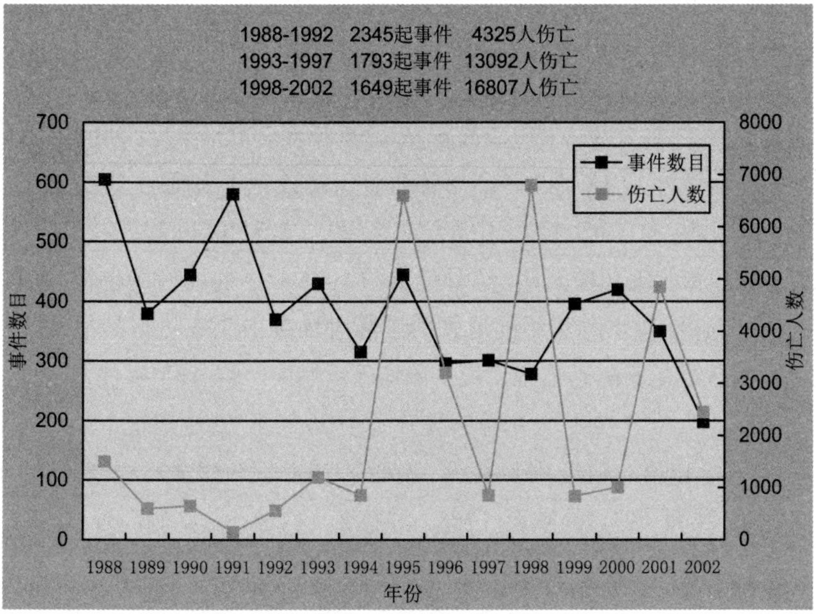

图 1.1　国际恐怖事件数目和伤亡人数的趋势

来源：美国国务院，《全球恐怖主义格局》

截至 2002 年的数据显示，主要的恐怖事件，或所谓的“恐怖壮举”，其数量呈现增长态势，非本国恐怖分子实施的程度较轻的政治暴力行为数量有所下降。实际上，从 20 世纪 80 年代开始，恐怖行为就出现了发生率低，但规模更大、更严重的趋势。这种变化与公认的“宗教恐怖主义”的发展使情况更为恶化。“宗教恐怖主义”指的是各种基于宗教信仰的团体使用暴力来实现政治目的。然而，20 世纪 80 年代的恐怖行为仅仅是后冷战时代恐怖主义更为显著发展的前奏曲，后冷战时代的宗教和伪宗教恐怖主义比其他恐怖主义更为普及。全球国内国际恐怖主义重大事件的总数从 20 世纪 70 年代的 74 起上升至 80 年代的 122

起，以及 90 年代的 157 起。丧生和受伤的受害者数目也从 70 年代的约 2000 人升至 80 年代的 3000 多人，以及 90 年代的 1.5 万多人。[1] 当然，所有这些数目都在新千年的第一个 10 年被远远超越。

与其他国家和地区相比，美国在过去并未经历过大量的恐怖事件，国际恐怖事件则更少。图 1.2 显示从 1996 年至 2002 年 7 年期间的地区分类。迄今为止，拉美的国际恐怖事件（1032 起）最多，其次是亚洲（418 起）、欧洲（362 起）、中东（217 起）、非洲（189 起）、欧亚大陆（156 起）和北美（19 起）。这种趋势与 1996 年之前的格局也很相似。"9 · 11"事件并未改变不同地区的国际恐怖袭击频率：与其他地区相比，北美曾经是国际恐怖行为最少的地区。然而"9 · 11"事件发生后，北美的伤亡人数（4091 人）骤然提升到 1996 年至 2002 年这 7 年间的第三位，第一和第二位分别是亚洲（6006）和非洲（5936），其后是中东（3039）、欧洲（971）、欧亚（785）和拉美（311）。

[1] 这些主要恐怖事件和伤亡人数的数据根据国防和国际安全研究中心（CDISS）数据汇编。因为数据库中找不到 1999 年的数据，所以并未包括 20 世纪 90 年代的数字，主要事件和伤亡人员的真实增长仍然更为醒目。我对 CDISS 汇编的数据做了一些调整。因此，有一些输入项因为不适合恐怖事件标准所以被取消了。例如，在 1996 年 9 月，据称英国警察的突袭挫败了爱尔兰共和军（IRA）在伦敦的一场爆炸行动，并搜到了武器装备和爆炸物。该事件和相似的案例都是从主要事件数据中挖掘而来的。同样，在几个案例中，伤亡人数也不够具体。若数据显示，100 多人受伤时，我们会选取最保守的数字——在此案例中用的是 100 人。

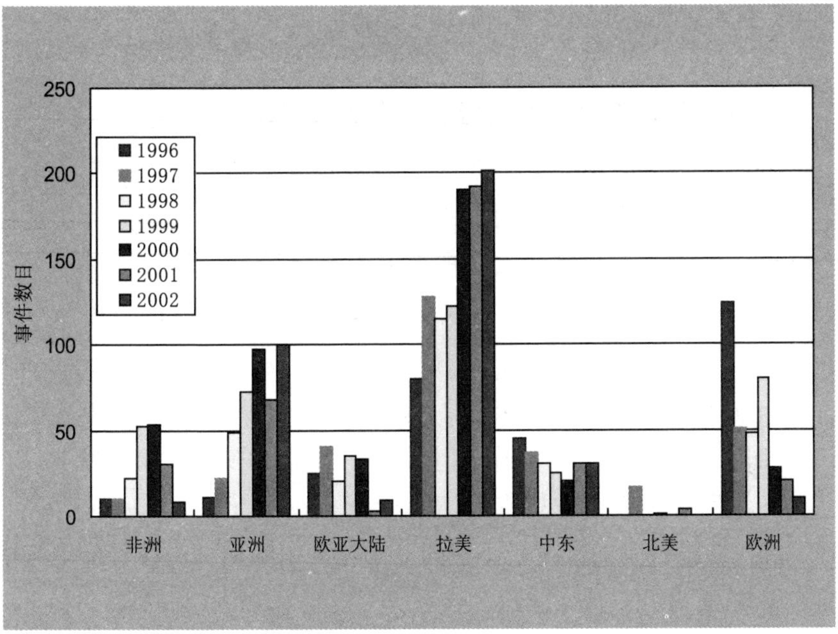

图 1.2　各地区国际恐怖事件（1996—2002）

来源：美国国务院，《全球恐怖主义格局》，2001 年和 2002 年

值得注意的是，相比其他任何地区，拉美的国际恐怖事件都是最多的，但拉美的伤亡人数一直以来都比其他地区更少。恐怖事件虽然十分普遍但造成人员伤亡较少，这一事实也许就解释了为什么大部分此类事件没有在拉美以外的地区造成轰动，但这并不包括那些自己的国民成了本地区恐怖主义受害者的国家。例如，哥伦比亚典型的案例包含（并继续包含）哥伦比亚革命武装力量（Fuerzas Armadas Revolucionarias de Colombia，FARC）反抗外国人或国外商业活动的暴力行为。很多案例中遭到绑架和勒索的都是外国人，其中大部分是公司或国际组织代表。但是因为缺乏有说服力的视觉效果，缺乏戏剧性的让人感兴趣的故事，缺乏大背景下与本土目标相比数量巨大的北美地区受害者，这些事件在

过去，甚至直到今天也没有被海外大量报道。

恐怖主义的新数据无法与旧数据进行对比

2002年末美国国务院公布的国际恐怖主义趋势数据透露了重要信息，但是他们不允许与随后政府编辑的信息进行对比。前文曾提及，2003年国务院出版的《全球恐怖主义格局》中的数据引发了争议，当年的年度报告被更名为《全球反恐形势报告》（*Country Report on Terrorism*），并只允许进行叙述性的描述。国家反恐中心（National Counter-Terrorism Center，NCTC）依据新标准编辑和出版了2004年和2005年的数据，取代了国务院使用几十年的旧标准。国家反恐中心的《2005年恐怖主义事件报告》（*Report on Incidents of Terrorism 2005*）警示说，该报告中的数字既不能与几十年来出版的《全球恐怖主义格局》作对比，也不与该机构前一年的事件报告作对比。很明显，将国内和国际恐怖主义区分开并不总是可行的，认识到这一点之后，该机构从2005年开始汇总所有的恐怖主义行为，而不只是国际恐怖事件。[1]

从2005年开始编辑国内和国际恐怖事件的全球数据起，新旧数据之间的对比才有了可能性。

2005年至2007年全球恐怖事件的数量有所增长，但恐怖袭击所造成的伤亡人数增长则更为惊人（见表1.1）。考虑到官方数据不能反映所有类似的事件及后果，目前掌握的数据已令人非常吃惊。但是，2008年和2009年全球恐怖事件数目有所下降，因恐怖袭击而死亡的人数也有所减少。

正如表1.2所示，虽然拉美的恐怖袭击伤亡人数并非最高，但它曾是恐怖袭击最多的地区。然而，这种情形在过去几年有了改变。虽然国家反恐中心的地区类别与国务院早期使用的类别不一样，并使得拉

[1] 例如，如果非伊拉克恐怖分子攻击伊拉克平民，它会造成一次国际事件；但是如果恐怖袭击是伊拉克团伙实施的，这就成了国内恐怖主义行为。国家反恐中心的完整统计数据见于www.nctc.gov。

美成为新的“西半球”地区，但是2005年以来的数据显示，近东、南亚和东亚/太平洋地区在恐怖事件和死亡人数方面排名更为靠前（见表1.2）。根据2005年和2006年的数据，非洲的恐怖事件最少，但恐怖死亡人数排名却更为靠前。到2007年，虽然非洲的恐怖袭击事件数排名第四，但死亡人数却排名第三。这很有可能是因为非洲的恐怖事件事实上更多，但当局和媒体报道却颇少。

表1.1 全球恐怖事件和死亡人数

	事件数目	死亡人数
2005	11156	14616
2006	14570	20872
2007	14499	22685
2008	11770	15765
2009	10999	14971

来源：国家反恐中心

表1.2 各地区恐怖事件和死亡人数

	2005		2006		2007		2008		2009	
	事件数	死亡数	事件数	死亡数	事件数	死亡数	事件数	死亡数	事件数	死亡数
近东	4,222	8,708	7,755	13,691	7,540	14,010	4,594	5,528	3,297	4,041
南亚	4,022	3,046	3,654	3,609	3,807	4,737	4,354	5,826	4,847	6,269
东亚/太平洋	1,005	758	1,036	854	1,429	1,119	978	762	821	678
西半球	868	854	826	556	482	405	352	370	444	377
欧洲和欧亚	780	373	659	220	606	227	774	292	737	367
非洲	256	879	422	1,643	835	2,187	718	2,987	853	3,239

来源：国家反恐中心

伊拉克比其他任何国家所经历的恐怖事件都要多。2005年，发生于伊拉克的恐怖袭击占了全球恐怖袭击的30%；在接下来两年内，该数字有所上升，分别占了2006年全球恐怖事件的45%和2007年的43%。此外，伊拉克的恐怖行动比其他任何地方都要致命。在2005、2006和2007这3年中，伊拉克因恐怖行为而死亡的人数分别占了全球的60%、65%和60%。

爆炸曾经是恐怖袭击最频繁采取的方式，但在2005年，武装袭击（全球恐怖事件总数的41%）超过了爆炸（37%），其中包括自杀式炸弹袭击。但在接下来的两年，爆炸再次成为最广泛使用的恐怖袭击方式，其中自杀式恐怖行为占所有爆炸的1/3。但是在2008年，武装袭击再次超过了爆炸。

当国际和国内恐怖主义行为极端致命时，它们会对受害国社会产生深远影响。但是在过去，同样也有许多事件并未造成大量的人员伤亡，或几乎无人丧生，却仍然达到了恐怖主义的预期的骇人效应，因为政治家们把这些事件看成是紧急危机，并采取应对措施。例如，在1975年初，巴德尔–迈因霍夫集团（Baader-Meinhof group）的成员绑架了一位西柏林市长基督教民主联盟候选人彼得·洛伦兹（Peter Lorenz）。四天后，西德政府释放了五位被监禁的恐怖分子，并支付了5万美元的赎金，随后洛伦兹被毫发无损地释放了。这并不是德意志联邦共和国第一次屈从于恐怖分子的要求。但是根据彼得·卡赞斯坦（Peter Katzenstein）所言："两个月后，西德恐怖分子劫持西德在斯德哥尔摩大使馆的11名人质时，政府态度十分坚决。1977年，恐怖分子绑架了德意志联邦共和国一位颇具盛名的商业领袖马丁·施莱尔（Martin Schleyer）并最终将其杀害，当时政府拒绝做出任何让步。"洛伦兹绑架者之大胆，以及政治家第一次成为绑架目标的事实，虽然在此过程中无人伤亡，但洛伦兹案件在西德公众和政府心目中也被认定为国家重大危机事件。因此，西德官方改变了他们对恐怖主义的应对方法，决定不再对恐怖分子做出让步，转而坚持贯彻新的强硬政策。1978 年发生的意大利前总理被绑架并谋杀的恐怖事件，对意大利政府和公众产生了与西德事件类似的影响。当年意大利恐怖组织红色旅（Red Brigades）绑架了备受爱戴的前总理阿尔多 · 莫洛（Aldo Moro），并很快杀害了莫洛和他的五名保镖。这次谋杀迅速演变成重大危机事件。单就死亡人数而言，此次事件在欧洲并不算特别触目惊心的，但它却暴露了意大利公共安全的严重脆弱性和恐怖活动的猖獗性——甚至连前国家政要都可能随时丧命。在这样的背景下，据杰弗里 · 西蒙（Jeffrey Simon）观察："意大利政府国安部门和警察对红色旅等恐怖组织进行的强力打击不仅没被看作政府的镇压行为，反而得到了公众的积极响应。"更近的案例发生在以色列。2006 年夏季，黎巴嫩真主党潜入以色列境内绑架了两名士兵，随后以色列开展了一系列的报复行为，并最终引发了两国的军事冲突。

过去 25 年间，针对美国的恐怖事件，不管其直接受害者是否遭受了悲惨的后果，都对美国的政策制定者、公众和美国的政治、政策产生了重大的影响。因此，即使长达 444 天的伊朗人质危机事件（1979—1981）没有造成任何美国人死亡，它仍然对吉米 · 卡特（Jimmy Carter）总统的任期及之后的政治和政策产生了巨大影响。当年，一群年轻的伊朗人绑架了美国人，媒体随后每天大量报道，更加证明了即使是作为超级大国的美国，在不采取武力干预的情况下，很多时候也是无能为力的。如果我们能对这些恐怖事件的重要细节和特征有更多的了解，就能够加深对恐怖主义诸多方面的理解。但是年轻一代没有经历过太多的恐怖事件，既没有亲身经历伊朗人质危机，更没有经历过 80 年代黎巴嫩漫长痛苦的人质劫持事件。为此，我们为读者梳理了 20 世纪 70 年代以来的重大恐怖事件，介绍分为两类，一类是涉及美国人和美国利益的重大恐怖事件，另一类不涉及美国人和美国利益。参见附录：20 世纪 70 年代早期以来的重大恐怖事件。

本书前言以外的内容共分为三个部分：第一部分，恐怖主义；第二部分，反恐怖主义；第三部分，新闻媒体和互联网。本书第二章主要阐述关于“恐怖主义”和“恐怖分子”在定义上的分歧。那些针对平民和非战斗人员实施的袭击不被人们认同的即被称为恐怖分子。相反，如果人们认可并同情这些政治暴力实施者，就会将他们称为起义者、反抗者、自由战士、武士等。因为“恐怖分子”这个词带有贬义，人们对这些政治暴力实施者及其行为的称呼意义重大。因此，第二章将着重阐释什么是恐怖主义。在什么样的情况下，我们会把政治暴力袭击定义为恐怖主义。对于那些针对平民实施的暴力袭击而言，实施者可能是个人或组织，也可能是国家或政府，这两种情况是否应有定义上的区别。由谁来认定这些实施者是恐怖分子还是自由战士、反抗者等，恐怖主义能否被正义化。如果能，是基于什么样的情况。在本书中，我们将“恐怖主义”的定义限定为由个人或组织实施的政治暴力，并将那些由国家针对平民实施的恐怖袭击称为“国家恐怖主义”。

虽然恐怖主义威胁从未像现在这样严重，但是在任何一个时代，恐怖主义都以某种形式存在着。而且一般来说，作案团伙实力太弱，以至于无法为自己的目的公开作战。在恐怖主义背景下，吸取以往的经验，往往可以给近期和当前发生的状况、事件和问题提供借鉴，也有助于进行对比以发现其中的异同之处。第三章和第四章旨在以全球背景下的历史地位视角解读恐怖主义。第三章展现的是恐怖主义的过去和现在，第四章中审视的是美国背景下的恐怖主义。

第五章篇幅大幅增加，主要讨论宗教恐怖主义——以上帝之名犯下的政治暴力行为。通过对基督教、伊斯兰教和犹太教极端分子制造的三起事件的审视，可以证明所谓的宗教恐怖分子都有明显的政治目的，他们沿着同样的路数来给自己的暴力行为洗白，而不考虑他们的宗教信仰。但是，考虑到 21 世纪早期最严重的恐怖威胁来源于伊斯兰极端分子，本章第二部分将专门描述圣战恐怖分子的历史、动机和目标。

圣战恐怖分子即“基地”组织和有关团伙。最后一节讨论在西方的离散犹太人，以及美国本土的恐怖分子。第六章探究恐怖分子的形成：什么样的条件和个人特征会影响一个人加入恐怖组织。社会经济背景、心理组成、社会联系、其他标识物和影响等要素，在何种程度上会成为决定性因素？还有一节探究女性恐怖分子，以及对女性恐怖分子的刻板印象和实际情况描述，另有一节探讨越来越多的青少年恐怖分子和童子军现象以及恐怖团伙出现的阶段。第七章讨论恐怖主义的支持国家，以及支持国家和恐怖团伙从其共生关系中能收获什么。支持国家与恐怖分子的共生关系谨慎低调，但他们仍然能从赞助、培训和招收恐怖分子中获得极大好处。这些章节还关注了“无意识的恐怖分子庇护国”，即那些为本·拉登鼓动的“基地”组织或自发团伙的分支机构提供成立和发展条件的国家（主要是西方国家）。第八章描述了意识形态和文化传统对恐怖团伙的目的、目标选取和战略选择的影响。这章主要讨论当今恐怖分子采用的恐怖手段的多样性，这部分比第一版花费了更多篇幅来讨论自杀式炸弹袭击的历史和作用。第九章带领我们探究了恐怖组织的结构（例如无领袖分支的价值和全球网络的出现）。是什么导致了恐怖团伙组织的解体？当一次恐怖活动失去领袖时将会发生什么？这些问题以及恐怖分子的经济来源问题都将逐一讨论。

第十章“美国‘9 · 11’事件后国家安全战略”是第二部分“反恐怖主义”的开篇章，讨论了美国后“9 · 11”时期全国安全战略关于反恐怖主义的核心内容，即所谓的布什主义（Bush Doctrine），以及对主要集中打击海外恐怖主义的“恐怖主义战争”的批判。本版新增一节来讨论奥巴马总统的全国安全战略，因为它同时涉及恐怖主义和反恐怖主义。第十一章审视了解决和打击恐怖主义的软硬实力手段。正如布什政府时期在“9 · 11”事件发生后的几年里多次彰显的，仅仅依靠军事优势可能连最小的恐怖活动或最弱的恐怖团伙都无法打败。那么，政府同时使用硬实力（军事和经济）和软实力（外交和民间外交）来削弱和打击恐怖分子的前景如何呢？

第十二章探讨维护安全和维护公民自由二者之间平衡性的困难，尤其是当民主国家面临严重的恐怖威胁时。虽然主要篇幅聚焦于美国，但本章也花费了一定篇幅讨论英国和德国在这方面的进展情况。恐怖主义模式的一个重要组成因素是恐怖分子决心迫使自由民主国家限制他们最尊崇的个人权利和个人主义价值观。这样一来，这些国家的公民迟早会将他们的怒火和沮丧转向政府。本章讨论了对安全的需求和打击恐怖主义之间的艰难平衡，以及一般意义上对基本自由的保护（尤其是“9 · 11”之后）。本章还讨论了是否应该拷问恐怖分子和嫌疑犯的问题。第十三章是第二部分的尾章。这一章首先审视了政府在准备和预防恐怖袭击方面的成功和失败案例，然后描述和评估了“9 · 11”事件引发的对国土安全和情报机构重组。本章讨论了成功的情报工作以及国内情报机构及时分享和分析信息的专业能力的极端重要性。情报和执法领域的国际合作在打击跨国恐怖主义时同样关键，跨国恐怖主义是当今最严重的威胁，尤其是全球“基地”组织网络及其从属机构和追随分支。本章描述了后“9 · 11”时代双边和多边合作的主动性和进展情况，以及国际组织（例如联合国和国际刑警组织）和地区组织（例如欧盟的欧洲刑警组织）打击恐怖主义的最新情况。

第十四章是第三部分“新闻媒体和互联网”的开篇章。本章讨论宣传在恐怖分子计划中的核心作用。在印刷媒体问世以前，恐怖分子已下意识地知道如果没有尽可能多的目击者将其暴行传播开来，他们的所作所为将不会影响到直接受害者以外的任何人。近年来，恐怖分子都急于运用信息技术方面的进步来达到其宣传目的。正如本章所详细描述的，现代大众媒体对耸人听闻的新闻的偏好成了满足恐怖分子传播或宣传需求的背后推手。本章新增了关于媒体和通信如何传播恐怖主义的讨论。

第十五章最开始用一个新章节介绍了网络恐怖主义和网络战争日益增长的威胁，然后使用大量篇幅讨论了互联网给恐怖组织带来的机遇，以及为社会仇恨团体利用互联网教唆个人犯下政治暴行的可能性。因为对于这些机构来说，互联网是一个传播宣传、组织间沟通、恐怖行为策划、招收恐怖分子和筹资的媒介。更有甚者，所谓的网络恐怖主义可以对计算机系统进行攻击以控制重要的基础设施，如对输电网络、石油和天然气管道、水坝、航空运输的袭击。这种恐怖主义行为将会导致大规模的破坏和毁灭。第十六章将探讨媒体在反恐怖主义政治中的作用。

最后，本书的结尾篇章将讨论恐怖主义依然存在的现实，并讨论各国将如何与恐怖主义威胁共存——甚至是与大规模杀伤性武器导致的灾难性后果共存。

第二章　长期的争论：什么是恐怖主义

在 2001 年 9 月 11 日世贸大楼和五角大楼遭受袭击之前，美国联邦调查局公布的十大危险逃犯中，有三人参与了针对美国的政治暴力行动：本·拉登，2000 年秋天血洗美国军舰“科尔”号（USS Cole）和 1998 年袭击美国驻肯尼亚和坦桑尼亚大使馆的幕后主谋；埃里克·罗伯特·鲁道夫（Eric Robert Rudolph），被通缉的罪名是在阿拉巴马州一个做人流的小诊所制造了伤亡惨重的爆炸，在 1996 年亚特兰大奥运会期间制造爆炸，以及针对其他设施的爆炸；詹姆斯·查尔斯·柯普（James Charles Kopp），被指控谋杀合法堕胎医生巴奈特·斯莱皮恩（Barnett Slepian）。在美国，无论是政府官员、媒体还是公众，都将本·拉登称为恐怖分子，而另外两个人则被称为“罪犯”“杀人犯”“极端分子”。当医生巴奈特被谋杀后，克林顿总统说：“我对昨天夜里发生在纽约的这起谋杀案感到震惊。”事实上，这两个人都不是普通的罪犯，他们都是反对堕胎的极端分子，以“天军”（Army of God）的名义杀人，和那些追求单一政治目的的暴力组织一样，也一直宣扬极端的思想。与本·拉登一样，他们公开宣传自己的极端主张，传播自己的政治和宗教理念。那么究竟是什么原因让美国的政府官员、媒体和公众对他们基本相同的行为产生不同的定性？

从表面上看，暴力行为的严重性、造成的损害，特别是无辜人员的伤亡人数可能是区分两类行为的主要依据。毕竟，在“9 · 11”事件之前，本 · 拉登及其同伙就已经造成了数百人的死亡，而柯普“仅仅”杀了一个人，鲁道夫杀了两个人，并导致数百人受伤。但事实上，伤亡人数的多少并不能决定一种行为是被定义为“恐怖事件”还是“犯罪”。1979 年的伊朗人质危机在今天依旧被一致认为是一起严重的恐怖事件，但在整个事件的 444 天里，不管是被劫持在大使馆里的 49 名美国人，还是被囚禁在伊朗外交部的 3 名美国外交官，都没有受到任何的身体伤害。1985 年，一群黎巴嫩人劫持了一架从雅典飞往罗马的环球航空公司飞机，把乘客作为人质，并残忍地杀害了一名年轻的海军潜水员，这一事件也被定性为恐怖事件。

一种可能的解释是，政府官员和读者更倾向把发生在国外的政治暴力行为称为“恐怖主义”，发生在国内的行为则称为“犯罪”。但是这种推测也并不能解决这个定义上的困惑，因为对相关的国内案件进行审查时，会发现困惑仍然存在。蒂莫西 · 麦克维（Timothy McVeigh）制造了 1995 年俄克拉荷马城爆炸案并造成 168 名无辜群众死亡，此人当时被认定为恐怖分子，时至今日，定性未变。在过去，美国联邦调查局和新闻机构把地球解放阵线（Earth Liberation Front，ELF）和动物解放阵线（Animal Liberation Front，ALF）这些激进环保团体中土生土长的纵火犯称为“恐怖分子”，其行为为“恐怖主义”。虽然这些作案者并未造成人员伤亡，但他们对楼房建筑和研究项目进行了破坏。与此类似，欧洲人一直以来更倾向于把发生在本国和邻国的政治暴力行为定义为恐怖主义。在过去，当德国国内的团伙，如红军派（Red Army Faction，RAF）及其继任团伙和分支，或者是其他西欧国家的组织，如西班牙巴斯克分裂主义组织“埃塔”（Euskadi Ta Askatasuna，ETA）犯下有政治动机的暴力行为时，德国政府和媒体往往会称呼这些行为为恐怖主义。但是，同样的官员和媒体机构会将遥远的菲律宾阿布沙耶夫（Abu Sayyaf）分裂主义者称为伊斯兰武装叛军，即使这个菲律宾团伙曾一度挟持了三名德国人质。英格兰的政府工作人员、新闻媒体和公众都称呼爱尔兰共和军（Irish Republican Army，IRA）及其分支的暴力行为为恐怖主义，但在海外报道有政治动机的暴力活动时，会避免提起这个颇有争议的词。然而，对世贸中心和五角大楼的袭击虽然发生在另一个大洲上，这两国却在"9·11"事件发生之后一致谴责为恐怖主义。

所有这些都得出这样一个结论：在恐怖主义研究领域发展过程中（某位观察者称之为"恐怖学"），政府工作人员、新闻媒体和专家的定义，并未明确指出暴力行为的严重性、发生地以及受害人的国籍。研究表明，美国媒体更倾向于将以美国而非其他国家的公民为目标的政治暴力行为认定为恐怖主义，但这也并非一以贯之的决定因素。关于恐怖主义的组成因素以及非组成因素的模糊性是值得人们关注的，因为不同措词的选择将决定或至少会影响到有政治动机的暴力行为在目标社会内外是如何被人们认知的：如果以政治为目的的暴力行为被描述为犯罪活动，作案者则易被视为社会上的行为不当者，会被拿来与每个社会都需处理的危险犯罪分子相提并论；然而，如果其政治暴力行为被贴上"恐怖主义"的标签，作案者则易被视为他们所实施恐怖行为的国家的政治、社会或社会经济结构的威胁。在第一种情况下，该问题仅仅属于刑事司法体系；在第二种情况下，更应该从国家安全这个更大背景出发来看待问题。正如一名著名恐怖主义学者所观察的：

> 通过纵览恐怖主义的文化以及公众对此的辩论，可以清晰看出其关键之处。在政治上很少有中性的术语，因为政治语言影响着主角和观众们的认知，这样的影响在恐怖主义闹剧中更为突显。与此类似，这些术语的意思随着不断变化的语境而改变。

恐怖案件的制造者并非普通罪犯，而是存有政治动机，尽管人们对此有了共识，但对其定义依然模糊不清。最大困难就是，不同的人可能会对行为完全一样的政治企图做出完全相反的定义，有的认定它十分卑劣，有的则认为完全正当。因为他们有的会认为这是恐怖分子犯下的邪恶行径，有的则认为是勇士们或革命者们为了追求正义事业所做的英雄行为。“一个人的恐怖分子是另一个人的自由斗士”，这句口号体现了这些价值判断的冲突。难怪“恐怖主义者”和“恐怖分子”这些术语都带有贬义。正如一位恐怖主义专家所意识到的，“将一种政治暴力行为称之为恐怖主义，并不仅仅是简单陈述，而是已经作出判断”，因为“没有人愿意被叫作恐怖分子；恐怖主义应该是敌人的所作所为”。

在拉姆齐·优素福（Ramzi Yousef）被判关押240年之前，他作为1993年第一次世界贸易中心爆炸案的主犯站在纽约法庭上，还挑衅宣称：“是的，我是恐怖分子，但是我很自豪。”19世纪下半叶的无政府主义者也并没有拒绝“恐怖主义”这个词，他们中的有些人自称为恐怖分子，并称其恐怖活动为恐怖主义。一个曾经在20世纪40年代活跃的名叫斯特恩帮（Stern Gang）的犹太恐怖团伙，被认为是少数自称为恐怖组织的团伙之一。大部分当代政治暴力行为制造者都拒绝“恐怖主义”这个词语。在20世纪90年代中期，当秘鲁的图帕克·阿马鲁团伙（Tupac Amaru group）成员占领了首都利马的日本大使馆并挟持了许多人质时，时任秘鲁总统阿尔贝托·藤森（Alberto Fujimori）反复称呼这些人质挟持者为恐怖分子，称他们的行为是恐怖主义，而大使馆内的挟持者却坚称自己是一场革命运动的突击队员，坚称其暴力夺取行为是军事占领。与图帕克·阿马鲁团伙的领袖类似，大部分当代的政治暴力活动制造者完全明白措辞和隐喻会影响朋友和敌人对待他们及其行为的看法。

恐怖主义的意义与时俱变

“恐怖主义”这一术语的使用随着时间推移发生了巨大改变。在18世纪的最初定义中，它描述的是通过暴力行为来占领一个国家，或者换句话说，“由上层开始”的政治暴力行为。如法国大革命之后的恐怖统治下的行为，当时恐怖主义的意思是将贵族和其他真实或假想的国家敌人一拨拨送上断头台。在19世纪，恐怖主义的意义延伸到那些未掌握国家或政府权力的人对当权者的暴力行为，也可以叫“由底层开始”的暴力行为，比如对领袖或其他政客的刺杀。在19世纪末，由于无政府主义者的爆炸和刺杀行为，恐怖主义主要和反国家、反政府的暴力行为相关联。在20世纪，恐怖主义进一步意味着在国内和国际背景下“由底层开始”的政治暴力行为。这一定义上的最新变化对政府有利，因为官员们可以理由十足地拒绝为其政府或其友国的暴力行为贴上恐怖主义的标签。

在涉及团伙政治暴力行为时，也并非所有的非国家行为体都有同样的认定；和大团伙相比，小团伙反而更常被称为恐怖分子，大团伙则更频繁被认定为游击队或革命分子。理查德 · E · 鲁本斯坦（Richard E. Rubenstein）认为：

> 从叙述角度来说，“恐怖主义”表明的是个人或小团体的暴力行为。从判断性的角度来说，它带有非法性。这些意义都紧密关联，因为很少有刺杀、爆炸、绑架或银行抢劫看起来那么具有正当理由。相反，战争和革命往往被认为不仅是正当的而且是神圣的。

与此类似，玛莎 · 克伦肖（Martha Crenshaw）争辩道：

> 恐怖主义并非大规模或集体暴力行为，而是小团伙的直接活动，不管这些团伙事实上可能有多么受欢迎：即使支持它们的是大

型组织或政党，参与恐怖主义的活跃武装分子数量仍然为数不多。

正因为政治暴力行为看起来更像是非法行为，所以大部分实施普通犯罪或恐怖主义行动的个人或小团伙，不管它们真正规模有多大，都声称自己是得到大量民众支持的大型组织；他们还会引用战争、革命或解放这些比喻。这些语言学上的战术在它们为自己取名时也有体现，例如：图帕克·阿马鲁革命运动（Tupac Amaru Revolutionary Movement）、爱尔兰共和军、红色旅、红军派、伊斯兰武装组织（Armed Islamic Group）、巴勒斯坦人民解放阵线（Popular Front for the Liberation of Palestine，PFLP）和哥伦比亚革命武装力量。这些组织成员不但自称为突击队员、斗士、士兵、战士、游击队员或革命分子，也很乐意人们这样看待自己。

理查德·C·里德（Richard C. Reid），一个自称为本·拉登门徒的"基地"组织成员，就是一个典型例子。他因为试图在鞋里暗藏爆炸物来炸毁一架美国客机而被判无期徒刑。他告诉波士顿联邦地区法院的威廉·G·杨法官（William G. Young）："我在与你的国家开战。"但是该法官强烈否认里德是一名士兵，告诉他说："你不是敌军中的战士，你是个恐怖分子。你不属于任何部队，你就是个恐怖分子。"

纷繁芜杂的定义

政府官员所处的位置比任何其他政治对手都有利。他们可以给某些团伙随意贴上或揭掉"恐怖主义"标签，从而影响公众的认知。因为大部分时候，大众媒体对政界官员的报道频率远远超过其他新闻。这种情况不仅在政府控制媒体的专制政体中出现，在自由民主国家也真实存在。人们争辩说，在冷战期间，政府官员、恐怖主义专家和西方，尤其是美国的新闻媒体，都公然抨击美国国内外的左翼暴力团伙和运动团体为恐怖分子，因为这些组织敌视西方自由民主的经济政治体系。而同样是这些人，在支持右翼暴力分子的反共行为，为他们有过之而无不及的政治暴力行为鼓掌，认为他们是自由斗士。不管这种批评在多大程度上是可信的，这种分界线随着冷战的结束而逐渐褪色。例如，在2002年对国内恐怖主义的调查报告中，美国联邦调查局陈述道：

在过去的10年里，我们观察到了恐怖主义威胁性质的巨大变化。在20世纪90年代，右翼极端主义已经超过左翼恐怖主义，成为对这个国家最危险的国内威胁。

曾有这样的两个观点，一方面，“某些政府在频繁修正他们对（恐怖主义）的定义”，另一方面，整个国际社会也未走出“定义迷雾”的困境。然而，事实上各国政府也未能给出准确定义；如果他们成功简化自己的用语，会发现自己的定义也并未一以贯之。[1] 长期以来，美国就是这方面的典范，美国的行政管理部门和联邦政府机构并没有采用统一的标准定义。例如，联邦应急管理局（Federal Emergency Management Agency，FEMA）把恐怖主义定义为“为了恐吓、胁迫或勒索”的暴力行为，并没有包括必须以政治目的为动机的规定，所以这个定义涵盖了很多普通罪行。直到“9·11”事件后，媒体对此进行报道，并且国会委员会抱怨称政府内部缺乏一个统一的定义之时，联邦应急管理局才采纳了联邦调查局的一般定义，即恐怖主义是“非法使用武力或暴力来侵害人身或财产，恐吓或胁迫政府、平民或任何有关部门，从而达成政治或社会目的”。

作为在恐怖事件发生第一时间负责对恐怖主义进行调查和制止的执法部门——联邦调查局，提出了下列区分国内和国际恐怖主义的操作型

[1] 霍恩写道，单个政府“在认可自身定义方面动作迅速”，但“9·11”的国际角度使得这个定义问题再度显现。但是在国内和国际恐怖主义方面，关于政治暴力定义的争议仍然存在。

定义，意料之中的是，他们主要关注恐怖主义的非法本质和政治暴力活动制造者对刑法的触犯：

- 国内恐怖主义是指，一个团伙或个人在没有国外干涉的情况下，非法使用或威胁使用暴力来侵害人身或财产，以恐吓或胁迫政府、平民或任何有关部门来达成政治或社会目的，其基地或作案地点完全在美国领土范围内。
- 国际恐怖主义是指对人类危险的暴力行为，包含触犯美国或任何其他国家刑法的情况，或一旦在美国或任何其他国家管辖区内实施将构成刑事犯罪的行为。国际恐怖主义行为的目的在于恐吓或胁迫平民来影响某政府的政策或行为。这些暴力行为的实施方式、目标恐吓人群或作案地点跨越了国家边界。

国务院的管辖权仅限于国际恐怖主义而非国内恐怖主义，于是它采用了最贴近美国政府官方定义的术语，因为《美国法典》第 2656f（d）章节的第 22 条法则包含此术语，它要求国务院每年向国会报告提供支持恐怖主义的恐怖组织和国家。根据这一法令和国务院的定义：

- “恐怖主义”是指由地方团伙或秘密组织实施的有预谋的、有政治动机的针对平民的暴力行为，一般作案目标旨在影响受众。
- “国际恐怖主义”是指牵涉到的公民或领土超出一个国家的恐怖主义。
- “恐怖组织”是指任何实施或有重要分支实施国际恐怖活动的组织。

这种定义，尤其是第一条，描绘了恐怖主义不仅是最重要的也是最受争议的属性：

首先，动机源于政治目的。与“犯罪”这个术语不同，犯罪表明作案者动机是个人收益、满足和物质，而恐怖主义则被认为带有政治动机。不管作案者是否有宗教信仰，大家对这一点都持一致意见。虽然大部分时候并不难区分作案动机是出于刑事还是政治目的，但有时两者间的界线也会模糊，尤其是正在发生的案件。例如，在 2002 年秋天，两名狙击手使华盛顿特区及弗吉尼亚州和马里兰州周围地区数百万群众陷入恐慌长达 21 天，杀害了 10 人并重伤 3 人。执法专家对这些袭击的性质毫无线索，也就是说，不知道这种行为到底是犯罪还是恐怖行为。甚至在袭击者威胁称除非支付大笔资金，否则将会继续进行任意杀害时，仍然没有人能够完全确定这是犯罪还是恐怖行为。在过去，出于政治动机的团伙往往会犯下暴力罪行，如袭击装甲车、抢劫银行、绑架并索取赎金，以支撑自己的恐怖活动。甚至这两名华盛顿狙击手被逮捕后，他们的动机是纯粹的犯罪还是夹杂有政治上的不满都不清楚。毕竟，正如恐怖主义专家杰西卡 · 斯特恩（Jessica Stern）所指出的，两名狙击手之一约翰 · 艾伦 · 穆罕默德（John Allen Muhammad）“曾对一个朋友说他赞同‘9 · 11’袭击，不同意美国对穆斯林国家的政策”。

第二，目标是平民还是非战斗人员。在正式宣战或不宣而战的战争和其他军事冲突中，作战双方都将目标确定为对方的武装部队士兵；恐怖分子随机确定平民和大家所认为的无辜旁观者为目标。此外，恐怖分子也会挑选一个或多个国家的平民，或者是特定宗教、种族或民族团体的成员。例如，在 20 世纪 70 和 80 年代，一些巴勒斯坦团体和总部在黎巴嫩的真主党（Hezbollah，亦称 Party of God）将目标对准了美国平民，特别是美国的犹太人。恐怖分子一般会强迫被挟持飞机的乘客交出护照以确定他们是否为美国人，再根据他们的名字挑选出那些他们认为是犹太人的乘客。国内恐怖分子也曾将目标随机对准无辜旁观者，但也会挑选出特定团体的成员。例如，在 1999 年 7 月 4 日那个周末，一个白人至上仇恨团体“世界创造者教会”的年轻追随者在伊利诺伊州和印第安纳州展开了一场杀戮，造成1名非裔美国篮球教练和1名韩国研究生身亡，6名正统派犹太人受伤。虽然作案者本杰明·纳撒尼尔·史密斯（Benjamin Nathaniel Smith）是随机选中这些受害者作为目标，但他可以确认其身份是黑人、亚洲人和犹太人。

对激进传教士奥拉基来说，所有美国人都是战斗人员

在2010年5月，在美国国内涉及本土或穆斯林作案者的一系列未遂和几次成功的恐怖事件之后，美裔也门传教士安瓦尔·奥拉基（Anwar al-Awlaki）拒绝认同战斗人员和平民之间的区别。在半岛电视台的采访中，他站在本·拉登常宣称的立场，对继续以平民为目标的做法进行了辩护：

采访者：你是否支持（像未遂的圣诞节爆炸案）这样的行动，即使他们所针对的目标是媒体所称的“无辜平民”？

安瓦尔·奥拉基：我支持。关于“平民”的问题，这个词语最近用得很多，但我还是更倾向于用法律学家所用的术语。他们把人们分为战斗人员和非战斗人员两类。战斗人员是指那些携带武器的人——即使这个人是女性。非战斗人员指的是那些没有参与战争的人们。美国人民全都参与了战争，因为他们投票选举了这个政府，他们还赞助了这场战争。在最近和以前的选举中，美国人民有其他选择，他们本可以选择那些不愿意开战的候选人。然而，这些候选人除了很少很少的选票外，什么都没有得到。我们从伊斯兰法律的角度来审视，就能解决这个问题——它是被允许还是被禁止的？如果英勇的圣战兄弟奥马尔·法鲁克（Umar Farouk）将目标对准了许许多多的士兵，那当然太棒了。但是我们现在讨论的是战争的实际情况。

在长达50年的时间里，整整一个民族——巴勒斯坦的穆斯林——都因为美国的援助、支持和武器而感到窒息。20年的包围，然后是对伊拉克的占领，现在则是对阿富汗的占领。发生了这些后，甚至都不应该有人询问我们将目标对准一小撮美国人的事，他们也许早该在飞机上丧生。我们跟美国未算清的账，至少包括100万妇女和儿童，我甚至都没有算上男性。我们和美国没有算清的账，光妇女和儿童就超过了100万。而那些本应该在飞机上被杀害的人跟这一比，简直是九牛一毛。

值得注意的是，美国政府所使用的最权威定义不是将恐怖主义蓄意攻击的目标描述为“平民”，而是“非战斗人员”，从而导致只要政府官员和武装部队成员不参与战斗，那么就将平民、政府官员和军人设定为同一类目标和受害者。如果使用“非战斗人员”的定义，伊朗人质危机（1979—1981）就是一起恐怖事件，因为那些美国俘虏虽然是美国大使馆的工作人员，但没有参与武装冲突。美国的海军陆战队就在大使馆守卫着。2001年对在也门亚丁港停靠加油的美国军舰“科尔”号的袭击，导致17名船员死亡，也可以算作一种恐怖主义行为，类似的还有1983年的汽车炸弹袭击贝鲁特城外的美海军陆战队兵营并导致241名美国人丧生的事件。如果赞同“平民”的定义，这三起事件就不是恐怖事件。在贝鲁特的事件中，致命汽车炸弹的支持者和一些穆斯林传教士通过抵制“非战斗人员”定义的方式来证明所谓的人肉炸弹袭击是正当的，他们明确宣称袭击的目标和受害者是敌军成员。美国海军陆战队是作为维和人员被派往黎巴嫩的，但他们的确介入了该国内乱。在对“科尔”号的袭击以及其他与“基地”组织有关的事件中，本·拉登和他的同伙甚至没有费心思去为这些直接针对美军的恐怖袭击辩解。毕竟，几年前本·拉登曾呼吁所有的穆斯林到处杀害美国人，包括平民和武装部队成员。

第三，这些作恶者为非国家行为体。不管是美国国务院还是联邦调查局的定义都毫无疑问地认为，只有群体、小群体（国务院的定义）或是个人（联邦调查局的定义）故意针对非战斗人员实施的政治暴力行为，才是恐怖主义。与克伦肖（Crenshaw）和鲁本斯坦（Rubenstein）等学者不同，美国政府机构和部门并未对群体的规模大小进行区分，但联邦调查局的定义确实包括了个人政治暴力，而不管他们是否属于某一群体，或受其指使。相反，布鲁斯·霍夫曼（Bruce Hoffman）似乎想排除受政治驱动的单独行动者，他指出：“恐怖主义是由一个有着可辨别的指挥系统或有阴谋的内部结构的组织实施的。”根据这个定义，我们就不会将俄克拉荷马城的爆炸袭击者蒂莫西·麦克维或前面提到的信奉白人至上的本杰明·史密斯（Benjamin Smith）之类的人归为恐怖分子。本书反映了这样的观点，一个人或几个人如果有政治动机或目的，就会进行恐怖活动，不管他们是否是某组织的成员。例如，麦克维并不是右翼反政府运动中的某个组织的正式成员，但他进入了这些圈子，熟悉并接受了圈中共有的极端主义思想和不满情绪。

更重要的是，因为它们不包括政府或国家，而且他们的代理人是潜在的恐怖分子，美国和其他机构曾被指责采用双重标准。因此，爱德华·赫尔曼（Edward Herman）和格里·奥沙利文（Gerry O’Sullivan）用西方政府、西方恐怖主义专家以及西方媒体对意识形态冷战的偏见来解释这些定义上的选择，指责他们把西方当作恐怖袭击的唯一受害者。他们特别强调，“西方组织定义了恐怖主义，以排除政府，这使得恐怖主义能够紧密融入巴德尔–迈因霍夫（Baader-Meinhof）集团和红色旅，并缓解他们支持的政府的越来越严重的威胁行动”。事实上，美国国防部由来已久的定义在这方面更有助于批评者，他们一贯坚持在对恐怖主义的任何解释中都包含国家或政府的因素。国防部的定义比联邦调查局和美国国务院所采用的定义更宽泛，就恐怖分子的特征而言并不明确。对于国防部来说，恐怖主义意味着：

> 非法使用——或威胁使用——武力或暴力侵害个人或财产来强迫或威胁政府或组织，往往能达到政治、意识形态或宗教的目标。

然而，不同于国防部模棱两可的定义，联邦调查局和美国国务院更具体地将非国家行为体认定为恐怖分子，这成了美国政府其他行政机构的首选范例。他们在一关键点上意见一致：恐怖主义处心积虑地想威胁和恐吓目标受众。因此，在恐怖分子的算计中，目标社会远比直接受害者重要，在这种情况下，恐怖分子针对目标公众和政府的心理倾向，“使他们以攻击者期望的方式行事”。迈克尔·斯托尔（Michael Stohl）将恐怖主义解释为三个步骤，包括“暴力行为或威胁，对这种行为或威胁的情绪反应，以及这些行为和反应对社会的影响”。斯托尔根据这个过程模型推断：“恐怖分子的兴趣主要是观众，而不是受害者”，“暴力行为或威胁只是（三个步骤的）第一步”。

欧盟成员国清楚意识到定义恐怖主义有一定的难度，因此1977年正式通过的《欧洲反恐公约》（European Convention to Combat Terrorism）未包含恐怖主义的定义，而是列举了应在欧盟国家之间引渡的此类罪犯的一些罪行。尽管各方面都努力去接受一个单一的定义，恐怖主义的定义从未在联合国达成一致，因为一个真正的国际公约的前提是所有成员国同意谴责和打击恐怖主义。对恐怖主义的理解达成共识的努力从第一次和第二次世界大战之间开始，经过了20世纪后几十年，一直持续到21世纪。1937年，国际公约联盟首次尝试采用一个在国际范围内被接受的恐怖主义的定义，使无条件地谴责恐怖主义成为可能。

恐怖主义第一次被定义为：

> 针对国家，以及企图或蓄意在特定的个人、人群或大众当中制造恐怖氛围的一切犯罪行为。

62年后，即1999年，联合国大会的一项决议表示，无论以政治、哲学、种族、民族、宗教或其他任何方面为借口来做正义辩护，凡是企图或蓄意在广大民众内部、一类群体内部，或特定人群内部引起恐慌的犯罪行为，都是非正义的。

但是，联合国成员国并没有同意这个定义或其他任何方案。取而代之的是，他们采用了过去几十年里的许多惯例和协议，即禁止具体的恐怖主义行为，例如：劫持飞机、劫持人质、袭击外交官员以及核威胁。甚至是在2001年9月11日的袭击事件之后，为取得恐怖主义定义以及打击此类暴力行为的广泛共识，再次重启该方案的努力仍然失败了。正当美国、欧盟和许多其他国家同意关注恐怖主义的受害者、谴责针对平民的暴力行为时，由伊斯兰会议组织领导的国家联盟坚决要求把国家解放运动和抵抗外国占领排除在恐怖主义的范围之外。2002年，伊斯兰国家正式签署了一项协议：所有国家都有义务支持如下对“恐怖主义”的定义，即把恐怖主义和合法抵抗外国侵占的斗争区分开。这些成员国明确宣布：“我们反对任何把恐怖主义和巴勒斯坦人民为行使他们不可剥夺的权利、建立自己的独立国家而进行的斗争联系到一起的企图。”

考虑到这些困难，著名的恐怖主义专家沃尔特·拉克尔表示，跟过去相比，现在更不可能就某一个定义达成一致意见。因此，需要新的方法来解决日益复杂的问题。按照沃尔特·拉克尔的说法：

> 跟30年前相比，当今的政治暴力形式更多样化，许多事件跟

之前相比非常的不同，甚至事件之间的差别都非常大，因而导致了“恐怖主义”这个词汇都不再适合一些事件了。未来很可能会有新的词汇来描述恐怖主义的新形式。

在寻找一个没有价值判断的“恐怖主义”定义时，应关注政治暴力行为，而不是关注实施暴力者的动机和正当理由。例如：恐怖主义专家布莱恩·詹金斯（Brian Jenkins）提出，政治暴力需要“根据行为的性质，而不是根据犯罪者的身份或他们行动的原因”来进行定义。这体现在许多新闻机构非常保守地使用“恐怖主义”这个词汇，或者完全不使用。取而代之的是，他们将暴力活动实施的方法描述为爆炸、劫持飞机、绑架人质等，将肇事者描述为爆炸制造者、劫机者、人质劫持者等。新闻媒体在公众关于“何种政治暴力可以被定义为恐怖主义”的想法方面具有特别大的影响力。通过对美国主流报纸的内容分析发现，政治暴力事件中包含的“劫机者（们）”“持枪歹徒（们）”和“游击队员（们）”等词汇，要比“恐怖主义者（们）”常见得多，也不把这些行为描述为恐怖主义，而是描述为：劫持飞机、杀害、炸弹袭击、爆炸、袭击、炸毁、射杀、占领，等等。该调查的结果显示，这些特性描述中，超过94%是由媒体以大字标题和新闻描述呈现，相比之下，只有不到6%是由政府官员、目击者和其他来源提供的对政治暴力行为的定义方式。

“9·11”恐怖事件之后，在世贸中心和五角大楼受袭的报道中，一些新闻机构因避免使用“恐怖主义”一词而受到抨击。甚至在报道“9·11”恐怖事件时，路透社特别禁止其报道人员和编辑们使用“T”字母开头的单词（即恐怖主义的英文单词），正如管理层在致全体员工的备忘录中和受访时解释的那样：

我们都知道，一个人的恐怖分子就是另一个人的自由斗士，路透社坚持一个原则就是不使用“恐怖分子”这个词……无论这次事件对美国人民来说，是怎样的悲惨、怎样的恐怖、怎样的灾难，我们都要尽力平等地对待每一个人。

事实证明，新闻机构做出这样的决定，其动机不仅是要使自己看起来不偏不倚、公正无私，也是出于实际的考虑。一家机构的新闻主管解释道：“我们不想把员工置于危险境地……他们身在加沙、西岸和阿富汗。”在决定什么时候使用和不使用“恐怖主义”这个词的时候，其他一些新闻机构还被谴责采用双重标准。例如，明尼阿波利斯市的《明星论坛报》（*The Star Tribune*）为了在关于以色列和巴勒斯坦冲突的报道中避免使用“恐怖主义”这个词汇进行辩护，解释说做出这个决定是“由于争端的感情色彩和性质”。该报纸进一步说明：“在关于‘恐怖主义’这个词汇的案例中，其他的词汇——‘持枪者’‘分离主义者’和‘叛乱者’，可能更具体，并且可能更不易被认为是戴着有色眼镜，因此我们通常更偏爱使用这些比较具体的词汇。”然而，在“9 · 11”事件之后，《明星论坛报》的确是把“基地”组织描述为一个恐怖主义网络，并解释说这个词在某些情况下允许使用。之所以在“基地”组织这个案例中破例，正如报纸的助理总编辑所解释的那样，是因为该组织已经被美国政府和其他国家定义为恐怖主义组织；另外，一些成员已经被作为恐怖主义者并被宣判有罪了。

“9 · 11”恐怖事件发生了两年多之后，《华盛顿邮报》（*Washington Post*）的巡视官迈克尔 · 盖特勒（Michael Getler）为其报纸关于恐怖主义的措辞进行了辩护，在回复读者对《华盛顿邮报》的以色列—巴勒斯坦冲突的报道中出现的偏见表示不满的时候，他评论道：“恐怖主义和恐怖主义者可以作为效用显著的词汇，但是它们是标签。如所有的标签一样，它们并不传达很多确凿的信息。获取信息时应该首先依赖具体的事实，而不是特性描述词汇。”当他拒绝将美国对抗“基地”组织的战争等同于以色列对抗哈马斯（Hamas）的战争时，他还解释了《华盛顿邮报》是根据他们的活动和目标来认定不同组织之间的区别的。正如盖特勒所说：

> 哈马斯实施恐怖主义，但是他也有获得领土的抱负和夙愿，他所进行的活动是民族主义运动，并且他还进行一些社会性的工作。据我所知，“基地”组织只是作为一个恐怖主义网络而存在。它由来自几个伊斯兰国家的激进主义分子组成。巴勒斯坦的抵抗是本土的。“基地”组织对美国发动了极具摧毁性的突然袭击，而以色列和巴勒斯坦双方已经交战很长时间了。一直以来，自从 1967 年这两个地方被占领开始，巴勒斯坦人都抵抗着以色列人对西岸和加沙的实质性的、对巴勒斯坦人来说羞辱性的占领。这场抵抗现在已经孕育出了自杀性爆炸袭击者。

《华盛顿邮报》刊登了四封致编辑的信函，这些信函是回复盖特勒的署名评论文章的。其中，三封是批评的，一封是支持盖特勒的立场的，这显示了在这场辩论中的巨大分歧。大多数的西方新闻机构都避免“T”开头的单词（即恐怖主义的英文单词），并且将那些故意针对平民实施暴力行为的非国家行为者称为“好战分子”或“好战分子团体”等类似称谓，并且根据他们采用的具体方式——爆炸、火箭袭击、绑架，来对他们的行动进行特征描述。但是，这样也无法令所有批评家们满意，他们想要把那些除了实施恐怖主义行为还有其他角色（甚至合法角色）的组织以及完全参与暴力活动的组织区分开。在 2008 年后期至 2009 年初的以色列—哈马斯的对抗过程中，一个批评家写道：

> 目前，美国的报纸反击性地使用“好战分子团体”或类似的变

体词汇，这极大地反映出美国政府对哈马斯的政治立场，即它是一个“恐怖组织”。但是在这场历时几十年的冲突中，各方力量十分复杂，这个措辞因此显得太过于刻板了。

奥巴马政府：淡化使用“恐怖主义”一词

在接受德国《明镜周刊》的一次采访中，美国国家安全局秘书珍妮特·纳波利塔诺（Janet Napolitano）说，她在第一次国会亮相中避免提及“恐怖主义”一词，但这并不意味着没有恐怖主义威胁。她详细解释道：“尽管没有使用‘恐怖主义’，但是我提到了‘人为制造的’灾难。这也许只是一个细微差别，但是它证明了我们想要从单纯的恐惧政策转向随时准备应对可能发生的所有风险的政策。”“人为制造的灾难”这种表述并不为批评政府的人士所接受。他们注意到，奥巴马总统和其他的政府官员也同样避免使用“恐怖主义”一词，而是说成“暴力极端主义”，也不说“恐怖主义者”，而是以“暴力极端主义者”代之。与布什政府相反的是，他们也很少说“针对恐怖主义的战争”或者“打击恐怖主义的全球战争”。前副总统理查德·切尼（Richard Cheney）和其他批评人士指出了这些表述上的改变，并以此质疑奥巴马总统关于打击恐怖主义的承诺。

很显然，在反恐政策的政治中，语言很重要。2010 年 1 月初，当被美国广播公司新闻频道的乔治·斯特凡诺普洛斯（George Stephanopoulos）问到要加强航空安全有哪些推荐性意见时，美国代表彼得·金（Peter King）直截了当地说：“我认为最为重要的一点就是——仅他个人（总统奥巴马）更多一些使用‘恐怖主义’这个单词。”之后不久，总统在国情咨文中刻意说道：“自从我上任的那天起，我们已经再次重点关注了那些加强了对威胁我们国家的恐怖主义者。”在之前的一年里，他很少使用字母“T”开头的单词，但是，与他的批评者所宣称相反的是，他并没有完全避免使用它。

恐怖主义是否曾合理过?

蒂莫西 · 加顿 · 阿什（Timothy Garton Ash）认为人们需要超越暴力行为的性质去看待事情，以便决定它是由一个"'善意'的恐怖主义者"还是"'恶意'的恐怖主义者"实施的。阿什也支持采用一个通用的恐怖主义定义。他建议"判定一个人是否是恐怖分子或判定确定的恐怖分子属于哪一类，要看四点，即阅历、目标、方法和背景。只有把这四点结合到一起，才可以得出结论"。

但是，即使根据这几条原则来判断团体或个人实施的政治暴力，阿什自己也预见到了找到相似点的难度。因为"每一个事件的具体内容各不相同，并且没有通用的指导方针来把以上四点结合起来进行判断"。

尽管如此，一类思想学派仍然认为，对恐怖主义现象的中立价值的理解增加标准规范的方法是有积极意义的。因此，玛莎 · 克伦肖愿意首先"给出一个中立的描述性定义"，这个定义要足够广泛，具有概括性，并适用于不同国家的不同情形，然后再"对不同的案例进行价值判定"。她的概括性定义将恐怖主义最重要特质确定为："由较小规模的阴谋团体实施的，旨在操纵政治态度而不是从身体上打败敌人，预先策划并系统性地使用异教政治暴力的行为。"她的标准方法审视了两个方面，即"结果的道德准则和方式的道德准则"。这样就可以对不同类型的政治暴力进行不同的评估：如果恐怖主义者是为了基本的公民自由和公民权利而斗争，或者是为了一个群体的生存而斗争，那么，他们的暴力行为就更具有正义性；相反，如果他们的目标是非民主的或者不是为了基本的人权而斗争，那么他们的暴力行为相较而言就不具有正义性。

康纳 · 克鲁斯 · 奥布莱恩（Conor Cruise O' Brien）也反对一开始就总结出一个没有任何价值判定的定义，因为他认为"'恐怖主义'和'恐怖主义者'这些词语根本不是根据科学的划分得出的。它们不准确而且非常情绪化"。要决定一种政治暴力是否针对民主社会，要看它是支持还是反对非民主的政权，奥布莱恩会在第一种情况下使用贬低性的词汇“恐怖主义”，但是在第二种情况下就很可能使用“起义”这个词汇。在这种评估框架下，德国联邦共和国，一个自由的民主共和国，其境内的红军团体实施的暴力行为，就是一种非正义的恐怖主义行为。但是，在希特勒统治下的第三帝国——一个法西斯政权——在其范围内的犹太人的暴力起义，就可以被认为是正义的。

除了建议对恐怖主义的目标进行评估之外，克伦肖还认为，把恐怖主义者的暴力选择与滋生恐怖主义的客观条件进行比较也是必要的。在她看来，“就恐怖主义者预见的一样，恐怖主义活动一定不会导致比恐怖主义者们反对的情况更糟糕的非正义”。把他们的冤情和他们计划实施或已经实施的暴力行为相比较，恐怖主义者们尽力使他们的行为理性化、合理化，使之与那些发生在他们身上的和 / 或者那些他们宣称要反抗的暴力相比不那么暴力。

正因如此，未遂的鞋子炸弹制造者理查德 · 里德拒绝在法庭上就企图炸毁一个美国航班的行为道歉——这次袭击如果成功，将可能导致机上 197 名乘客死亡，其中包含 20 多名儿童。里德解释说，他企图要做的事情跟美国政府犯下的罪恶完全无法相比。“你们的政府已经在伊拉克屠杀了 200 万名儿童”，他说：“你们的政府支持了对埃及、土耳其、叙利亚和约旦的监狱里的穆斯林进行的强奸和折磨”。

同样，在“9 · 11”袭击前后，本 · 拉登也在他的讲话中时不时地为暴力活动进行合理辩解。他认为针对所有美国人的暴力行为是对美国政府、军队和公众直接或间接地对阿拉伯人和穆斯林所犯罪行的报复。“9 · 11”袭击之后，时隔对美国的演讲一年多，本 · 拉登抛出了这个问题：“我们为什么反对你们并与你们斗争？”他给出的回答是：“因为你们攻击了我们并且还在继续。”接下来冗长的美国罪行清单再次试图将针对美国人的恐怖主义行为描述为正义和合理的——甚至当着上帝的面。结尾，本 · 拉登引用了《古兰经》中的话：“那些反抗的人（信仰者们）被允许去（与那些不信仰者）战斗，因为他们受到了委屈，并且，安拉一定能够给予他们（信仰者们）胜利。”

阿钦·维耐克（Achin Vanaik）认同这样一种观点，即“最终获得的结果的好坏、或者说价值，与在追求这些结局时采用的方式的正义性之间，有着非常重要的关联”。但他同时还警告说，要慎重考虑，“采用的方式”和“预见的结局”。然而，巴林顿·摩尔（Barrington Moore）的“痛苦的演算”和马尔科姆·埃克斯（Malcolm X）的“绝对必要”原则企图证明这样一种观念，即：如果结局是正义的，事先就不能减少暴力的方式。在对以上两个观点进行了讨论之后，维耐克反对把极端折磨和镇压作为所有暴力方式的合理解释的观点。他从一个不同的理性角度，得出了这样的结论：

> 判断某种手段的使用是否合情合理——这些手段是为了实现正义的事业而采取的形式——与这些手段最终产生的具体效果没有多大关联，而是和其他一般性的原则关系很大，例如涉及个人人权的伦理原则。这就是众所周知且非常重要的战争的正义性和发动战争的正义性之间区别的基本原则。

对于维耐克来说，不管大家是否赞同恐怖主义本身的道德性，一个人既可以认同战争的某些道德规范——无论大家是否一致赞同战争本身的正义性——一个人也可以认同恐怖主义活动的某些道德规范，尤其是涉及袭击的目标和方式。

最后，无论是否先制定出一个中立价值观的定义，判断政治暴力的根源和目标仍旧把辩论不可避免地带回到“恐怖主义者或自由斗士”和“非国家行为体对抗国家”这类永恒的问题中来。然而，不管结论是恐怖主义永远是非正义的还是在某些案例中是正义的，只要考虑把非暴力运动及其行为作为暴力运动及其行为的另一种选择，那么任何关于恐怖主义道德规范的讨论都是有益的。关于这点的典型例证，当属圣人甘地的非暴力印度独立运动和马丁·路德·金（Martin Luther King）的非暴力美国民权运动，以及最终非暴力结束的南非种族隔离制度。

国家恐怖（主义）和国家支持的恐怖主义

本书虽然建议关注非国家行为体实施的恐怖主义活动，但是并没有忽视或宽恕由政府及其机构针对平民和非战斗人员实施的公开暴力行为。克伦肖承认“政府及其机构可以在国内或国外实施恐怖主义活动”，“他们总是刻意隐瞒其暴力行为，以避免对公众负责”。并且，由政府实施的针对平民和非战斗人员的暴力行动，在很多情况下和非国家行为体的行动一样，甚至更残忍、更致命。但是当政府实施这类暴力行动时，往往会有很多贴切的负面表达，例如“战争罪恶”“对人类犯下的罪恶”“侵犯人权”“种族灭绝”“滔天罪行”以及“恐怖”。正如语言学家杰弗里·农贝格（Geoffrey Nunberg）曾经的观点：“与‘恐怖主义’不同，‘恐怖’适用于国家也适用于起义的团体。”布鲁斯·霍夫曼也指出了其间差别：在描述国家实施的“主要针对国内人民”的暴力活动时，使用“恐怖”这个词；而在描述“由非国家实体”实施的暴力行为时，则用“恐怖主义”一词。

第一次世界大战之后的德国可以作为一个例子。20 世纪 20 年代初，阿道夫·希特勒（Adolf Hitler）的追随者们精心组织的暴力团体对其政治对手们进行了攻击，扰乱了政治稳定，从而使他在 1933 年掌握了政权。很明显，恐怖主义者的策略（即针对平民的由非国家行为体实施的政治暴力）在这个案例中是成功的，同样的还有当时另一个法西斯统治者的上台，意大利的贝尼托·墨索里尼（Benito Mussolini），他和希特勒是同时代的人。希特勒时代的暴力行动主要是针对犹太人，他们成了种族灭绝的受害者，当然还针对其他“不受欢迎的因素”，例如共产主义者、社会主义者和吉普赛人。在希特勒的恐怖统治时期，有超过 1000 万的无辜平民根据政府的政策被残忍地折磨至死。这是无法用语言形容的国家恐怖。同样的情况还出现在约瑟夫 · 斯大林（Joseph Stalin）统治期间的苏维埃共和国，数百万人被囚禁和杀害。从更近的时期来看，世界各地的极权主义政权在其各自的领土范围内镇压、迫害、折磨并杀害了成千上万，甚至数以百万计的平民——在阿根廷、柬埔寨、乌干达、伊拉克、苏丹和许多其他地方。没有哪个非政府政治暴力事件可以与这些穷凶极恶的罪行相提并论。把这种由国家权力掌控者实施的政治暴力描述为“恐怖主义”，实际上将会把制度性政治暴力以及国家掌权者对平民的大规模屠杀的巨大罪恶减至最低程度。

R.J. 拉梅尔（R.J.Rummel）对“政府导致的死亡”进行了大量而深入的描述、阐述和讨论，他也没有把国家恐怖主义或政府恐怖主义作为定义性的概念，而是对以下词汇进行了区别：种族灭绝（因为民族、种族、宗教、和 / 或语言群体而对人进行的杀害），“政治屠杀”（因为他们的“政策或者出于政治目的”而对人进行的杀害），大规模谋杀或大屠杀（不加选择地任意杀人），以及恐怖（定义为“法庭职权以外针对特定目标个人执行的死刑、杀戮、暗杀、绑架、或者永远消失”[1]）。更重要的是，拉梅尔给出一个关于不合法的国家暴力的实用定义：政府谋杀（democide）包括了种族灭绝、政治屠杀、大规模谋杀、恐怖以及其他内容。因此，作者把“政府谋杀”这个词解释为：

> 政府机构其权威能力下实施的、根据政府政策或高层命令、对没有武装或卸下武装的人进行的故意杀害（就像纳粹用毒气杀害犹太人一样）……

[1] R.J. 拉梅尔：《政府带来的死亡》，第二章，www.hawaii.edu/powerkills/welcome.html。拉梅尔的网站上提供了大量关于政府系统性地故意在国内及国外进行大规模杀害的案例信息。

> 如果政府推动或完全无视这些死亡事件，即使他们是“非官方”或者由私人团体（如危地马拉或萨尔瓦多的死亡小组）执行的谋杀，那么它就是政府谋杀。并且，如果政府高层官员有意允许情况持续并导致大规模死亡而不发布任何公开警告（如20世纪70年代的埃塞俄比亚饥荒）的话，那么这些死亡事件也可称作政府谋杀。所有未按照法定程序执行的死刑或速决执行死刑都隐含了政府谋杀。甚至法定程序规定的执行死刑也可能是政府谋杀，就像20世纪30年代晚期苏联的审讯一样。

因此，不同定义的选择可以区分针对平民和非战斗人员实施政治暴力的不同犯罪者，一种类型是政府实施这类暴力（政府谋杀、恐怖），另外一种则是团体或个人实施暴力（恐怖主义）。决定用相同或者不同的词汇这个行为本身并不是价值观上的判断，也没有把国家或非国家政治暴力的严重程度和范围最小化或最大化。这个特殊案例中的概念区别为单独讨论恐怖主义（本书的主题）和政府恐怖或政府谋杀（不是本书的主题）提供了机会。

恐怖主义的国家支持者

当国家支持那些针对境外平民进行的政治暴力的时候，他们就是在支持恐怖主义。政府支持恐怖主义团体，是为了进一步实现其外交政策目标。但是，大多数情况下，政府不承认这种支持，而是否认知情。在冷战期间，苏联领导的东方联盟和美国领导的西方世界都支持针对对方的恐怖主义活动的团体。例如：东德、捷克斯洛伐克和保加利亚给西欧的左翼恐怖主义团体提供安全的避难场所、爆炸物和后勤支持，与此同时，美国给尼加拉瓜的叛乱提供大量的支持，支持他们与左翼桑地诺主义政府及其支持者进行斗争。在那个年代，这些国家就是恐怖主义的国家支持者。

“恐怖主义”在本章的含义

我赞同沃尔特·拉克尔的观点，即为了更好地掌握不同类型行动者们实施的不同种类的政治暴力的显著特征，需要多重的全新定义。目前来说，我更青睐于之前讨论过的“恐怖”和“恐怖主义”之间的区别。那么，以下就是在这一章的语境下我对“恐怖主义”的定义：

> 恐怖主义是由团体或个人实施的、旨在影响目标公众和政府的行为和行动的、故意瞄准平民或非战斗人员的政治暴力或暴力威胁。

第三章　全球背景下的恐怖主义

在很长一段时间里，恐怖主义在世界许多地方一直被弱者用作对抗在军事、政治和经济上更为强大的统治者和政府的武器。最早的恐怖主义活动可以追溯到圣经时代，带有宗教和政治色彩。“匕首党”（Sicariis）是当时的恐怖主义组织中著名的一支，他们曾与奋锐党（Zealots）一起，与巴勒斯坦的罗马占领者以及与罗马人勾结的犹太人相斗争。匕首党常在节假日攻击他们的目标。他们在外套下藏着一把叫作“西卡”的短剑，潜入拥挤的人群中，在足够接近受害者时刺杀他们。虽然他们以眼中的唯一合法统治者——上帝的名义战斗，但他们其实有更直接的政治动机。最重要的动机便是把非宗教的外国统治者赶下台的强烈愿望。然而在公元 73 年，数百名奋锐党人因不甘向胜利的罗马人投降而选择集体自杀，匕首党的恐怖活动由此宣告结束。

比匕首党更持久的是“暗杀党”组织（the Assassins）（公元 11—13 世纪），它活跃于波斯（今伊朗）和叙利亚，为伊斯兰教什叶派伊斯玛仪教派下的一个极端主义组织分支。哈桑 · 萨巴赫（Hassan-i-Sabbah）是这支强硬的反逊尼派的创始人，他时刻准备着将伊斯玛仪派伊斯兰教传播到整个中东地区，并击败逊尼派统治者。他说服狂热忠实的追随者积极为他们的事业而战，从而进入天堂。由于意识到组织成员数量太少，不足以公开对抗敌人，“暗杀党”一直秘密行动，直到被指定的单个或多个成员在人群中袭击了某个重要的领导人。他们用匕首袭击目标后非但不寻机逃走，反而看起来很满足，甚至渴望被逮捕并处死。因此，按照今天的说法，“暗杀党”所实施的相当于是一种“自杀式恐怖主义”的行动。

有传言，“暗杀党”在憧憬天堂、攻击目标或急切求死时是受到大麻的影响。事实上，由于其广泛使用大麻的传说，该教派的成员在阿拉伯语中被称为“大麻瘾者”；这个名字后来在基督教十字军中演变成“刺客”一词，最终在许多西方语言中寓意政治谋杀。“暗杀党”没有实现自己的宗教和政治目标，却在 13 世纪中叶蒙古人征服伊朗和叙利亚时被消灭。然而，正如一位反恐专家指出的，“暗杀党”“表现出当代恐怖主义的一个基本原则：小团体有向劲敌发动有效恐怖打击的能力”。

形成于 11 世纪的“暴徒”组织（Thugs）恐吓印度达数百年，直到 19 世纪才被英国摧毁。该组织成员以旅客为目标，他们用真丝领带勒死受害者然后实施抢劫。据传闻，“暴徒”组织崇拜女神卡莉（Kali），通过杀戮用受害者的鲜血滋养她。但是，目前尚不清楚“暴徒”组织是否实施宗教恐怖主义，抑或只是单纯的所作抢掠钱财。不管怎样，今天“暴徒”一词广泛用于描述流氓、骗子、小偷等；换句话说，也就是罪犯。

中世纪伊始，基督教派也开始诉诸暴力。他们通常追随某一魅力超凡的领袖或先知，并宣称为净化基督教和基督徒的生活而战。他们的目标为犹太人和任何在其眼中徒有虚名的基督徒。例如，宗教改革运动（Reformation）之后，在德国出现的千禧年教派——“再洗礼派”（Anabaptists）。该派教徒认为明斯特才是真正的耶路撒冷，而自己则是上帝所挑选的工具，被用来暴力对抗反基督徒，即阻碍千禧年的邪恶天主教徒和新教徒。

因此，毫无疑问，起源于宗教和伪宗教教派的恐怖主义，以及主要宗教的信徒，包括基督徒、穆斯林、犹太教徒、佛教徒、印度教徒、锡克教徒，最终以上帝的名义诉诸政治暴力。

不同类型的团体

除了在第五章讨论的宗教恐怖主义外，近来还出现了其他几种主要类型的国际和国内恐怖主义。大部分诉诸政治暴力的恐怖组织可以归结为以下几类：民族主义者/分裂者、左翼和（或）革命、右翼和（或）反动、反全球化、极端环保主义者。顾名思义，民族主义者/分裂者力求建立独立的国家或享受更多的自治权，典型的例子为巴勒斯坦解放组织（Palestinian Liberation Organization, PLO）和巴斯克组织“埃塔”。前者要求建立独立的巴勒斯坦国，后者如果在西班牙境内不能争取独立的话，则希望拥有更大的自治权。左翼或革命组织，如哥伦比亚革命武装力量，希望在哥伦比亚成立马克思主义政权，并与其他拉美左翼革命组织合作。在委内瑞拉，右翼的委内瑞拉联合自卫军（United Self-Defense Forces of Venezuela, AUV）为消灭乌戈·查韦斯（Hugo Chavez）的左翼政府而战；它敌视查韦斯的邻国支持者，并与右翼的哥伦比亚自卫军（Self-Defense Forces of Colombia, AUC）密切合作。反全球化组织，如墨西哥人民革命军（Mexican Fuerzas Armadas Revoluctionarias del Pueblo, FARP），也往往是左倾，甚至信仰马克思主义的。其他组织则既符合无政府主义者，也符合全球化极端仇视者的特点。因此，在1999年世界贸易组织（WTO）峰会期间，一群自称为无政府主义者的人挑起了后来渐渐为人所熟知的“西雅图之战”；他们通过暴力表达对全球化的反对，从而推动了之后几年的反全球化运动。激进的环保团体，如国际组织“地球优先”（Earth First）、地球解放阵线和动物解放阵线，声称政府对自然环境保护不力，所以在北美和欧洲（尤其是英国）以保护自然环境的名义诉诸暴力。在此过程中，他们实施暴力或生态恐怖主义，旨在促进他们在合法的政治舞台上开拓一直无所作为的事业。海洋守护者协会（Sea Shepherd Conservation Society）是又一个激进的环保组织，它在国际水域行动。此外，其网站宣称“采用创新的直接行动战术，调查、记录并在必要时采取行动，以揭露和对抗公海非法活动。通过维护微妙平衡的海洋生态系统的生物多样性，海洋守护者协会致力于保障子孙后代的生存”[1]。为此，海洋守护船以捕鲸船为主要目标。在一则关于海洋守护者协会创始人和领导者保罗·沃森（Paul Watson）的传闻中，拉斐·卡查杜里恩（Raffi Khatchagourian）指出：“据沃森统计，海洋守护者协会共在港口击沉十艘捕鲸船。据我统计，他和他的船员曾试图破坏两艘船只，并已成功击沉另外两艘。”但是，不管沃森夸大与否，另一个著名的国际环保组织，绿色和平组织（Greenpeace），把“保卫我们的海洋”作为它的任务之一，并与其前成员海洋守护者协会划清界限。据其网站信息，绿色和平组织拒绝了沃森要其透露捕鲸船位置的请求，因为“（如果）我们帮助海洋守护者协会寻找捕鲸船，那么他们得到这些信息后所做的任何事情我们都要担责。而且，历史证明他们曾在地球上最危险的海域使用过暴力。对于我们来说，非暴力这条重要的原则没有任何商量的余地。绿色和平组织将继续采取行动保护鲸鱼，但我们绝不会攻击或危及捕鲸船”[2]。

现代恐怖主义之根源

现代恐怖主义起源于“底层”。换句话说，就是反抗社会权力人物（即政治领袖）的政治暴力，它可以追溯到19世纪下半叶。在第一

[1] 关于海洋守护者协会的使命陈述，参见 http://www.seashepherd.org/who-we-are/，刊登日期2010年6月1日。

[2] 绿色和平组织声明全文见于 http://www.greenpeace.org/international/en/about/history/paul-watson/，刊登日期2010年6月5日。

阶段，激进的社会主义者和无政府主义者促成了这样的理论基础——以暴力为手段打击和摧毁暴虐的领导人和政府的理念。1849 年，在瑞士，一份德国政治难民编辑的杂志出版了一本题为《谋杀》（*Der Mord*）的激进小册子，其作者卡尔·海因岑（Karl Heintzen）在册子中提出恐怖行动应反对“反动派”和“代表野蛮人的大众政党”的理念。海因岑指责掌权者“发起大规模谋杀、有组织谋杀或所谓的战争”，他总结道：

> 为了肃清野蛮人政党，我们必须无所顾忌，就算炸掉半个大陆或血流成河也在所不惜。若有谁不愿为了把数以百万的野蛮人扔到棺材里而放弃自己的生命，那他肯定缺乏一颗共和之心。

海因岑主张政治谋杀，即此后不久所定义的恐怖主义，即使这意味着他所谓的“自由党”成员的死亡。海因岑预见武器的发展将使来自“底层”的政治暴力变得更为致命和有效。他写道：“人类最伟大的恩人是有能力让几个人铲除成千上万的人。”150 年后，本·拉登和“基地”组织在寻找大规模杀伤性武器时正是沿袭了这一理念。

在俄罗斯，谢尔盖·涅查耶夫（Sergey Nechaev）、尼古拉·莫罗佐夫（Nikolai Morozov）和彼得·克鲁泡特金（Pyotr Kropotkin）是激进派领袖。他们在自己的著作中为恐怖手段辩解，并规定真正的革命者应遵循的行为准则。“革命者”和“恐怖分子”的词条被他们交替使用。米哈伊尔·巴枯宁（Mikhail Bakunin）主张无政府主义，虽然他大部分的政治生涯都在瑞士度过，但是在俄罗斯也不乏忠实的追随者。在这一时期的俄罗斯，最有影响力的恐怖革命组织是“人民意志”（Narodnaya Volga），因为它把激进的言论转换成了实际的恐怖活动，例如 1881 年刺杀沙皇亚历山大二世（Czar Alexander II）。

无政府主义运动并不仅限于俄罗斯，但它真正国际化并与政治暴力相联系，则在 19 世纪 80 年代、19 世纪 90 年代，并在 20 世纪前 10 年略有涉及。在此期间，无政府主义者和社会革命家在多个国家制造了一波政治暗杀行动，包括俄罗斯、法国、西班牙和意大利。美国也未能幸免，因为其国内的欧洲移民——如卡尔 · 海因岑和约翰 · 莫斯特（John Most）——在新家园主张无政府主义思想和行为。这个时期的无政府主义者没有选择随机打击，而是针对高层政治人物，其中包括法国总统萨迪 · 卡诺（Sadi Carnot）、西班牙首相安东尼奥 · 卡诺瓦斯（Antonio Canovas）、意大利国王翁贝托（Umberto）、奥地利伊丽莎白皇后（Elisabeth）以及美国总统詹姆斯 · 加菲尔德（James Garfield）和威廉 · 麦金利（William McKinley）。有时，无政府主义者因不想伤及无辜的旁观者而中止暗杀计划。而针对其他显要人物的刺杀行动则以失败告终，这其中包括德国总理奥托 · 冯 · 俾斯麦（Otto von Bismarck）和德国皇帝威廉二世（Emperor William II）。但是，正如沃尔特 · 拉克尔所指出的："由于暗杀者是无政府主义者（也有不少人不是），他们都是单独行动，不需要所属组织提供情报和支持。"

虽然左翼运动在 1850 年左右到第一次世界大战期间的恐怖主义历史中占据着主导的地位，但期间也有很多其他不同的组织诉诸政治暴力，其中包括反对英国的爱尔兰民族主义者和反抗土耳其压迫的亚美尼亚人。但无政府主义和社会改革运动的领军人物是那些能够提供政治暴力理论基础，并从此有力影响恐怖分子意识形态的人。

在第一次世界大战和第二次世界大战之间，右翼运动尤为奉行"以行动做宣传"的准则，但直到新兴的法西斯集中营时才开始运用政治暴力夺权。意大利独裁者贝尼托 · 墨索里尼公开表达他对暴力的赞同；阿道夫 · 希特勒的宣传部长约瑟夫 · 戈培尔（Joseph Goebbels）认为街头恐怖和暴力是非常可靠的手段，可以让籍籍无名的组织变得家喻户晓，并赢得大众的支持。右翼和左翼极端分子非常相似，他们都把政治暴力作为一种有效的工具，用以破坏他们所反对的政治制度的合法性。虽然有时恐怖主义理论先于恐怖行动（无政府主义者就是一个例子），但是在多数情况下恰恰相反。根据拉克尔敏锐的观察：

> 总之，自古以来，人们不需要教科书的帮助就能够繁衍、烹饪，这同样适用于恐怖主义。在某些情况下，实施恐怖主义策略的决定基于详细的政治分析。但通常是情绪第一，之后才是意识形态的合理化。有时，这会催生恐怖主义的系统战略以及支持者和反对者之间的激烈争论。但是，恐怖主义也会在没有明确的教义和系统化战略的情况下产生。

二战后的恐怖主义风潮

恐怖主义并没有随着二战的爆发而消失，反而如常喷涌。例如，爱尔兰共和军在英国制造的反英爆炸案，以及犹太人和阿拉伯人在英国托管的巴勒斯坦实施的政治暴力。对于大卫·拉波波特来说，恐怖主义的“关键促进因素是两次世界大战胜利的协约国和同盟国的主要战争目标之一：民族自决。殖民列强对自己合法性的摇摆不定心理使他们成为政治暴行的理想目标”。但直到二战之后，当人们为非殖民化、民族解放以及革命性的社会变革而抗争时，世界许多地方的政治暴力才从“底层”强势爆发。

英国人、法国人、荷兰人和美国人从亚丁、塞浦路斯、巴勒斯坦、阿尔及利亚、印度尼西亚、菲律宾和其他地方撤退的时候，往往伴随着恐怖暴力活动。在拉丁美洲，革命组织代表统治阶级对抗美国的干涉，目的是建立挑战资本主义模式的新社会秩序。在非洲和亚洲，欧洲列强成为袭击目标。弗朗茨·法农（Frantz Fanon）和雷吉斯·德布雷（Regis Debray）为暴力行动提供了理论支持，旨在实现民族解放和社会变革。法农以阿尔及利亚为例，控诉整个西方模式，特别是殖民主义的毫无人性。他推崇毫无保留地使用暴力，不仅是为了达到民族解放的目的，也为了把已解放的人们从被压迫的影响中释放出来，并对其赋权。他在《大地哀鸿》(*The Wretched of the Earth*)一书中写道：

> 就个人层面来讲，暴力是一种洁净力。它让土著居民不再自卑、绝望和庸碌无为，令其无所畏惧，恢复自尊。

他还要求建立一个全新、公正、人道的社会和政治模式，不仅适用于阿尔及利亚和非洲这两个特例，还适用于整个第三世界，以及在第一世界中为民族自决而斗争的少数民族。正如法农在其专著中下的结论：

> 让我们下决心不要效仿欧洲；让我们朝着全新的方向戮力同心。欧洲从未带给人类胜利的新生，让我们创造崭新的人类吧。
>
> 两个世纪前，欧洲一个曾经的殖民地决定追赶欧洲。它，美利坚合众国，继承得如此之好，以至于变成了一个怪物。欧洲的脏污、疾病和寡绝人性在这里发展到骇人听闻的程度。
>
> 同志们，除了建立第三个欧洲，我们难道就没有其他事可做了吗?

德布雷在《革命中的革命》(*Revolution in the Revolution*)一书中为反帝、反资本主义革命起义（特别是拉丁美洲）提供了理论基础。与法农对恐怖行动所起作用的认可不同，德布雷并不看好恐怖主义的实效，而是建议开展较大规模的游击战。

法农（土生土长的马提尼克岛人）和德布雷（法国人）都是以局外理论家的身份关注非洲和拉丁美洲。巴西共产党员卡洛斯·马里格赫拉（Carlos Marighella）是一个土生土长的拉丁美洲革命者，他编写的《城市游击战手册》(*Handbook of Urban Guerrilla Warfare*)为来自“底层”的暴力斗争提供了第一手的指导。除了体能和对事业的绝对执着外，马里格赫拉也很推崇技术专长，尤其是跟武器有关的技能，如机枪、左轮手枪、猎枪、迫击炮和火箭筒。在他的手册中，有这样的建议：

> 熟悉各类弹药和爆炸物是另一个要考虑的方面。在爆炸物中，炸药是必须熟谙的。燃烧弹、烟雾弹和其他类型弹药的使用知识也是必不可少的。
>
> 要知道如何制作和修理武器，准备燃烧瓶、手榴弹、地雷、自制的破坏性装置，如何炸毁桥梁，拆除并摧毁铁轨和枕木。这些都是城市游击队技术准备的前提条件，决不能小觑之。

在20世纪60年代和70年代，法农、德布雷和马里格赫拉的理论贡献，埃内斯托·切·格瓦拉（Ernesto Che Guevara）对菲德尔·卡斯特罗（Fidel Castro）领导古巴革命的影响以及他本人的亲自参与，都影响了第三世界以及之外的许多激进分子。在西欧和影响力较弱的美国，从新左派学生运动中脱离的组织决定抗击美帝国主义的象征和各自国家的执政当局。无论是德国的红军派（或更为人熟知的名字巴德尔—迈因霍夫集团）、意大利的红色旅，还是美国的“地下气象员”（Weather Underground），这些组织的成员都认为自己是马克思主义城市游击队员，并认为自己正在发动一场反抗现有秩序和资本主义形态的阶级斗争。

像红军派这样的组织虽然在频繁的交流中为自己的暴力行为提供了理论背景，但是仍坚持认为实施恐怖行动的时机已成熟，而不能只停留在恐怖主义教条上。在《城市游击队和阶级斗争》（*Stadtguerrilla und Klassenkampf*）一文中，红军派表示：“在这个历史阶段，没人可以否认，不管一个武装组织势力有多小，跟一个单纯宣扬革命原则的组织相比，前者更有机会壮大成为人民军队。”红军派《城市游击队的概念》

（*Das Konzept Stadtguerrilla*）一文的作者承认，城市游击队的想法起源于拉丁美洲，马里格赫拉关于此主题的入门书被他们当作典范。

尽管红军派最初只是在西德开展暴力活动，但它后来演变为“恐怖国际”（Terrorist International）组织的一部分。该组织从20世纪70年代中期开始在境外开展重大恐怖行动。然而，开创恐怖分子国际合作之风的并不是乌尔丽克·迈因霍夫（Ulrike Meinhof）、安德烈亚斯·巴德尔（Andreas Baader）和他们的德国同志，而是亚西尔·阿拉法特（Yassir Arafat）领导下的巴勒斯坦解放组织，它在约旦的训练营培训来自国外的激进分子，早期的受训学员就包括巴德尔和迈因霍夫等人，他们返回德国后建立了红军派。20世纪60年代后期，德国学员和他们的巴勒斯坦主人不欢而散。但到了70年代中期，红军派及其分支的成员又同他们的巴勒斯坦同事合作，开展恐怖袭击。

受巴德尔和迈因霍夫启发的德国左派和受巴解组织的阿拉法特和阿布·阿巴斯激励的巴勒斯坦民族主义者刚开始似乎是同床异梦，但二者实际上是达成共识的：因为美国对以色列的强烈支持，巴勒斯坦人跟红军派一样都怀有反美情绪。

1968：现代恐怖主义肇始

许多恐怖主义研究人员把1968年作为现代恐怖主义的开始，因为自这一年起，国际和国内的恐怖主义事件越来越引人注目。据杰弗里·D·西蒙（Jeffrey D. Simon）称：

> 巴勒斯坦游击队对航空公司开展的持续的劫机和破坏活动是重大的突破点，其暴力程度和强度在国际社会上是空前的。巴勒斯坦人民阵线在一位名叫乔治·哈巴什（George Habash）的巴勒斯坦医生的指挥下，浓墨重彩地宣传其对以色列的斗争；1968年6月，该组织劫持了以色列国家航空公司一架从罗马飞往特拉维夫的

航班，并迫使其改变航向飞往阿尔及利亚。同年 12 月，他们又在雅典机场袭击一架以色列国家航空公司的飞机，并杀死一名乘客。

从这时起，劫持行动的范围迅速扩大，并很快把目标指向美国人及其海外利益。这点是非常明显的，因为 1970 年 9 月，巴勒斯坦人民阵线成员就四次劫持了飞往纽约的飞机。虽然以色列国家航空公司那架飞机上的安保人员最后将劫机者制服并杀死了其中一名劫机者，但是其他恐怖分子仍然成功迫使一架环球航空公司飞机、一架泛美世界航空公司飞机和一架瑞士航空喷气式飞机降落在约旦的一个偏远地区。数百名乘客中大部分为美国人，其他为欧洲人，都被扣为人质。其中一些人质很快被释放，其他人则被扣留达 3 周左右。最终，当英国、西德、瑞士同意释放巴勒斯坦囚犯时，所有人质才获救。这些惊人的恐怖主义事件的目的，是为了让世界关注巴勒斯坦。其中一名巴勒斯坦人哈巴什（Dr. Habash）就此解释道："我们迫使人们追问发生了什么。"对于恐怖袭击之后铺天盖地的宣传，另一名巴勒斯坦恐怖分子说："如果这种方式奏效的话，我们愿意掷上玫瑰。"

到底是什么激励着这些恐怖分子？以色列犹太国家的成立，以及以色列 1967 年的"六日战争"，让一百多万巴勒斯坦人逃离或流离失所。巴勒斯坦的恐怖主义正是植根于这些巴勒斯坦人的命运，过去是这样，现在也同样如此。以色列战胜约旦、叙利亚和埃及军队，并持久占领约旦河西岸和加沙地带这两处巴勒斯坦区域和叙利亚的戈兰高地。随着军事上战胜以色列的希望破灭，一些巴勒斯坦人转向国际恐怖主义，以迫使中东以外的各国政府和人民关注他们的困境。

1972 年慕尼黑奥运会期间，巴勒斯坦"黑色九月"组织（Black September）袭击并残忍地杀害了以色列奥运代表队成员。至此，西德的红军派和巴勒斯坦恐怖主义同行之间的联系变得如此紧密，以致红军派甚至为后者的恐怖袭击提供后勤支持。在随后的几年中，德国和巴勒斯坦人一起策划并实施了大量的恐怖行动，如1975年袭击在维也纳举行的石油输出国组织（OPEC）会场，1976年劫持一架飞往乌干达恩德培的以色列国家航空公司飞机，以及1977年劫持一架飞往索马里首都摩加迪沙的汉莎航空飞机。

欧洲的一些左派团体则更为内向，对国际合作不感兴趣，对其依赖也较小。例如，意大利红色旅的一名指挥官在20世纪90年代初透露：

> 说得直截了当些，当时（红色旅仍是一个小派系时）我们的做法是，除了联系物资或革命运动间的团结合作，不与任何外国组织接触。我们和巴勒斯坦的一个派系曾有过一次接触，当时是把一批武器运输到我国并与另外的三个意大利武装组织共享。此外，我们还坚持"自力更生"理论以获得武器和金钱。

但是，红色旅的这位指挥官还指出，红军派把自己当作"欧洲第五纵队'反帝阵线'"，并实际扮演着相应的角色；该阵线将触角伸向"东欧集团"（Eastern Bloc）和第三世界的革命运动。20世纪80年代，鉴于巴勒斯坦的启示，德国的恐怖分子试图打造欧洲恐怖主义联盟也就不足为奇了。据布鲁斯·霍夫曼（Bruce Hoffman）所言：

> 巴勒斯坦人对德国人所产生的影响也许永远不如1985年时深远，当时红军派与法国左翼恐怖组织"直接行动"（其法语名为"Action Directe"，因此缩写为"AD"）联合，希望创立类似于巴勒斯坦解放组织的"西欧游击队反帝阵线"综合组织，其中也包括意大利的红色旅和比利时的"共产党战斗细胞"（CCC）。

这个雄心勃勃的计划最终流产，因为西欧各国的许多恐怖分子在冷战渐渐式微时期要么被逮捕，要么被迫逃到安全的避难所。有观点认为，如果没有巴勒斯坦的支持，红军派及相关组织根本不能存活那么久。[1] 但这一说法忽视或淡化了“铁幕”东侧对这些组织和个人的重要支持。

事实上，20 世纪 70 年代和 80 年代困扰西方的大部分恐怖主义多多少少跟两个超级大国和他们各自的势力范围之间的对抗有关。巴以冲突也是在这一背景下爆发。虽然共产主义国家支持欧洲的左派团体，但在拉丁美洲和其他地区，一些与莫斯科有联系的政府也支持有宗教动机的组织。例如，成立于 1982 年的黎巴嫩真主党由伊朗伊斯兰共和国提供资金支持。由于跟叙利亚一样站在反以色列的立场，所以他们也得到了叙利亚的宽容和支持。

生命力持久的爱尔兰共和军和“埃塔”

大卫 · 拉波波特记录了四波截然不同的恐怖活动。它们肇始于 19 世纪后期的无政府主义风潮，每个时期的平均跨度为 40—45 年。他总结说，这种“规律就像人的生命周期一样：曾经激励父辈的梦想对子辈则失去了吸引力”。实际上，有许多组织比他们所处的政治风潮要短命得多；但也有一些组织在所处的特殊风潮中幸存下来，超越了同类型组织的平均寿命。

爱尔兰共和军就是一个典型的例子，其历史可以追溯到 18 世纪末。该组织成立于 1919 年，旨在将爱尔兰从英国独立出来。1921 年，温和的民族主义者同意在以天主教为主的南部地区建立一个独立的爱尔兰国家，并延续英国对北部六郡的控制，但这一解决方案遭到激进的民族主义者的反对：他们希望爱尔兰全境独立。结果引发内战，极端民族主义者被新独立的爱尔兰国打败。虽然大多数的爱尔兰共和军在 20 世纪 20 年代后期谴责暴力，但该组织的残余势力继续为北爱尔兰独立

[1] 引自德国和以色列的反恐分析师大卫 · 席勒，他认为：“没有巴勒斯坦人提供援助，他们的德国同行不可能活下来。”

而战。这并不是爱尔兰共和军内讧的结束。1969 年，在准军事新教徒粗暴干涉天主教徒在北爱尔兰的和平示威后，爱尔兰共和军中的一支好战派脱离出来，取名“临时爱尔兰共和军”（Provisional IRA）。自此之后的几十年间，临时爱尔兰共和军在推动北爱尔兰的民族主义事业中起到了最大的作用，也最为暴力。与此同时，恐怖主义也是“阿尔斯特防卫协会”（Ulster Defense Association）和“阿尔斯特先锋运动”（Ulster Vanguard Movement）等新教亲信组织的武器。为了抗议 1998 年签署的《贝尔法斯特协议》（*Belfast Agreement*）确定的和平进程，以及彻底终结北爱尔兰的暴力冲突，一些爱尔兰共和军成员建立了“真爱尔兰共和军”（Real IRA）。在随后的几年中，该组织成员在北爱尔兰、都柏林、伦敦、伯明翰和其他地方实施了几十起爆炸案和其他恐怖袭击。2005 年 7 月，临时爱尔兰共和军宣布结束武装斗争，并宣布该组织将努力通过民主的政治进程来实现其目标。在随后的三个月中，该组织在独立国际解除武装委员会（Independent International Commission on Decommissioning）的监督下解除了武装。2007 年 5 月，当地政府恢复为北爱尔兰。民主统一党领导人伊恩 · 佩斯利（Ian Paisley）和新芬党代表马丁 · 麦吉尼斯（Martin McGuinness）分别宣誓就任北爱尔兰政府的领袖和副领袖。2010 年 2 月，英国首相戈登 · 布朗（Gordon Brown）和爱尔兰总理布莱恩 · 考恩（Brian Cowen）签署《希尔斯堡协议》（*Hillsborough Castle Agreement*），将六个郡的警察和司法系统移交给北爱尔兰政府。

另一个例子是巴斯克“埃塔”分裂主义组织，这个生命力持久的恐怖组织创建于 1959 年，正是民族自决的浪潮席卷世界各地之时。尽管在弗朗哥政权结束和民主制度出现后的几十年，巴斯克地区获得了很大的自主性，但该组织仍继续要求建立一个独立的巴斯克国家。虽然“埃塔”的突击队总是在地下运作，但巴塔苏纳政党（Batasuna）以合法的政治程序追求该组织的分裂目标，直到被西班牙最高法院认定为反民主并被取缔。虽然不是多数党，但巴塔苏纳党还是赢得了来自巴斯克约10%—15% 的选票。不过，绝大多数巴斯克人开始强烈抵制“埃塔”。2009 年 11 月由巴斯克大学“巴斯克晴雨表”（Euskobarometro）展开的一项调查显示，63% 的巴斯克市民完全抵制“埃塔”，只有 1% 的人完全支持，其余人则看法不一。由于缺乏公众的支持，加上西班牙和近邻法国展开的一波逮捕行动（尤其是在 2009 年和 2010 年），该组织的领导力大为削弱，但是在 21 世纪的第一个 10 年中，它仍然继续开展致命的暴力行动。自 20 世纪 60 年代后期诉诸恐怖主义后，“埃塔”策划的各类袭击共造成 800 多人死亡，多人受伤。“埃塔”和马德里政府之间以往签订的一些停火协议并没有持续多久，该组织的单方面休战公告也一一作废。比如，“埃塔”刚于 2006 年 3 月释放停火信号，其组织成员便在马德里机场一处停车场引爆了一枚威力强大的炸弹，导致两人死亡，多间房屋倒塌。2009 年夏，“埃塔”在每年夏天吸引成千上万游客的著名度假胜地马略卡岛引爆数枚炸弹，以此庆祝成立 50 周年。“埃塔”的炸弹分别在酒吧、餐馆和街道上引爆，炸死了两名警察，并造成数十名平民受伤。在经济困难时期，这一举动的目标显然是针对西班牙至关重要的旅游部门。

西班牙“埃塔”成员会习惯性地越境到法国寻求安全的庇护所，巴斯克分裂主义者把该地区当作自己祖国的一部分。但是，法国当局怀疑“埃塔”成员在 2010 年 3 月插手杀害一名法国警察，之后法国总统萨科齐承诺扫除“埃塔”在法国的所有藏匿所，并追捕境内的“埃塔”恐怖分子。警察被杀事件是对法国警方在 2 月份逮捕“埃塔”军事领导人依邦 · 果戈斯克查亚（Ibon Gogeascoechea）的回击。2010 年 5 月，其继任者迈克尔 · 卡比库瓦兹 · 卡瑞雷拉 · 萨罗伯（Mikel Kabikoitz Karrera Sarobe）也被法国拘留。然而，西班牙和法国反对“埃塔”的联合行动是否会对这个坚韧的组织造成沉重的打击，还要打上问号。

左翼恐怖主义的没落

随着“铁幕”逐渐消失和冷战的结束，许多观察家预测国际恐怖主义也会急剧衰退。1992 年 4 月，红军派宣布放下武器。红军派在一系列的公报中承认，它在柏林墙倒塌之前的斗争以及在德国统一之后对其革命活动的重新调整，均以失败告终。但即使失败，红军派仍然重申它对自己过去的行动和全世界解放运动的支持。这些最后的重申被理解为马克思主义团体的讣告，但不包括希腊、西班牙和土耳其的一些团体和基层组织。马克思主义团体自 20 世纪 60 年代末起就一直是西欧的恐惧。即使是 10 年后，当希腊的“11 月 17 日”恐怖组织（November 17）的 19 个成员被逮捕和审判时，仍有迹象表明，意大利红色旅残部试图东山再起。

在拉丁美洲，许多恐怖组织和其他地区的类似团体均已解体，其他的则生存下来，并且仍然非常活跃。成立于 1962 年的乌拉圭“图帕马罗”（Tupamaro）或民族解放运动（National Liberation Movement）也许是最著名的拉美恐怖组织。在整个拉丁美洲和其他地方，该组织成为城市恐怖主义或其支持者所谓的“城市游击战”的榜样。“图帕马罗”为马克思主义团体提供了普遍主义模式，也影响了右翼组织的组织形式和恐怖手段。为了推翻现有的国内秩序，建立一个公平的制度，主要由中产阶级和上层阶级组成的“图帕马罗”在本国建立了一个高效的恐怖网络，打击外国使节以及国内警察和军队。然而，“图帕马罗”最终还是失去了之前公众对它的支持，并成为乌拉圭安全部队的反攻目标。到了 20 世纪 80 年代，这个曾经的恐怖主义典型组织，“完全放弃武装斗争，重新踏足民主政治”。

其他团体，如同样成立于 20 世纪 60 年代初的哥伦比亚革命武装力量和哥伦比亚民族解放军（National Liberation Army，ELN），在进入 21 世纪后，仍继续与外国势力和本国政府斗争。左翼哥伦比亚革命武装力量被认为是拉丁美洲最训练有素、最有组织、资金最充足的恐怖组织。在过去，左翼的生态恐怖主义组织哥伦比亚民族解放军专门破坏外国石油公司的管道，组织的活跃分子中还包括牧师。

总之，在20世纪末和21世纪初，马克思主义团体恐怖分子不再像之前几十年那样构成威胁。相反，在20世纪90年代，一种更为危险和致命的恐怖主义形态浮出水面。

灾难性恐怖主义的崛起

正如1968年被认为是现代恐怖主义的开始一样，1995年可以看作是灾难性恐怖主义的开端。在此之前曾有大量预兆。在20世纪80年代，该领域的一些专家警告说，美国和世界应该做好心理准备迎接恐怖主义历史上最为暴力的一页。罗伯特·库珀曼（Robert Kupperman）和杰夫·卡门（Jeff Kamen）描述了大型恐怖主义行为的可怕景象，这种恐怖主义会造成大规模的杀伤和破坏。但包括拉克尔在内的其他著名专家仅仅把当时的恐怖主义现实当成美国和其他西方民主国家的麻烦。20世纪90年代的恐怖事件开始于1993年世界贸易中心的第一次爆炸案以及1995年俄克拉荷马城爆炸案，这些事件证实悲观主义者的观点是正确的。但是，1995年的东京地铁神经毒气案，造成12人死亡，超过5000人受伤，这才成为决定性的转折点。美国参议员萨姆·纳恩（Sam Nunn）通过梳理事实，发现奥姆真理教成员是日本这次事件的元凶，他们已经能够获得并开发剧毒物质。他认为沙林毒气袭击开启了恐怖主义的“一个新时代”，恐怖分子有可能部署大规模杀伤性武器和制造灾难性的恐怖活动。

为什么恐怖主义会在后冷战时代快速发展？这主要跟四个新形势有关：

共产主义崩溃、苏联解体以及两极世界的结束，破坏了作为旧的权力平衡体系的所谓制约机制。

苏联解体成独立的共和国、苏联式的共产主义作为一种替代意识形态的消失、曾经的东欧集团的变化，以及美国作为唯一超级大国的新地缘政治现实，以上因素释放了民族、宗教和伪宗教的狂热，导致了为达到目的而诉诸灾难性恐怖主义的运动和团体的出现和壮大。

越来越多的人对现代化和全球化的某些方面持反对态度，这是导致激进的宗教和种族团体出现的因素之一。10 年后，俄罗斯军队撤退，塔利班对阿富汗进行统治，便是对上述情绪的体现。当然，还有其他方面的因素。在伊朗，革命要推翻的是由美国支持的暴虐的国王政权。

航空的发展和通信技术的进步使恐怖组织能够将其成员派遣至遥远的地方开展恐怖活动，并利用全球通信网络和媒体进行内部通信和对外宣传。

冷战后肆虐的恐怖主义与反恐怖主义

20 世纪 80 年代初，记者克莱尔 · 斯特林（Claire Sterling）指出，反美和反西方恐怖主义的支持国包括东欧的苏联、非洲、拉丁美洲和中东国家。苏联势力范围内的东德、捷克斯洛伐克、保加利亚和其他国家则一直暗中行动，相关细节在苏联帝国解体后才被披露出来。但奇怪的是，支持国和恐怖组织之间的关系也为打击灾难性恐怖主义提供了一个安全屏障：苏联及其附庸国不希望恐怖主义恣意蔓延，因为这有可能导致报复行动和超级大国之间的对抗。同样，美国支持的组织会对抗采取恐怖战术的社会主义政权，如尼加拉瓜“反政府游击队”（Contras）或“争取彻底独立安哥拉全国联盟”（简称“安盟”）（National Union for the Total Independence of Angola，UNITA）。

这种两极地缘政治秩序也限制了西方主要受袭目标（大多数情况下都是美国）反恐打击不均衡的可能性。在 444 天的伊朗人质危机中，数十名美国公民在美国驻德黑兰大使馆被扣为人质，此举得到伊朗当局的准许。时任总统吉米 · 卡特和他的顾问们讨论对伊朗实施可能的惩罚性军事打击，正是为了证明美国的力量和决心。但是，在苏联入侵阿富汗后，就连卡特的鹰派国家安全顾问兹比格纽·布热津斯基（Zbigniew Brzezinski）也放弃了他的军事行动主张，因为他担心这些措施“根本就是给苏联制造更多的机会，让它将势力扩张到波斯湾和印度洋”。20世纪80年代，尽管伊朗被西方视作比利比亚更加嚣张的反美恐怖主义的赞助者，但里根政府还是选择利比亚来证明美国的反恐力量——它当然认识到这个北非国家在莫斯科的地缘政治规划中远不如伊朗重要。为此，里根政府发动了大规模的外交和公关活动，把利比亚称为反美恐怖主义赞助者的“罪魁祸首”。1986年4月，华盛顿理直气壮地指责利比亚制造了柏林迪斯科舞厅恐怖爆炸事件，利比亚特工都知道这家舞厅是美国大兵最常去的场所。里根政府还以颜色，空袭了黎波里和班加西——但在此之前，它已经提前给苏联政府透露了风声，以便后者提醒其在利比亚的顾问。

冷战结束后，这样的阻碍不复存在。关于恐怖主义，预期的“世界新秩序”成了“新无序世界”。反恐怖主义不再像冷战时期的两极现实中那样被考虑。在2001年9月11日恐怖袭击后，这一特征变得清晰起来。“9·11”事件后，美国发动了大规模的军事行动以打击阿富汗的“基地”组织和塔利班。而由美国领导的联军入侵伊拉克，则让这一特征变得更为明朗。布什总统和他的顾问们不再有前总统吉米·卡特和罗纳德·里根（Ronald Reagan）对势力均衡和利益范围的顾虑。

后冷战时代的新旧恐怖主义

冷战结束后，一些在冷战期间实施恐怖主义行为的运动、组织和个人继续操守旧业。除了上面提到的爱尔兰共和军及其分支，以及北爱尔兰的忠诚分子外，西班牙巴斯克的“埃塔”、哥伦比亚革命武装力量以及哥伦比亚和其他拉美国家的类似组织、巴勒斯坦人民解放阵线、宗教组织黎巴嫩真主党等也在继续进行着恐怖主义活动。但是，冷战结束后，新的活动和组织也选择把恐怖主义作为他们的政治武器。

共产主义阵营的解体将其版图内根深蒂固的仇恨昭然于世。苏联解体为十几个独立的国家，但这并没有彻底终结这些国家内部和国家间遗留的种族冲突。但在穆斯林占人口绝大多数的哈萨克斯坦、吉尔吉斯斯坦、塔吉克斯坦、土库曼斯坦和乌兹别克斯坦等中亚共和国，伊斯兰好战分子和激进教义的迅速崛起才真正破坏了整个地区的稳定。伊斯兰激进分子由阿富汗的“基地”组织和塔利班训练，由中东各国政府和富人提供资金支持，使用恐怖手段来争取伊斯兰教的传播和主导地位。一位专家如此描述这些紧随苏联 70 年统治而出现的新形势：

> 来自阿富汗、巴基斯坦、约旦、埃及和土耳其的伊斯兰激进思想的渗透，伊朗和沙特的清真寺和伊斯兰学校（宗教学校）的资助，以及慈善机构对伊斯兰学校和清真寺的捐款，都导致了中亚的去俄罗斯化和伊斯兰化。

类似的新形势还出现在俄罗斯联邦本身（联邦内每 6 个公民就有约 1 人不是俄罗斯人）以及种族和宗教多样的巴尔干半岛诸国。俄罗斯与车臣冲突从过去到现在都是一个很好的例子。在车臣争取独立的斗争中，较弱的一方在车臣境内外使用恐怖主义对付俄罗斯。对于许多观察员来说，此举是对俄军在清剿车臣叛军时所犯暴行的回击。通过接管和占领医院和其他公共设施，车臣策划了多起引人注目的人质劫持事件。车臣领导人多次扬言，将把莫斯科的地铁系统和核电厂作为目标。在 1996 年临近被暗杀时，车臣分裂主义领导人安德烈 · 杜达耶夫（Andrei Dudayev）甚至恐怖威胁西欧，因为按照他的解释，欧洲人支持俄罗斯侵略车臣。

随着冷战的结束，巴尔干半岛也爆发了种族冲突，其中大部分发生在南斯拉夫。就像穆斯林车臣分裂主义分子由国外的穆斯林战士支持，拥有恐怖主义专业知识的穆斯林武装分子也涌入了巴尔干半岛的穆斯林地区。这种情况在波斯尼亚表现得最为明显。在20世纪90年代早期的血腥内战中，此地的伊朗革命卫队和许多阿拉伯国家同样激进的组织为波斯尼亚穆斯林而战。《岱顿协定》（Dayton Peace Accord）签署后，这些穆斯林战士没有按协定要求离开该地区。相反，恐怖主义成为美国和其他北约（北大西洋公约组织）士兵试图保持各派系和平的又一威胁。可以肯定的是，来自国外的穆斯林在当时并不是第一个推行恐怖主义的。事实上，塞尔维亚人是第一个在波斯尼亚冲突中真正地实施国际恐怖主义行为的一方，在1995年，他们把联合国维和人员扣为人质，以防止北约的进一步打击。然而，穆斯林和塞族人之间的流血冲突，以及如波斯尼亚穆斯林认为的，西方对波斯尼亚穆斯林所遭遇的种族灭绝的漠视，激起了远远超出波斯尼亚穆斯林群体的反西方和反美情绪。时任波斯尼亚军队指挥官的塞费尔·哈利洛维奇（Sefir Halilovich）曾威胁道，除非西方对波斯尼亚穆斯林进行援助，否则恐怖分子将会把“欧洲国家的首都变成一片火海”。跟他一样愤怒的，还有来自欧洲各地、亚洲和非洲的穆斯林同胞。

许多在波斯尼亚帮助穆斯林同胞的战士都是退伍军人。在1979年苏联入侵阿富汗后，他们与阿富汗人并肩作战反抗苏军，在20世纪80年代的大部分时间里都参与到阿富汗战争中。阿拉伯圣战者受到盛产石油的阿拉伯国家，尤其是沙特阿拉伯的资助，并与向他们提供先进武器的美国政府代表建立了密切的关系。出生在富裕的沙特家族的本·拉登就是这些阿拉伯战士之一，他在阿富汗和反对苏联入侵者的圣战中找到了自己的使命。一旦苏军撤退，美国便达到了自己的目标，对阿富汗不再感兴趣，也不愿为阿富汗的重建出力。包括本·拉登在内的许多圣战者意识到，在冷战中他们虽为美国的盟友，而实际上不过是一颗棋子。因此，他们把愤怒的矛头对准了美国。

现代化、全球化和宗教暴力的蔓延

1999年秋，几百名自称是无政府主义者的人扰乱了在西雅图举行的世贸组织峰会。他们引爆M-80烟花，捣毁星巴克、耐克、老海军等名牌专卖店。随后世贸组织、世界银行、国际货币基金组织以及其他国际组织的会议，也都遭遇了更为严重的反全球化暴力。美国和欧洲的左倾环保主义者，以及西式工业现代化、后现代主义发展、美国主导的全球化和消费主义的反对者，从过去到现在一直都是反全球化运动的驱动力。但是，对上述全球化发展反对声音最强烈的，当属各种宗教原教旨主义者。

本杰明·巴伯（Benjamin Barber）在他的《圣战与麦当劳世界》（*Jihad vs. McWorld*）一书中，研究了对跨国批量生产、大众消费、大众娱乐和海量信息的不满情绪。他把对这些发展作出的极端反应描述为“圣战”。但是圣战在这里不仅仅代表原教旨主义穆斯林在对抗麦当劳世界和好莱坞主宰的娱乐全球化时的所言所行。而且，在此背景下，圣战还暗喻不同团体看到他们的传统宗教、种族、政治和经济价值观受到冲击时的极端反应。当然，“基地”组织恐怖主义的狂热分子可以被划为圣战派，但美国的右翼基督徒或伪基督教组织也符合此条件。宗教暴力专家马克·杰根史迈尔（Mark Juergensmeyer）也得出了类似的结论，他写道：

> 像本·拉登这样的活动家可能会被视为反全球化游击队员……全球化与后现代的时代大背景的出现削弱了当权地位，同时释放出地方势力。我并不是暗示只有全球化才会导致宗教暴力，但全球化也许可以解释为何当下世界各地正发生着这么多的宗教暴力事件。

此外，杰根史迈尔还指出，“本·拉登、奥姆真理教和（美国的）基督教民兵组织一直明确提及其对国际阴谋和压迫式的经济‘世界新秩序’的认知”。

然而，尽管反全球化情绪助长了各种宗教和种族团体的仇恨，“9 · 11”事件以及随后发生在印度、印度尼西亚、摩洛哥、西班牙、沙特阿拉伯和其他地方的爆炸案，则让人们把视线聚焦在以真主名义发动袭击的穆斯林极端分子身上。在回击美国对阿拉伯和穆斯林国家的主宰和剥削，以及美国对中东压迫性政权的支持时，没有人像“基地”组织创始人本 · 拉登一样如此公然频繁地将暴力行为进行合理化。在 1996 年出版的《追杀令》（*Fatwa*）中，他如此阐述整个穆斯林的困境，特别是沙特阿拉伯的困境：

> 从此地和此刻起，我们开始着手谈论如何纠正发生在整个伊斯兰世界，尤其是两个圣地的状况。我们希望研究出使局势回归常态的方法。此外，还要把权利归还给人民，尤其是在他们的生活和宗教遭受极大损害和侵犯后。这种不公正的行为影响到每一派系和团体的人们、平民、军队和安全人员、政府官员和商人、年轻人和老年人，以及学校和大学生。成千上万的毕业生找不到工作，成了最广泛的社会阶层，一并受到影响。[1]

在分析沙特的情况时，他抱怨道：

> 除了每日累积的利息外，政府欠人民 3400 多亿里亚尔的债务，更不用说外债。人们很好奇我们到底是不是最大的石油出口国？他们甚至认为，这种情况是真主安拉对自己的诅咒，因为他们没有对当局暴虐、非法的行为和措施进行反抗。

[1] 除非另有说明，对本 · 拉登通信的引用以及参考均出自他 1996 年的《拉登书信：战争宣言》和他 1998 年的《反对犹太人和十字军之圣战》。这些文件可以在许多网站上搜索到，其中包括 www.washingtonpost.com。

他指责“美国十字军部队”对沙特全国施行了许多灾难性政策，“特别是在石油工业领域限制或扩大生产规模，将价格固定以适应美国经济需求而忽视了沙特的经济”。

在纽约和华盛顿特区的恐怖袭击发生的数年前，政治学家塞缪尔·亨廷顿（Samuel Huntington）曾预言，后冷战时期最大的危险将会产生于不同文化背景、不同文明的国家和群体间的冲突。“9·11”事件发生几周后，尽管不承认这些攻击预示着这样的冲突，但亨廷顿仍确信“本·拉登希望它成为伊斯兰教和西方文明之间的冲突”。本·拉登的声明最终证实了这一结论。1998 年，在他对“犹太人和十字军”宣战时，他列举“十字军—犹太复国主义者联盟”（Crusader-Zionist Alliance）的恶行，并提醒所有穆斯林，“如果敌人破坏了穆斯林国家，那么圣战就成为个人职责，没有什么比击退那些攻击宗教和生命的敌人更神圣”。接着，他呼吁所有穆斯林“不管在哪个国家，只要有机会……就杀死美国人和他们的同盟——无论是平民还是军人”。2001 年 10 月，当美军开始在阿富汗的“基地”组织营地和塔利班据点实施军事打击时，本·拉登宣称：

> 此事把整个世界划分成了信徒和异教徒两大阵营，愿真主让你们远离后者。每一个穆斯林都必须竭力争取宗教胜利。信仰之风已经吹来，变革之风已经吹来，它将把压迫从穆罕默德岛上消灭，愿他安息。

穆斯林没有扩张为本·拉登所宣称的一个大规模的统一战线，在对抗基督教和犹太教异教徒的圣战中，这位“基地”组织领导人和他的支持者最终未能实现他们雄心勃勃的目标。相反，他们失去了自己的避难所、总部、培训设施，以及阿富汗的武器库。在这方面，本·拉登和他的战友们也许低估了美国的决心，以及其他国家愿意与美国合作的意愿。但是，我们也不能妄断“基地”组织领导层期望挑起已经存在的文明冲突，仅仅是由于“9 · 11”行动和预期的军事回应。更为可能的是，他们计划发动的每一次恐怖袭击，都进一步迈向“信徒派”和“异教徒派”间的对抗。

当然，“9 · 11”事件和随后发生在西方的重大恐怖袭击事件加剧了许多西方国家内部穆斯林少数族裔和占多数的基督徒之间的紧张关系——欧洲比美国更甚。虽然因为他们不同的文化和宗教偏好，穆斯林移民到欧洲后被区别对待。特别是在法国、奥地利、比利时、丹麦、德国和其他地方，排外的右翼变得愈发流行，因为人们担心穆斯林在其境内效仿“9 · 11”事件而实施暴力。而报告称在许多西方国家“潜伏”着随时待命实施暴力行为的恐怖主义者，担忧由此加剧。在这种氛围中，民粹主义领导人把穆斯林变成他们社会中各种弊病的替罪羊。一位观察家捕捉到这一趋势并写道：

> 丹麦人民党领袖皮娅 · 克亚斯高（Pia Kjaersgaard）在她最知名的竞选海报中，展示了一个漂亮的金发碧眼的小孩，标题为：“到你退休时，丹麦将成为一个穆斯林占大多数的国家。”然而，在丹麦每 15 人中只有 1 人是外国血统，其中大部分都被彻底同化。[1]

随着西方民主国家新的反恐怖主义法和定性标准把穆斯林（特别是阿拉伯人）作为目标，穆斯林少数族裔和占多数的非穆斯林之间的隔阂也渐渐扩大。虽然还远未快速迈向亨廷顿所警告的，以及本 · 拉登所希望的文明间的灾难性冲突，但毫无疑问，在许多西方国家，“异教徒”

[1] 关于欧洲极右翼反外国人和反移民立场的更多信息，见托尼 · 朱迪特：《美国躁动的伙伴》，2002 年 4 月 28 日《纽约时报》，第 15 版。

和“信徒”之间的敌意在加深，而在穆斯林移民群体中也有了更肥沃的土壤来实现本·拉登的分裂期望和他的最终目标。

大卫·拉波波特认为，目前的这波宗教恐怖主义最重要的推动力来自 1979 年发生在伊朗的伊斯兰革命，以及十年后苏联在阿富汗的失败。对于反全球化和文明冲突情绪对宗教恐怖主义，特别是穆斯林族群崛起的影响，他的观点并不与之相悖。伊朗革命至少在部分程度上是对支持国王政权的美国和西方势力的回应。此外，在伊朗和之后的阿富汗出现的新形势“证明了宗教在目前提供了比当时的革命风潮更多的希望”。在这两种情况下，出现了可怕的恐怖组织，他们跟伊朗和阿富汗的真主党和“基地”组织这两个原教旨主义穆斯林政权保持着联系。

黎巴嫩真主党于 1982 年由伊朗精神领袖阿亚图拉·霍梅尼（Ayatollah Khomeini）在黎巴嫩的追随者成立，其成员在贝卡谷地由伊朗革命卫队进行培训，并且得到德黑兰政府的支持。这种关系是伊朗迈出去的重要一步，因为正如亚当·沙茨（Adam Shatz）所总结的，“黎巴嫩真主党提供了一种手段”，可以让伊朗“将伊斯兰革命传播到整个阿拉伯世界”，并且“在中东政局中站稳脚跟”。但除了打击以色列和外国在黎巴嫩的军事存在和影响，真主党并没有一个宏大的反西方和反全球化的计划。真主党的重点是黎巴嫩和以色列—巴勒斯坦问题，而不是一个统一的反对西方的穆斯林阵线。

本·拉登和他的同伙及支持者，不只是反对西方驱策和美国主导的全球化——尽管这是“基地”组织最重要的议程——他们也鄙视本地区同美国和西方合作的政权。事实上，本·拉登对沙特阿拉伯的统治者表示出跟对美国政府同样多的蔑视。当他在 1990 年从阿富汗返回沙特阿拉伯时，他被西方人在自己家乡的存在和影响所触怒。20 世纪 90 年代初，在沙特统治者和该地区的其他国家政府纷纷支持以美国为首的军事联盟打击伊拉克后，他对美军在阿拉伯半岛上的持久存在感到特别不安。本·拉登转而强烈反对沙特政府，并因此而失去了自己的国籍。

虽然“基地”组织最初只是被本·拉登当作资助和管理阿富汗反抗苏联的战争中各种重要项目的工具，但它后来发展成为一个管理组织，为一个前所未有的全球恐怖网络提供教义灌输、培训和资助。在失去沙特国籍后，本·拉登和他的同伙在另一个伊斯兰共和国苏丹发现了一处新的活动基地。该基地在当地建立企业，并策划暴力行动打击美国和沙特统治者。在美国、沙特和该地区其他国家的压力下，苏丹政府要求“基地”组织离开苏丹。1996 年春，在家人和支持者的陪同下，本·拉登飞抵阿富汗，并在那里找到了合适的环境。据西蒙·里夫（Simon Reeve）所述：

> 他选择了阿富汗，因为他知道在那里可以取得旧时同伴的支持（20 世纪 80 年代，他曾经与同谋一起反抗入侵阿富汗的苏军）。他们中的许多人现在已经改组为伊斯兰原教旨主义民兵组织，也就是西方人所熟悉的塔利班。塔利班在全国实行严厉的伊斯兰教法：每天用枪口强迫男性进入清真寺五次，禁止音乐和酒精，以及阻止妇女工作。

在这种环境下，本·拉登和他的同伙终于与他眼中西方的邪恶影响划清了界限，不断完善他们的教义，并训练“圣战士”为预想中的与西方异教徒的冲突未雨绸缪。为了推进这一目标，“基地”组织和其他恐怖组织一样，开始接受现代化和全球化，并使用最新的技术。

技术进步和全球传播

无论什么时候，恐怖分子都会利用最新的技术来达到自己的目的。因此，在阿尔弗雷德·诺贝尔（Alfred Nobel）于 1866 年从硝化甘油的混合物中发明炸药后，无政府主义者便急切地利用极具爆炸性的材料作为他们的首选武器和大威力炸弹的首选组件。最近的恐怖分子（例如，日本奥姆真理邪教和“基地”组织）甚至试图获得核材料。二战后，航空业取得巨大的进步，机票价格下降，航空旅行的价格更容易负担。这使得恐怖分子能够长途跋涉，与他们的同伙一起在遥远的地方训练并开展袭击。但对世界各地的恐怖分子来说，没有什么比以下这些基础应用技术更有帮助了：全球卫星电视网络（如美国有线新闻网 CNN 和半岛电视台）、国内和国际手机通讯，以及最重要的互联网。可以肯定的是，在 20 世纪 80 年代，美国和欧洲的一些仇恨团体开始利用互联网，但好几年后，各地的恐怖分子才真正有能力利用互联网、手机和全球电视网络来实现自己的目的。

一个例子足以说明问题：2002 年 10 月底，在全副武装的车臣分裂主义分子占领莫斯科一家剧院后不久，境外的同谋就把录像材料交给阿拉伯电视台网络半岛电视台莫斯科办事处。在录像中，他们宣布已经选择死在“为车臣自由而斗争的道路上”。此后不久，录像带就被世界各地的电视网络和电视台播放。当数百名人质中的许多人使用他们的手机与家人和朋友通信时，其中有些人向俄罗斯民众，并特别向弗拉基米尔·弗拉基米罗维奇·普京总统（Vladimir V. Putin）传达了关于绑架者的令人不寒而栗的消息。毫无疑问，除非普京政府下令俄罗斯军队撤出车臣，否则车臣将炸毁大楼、自杀、并杀死数百个无辜的人。在这次事件的高潮，一名绑架者夺走一名正在与当地一家电台通话的人质的手机，并发表了激烈的长篇演说，抨击俄罗斯对车臣的战争。人质绑架者不仅把他们的讯息传递给了俄国人，还传递给世界各地的政府和公众。

在过去，国际和国内恐怖主义之间鲜明的区别是检视恐怖现象复杂性的一种有用手段。即便仅仅是因为国内恐怖主义的新闻可以超越国界，这种区分手段现今也已失去意义。以俄克拉荷马城爆炸案为例，这次事件乍一看似乎完全是国内性质的，因为美国人蒂莫西·麦克维和同谋特里·尼科尔斯（Terry Nichols）在美国中部对美国同胞发动袭击。虽然没有正式的联系来证明，但两人都支持美国国内持白人优越论的仇恨团体的想法，这似乎是一种本土的现象。但是，这些组织的领导人和他们的追随者的确认同国际阴谋理论，并培养与类似的仇恨团体的联系。最终退出了仇恨团体的东德新纳粹党创始人英戈·哈塞尔巴赫（Ingo Hasselbach）在俄克拉荷马城爆炸案后披露道：

> 几乎所有的宣传和培训手册都来自内布拉斯加州和加州的右翼极端团体……我们也从内布拉斯加州的朋友那收过非法材料……如一本名叫《炸药和爆破》（*Explosives and Demolitions*）的美国陆军手册，并随后被复印、散播至欧洲各地的数千名右翼极端分子手中，连扉页上的“绝密”字眼都没有改动。

综上所述，冷战后恐怖主义的扩散可以归结为多方面的原因，其中包括苏联帝国的解体，两极冷战世界秩序的崩溃，越来越多对现代化和全球化影响的反对，以及全球通讯和航空的进步。

不过，尽管国际和国内恐怖主义之间的界限比较模糊，但正如前文所述，不同的现实存在于不同的国内环境中。下一章将会阐述美国的恐怖主义。

第四章　美国背景下的恐怖主义

美国曾经历过不同类型的本土恐怖主义，大部分都可以归为右翼或左翼。此外，在美国还有各种其他类型的恐怖主义，无法归入上述类别。例如，希望本国政权更迭或民族独立的流亡组织所使用的政治暴力（例如，古巴反卡斯特罗的武装分子、克罗地亚民族主义者等）。本章将概述过去和现在美国境内的各类恐怖活动，其中包括为宣扬仇恨教义而主动诉诸暴力或鼓励他人实施暴力的组织或个人。

右翼恐怖主义

“右翼”在这里指的是极右的意识形态，比主流的保守主义要极端得多。虽然这一类别的团体持有不同的信仰体系，但他们都有一些共同的特点，如反对进步，反对在政治、经济和社会体系方面发生的变化。当代右翼分子认为，美国宪法制度不再能够反映出创立者的意图，联邦政府享有过多的国家权力，联合国和其他国际实体操控了美国政治。正如马丁 · 达勒姆（Martin Durham）所述，这些团体并不都是种族主义者，但他们大部分都反对宗教、民族、种族和性别权利的平等，因为这些在他们看来会打乱白人至上时期的旧的社会、政治、经济和道德秩序。在21世纪的第一个十年，右翼极端主义在美国急剧膨胀。据南方贫困法律中心（Southern Poverty Law Center，SPLC）调查，截至2009年年底，已经有932个知名的右翼团体，这一数字比2000年增加了50%，他们用言行宣扬对所有阶层的仇恨。2008年11月4日，当奥巴马在总统选举中获胜后，“雅利安国民”（Aryan Nations）的主网站上展示了一块墓碑，上面刻着：“美利坚合众国。生于1776年7月4日。卒于2008年11月4日。死于自杀。”

这则死亡讣告发表在美国选出历史上第一位非洲裔总统的当天，夸张的言辞被用来攻击少数族裔，并号召人们拿起武器迎接即将到来的内战，摘录如下：

> 白人已经厌倦了做美国所有种族暴力犯罪的替罪羊。
>
> 白人正在以前所未有的步伐购买枪支和弹药……自从马克思共产主义者奥巴马非法进入（没有被美国批准的公民）白宫后就没停止过。而且，白人对犹太人已经有清醒的认识：犹太人从美国财政部（美国纳税人）那里窃夺钱财，然后将钱存在犹太人的银行里，借给金融商行，或者存给自己，却不公示这些钱的去向！
>
> 内战的星火已经在美国的西南边境点燃，并逐渐燃烧到凤凰城、图森、亚利桑那州以及德克萨斯州的部分地区。内战将不会在美国全境一蹴而就，而是从各地逐步燎原。
>
> 时刻保持专注，时刻准备着！

“雅利安国民”的主页在2010年被撤下，但相关的网站继续显示类似种族主义的、威胁性的文字和图像，其中有些还宣扬“雅利安国民组织”的议题。跟之前的其他右翼极端组织一样，所谓的“雅利安国民复兴”组织（Aryan Nations Revival）甚至宣称“欣赏伊斯兰圣战组织，以致有些嫉妒。他们毫无疑问、毫不犹豫地执行伊斯兰的规则，他们已经成为古兰经天神、真主安拉公义的榜样”。

虽然这些组织从过去到现在依然非常相似，并且可以轻易地放到美国右翼极端主义运动的大类别之下，但是他们在历史、持续时间和核心信念方面都存在一定的差异。

三 K 党

在美国的本土政治暴力史上，三 K 党（Ku Klux Klan）虽然也有过蛰伏期，但也是最持久的组织。三 K 党成立于 1865 年，旨在抵制南北战争的成果，特别是美国宪法通过的废除奴隶制和奴役的第十三条修正案。三 K 党主要针对黑人自由民和支持非裔美国人权利的白人。他们穿着白色长袍，戴着面具，在夜色的掩护下通过殴打、私刑等手段对目标进行恐吓，目的在于维护战败的南方白人的至上地位。毫无疑问，根据本书第二章所下的定义，最初的三 K 党（及其在 20 世纪的后继组织）是一个恐怖组织：党组织和个人成员都是非国家行为体，为了政治（经济）目的而对平民实施暴力。在短短几年内，三 K 党犯下了数以千计的暴力罪行。作为回应，联邦政府通过法律，判定“蒙面夜骑”犯罪，并允许总统部署军队以结束内乱，甚至在一段时间内暂停人身保护令。结果，美国总统尤利塞斯 · S · 格兰特（Ulysses S. Grant）将部队驻扎进南方，并逮捕了许多三 K 党党徒。但到 1872 年，当三 K 党第一次自动解散时，南部各州开始立法，制定措施以确保白人统治和种族隔离。即使南方的官方政策使种族隔离实现并得以维持，但是白人暴徒仍继续动用私行，杀害了许多黑人。

三 K 党第二次出现是在格里菲斯（D. W. Griffith）的电影《一个国家的诞生》（*Birth of a Nation*）放映之后。这部电影美化了最初的三 K 党、南方的权力结构以及它所代表的种族歧视。20 世纪 20 年代中期，在三 K 党再次鼎盛时期，该组织成员总数一度达到三四百万。这种强势复苏也有其他方面的原因：（1）南方白人常年恐惧黑人最终实现平等，并挑战白人至上主义，而《一个国家的诞生》则对这种情绪推波助澜；（2）北方白人对黑人从南到北的迁移表现出不安；（3）新教对移民的反对，因为很多移民都是天主教徒和犹太人团体，他们也为三K党所憎恨。此外，比起现有的劳动力，移民通常愿意以更低的工资工作，从而威胁前者的经济现状。所有这些因素都促使全国各地的人们投入三K党的怀抱。通过把自己塑造成爱国主义和道德价值观的守护者，三K党招募了大量的原教旨主义传教士，并承诺增加他们教堂里的教徒人数。

在20世纪20年代，三K党呈现出当代恐怖组织结构的雏形，它不仅按照合法政治程序活动，同时也有成员从事非法政治暴力活动。作为一个强大的利益集团，三K党影响了当地、各州和各联邦的政治和政策，并成功影响了选举结果。1924年选举次日，《纽约时报》随即发表了头版头条“三K党式选举的胜利：选举成员为俄克拉荷马州和科罗拉多州参议员，以及堪萨斯州、印第安纳州和科罗拉多州州长”，以至于“蒙面组织认可的候选人在印第安纳州、堪萨斯州、科罗拉多州和俄克拉荷马州大获全胜，而蒙大拿州不久也加入到获胜队列”。此外，三K党还插手分裂“民主党总统大会，主要原因是天主教的阿尔·史密斯（Al Smith）是一个强有力的竞争者”。在1924年竞选期间，纽约州州长史密斯曾攻击三K党和当时为共和党总统候选人的卡尔文·柯立芝（Calvin Coolidge）总统，批评后者对该组织保持缄默。在报道史密斯其中一篇演讲时，《纽约时报》写道：

> 州长猛烈抨击三K党，不仅把它刻画成一个不爱国的、非美国的组织，为传播仇恨和宗教偏见而创立，还指责共和党把该党作为政治资本，而柯立芝总统却还对此保持缄默的政策。

虽然三K党在政体内的工作取得了很大进展，但它对其成员在南部各州实施的暴力行为却坐视不管。在南部，“三 K 党党徒惩罚、折磨甚至私刑处死涉嫌勾引白人妇女的黑人、危及白人经济权力的非裔美国富人，以及移民发现他们的企业被烧毁，财物被盗窃”。然而，随着媒体大量报道三 K 党恐怖主义，以及国家通过“反蒙面”法律，三 K 党的反对声音日渐增强。到 20 世纪 20 年代末，该组织已大不如 1924—1925 年时的声势，其成员人数从创纪录的三四百万跌落至仅约四万。

20 世纪 50 年代，为了支持废除种族隔离的政策，美国最高法院作出了许多里程碑式的裁决，其中最著名的是 1954 年的“布朗诉教育部案”（*Brown v. Board of Education*）。20 世纪 60 年代，一波强大的民权运动积极开展。然而，这些政策和运动却遭遇了三 K 党在 20 世纪 60 年代的又一次复兴，以及一波它坚持反对废除种族隔离的非裔美国人和白人、黑人自由投票权的行使，以及结束一切歧视的政治暴力。正如詹姆斯 · 里奇韦所分析的，第一个天主教总统约翰 · F · 肯尼迪（John F. Kennedy）的当选，“再次点燃了三 K 党对天主教徒曾经的仇恨，但当灰狗巴士满载着神风学院（kamikaze college）自称‘自由乘车者’的白人和黑人学生突然袭击南方时，这种仇恨很快被新的绝望和恐惧感所代替”。最后，三 K 党党徒对“自由乘车者”和对南方黑人及犹太人进行了恐怖镇压。根据某叙述，“三 K 党烧毁或炸毁房屋、教堂和犹太教堂，完事后逍遥法外。该党的火炬仪式和焚烧十字架行为一般由穿长袍、裹头巾的男性成员完成，给人一种很强大的印象”。克里斯托弗 · 休伊特（Christopher Hewitt）发现，这波暴力浪潮自 1955 年开始至 1971 年平息，期间见诸报端的暴力事件共 588 起，而 1963 年至 1965 年则是高峰期。据民意调查显示，在当时只有极少数南方人对三 K 党持有正面态度，但这个仇恨组织的言行仍然蛊惑了南方人支持种族隔离并反对变革。就像肯尼斯 · S · 斯特恩（Kenneth S. Stern）所总结的：

通过鼓励白人民众达成共识，使威胁到“事情本来面目”的组织成为替罪羊，三 K 党成为另一种社会结构，给了很多人权力感。

在南方民权拥护者被残忍谋杀之后，联邦调查局（FBI）开始打击三 K 党，并最终大幅减少了这类暴力。由于联邦调查局特工和线人的渗入，三 K 党要么放弃了暴力，要么冒险迅速起诉。在这种情况下，三 K 党领导人分裂成多个派别，其中包括坚持暴力策略的一派和赞成“借助媒体呼吁非暴力”的一派。但是，那些把自己和组织称为非暴力的合法角色的人并没有脱离仇恨的传统。相反，潜藏在他们温和的公众形象下面的，仍然是三 K 党顽固不变的种族主义。领袖之一的大卫 · 杜克（David Duke）便代表了这种从公开的种族主义举止到威胁较小的公共面孔的变化。在 20 世纪 70 年代自己成立三 K 党组织前，杜克写道：

摆在眼前的事实是，我们的种族正在消亡。我们的学校正被野蛮的黑人占领，我们辛苦挣来的钱被用来支付黑人的福利，我们的生活被无望的赤色叛国和黑人犯罪行为破坏，我们的文化正被犹太人和堕落的黑人所取代，我们最宝贵的财产——白人种族遗产——正在被种族融合所侵蚀。

杜克承认软性推销对于三 K 党的价值，自己又是路易斯安那州立法机关的成员，但不管是在担任三 K 党领袖时期，还是作为自建仇恨组织的创始人，杜克的理念从来没有改变过。例如，2003 年，杜克最新创立的欧美统一和权利组织（European-American Unity and Rights Organization, EURO）在其网站上透露了如下讯息：“如果欧洲裔美国人不组织起来并尽快采取行动，美国将成为‘第三世界’国家。也就是说，欧裔美国人在数量上将寡不敌众，在政治上完全处于弱势，受黑人和其他非白人左右。”虽然措辞上已经更加注意，但该讯息仍然属于20世纪末和21世纪初那种典型的白人至上思想范畴，这些思想呼吁为了白人的利益而采取“平权措施”（affirmative action），并持续施压，反对犹太人在美国和世界争取“霸权”的阴谋。

到了20世纪80年代末和90年代初，三K党江河日下，但它并未彻底消失。事实上，在此期间成立了一些新的、具有攻击性的三K党组织。例如，根据“反诽谤联盟”（Anti-Defamation League，ADL），杰夫·贝瑞（Jeff Berry）于1995年在印第安纳州巴特勒成立了“美国三K党骑士团教堂”（Church of the American Knights of the Ku Klux Klan），该组织沿袭了：

> 传统的三K党模式，如肤浅的种族主义文学、在公众集会脏话连篇、好斗的立场。1998年10月，在德克萨斯州杰斯帕县的集会中，贝里告诉人群：“我们恨犹太人。我们恨黑鬼……我是一个美国人，我从来没有听黑鬼说过‘谢谢’一词……我们不喜欢你们这些黑鬼……告诉我你们这个种族有没有做成过哪怕是一件事情。”

2001年，南方贫困法律中心确认，在全国范围内有110个仇恨组织。尽管自本世纪第一个十年之初，组织数量逐渐式微，但在2008年时形势发生了逆转：三K党组织从2007年的155个显著增加至186个。跟其他种族主义团体类似，三K党的组织在奥巴马当选总统之后，也时刻准备着动员会员并招募新成员。下面是“美国三K党骑士团帝国”（Imperial Wizard of the National Knights of the Ku Klux Klan）在其网站上发布的内容：“今天的美国已然迷失，将于2008年11月4日正式死亡。为了表示抗议，我们要求所有成员在2009年1月20日和21日佩戴黑纱，如果谁有美国国旗，请将其倒过来悬挂。请悬挂联邦旗帜。”同时它还邀请“在今天加入三 K 党”。然而，三 K 党只是几个所谓的激进右翼运动中的一个。杰弗里 · 卡普兰（Jeffrey Kaplan）确认此类组织有三 K 党、基督徒身份团体（Christian Identity groups）、新纳粹组织（Neo-Nazi Organizations）、单一问题组织（single-issue groups），他把“重建传统”“怪异的宗派主义”和“寻求满足的初步愿望（或者说难听点，年轻的恶棍或低能儿）”等作为右翼激进团体的主要元素。事实上，从过去到现在，这些组织都是大同小异。他们都与基督徒身份运动在某方面一致，尤其是对白人至上的坚持。在公开场合，这些团体并不宣扬政治暴力，但通过激起其追随者和同情者对其他种族、宗教和民族的仇恨，他们实际上间接地鼓励恐怖主义行为。

基督徒身份和新纳粹团体

基督徒身份起源于 19 世纪的英国，初创时取名“英以主义”（British Israelism），经过多年的发展，形成了一套最详尽的白人至上主义理论。基督徒身份团体最初的核心教义宣称，白人基督徒是《旧约》中真正的以色列人，因此也是上帝所挑选的信徒。20 世纪 40 年代，当基督徒身份设法进入美国时，它完成了一个更加分裂和仇恨的伪宗教式的转变。英国基督徒身份的教义显然是反犹太人的，但其美国的追随者则增加了一个明显的种族主义元素。正如詹姆斯 · 里奇韦（James Ridgeway）所描述的，现代美国基督徒身份特别宣扬：

> 非白人种族是“亚当前的”；也就是说，在上帝创造了亚当和夏娃之前，只创造了不完整的非白人。按照这种逻辑，上帝塑造了次于人类的非白人，在人类堕落之前把他们送到伊甸园外面居住。当夏娃打破上帝的原诫后，她被植入两粒种子。来自亚当的那粒长出了亚伯和白色人种，来自蛇撒旦的那粒则长出了懒惰、邪恶的该隐。上帝非常愤怒，于是把亚当、夏娃和蛇逐出伊甸园，并下令让

种族冲突永不休止。该隐杀了亚伯，然后逃进丛林，加入“亚当前的”非白人。整套说辞干净利落：“身份”神学为种族主义和反犹太主义提供了宗教基础，为暴力侵害少数民族和他们的白人盟友提供了思想理论基础。

多年来，耶稣基督/“雅利安国民”教会和它的创始人兼领袖理查德·巴特勒（Richard Butler，被追随者称为牧师巴特勒）是基督徒身份团体活动的中心。每年，巴特勒仇恨教义的信徒以及同类型组织的领导人和成员都会涌向“雅利安国民”在爱达荷州海登湖畔的宅院，参加求生训练和教义灌输强化。据卡普兰所述，巴特勒的“教会”也推动了白人囚犯组织“雅利安兄弟会”（Aryan Brotherhood）的建立。三K党、新纳粹组织和光头党（Skinheads）的成员之间有着密切的联系。在写到“雅利安国民”时，“反诽谤联盟”把该仇恨组织刻画成“一度是美国最臭名昭著的新纳粹组织”——证明了这些组织共有的偏见。随着巴特勒年事渐高，其影响力有所下降，特别是在2001年他失去爱达荷州的宅院之后。而在此之前，曾经被巴特勒的守卫袭击的受害者们采取了法律行动。2004年，巴特勒去世后，他的一些追随者试图振兴“雅利安国民”，其他人则建立了自己的组织，如新的“耶和华之子教会”（Church of the Sons of Yahweh）。据某极右派观察员披露：“派系内讧……增加了暴力，甚至是恐怖主义的风险。”2009年，巴特勒之前的共事者试图为在爱达荷州重建类巴特勒组织而争取支持，并承诺要重振他们偶像在世时组织的年度全国大会。虽然没有了巴特勒和其作为召集机制的“教会”，基督徒身份进一步分裂，但是其理念在许多具有暴力倾向的右翼极端主义仇恨组织中仍然鲜活且完整。

多年来，一些右翼极端主义者从一个组织跳到另一个组织，或成立自己的团体。以汤姆·梅茨格（Tom Metzger）为例。他活跃于三K党，在基督徒身份组织中被授予牧师的圣职，并于1983年创办了自己的组织“白色雅利安反抗组织”（White Aryan Resistance，WAR）。1990年，陪审团判处他和他的儿子支付1250万美元，因其煽动光头党谋杀一位非洲移民。尽管如此，梅茨格以迎合并吸引光头党和监狱囚犯的方式继续鼓吹对非白人的仇恨。2002年，在谈到其他种族主义者对“9·11”事件的反应时，梅茨格写道：“最近一些右翼种族主义者提出了会见非白人的中东人并与其一起游行（原文如此）的疯狂想法。理解他们的牢骚是一回事，但是把我们的事业跟他们的事业联系在一起是愚蠢和危险的。穆斯林跟犹太人一样都是敌人。”

罗伯特·马修斯（Robert Mathews）于20世纪80年代初创立的“密令会”（The Order）是理查德·巴特勒“雅利安国民”的一个分支，与新纳粹组织“全国联盟”（National Alliance）及其创始人威廉·皮尔斯（William Pierce）也有密切联系。马修斯的组织在20世纪80年代的右翼团体中是最暴力的。1984年，该组织成员杀害了丹佛脱口秀主持人艾伦·伯格（Alan Berg），因为他曾在广播中一直猛烈抨击白人至上主义者。同年稍晚时，马修斯在华盛顿州与警察枪战时被击毙。虽然当时人们认为“密令会”已消亡，但它吸引力不减，仍然是右翼组织的榜样。1998年，执法部门发现一个炸弹袭击“反诽谤联盟”办事处的阴谋，策划者是一个模仿马修斯“密令会”而创立的“新密令会”组织。

威廉·皮尔斯曾经是物理学教授，于1974年成立了自己的组织“全国联盟”（在此之前他是美国纳粹党的成员），制定了不逊于其偶像阿道夫·希特勒的仇恨思想。但他的小说《透纳日记》（*The Turner Diaries*，化名安德鲁·麦克唐纳发表）真正影响了整整一代激进的右翼界极端分子：从基督徒身份追随者到新纳粹、三K党党徒、民兵以及活命主义活动家。这本书描述了发生在美国的一场内战，其中白色雅利安人跟被作者和其他右翼极端分子称作“以色列复国主义占领政府”（Zionist Occupation Government，ZOG）的组织斗争，并且不分青红皂白地杀害黑人和犹太人。引人注目的是，他们对美国城市进行了无情的破坏，以便为建立一个白人美国和白人世界的梦想铺平道路。皮尔斯在2002年去世，尽管"全国联盟"因为继任问题而发生内讧，但是仍继续开展活动。在皮尔斯去世之前，卡普兰就写道，这位"全国联盟"的创始人将会因《透纳日记》(也许还有其后续作品《猎人》)作者的身份而"被大家铭记"。这些书仍然受右翼极端分子欢迎。1995年，蒂莫西·麦克维计划在俄克拉荷马城爆炸袭击阿尔弗雷德·默拉联邦大楼(Alfred Murrah Federal Building)，正是参照了《透纳日记》小说里的描写。

根据卡普兰对激进右翼组织的分类，"造物主教会"(Church of the Creator)，也叫"造物主世界教会"(World Church of the Creator)，可以归为他所称的"怪异的宗派主义"的类别。尽管"造物主教会"否认上帝的存在，并敌视所有宗教，但是它具备一个教派的所有特征。该组织的教义与"基督徒身份"运动白人至上的仇恨思想很相似。在马修·黑尔(Matthew Hale)这名自称为牧师和大祭司的年轻律师的领导下，该组织利用互联网作为宣传机构和工具进行人员招募。

虽然该组织并没有公开呼吁对其他种族实施暴力行为，但它的一些成员却成为了恐怖分子。因此，在1999年7月的第四个周末，21岁的本杰明·纳撒尼尔·史密斯大开杀戒，杀害了两名男子，致九人受伤。被他挑中的受害者包括一群东正教犹太人、一个非裔美国人和一名亚裔研究生。最后人们发现，史密斯曾在"造物主世界教会"被灌输过教义。当该组织领导人黑尔被问及是否对史密斯枪击事件的受害者表示难过时，他回答说没有，并且补充道：

> 我们可以同情动物，但动物不能对我们构成威胁。黑人和非白人正在我们眼皮底下把国家抢走。我们正变成一个黑鬼化的、犹太化的、蒙古化的国家，这令人厌恶。我们必须阻止这件事情

的发生。

黑尔拥有法律学位，但因为其种族主义观点而被拒绝进入伊利诺伊州律师界。在这四个短句中，他总结了他和其他白人至上论者的伪宗教议题的本质。史密斯在践行他的仇恨情绪前，也表达了同样的偏见。有一次在印第安纳州接受美国公共电视台记者采访时，史密斯说："犹太人、黑人和所有的肮脏人种企图摧毁我们的人民，所以我们憎恨他们。"黑尔因为唆使人谋杀美国地方法院法官琼·雷夫考（Joan Lefkow）而被定罪。芝加哥法官曾责令黑尔的"造物主世界教会"更名，因为它侵犯了商标权。黑尔因而唆使其保镖去谋杀法官雷夫考，但后者却是联邦调查局的卧底线人。2005 年 4 月，黑尔被判处 40 年监禁。

爱国者和民兵运动

随着持久不衰的右翼阴谋论的另一种版本在保守分子的圈子里大行其道，爱国者运动（The Patriot Movement）亦在冷战结束后出现。"世界新秩序"的愿景被小布什总统和其他人称赞为一个和平的国际合作时代的开始，但"真正的爱国者"却认为这实际上证明美国人失去了对自己事务的控制。新组建的准军事民兵团体报告曾见过联合国或俄罗斯的坦克和直升机，还看见过联合国冲锋队或联合国下辖的美国大兵。作为响应，市民做好武装准备，捍卫美国宪法，反对在其眼中不再是主权联邦政府的政府。由于总统比尔·克林顿（Bill Clinton）所谓的自由主义政策涉嫌威胁《第二次修正案》对持有武器和其他公民自由的承诺，作为回应，该运动快速发展。而联邦特工在红宝石岭和爱达荷州与一个白人至上主义者家庭、以及在德克萨斯州韦科与"大卫教派"（Branch Davidian）发生的暴力冲突，则进一步壮大了该运动。在 1995 年俄克拉荷马城爆炸案后，该运动引起了国家的重视，因为肇事者蒂莫西·麦克维在构想和策划这次灾难性的爆炸事件时，就已经投身到民兵 / 爱国者的环境中。尽管在俄克拉荷马城爆炸案之后该运动获得了大量的宣传，但它在 20 世纪 90 年代后期及小布什担任总统期间还是有些减弱。

民主党成员奥巴马当选为美国历史上第一个非洲裔总统让爱国者和民兵团体，以及其他类型的右翼极端分子死灰复燃——他们持有共识，坚持原有的宪法内容和含义，认为他们有权利和义务保护其群体的宪法权利，使其远离邪恶的联邦政府和“劣等”种族、民族和非基督教的宗教信仰。除此之外，经济危机的严重影响、该国人口结构的变化，以及执政的政治精英袖手旁观的态度，都让他们强烈不满和愤怒。在奥巴马就职典礼几个月之后，佐治亚州哲基尔岛上聚集的极右代表“警告说‘美国将越来越不稳定’，担心‘世界新秩序’即将来临，谴责把加拿大、墨西哥和美国合并的秘密计划，并愤怒地抨击新总统的‘社会化’政策和没能终止非法移民”。据一名极右的观察员所述：“这次不同寻常的聚会似乎已发挥关键作用，它让民兵组织死灰复燃；而且它发动了更大规模的反政府的爱国者运动。”其他的阴谋论声称，联邦政府精心编织了一个监控网络暗中监视公民，并在美国边境地区建造了众多集中营，用于日后监禁持不同政见者，尤其是“爱国者运动”的领导人物。

受这种阴谋论的影响，一些人诉诸暴力。国土安全部在 2009 年的一份情报评估中提到了当年 4 月发生在宾夕法尼亚州匹兹堡市的 3 名警察遇害案件。据报道，枪手以其种族主义思想和反政府阴谋论信条作为指导而实施行动。该阴谋论认为，政府涉嫌没收枪支，建立公民拘留营和一个犹太人控制的“世界政府”。

在极右清单中，对个人自由的“非美国式”威胁一直包括联邦政府及其特工、犹太人和犹太组织、少数族裔、移民、堕胎服务提供者和同性恋者。

传统上，新闻媒体把右翼极端分子的暴力行为描述为仇恨犯罪，而非恐怖主义。但是，在这些案例中使用“恐怖主义”字眼会更精确，因为右翼极端分子有明确的政治怨怼，他们认为这是其暴力行为的动机和理由。例如，反堕胎狂热分子对堕胎服务提供者进行袭击并经常将其杀害、致残，原因是他们反对堕胎合法化，而且没能推翻“罗伊诉韦德案”（*Roe v. Wade*）的裁决；反移民的极端分子以移民为目标，因为他们认为政府没有保障美国的边界安全，未能制定有效的（反）移民改革；反税收极端分子武装袭击国税局（Internal Revenue Service，IRS），因为他们反对政府强加的税。

提到反税收暴力，或者准确点讲，反税收恐怖主义，在过去的15年中，已经有至少四起由各种右翼反政府极端分子策动的暴力攻击国税局和其工作人员的案件。在其中一个案件中，五名男子纵火袭击科罗拉多州斯普林斯的国税局办公室。这起发生在1997年5月3日的事件造成了250万美元的损失，1名消防队员受伤。最引人注目的袭击发生在2010年2月18日，约瑟夫·安德鲁·斯塔克（Joseph Andrew Stack）驾驶他的单引擎Piper Dakota飞机撞上德克萨斯州奥斯汀的国税局办公楼，导致本人和一名国税局雇员身亡。其个人网站上宣称自己跟国税局之间长期的纠纷是他这次自杀任务的动机，他用如下言辞作为生命的休止符：“共产主义信条：各尽所能，按需分配。资本主义信条：骗轻信人之财，填贪婪者之欲。”这足以让一些保守的声音给斯塔克贴上左派恐怖分子的标签。虽然没有人知道斯塔克的思想倾向，但是他对国税局和整个政府的愤恨跟反税收和反政府的右翼极端分子是非常合拍的，尽管跟极左的无政府主义者也不相悖。

值得注意的是，自“9·11”事件以来，美国人一直全神贯注于“基地”组织和类似团体或个人所实施的恐怖主义行动，而远未意识到右翼极端主义运动成员或受其广泛宣传的仇恨意识影响的人所实施的政治暴力。从1995年4月的俄克拉荷马城爆炸案到2009年12月，右翼极端分子实施了一百多起成功或失败的恐怖主义行为。表4.1列出了在2008年和2009年，由右翼极端分子或类似的单独行动者策划的事件和被挫败的阴谋——这段时期跨度涵盖总统初选和大选，以及最重要的，候选人奥巴马在选举中获胜使爱国者运动和此类组织死灰复燃。

过去的10年左右，数百个反移民组织或本土主义组织在全国各地涌现，美墨边境尤甚，主要是针对拉美裔人口的增长。虽然这些组织大部分是非暴力的，但是其他的则可归为仇恨组织的类别，它们有能力、而且已经挑起了对拉美裔的恐怖暴力。

在一份关于亚利桑那州—墨西哥边境的武装治安员的报告中，南方贫困法律中心描述了不少类似于下面的案例：

> 2003年1月19日，来自墨西哥索诺拉省纳瓦霍阿的移民罗德里戈·基罗斯·阿科斯塔（Rodrigo Quiroz Acosta）在接近80号公路时，一辆卡车开到路边，然后一个牧场主打扮的高大男子下车，对基罗斯拳脚相向。事后基罗斯说，他的头部遭到手电筒的击打，而且那个男人还放狗咬伤他。不久一个女人从卡车上出现，干预并制止了这次殴打行为。基罗斯试图跳过附近的铁丝网，但被男人的狗抓住，并很快遭到边防人员逮捕。

表4.1 美国境内的右翼极端主义恐怖袭击和阴谋（2008–2009年）

日期	袭击类型／犯案者／策划者
2008年6月8日	包括宾夕法尼亚州民兵武装招募人布拉德利·卡勒（Bradley Kahle）在内的6人，因为私藏突击步枪、土制炸弹和其他武器而被逮捕。据卡勒透露，他们的计划是，如果希拉里·克林顿或奥巴马当选总统，他们便枪杀黑人，准备内战。
2008年8月24日	民主党全国大会期间，3名白人至上主义者因武器指控而被逮捕。据称，这3人曾谈论暗杀奥巴马的事情。
2008年10月24日	两个白人至上主义者因密谋暗杀当时的总统候选人奥巴马和恣意杀害黑人而被逮捕。

（续表）

日期	袭击类型／犯案者／策划者
2008 年 12 月 9 日	缅因州贝尔法斯特的新纳粹主义分子詹姆斯·卡明斯（James Cummings）于家中杀死虐待她的丈夫后，被警方发现藏有放射性材料，卡明斯计划制作一枚“脏弹”以回应奥巴马在大选中获胜。
2008 年 12 月 16 日	上等兵、美国海军陆战队成员科迪·布里廷厄姆（Kody Brittingham）被指控威胁总统。在北卡罗来纳州勒琼营他的房间里发现其个人日志中曾拟订一份杀害奥巴马的计划。
2009 年 1 月 21 日	马萨诸塞州布罗克顿的基思·卢克（Keith Luke）在频繁访问一个白人至上主义网站后杀死两名黑人移民。在出庭前，他在额头上划了纳粹党所用的十字记号。
2009 年 4 月 4 日	理查德·波普拉维斯基（Richard Poplawski）杀害 3 名匹兹堡警察，还有 1 名警察受伤；他经常在白人至上主义网站上发帖。
2009 年 4 月 31 日	反堕胎极端分子斯科特·罗德（Scott Roeder）在堪萨斯州威奇托担任教堂引座员期间杀死堕胎服务提供者乔治·蒂勒（George Tiller）医生。罗德此前跟右翼极端反政府的“自由人”运动有联系，他常访问鼓励暴力的反堕胎网站。由于他的事迹，他被反堕胎极端分子赞为英雄。
2009 年 6 月 10 日	在华盛顿特区，新纳粹及白人至上主义者詹姆斯·冯·布鲁恩（James von Brunn）在大屠杀纪念馆杀死保安史蒂芬·约翰（Stephen Johns）。
2009 年 6 月 12 日	反移民组织“保卫美国义勇军”的 3 名成员被控谋杀 1 名拉丁裔男子和他 9 岁的女儿。其中 1 名成员和白人至上主义组织“雅利安国民”有联系。
2009 年 8 月 3 日	某新纳粹组织中的 1 个知名少年被控在蒙大拿州的一个购物中心射击并打伤 1 名年轻的拉丁裔。

来源：南方贫困法律中心和新闻报道

在更近些的2009年5月，“保卫美国义勇军”（Minuteman American Defense，MAD）的三位领导人被指控在亚利桑那州—墨西哥边境附近闯入一辆拖车，把车内一名拉丁裔男子和其女儿杀害。根据陈述，该组织的领导人肖纳·福德（Shawna Forde）、运营总监杰森·尤金·狙击手·布什（Jason Eugene “Gunny” Bush）和组织成员阿尔伯特·罗伯特·加西拉（Albert Robert Gaxiola）“策划了这次家庭入侵，因为他们认为能够在此找到毒品和现金来资助他们组织的运转。布什涉嫌枪杀29岁的劳尔·弗洛雷斯（Raul Flores）、他的妻子和9岁的女儿布瑞森尼娅（Brisenia）。劳尔和布瑞森尼娅被打死，但他妻子幸存下来并予以还击”。

黑人至上主义运动的勃兴

联邦调查局在1999年的一份报告中，对“黑色希伯来以色列人”（Black Hebrew Israelite）运动的极端分子发出警告，这些人认为他们才是上帝的选民，而白人和犹太人则是邪恶的化身。正如报告所指出的：“这种信仰和许多白人至上主义者所奉行的基督徒身份神学有着惊人的相似之处。”事实上，著名的白人至上主义者汤姆·梅茨格曾经说过：“他们就是我们的黑人翻版。”据报道，9年后，举行极端主义的“希伯来以色列人”（Hebrew Israelite）教会在许多州的城市展开活动，包括佛罗里达州、马里兰州、明尼苏达州、密苏里州、内布拉斯加州、新泽西州、北卡罗来纳州、宾夕法尼亚州、俄克拉荷马州和俄勒冈州，拥有数千名成员。根据南方贫困法律中心2008年的《仇恨年鉴》报告，跟白人至上主义者一样，黑人至上主义者也试图利用政治分歧和经济危机来追求自己的激进议题以及扩大其成员。为此，他们把奥巴马抨击为“黑奴”和“以色列的傀儡”，并把经济弊病归咎于犹太人。

“黑色希伯来以色列人”运动由芝加哥的本·卡特（Ben Carter）成立，他为自己取名为本·阿米·本·以色列（Ben Ami Ben Israel）。

1969年，他和一群支持者迁到以色列，因为之前他被告知非洲裔美国人是《圣经》中以色列人的后裔，所以应该迁往圣土。虽然“黑色希伯来以色列人”在以色列是和平运动，但其在美国的分支更为激进和极端。据联邦调查局透露，“黑色希伯来以色列人”的极端主义追随者倾向于实施暴力，并且“被人注意到常在公众场合着黑色衣服，佩戴印有‘大卫之星’标志的徽章或臂章。一些‘黑色希伯来以色列人’成员实行准军事化管理，系内腰带，腋下配手枪套”。

左翼恐怖主义

正如右翼思想和事业的某些方面会随着时间的推移而改变，左翼团体的信仰体系也遵循同样的规律。但他们始终主张：如有需要，应以暴力手段对现有政治、经济和社会体系（无论是君主制还是民主制）进行根本性的变革。最近，这些组织已诉诸暴力，反对全球化，因为他们认为这是对欠发达国家的另一种形式的剥削——经济帝国主义。同主流左翼组织一样，这些极端分子强调：如有需要，应采取平权措施争取事实上的平等，而不单是法律上的（例如种族、民族、性别平等）。20世纪60年代和70年代，因越南战争和民权斗争而转向恐怖主义的一些美国左翼团体受到了马克思主义思想的激励，但在21世纪初，这些类型的“极左”恐怖组织在美国已不复存在。

美国第一批无政府主义者

1901年9月6日，在参观纽约州布法罗市举办的泛美博览会时，威廉·麦金利总统被刺客枪击致重伤，不久去世。行凶者当场被抓，被确认是克利夫兰市的莱昂·乔戈什（Leon Czolgosz），他自称为无政府主义者和爱玛·戈尔德曼（Emma Goldman）的追随者。后者的著作和言论在无政府主义者圈子内广为人知，乔戈什曾经见过她一次。戈尔德曼在芝加哥因涉嫌同谋而被捕，但她很快被释放，并且之后再未被指控过。然而，无政府主义报纸《自由报》(*Freiheit*)创办人约翰·莫斯特(John Most)被指控并定罪，理由是他刊登了一篇无政府主义文章，并因此犯下“危害和平及败坏公序良俗的罪行”。这篇文章实际上是卡尔·海因岑50年前为恐怖主义辩护的旧文《谋杀》的再版。9月7日，在乔戈什枪杀总统后仅一天，它便被刊登在《自由报》上。虽然辩方声称当日报纸并未出售，但法官还是否决了莫斯特，并如此陈述道：

> 在某些情况下，文字的力量强大到足以使人违法犯罪。如果我们认为有人要谋杀总统的话，那么没有比该件事的实际发生能更好地证明文字的犯罪性力量了。刺客宣称，他是受爱玛·戈尔德曼教义的煽动和刺激才实施此肮脏行为的。
>
> 读完（海因岑撰写的）整篇文章后，我们很容易推断出个中教义，即所有的统治者都是人类的敌人，应该通过“铁血手腕、毒药和炸药”猎杀并毁灭之。
>
> 它（文章）故意灌输和宣扬自己的教义。我们认为这是一种犯罪行为。

这是一个了不起的裁决，因为它把煽动性语言和非法行为联系起来。在麦金利被暴力致死的几年前，莫斯特和戈尔德曼在其合著的一篇文章中就已经对暴力表示出肯定的态度，他们写道：“不能也不应否认的是，大多数无政府主义者都深信，为实施他们的计划而使用的‘暴力’和被压迫人民争取自由所使用的‘暴力’，都不应该受到谴责。”然而，在麦金利死后，戈尔德曼却坚持认为：“无政府主义并非唆使男人去做使乔戈什被捕的行为。”

在麦金利遇刺前的几十年里，工会成员曾因工资和工作条件而卷入与工厂管理人员的暴力冲突中。在许多激烈的冲突中，煤矿经营者和工头被工人打死，而工人则被公司雇佣的警卫和士兵杀害。“莫利马圭尔社”（Molly Maguires）据称是起源于爱尔兰的恐怖组织，在宾夕法尼亚州煤矿的激烈纠纷中与雇主作斗争。有时，无政府主义者也会卷入这种暴力。例如在 1892 年，年轻的无政府主义者亚历山大 · 伯克曼（Alexander Berkman）因为卡内基公司的亨利 · C · 弗里克（Henry C. Frick）对罢工工人所持的立场而企图杀死后者。伯克曼的行为分化了无政府主义运动，因为“《自由报》的约翰 · 莫斯特谴责他，而同样是无政府主义者的爱玛 · 戈尔德曼则为其辩护”。

无政府主义者在麦金利总统死亡之前非常小众，但之后却成了众矢之的，被人暴力威胁。在这种形势下，“愤怒的群众强迫数十个无政府主义者逃离家园，并试图破坏无政府主义者的出版社，有一次居然成功得手。在没有逮捕证的情况下，警方逮捕了数十名，抑或数百名无政府主义者”。对无政府主义者的“战争”持续了多年。在此期间，美国总统西奥多 · 罗斯福（Theodore Roosevelt）下令成立一个联邦侦探机构，即美国联邦调查局的前身。罗斯福敦促采取越来越强硬的措施打击无政府主义。1908 年，在国会两院致辞时，他讲道：

> 其他所有问题在镇压无政府的行动面前都相形见绌。无政府主义者是人类的敌人，所有人的公敌，其犯罪程度比其他任何人都要严重。任何无政府主义移民都不允许踏入美国国土一步。国内外任何宣传无政府主义的文章都不允许在美国传播。

鉴于这些强烈的情绪，无政府主义者常被怀疑、指控，一些他们没有实施的暴力行为也被算到他们头上。因此，在 1910 年，当《洛杉矶时报》（*Los Angeles Times*）大楼内 21 名未加入工会的工人被炸身亡时，报纸老板哈里森 · 奥蒂斯（Harrison Otis）发表社论，指责“无政府主义败类”的恐怖主义行为。最终，工会官员约翰 · 麦克纳马拉（John McNamara）和他的兄弟詹姆斯（James）因为爆炸袭击《洛杉矶时报》大楼而被起诉、审判并判刑。

正如杰弗里·D·西蒙（Jeffrey D. Simon）所总结的，在美国，“无政府主义运动终未实现其发动起义和革命的目标”。

地下气象员

直到20世纪60年代和70年代，美国的左派才再次利用恐怖手段推进其政治目标。就像拉丁美洲、欧洲和亚洲的团体一样，美国人（多数是年轻人）创立组织——按照他们的解释——以发动革命，打败帝国主义。在19世纪末和20世纪初，美国原来的无政府主义者和社会改革者长于恐怖理论而短于实际暴力，以至于恐怖主义还要从无政府主义那寻找根源。犯案者通常都是与有组织团体无直接联系的个人。与此形成鲜明对比的是，20世纪60年代和70年代，自称为革命团体的组织则将其宣扬的理念付诸行动。“气象员”（Weathermen）后来更名为“地下气象员”（Weather Underground）以表示妇女在组织中扮演的重要角色，它是这个时期最著名的白人恐怖组织。作为激进的新左派组织“学生争取民主社会”（Students for a Democratic Society，SDS）的一个分支，创始人以鲍勃·迪伦（Bob Dylan）的歌词“你并不需要一个天气预报员就知道风向哪吹”作为组织的名字和第一次宣言的标题。他们的激进主义因为反对越南战争和美国的种族和社会不平等而被进一步激化。组织成立于1969年初，之后不久，在他们所谓的“复仇之日”，“气象员”在芝加哥进行暴力活动，引发骚乱，并与警察发生冲突。直至1970年，由于仍未能把工人阶级争取到自己的事业中来，失望之下，组织的核心成员作为革命先锋队转入地下，并开始对构成现有政治和经济秩序基石的重要公、私机构展开恐怖攻击行动。五角大楼和其他军事标志性建筑、警察设施、银行和跨国公司都是特定目标。在1974年的《星火燎原》（*Prairie Fire*）宣言中，也是该组织的最后一次通讯报道，“地下气象员”声称进行了19次大型的恐怖主义行动，并警告将会使用更多的暴力。这份清单没有提及的是 1970 年 3 月在格林威治村联排别墅内发生的一次爆炸。该组织的 3 名成员在制作一枚炸弹时不慎将自己炸死。

此后不久，“地下气象员”宣告解体。一些成员加入或成立新的团体，而其他人过了一段时间后则向有关部门投案并接受审判和服刑。不同于他们的欧洲同行，“地下气象员”从未能通过散布大范围的恐惧和担忧而在全国制造恐怖氛围。埃胡德 · 斯普林扎克（Ehud Sprinzak）总结说，“地下气象员”是失败的，并指出，该组织“从来没有超过 400 名成员和追随者，而且大部分时间其经验匮乏的领导和成员担心的不是革命，而是他们的藏身之所、赖以生存的后勤保障、组织内部关系”。

在《星火燎原》中，“地下气象员”表达了其对黑人革命团体的钦佩，并指出 :“黑人解放军（Black Liberation Army）在国家的无情攻击下坚持战斗三年，他们是监狱中的斗士，而最近共生解放军（Symbionese Liberation Army）是武装斗争和政治意识发展的领导力量，为我们自己和其他革命者所尊敬。”最终，“地下气象员”的一些成员策划与黑人解放军及类似团体联合实施恐怖活动。1981 年秋，在纽约州靠近纽约市区的罗克兰县，一群全副武装的男女着黑色滑雪面罩，在一家商场内伏击了布林克的运钞车，杀死其中一名警卫，伤及两人。当州警官和侦探在一个仓促设立的路障处逼停犯案者的汽车时，又有两名警察被打死。犯案者被确认为“地下气象员”、黑豹党（Black Panther Party）、“黑人解放阵线”（Black Liberation Front）和“新非洲共和国”（Republic of New Africa）的成员。后者为一个分裂主义组织，目标是在美国南部建立一个独立的黑人国家。跟当时观察员担心的正相反，这次事件并非左派恐怖主义组织的再度走强，而是一次垂死的挣扎。

黑豹党

黑豹自卫党（Black Panther Party for Self Defense）于 1966 年秋由

鲍比·希尔（Bobby Seale）和休伊·P. 牛顿（Huey P. Newton）在加利福尼亚州奥克兰市成立，旨在保护黑人社区免遭警察暴行。但是，该党的纲领中还包含了更为雄心勃勃的目标和狂热的左翼思想。在奥克兰发表的一次讲话中，鲍比·希尔透露了黑豹党的十条纲领，其中最重要的是要求自由决定黑人社区的命运，保障就业和宜居住房，建立“使我们了解自己真实历史和当今在美国的社会作用”的教育制度，使所有黑人男子免服兵役，把黑人男子从联邦、州、县、市拘留所和监狱中释放出来。黑豹不是种族主义者，但他们谴责资本家对黑人和白人的压迫以及他们的企业权力结构。为此，他们与“地下气象员”有过短暂的合作。对于白人激进分子，“黑豹全副武装，与警察激烈斗争，引人侧目，是可以效仿的榜样”。但是，正如斯普林扎克所指出的，白人激进分子会有负罪感，因为他们不曾像黑人激进分子那样被警察残暴地对待过。

黑豹强硬的言辞，也许还有他们的制服、黑色的皮夹克和黑色贝雷帽，都吸引了年轻的黑人男子加入其行列。该组织的成员从未超过几千个，但它的分部却遍布全国各城市，并且出版发行了报纸。然而，黑豹的好战性也吸引了犯罪分子，使得执法部门更容易为全体黑豹受到的虐待进行辩解。仅在 1969 年，该组织就有 27 名成员在与警方的冲突中被打死，700 多名成员被逮捕。到 1969 年 12 月 4 日时，该组织已颓势尽显。大多数领导人或坐牢或流亡。当日，21 岁的伊利诺伊州黑豹主席弗雷德·汉普顿（Fred Hampton）和 22 岁的成员马克·克拉克（Mark Clark）在芝加哥的公寓中被警方突袭击毙。5 个月后，芝加哥的联邦大陪审团裁定，“警方严重夸大了黑豹的反抗力”，而且“警方朝黑豹的公寓狂射了至少 82 枪，而只有一枪是明显从公寓里面射出的”。作为对汉普顿和克拉克暴力死亡的回应以及纪念，幸存的黑豹创立了“12 月 4 日运动”组织（December 4 Movement），但却是仓促登场，匆匆谢幕。

尽管黑豹党参与暴力行动且往往无端成为警方暴力袭击的目标，但是它并不认为自己是恐怖组织。就像其全称所暗示的，黑豹党认为自己是一道屏障，保卫黑人社区对抗气焰嚣张的警察部队，汉普顿和克拉克公寓的致命袭击事件就是很好的证明。

共生解放军

共生解放军（Symbionese Liberation Army，SLA）于 1972 年由一群社会活动家和毕业生在加州奥克兰成立，他们大多都有着优越的家庭背景。该组织从一开始就强调其跨种族特征，以及黑人和少数族裔对组织的领导。在其 1973 年的《宣言》中，该组织如此解释其革命性：

> 我们共生联邦和共生解放军，行使人类的权利，绝不向谋杀、压迫和剥削我们儿童和人民的行为屈服。我们行使《美国独立宣言》赋予人民的权利，使用武力和每一滴鲜血争取孩子和人民的权利。我们正式向法西斯资产阶级宣战，向所有实施谋杀、压迫和剥削的人员宣战。我们用强大的武装支持美国和世界上一切被压迫人民争取自决和独立的正义斗争。

共生解放军的第一次暴力行动是谋杀奥克兰公立学校系统主管马库斯·福斯特（Marcus Foster）博士，这也使其与黑人社会活动家疏远开来。后者愤怒的是，福斯特是少数几个担任高级公职的非裔美国人之一，居然成为袭击目标。然而，直到 1974 年，当新闻界巨头威廉·伦道夫·赫斯特（William Randolph Hearst）的孙女帕特里夏·赫斯特（Patricia Hearst）被绑架时，共生解放军才引起了全国甚至全球的关注。该组织利用一波突然的宣传，以现代罗宾汉的形象示人——它坚持要求建立一个免费食品项目，作为释放被绑架者的交换条件。然而，奇怪的是，在帕特里夏·赫斯特的父亲同意支付共计 400 万美元周济穷人后，他的女儿却决定跟绑架者待在一起，并参加了一宗银行抢劫案。

虽然共生解放军声称赫斯特是出于自愿，但在被抓获并起诉后，帕特里夏·赫斯特坚持认为自己被洗脑了。

毫无疑问，犯罪分子是该组织中坚力量之一，其中包括其领导人唐纳德·德弗里兹（Donald DeFreeze）。1974 年，包括德弗里兹在内的五名组织成员，在与洛杉矶警方的枪战中身亡，其他人继续战斗了一小段时间，然后沦落为逃犯。但最终，所有幸存的共生解放军成员都被抓获。

单一问题恐怖主义

由于具体问题的差异，具有截然不同动机的组织追求与其整体信仰体系相契合的一系列目标。但是，单一问题或特殊利益团体集中关注某个特定的政治话题或与其密切相关的一系列问题。在这里，团体和个人也倾向于把自己归为保守（右翼）或自由（左翼）的政治谱系，保守的反堕胎极端分子和自由的亲环境极端分子是典型的代表。

反堕胎暴力行动

1973 年，美国最高法院在“罗伊诉韦德案”中裁定，美国宪法授予妇女堕胎权。在此争议尘埃落定之后，各种反堕胎组织粉墨登场。他们的目标很明确：推翻“罗伊诉韦德案”的裁决和堕胎合法化。数量占优的反堕胎激进分子和他们所加入的组织至今一直奉行非暴力，并愿意在合法的政治程序内行动。然而，一些个人和派系不满足于向法院提起诉讼、游说国会议员、组织游行示威、骚扰寻求和提供堕胎服务的人、以及策划非暴力反抗行为。于是，他们呼吁并实施暴力，抵制堕胎诊所及其工作人员。在 20 世纪 90 年代初，在佛罗里达州彭萨科拉市堕胎诊所工作的两名医生被极端反堕胎组织“拯救美国和防御行动”（Rescue America and Defense Action）的追随者枪杀。而美国其他地区的诊所和人员也成为爆炸袭击和暗杀的目标。这些暴力行为使许多医生惊恐不已，使他们停止在堕胎诊所工作。那些坚持经营的人即使不开工也不安全。

在 1998 年，巴奈特 · A · 斯莱皮恩（Barnett A. Slepian）医生在西纽约州阿默斯特其私人住宅的厨房里，被一名资深的反堕胎激进分子詹姆斯 · C · 柯普（James C. Kopp）枪杀。柯普从来没有见过受害者，他之后声称“许多堕胎诊所就像是没有窗户的堡垒”。因此，袭击医生的最佳机会就是其从汽车步行到诊所的这段时间。但是正如柯普所言，可能会危及无辜的旁观者。

堪萨斯州威奇托市堕胎医生乔治 · 蒂勒于 2010 年 4 月被杀害。此案发生三个月前公布的一项统计摘要披露了以下的内容：

> 自 1993 年以来，8 名临床工作者在美国遇害：包括 4 名医生，2 名诊所员工，1 名诊所陪护和 1 名保安。自 1991 年以来，发生了 17 起谋杀未遂案件。事实上，自 1977 年以来，堕胎的反对者已组织了 6100 多起反对堕胎服务提供商的暴力行为，包括爆炸、纵火、死亡威胁、绑架和袭击，以及 15.6 万多起破坏行为，包括炸弹威胁和骚扰电话。

仅仅威胁袭击堕胎诊所和杀掉堕胎医生，就可以对诊所工作人员的心理产生可怕的影响。下面的事件也许能让我们更好地理解这一点：在 2001 年发生的袭击纽约和华盛顿的“9 · 11”事件之后，新闻机构和国会议员收到了含有炭疽粉末的信件，从而导致了严重的炭疽恐慌。而在此之前，堕胎诊所已经收到了数百个炭疽威胁，以及声称含有致命材料的信件。虽然在所有的邮件中都没有发现炭疽，但单纯的威胁就足以让收件人恐慌。

自称为“天军”的组织是最极端的反堕胎团体之一，该组织正面公开其暴力计划，正如《“天军”手册》摘录所披露的：

> 从《自由选择法案》的通过开始，我们作为仅存的敬畏上帝的

美利坚合众国的男男女女，正式对整个堕胎行业宣战。我们为你们这些异教的、未开化的、离经叛道的灵魂祈祷、禁食，并不断在上帝面前为你们求情，然后我们平静、顺从地把躯体横陈在你们的死亡集中营前，恳求你们停止对婴儿进行大规模屠杀。然而，你们那本来就已黑暗、麻木的心却变得愈发冷酷无情。我们平静地接受身陷囹圄的命运，忍受着消极抵抗带来的痛苦。然而，你们却嘲笑上帝，并继续干着大屠杀的勾当。

够了！所有的选择都已结束。我们敬畏的、至高无上的主要求凡使人流血的，也必然遭受流血。我们被迫拿起武器对抗你们，不是因为对你们的恨，而是因为对被你们所杀之人的爱。用我们的生命来换取你们的——就是这么一个简单的等式。可怕。令人悲伤。但，现实如此。我们不会用双手折磨你们。只有上帝才有资格复仇。然而，行刑的手段很少是温柔的。

一些白人至上主义和反政府团体历来谴责堕胎，至少“雅利安”妇女是这么做的。有此背景的一些人也曾实施过反堕胎恐怖行为。据执法人员透露，白人至上主义和生存主义者埃里克 · 罗伯特 · 鲁道夫（Eric Robert Rudolph）就是这样一个人。1996 年，他在亚特兰大奥运会场以及该地区的一间同性恋夜总会引爆一枚炸弹，之后又爆炸袭击了两个堕胎诊所。尽管鲁道夫的恐怖爆炸袭击造成了 2 人死亡、111 人受伤，但 2003 年春被逮捕时，他在多年藏匿之地北卡罗莱纳州墨菲市及其周边得到了许多人的强烈支持。一名四个孩子的母亲说：“鲁道夫是一个基督徒，我也是基督徒，他一生致力于打击堕胎。这就是我们赖以生存的价值观。我不认为他的所作所为是恐怖行为。”反堕胎极端分子斯科特 · 罗德也是相同的情况，他杀害了乔治 · 蒂勒医生，该受害者时任所在教堂的引座员。凶手不仅与极端反堕胎团体有来往，还与极右的反政府“自由人”运动有联系。出于这个原因，这一案件也列入图 4.1。

动物和地球解放阵线

在政治谱系的左翼阵营中，美国的动物解放阵线和地球解放阵线也主张用政治暴力引人关注其事业——保护所有动物，保护环境，使其“免受资本主义社会的榨取，他们正在摧毁这个星球上的所有生命”。美国的动物解放阵线效仿了英国的动物解放阵线，于 20 世纪 70 年代后期成立。然后它变得越来越以行动为导向，并声称策划了对皮草公司、水貂养殖场、动物研究实验室和餐馆的袭击和破坏。地球解放阵线于 1994 年在美国成立，也效仿了英国的地球解放阵线——“地球优先”（Earth First!）环保组织的一个极端分支。它脱离了主流的环保运动，发起了非常有影响力的抗议行为和非暴力反抗运动。联邦调查局把北美的地球解放阵线和动物解放阵线称作生态恐怖主义，并披露道：

> 地球解放阵线提倡“破坏阻挠”行动，即对财物破坏行为的委婉表述，用以反对破坏自然环境的行业和其他实体。“破坏阻挠”行动包括打树钉、纵火、破坏伐木或施工设备，及其他类型的财产破坏行为。

地球解放阵线也损坏或毁坏了大量运动型多用途车（SUV），以引起支持者注意到“高耗油”汽车对环境的负面影响。

地球解放阵线和动物解放阵线的追随者并不是正式的组织成员，不交纳会费，而是自建小规模的、自治的地下基层组织，策划和实施暴力行为，以实现社会和政治变革。这两个阵线紧密合作，而且可能有重叠的追随者。据联邦调查局估计，从 1996 年到 2002 年初，两个阵线的追随者实施了 600 多起生态恐怖主义行为，导致了超过 4300 万美元的损失。这其中并不包括威胁相关领域中私营部门的个人和团体所造成的影响。在《华盛顿邮报》（*Washington Post online*）与联邦调查局特工詹姆斯 · F · 扎博（James F. Jarboe）组织的关于生态恐怖主义的在线论坛上，一位参与者如此描述生态恐怖主义的战术：

> 我工作的行业成为生态恐怖主义的袭击目标，此前有个动物权益保护者也对我实施过人身攻击，他说他知道我的地址，并会有朝一日到我家，用剃须刀片把我的脸划成一缕一缕的肉条。也许有些人看了这个讨论后并不觉得生态恐怖主义有多真实，但我可以向他们保证，我真的被吓坏了，我非常感谢联邦调查局严肃对待这次威胁。这个针对我的组织（他们从一个网站上得知我的名字）曾经炸毁过船只、闯入家庭和办公室并关闭计算机系统。对我来说，那就是恐怖主义。

尽管近年来生态恐怖主义的侵略性日益增加，但他们并没有杀害或伤及人类。然而，他们的言论已变得越来越好战和具有威胁性。地球解放阵线网站在 2003 年初宣布："现在，停止对（这个星球上的）生命不停掠夺的唯一办法，就是采取一切必要的手段将利润动机从杀戮中剔除。"在这段文字上方是地球解放阵线发布的免费书《电子计时器放火指南》，其中包含有关"设备、燃料需求、定时器、安全性及其他"的自助材料。该网站的访问者被邀请打印或手动下载该手册。动物解放阵线也有一套类似的免费指南：《跟动物解放阵线阿姨学纵火：教你随处给虐待动物者"加热"》，该手册在两个组织的网站上都可以找到。"动物解放阵线阿姨、地球解放阵线大叔和反版权帮"明确建议读者，在纵火时不要伤及或杀害"动物、人类等"，他们还详述了纵火设备的制作。这些指南读起来就像在邀请人们加入动物解放阵线和地球解放阵线，成为纵火分子。[1]

[1] 在国外，动物权利和环保运动的极端分子比他们的美国同行走得更远。因此，动物权利和环保激进分子的代表福尔克尔·凡迪格拉夫在 2002 年 5 月荷兰全国大选竞选期间刺杀了荷兰右翼政客皮姆·富图恩。在审讯中，凡迪格拉夫说，他把富图恩作为目标是因为

善待动物组织（People for the Ethical Treatment of Animals，PETA）是一个拥有 75 万成员的大型公开组织。它没有诉诸暴力，但似乎对动物解放阵线和地球解放阵线采取的暴力手段很坦然。事实上，一位善待动物组织的领导人似乎赞同暴力，他说："你懂的，如果所有这些快餐店、屠宰场以及资助它们的银行明天就爆炸，我认为这将是一件伟大的事情。"

犹太人防卫联盟

"犹太人防卫联盟（Jewish Defense League，JDL）恪守巴泽尔（Barzel）的'钢铁'原则，即：既要帮助各地的犹太人，也要通过牺牲和一切必要手段来改变犹太人的形象，甚至通过实力、武力，（尤其是）暴力。"这句话载于《犹太防卫联盟五项原则》，揭示了该组织对暴力的认可，让暴力服务于由拉比梅厄·卡亨（Meir Kahane）首拓的事业。1968 年，卡亨在纽约创立了犹太人防卫联盟，目的是在敌对的、反犹太人的美国环境中保护犹太人。第二年，因为一位激进的非裔美国人詹姆斯·福尔曼（James Forman）打算对教堂会众提出赔偿要求，二十多个头戴钢盔的犹太人防卫联盟成员手持棍棒，以"保护者"的形象出现在纽约犹太教堂前面。此后，一位拉比（犹太人的学者）称他们为"蝙蝠侠"，"身披长袍，戴着头巾，站在燃烧的十字架前，跟白人没什么不同"。多年来，犹太人防卫联盟举行了多起抗议，并接管了主流犹太组织的办事处。但它的暴力活动（大多是爆炸袭击）主要针对在纽约、华盛顿和美国其他地区的阿拉伯人和苏联公民。虽然卡亨在 20 世纪 70 年代初期移居以色列，犹太人防卫联盟在美国依然活跃。据犹太人反诽谤联盟（Jewish Anti-Defamation League）披露："卡亨一贯宣扬激进的犹太民族主义，反映出其种族主义、暴力和政治极端主义心理。"

这个政客的思想很危险，特别是跟动物、环境、移民、穆斯林和寻求庇护者有关的。

为了鼓吹领土意义上的大以色列，梅厄·卡亨在以色列建立了一个类似于犹太人防卫联盟的新组织——卡奇（意为“因此”）。1990年11月，他在纽约的一次亮相中被一名阿拉伯极端分子杀害。此后他的儿子宾亚西姆·卡亨（Binyahim Kahane）成立卡亨·柴（意为“卡亨活着”），以继承其父遗志。由于他们对巴勒斯坦人使用暴力，卡奇和卡亨·柴都被美国国务院列入恐怖组织名单。1994年，梅厄·卡亨的一名追随者、卡奇成员实施了最致命的恐怖主义行为：出生于布鲁克林的医生巴鲁克·戈尔茨坦（Baruch Goldstein）杀死了29名在希伯伦镇一座以色列的清真寺祈祷的巴勒斯坦人，然后他被这次恐怖袭击的幸存者制服并杀死。

波多黎各民族主义团体

1950年11月2日，《纽约时报》头版发表了一篇关于一天前两名波多黎各民族主义者企图暗杀总统哈里·杜鲁门（Harry Truman）的事件。其中一名波多黎各人杰斯里奥·托里索拉（Grisello Torresola）在与白宫警察的枪战中丧生，枪战还导致一名警察死亡，两名警察受伤；另一名是奥斯卡·科拉佐（Oscar Collazo），因企图刺杀而最终被判处死刑，但杜鲁门总统将其死刑减为终身监禁。1954年3月2日，几名波多黎各民族主义者在美国国会众议院的游客通道上朝内庭地板射击，打伤5名成员，之后被逮捕。拉斐尔·米兰达（Rafael Miranda）、安德烈斯·科尔德罗（Andres Cordero）和欧文·弗洛雷斯（Irvin Flores）被判处75年监禁，团伙中唯一的女性成员洛丽塔·勒布朗（Lolita Lebron）被判50年监禁。无论是针对杜鲁门总统的暗杀阴谋，还是对美国众议院议员的袭击，都没有让政府内外的决策者和舆论制造者感到忧虑。这在《纽约时报》的一篇社论上可以略窥一斑。该社论称恐怖分子为“狂热分子”，并将他们比作“沙俄的虚无主义刺客”；此外，它还安慰惴惴不安的公众：“我们只能把这种行为视为越轨行为。”

在美国首都的两起袭击事件是波多黎各极端分子在美国本土实施的第一次恐怖主义行为，但是在几年前，该组织就已经在加勒比岛策动了许多暴力行为。在华盛顿事件发生以后，一些新的团体于 20 世纪 60 年代末和 70 年代初成立，其中一些由出生于芝加哥和纽约的波多黎各血统拉美裔所建立，其他的则由出生在岛上的波多黎各人创办。其中一些团体专门在美国本土开展活动，其他的在波多黎各和美国本土实施袭击。民族解放武装力量（Armed Forces for National Liberation，FALN）于 1974 年由出生于芝加哥的威廉·莫拉莱斯（William Morales）和罗萨多·阿亚拉（Rosado Ayala）成立。1975 年 1 月，该组织轰炸袭击了曼哈顿市中心历史悠久的弗朗西斯酒馆，造成 4 人死亡，44 人受伤，自此该组织为公众所熟知。在现场附近一个电话亭内发现了一份公报，该组织在公报上声称自己是袭击餐厅及其“反动企业高管”的元凶，并进一步陈述道：

> 霉国（原文如此）政府试图恐吓和杀害我们的人民，威胁、阻止我们脱离殖民主义争取应有的独立。他们用在越·南（原文如此）、危地马拉、智利、阿根廷、墨西哥、刚果和许多其他包括美国在内的地方的那一套方式来对付我们……
>
> 你们霉国人（原文如此）发动了风暴，你们自己也难逃其扫荡。

在接下来的几周、几月、几年内，民族解放武装力量在美国发起了数十次袭击事件，造成六人死亡、多人受伤，还在波多黎各针对军队和大部分民用设施发起了袭击。另一个极端组织“砍刀帮”（Los Macheteros，意为“甘蔗刀”或“砍刀舞弄者”）声称在 1981 年发起过一次严重的恐怖袭击，即在美国驻波多黎各空军基地摧毁了几架军用飞机。随后，组织成员又袭击了圣胡安的美国水兵，造成一死三伤。但该组织也在美国本土活动。1983 年，“砍刀帮”在康涅狄格州哈特福德市富国银行（Wells Fargo）的一个终端机成功实施抢劫，获得 700 万美元。乍看这似乎是一次成功之举，然而最后却变成了该组织代价最昂贵的失误：劫案为联邦调查局提供了足够的证据来追踪并逮捕该组织的主要成员。两年后，执法部门又逮捕了一些组织成员。

激进的波多黎各民族主义者的核心成员继续为该岛的独立进行着激烈战斗。在被联邦调查局列为 1998 年国内恐怖主义的 5 个案件中，3 例发生在波多黎各：阿雷西博—输水管道工程，以及里约彼德拉斯和圣伊萨贝尔两家银行的爆炸袭击案。

意识形态浪潮

在 20 世纪 60 年代、70 年代和 80 年代初，左翼政治暴力团体和个人主导了国内恐怖主义形势，而在 20 世纪 90 年代右翼恐怖主义成了最严重的问题，但是在这期间，其他类型的恐怖主义也与这两个居于主导地位的类别并存。在回顾与国内恐怖主义大约 40 年的斗争时，联邦调查局如此总结道：

> 国内恐怖主义活动浪潮并非绝对的、统一的。20 世纪 70 年代和 80 年代初，在猛烈的反战 / 左翼激进主义达到高潮时，有几十起恐怖袭击是由犹太极端主义团体如犹太人防卫联盟和犹太人联合地下组织（United Jewish Underground），以及其他极端民族团体如“亚美尼亚种族灭绝伸张正义突击队”（Justice Commandos of the Armenian Genocide）所实施的。也有特殊利益集团发起的零星事件，目的是支持核裁军或者其他事业。20 世纪 90 年代，当反政府右翼团体成为主要的反恐重点时，左翼极端分子波多黎各分裂主义者继续在美国实施恐怖袭击（主要是在波多黎各岛），大部分都取得了成功。

> 如今，右翼恐怖分子——尤其是松散地组织在一起的极端分子——对全国各地的执法机关来说仍是一项艰巨的挑战，即使是动物权利和环保极端主义相较以往也愈加高调。

在 1980 年至 1999 年的 20 年间，左翼恐怖分子制造了美国境内 40% 以上的恐怖事件，其有些恐怖主义阴谋被执法机关挫败。还有接近 30% 是由右翼恐怖分子所实施或策划的，20% 以上由特殊利益恐怖分子实施，接近 5% 由“炸弹客”西奥多 · 卡钦斯基（Theodore Kaczynski）这样的独狼恐怖分子实施，而其余案件中的作案或策划者身份没有被确认。

“9 · 11”事件之后，行凶者的意识形态呈现出很大的差异，这是因为大多数政治暴力是左翼或右翼政治谱系中的单一问题极端分子实施的。据联邦调查局透露，在美国，几乎没有什么现代意义上的恐怖主义“浪潮”。美国境内的恐怖事件数量很少，乍看上去让人感到宽慰，但这些数据可能忽略了许多具有恐怖主义的所有特征，但被归类为仇恨犯罪的袭击。联邦调查局每年统计的仇恨犯罪案例经常数以千计。以 2008 年为例，在全国共有 7783 例关于仇恨犯罪的报告以及 9691 名受害者。犯罪动机细分如下：

- 种族偏见：51.38%
- 宗教偏见：19.5%
- 性取向偏见：16.7%
- 种族 / 民族仇恨：11.5%
- 残疾偏见：1.0%

在所有种族偏见暴力中，72.6% 是针对非裔美国人的，还有 17.3% 针对白人。在全部宗教袭击中，65.7% 的袭击目标是犹太人，7.7% 是穆斯林，4.7% 是天主教徒，3.7% 是新教徒。将近 64% 的种族（民族）暴力行为都是针对拉丁裔。58% 的性取向暴力行为针对男同性恋者，接近 12% 针对女同性恋者，而 27.4% 针对所有同性恋者和双性恋者（参见图 4.1）。由于激发这类暴力行为的偏见进一步被政治、社会问题和政策倾向所助长，所以这些事件中有许多跟反堕胎恐怖主义和生态恐怖主义一样，都属于恐怖主义行为。

本章未涉及由土生土长于美国的穆斯林移民或穆斯林信徒实施的恐怖袭击和被挫败的恐怖阴谋，该主题将在第五章的最后一节讨论。

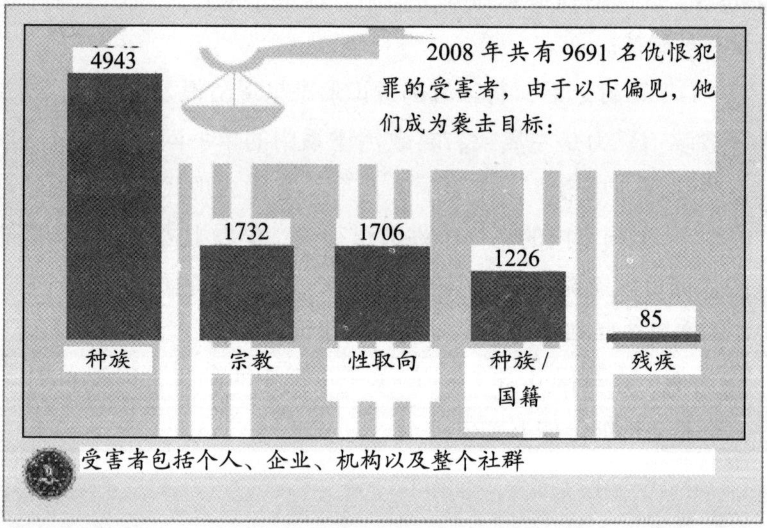

图 4.1　仇恨犯罪：偏见的背后

来源：联邦调查局《2008 年仇恨犯罪统计数据》

第五章　宗教恐怖主义：借上帝之名实施的政治暴力

如本章标题所揭示的一样，宗教恐怖主义和非宗教恐怖主义一样，最终都以政治结束。非宗教恐怖主义是受到政治意识形态（例如希特勒种族主义者们领导的新纳粹团体的白人至上观点，以及过去红军派和红色旅左翼团体的马克思主义观点）或者诸如自决权或人人平等这样广为大众接受的原则的推动。按照宗教教义和上帝的意愿去生活——这种强烈欲望驱动了宗教恐怖分子，但同时，他们也具有政治方面的不满和目标。因此，无论是基督教徒、犹太教徒、穆斯林教徒、佛教徒、印度教徒和其他宗教的成员，还是投身于自己创立的宗教教派（例如日本的奥姆真理教），极端主义者们都为了达到其宗教和政治目的而付诸暴力。马克·赛奇威克（Mark Sedgwick）曾经说过：

> 人们会发现，宗教恐怖主义最终都具有重要的政治因素。同样，"非宗教"恐怖主义，也掺杂着浓重的宗教色彩。许多民族主义者都把自己的事业称之为"神圣的"，不难想象一个左翼分子会如何评论其敌对者的事业。一名俄罗斯的首批恐怖分子曾经这样写道："恐怖主义将人类本性中的两大宗高特质结合了起来，即殉教

者和英雄。”

尽管非宗教恐怖主义者也会使用宗教语言和比喻，但他们的行为仍是坚定地基于世俗理由。宗教或伪宗教恐怖主义者相信他们的行为是遵循了上帝的意愿，更有甚者宣称是执行上帝的命令。马格努斯·兰斯托普（Magnus Ranstorp）称："虽然这些宗教极端主义者在起源、教义、制度和惯例方面差别巨大，但是他们抑或为了防卫、扩充或替他们自己的群体复仇，抑或出于千禧年或救世主的原因，采用神圣的暴力手段以正当理由团结在一起。”

以下三个实例证明了宗教恐怖主义者们是如何坚信神的指引力，让其通过暴力来进行他们所相信的在人间和天堂都正义的事业。

案例分析

基督教徒和神圣恐怖主义

1994年7月29日，反堕胎激进分子保罗·希尔（Paul Hill）在一家位于佛罗里达州彭萨科拉城的堕胎诊所门前蹲守，伺机谋害约翰·贝阿德·布里顿（John Bayard Britton）医生和他的保镖詹姆斯·赫尔曼·巴雷特（James Herman Barrett）。需要说明的是，巴雷特是一名退役的空军中校。当他们的车驶入停车场时，希尔首先向巴雷特开枪，然后重新给滑膛枪装弹，瞄准了布里顿。他将两人都杀死了。几分钟后被警察逮捕时，他高声喊道："有一件事我很确定，那就是，今天将不会有无辜的婴儿在这家诊所被杀害。”希尔是反堕胎圈子里非常著名的激进分子，他并不是一时冲动采取的行动，而是周密地计划了他的致命袭击，并且他觉得这样做是受到了上帝的指引，是替天行道。后来，他在监狱中这样描述了他的准备工作和袭击行为的正当性：

我这样做并非为了践行自己的理念，而是为了昭示上帝的真理——和那些曾经在历史长河中阻止了大屠杀和类似暴行的真理一样。我是个普通人，怎么可能违背上帝的旨意呢？他现在敞开大门，为我的顺从赐予巨大的庇佑和祝福。我这不马上就迈入这个大门了么？

星期一那天，我知道自己必须做决定了。当我经过思想斗争，考虑到底要不要去做，直至计划了一个详细的实施方案，我感到如释重负。《圣经新约》中的《罗马书》14 页 23b 段中说："……一切不是源自信念的行为都是犯罪。"如果我有了信念而不去执行的话，那就将是一种直接的、泯灭良心的背叛。射杀他们之后，我告诉妻子的第一件事就是："我别无选择！"那个呼声是来自于灵魂的深处。无论过去还是现在我都很确定，是上帝召唤我在那个时候遵从他昭示的意愿。

这种信念在他入狱期间也丝毫没有减弱。用希尔自己的话说，就是：

自从摆脱了国家暴政之后，内在喜悦和平静充斥着我的灵魂，这令我 6×9 大小的牢房变成了一个刚刚获得自由的胜利王国。一想到要重新返回受国家控制的奴役生活，我就不寒而栗。

但是希尔仍然希望获得人世间的回报，也就是，他的行为可以让反堕胎运动变得更激进。如他自己所说："采取必要的暴力来保护那些未出生的生命，可以给予这项运动所缺乏的可信性、紧迫性和方向指引，有了这些，这项运动才能盛行。"他认为自己的行为"可以帮助人们做出决定：在这场战斗中，到底是要站在那些保护堕胎实施者的队伍中去，还是要加入保护未出生生命的队伍中来"。2003 年 9 月，在他被实施注射死刑之前，他微笑着说："我期待在天堂得到一个大大的奖赏。我期待着那份荣誉。"但是，他再一次想到了人世间的近期目标，他说道："我认为这件事（杀死他称作'堕胎实施者'的人及其保镖）是好的，人们应该不会对我的所作所为感到惊讶，相反，更多的人应该效仿我的做法。"对于希尔，一位美国基督教长老会和正统长老会的前牧师说，希尔代表那些未出生的生命实施这次"防卫性的行动"，阻止了受害人再次杀死那些毫无防卫能力的婴儿。

希尔的支持者们拥护他的信念。希尔被执行死刑那天，一名反堕胎极端主义者声称："保罗·希尔今天应该被授予荣誉。那些堕胎实施者才应该被执行死刑，而那些判决杀死婴儿无罪的法官们应该赶紧找地方躲起来。"在其网站上，极端反堕胎组织天军，仍在继续赞扬保罗·希尔为"美国的英雄"。

穆斯林教徒和神圣恐怖主义

1998 年 2 月，本·拉登及其同谋签署了一份裁决，或者叫宗教法令，以"基地"组织最新创办的世界伊斯兰阵线（World Islamic Front）的名义，号召所有的穆斯林教徒"按照上帝的意愿”去“杀死美国人及其同盟——平民和军队”。法令中详细列举了美国在中东犯下的“罪行和罪孽”，并且干脆利落地指出本次圣战的政治目标——将美国人和他们的盟友们赶出中东。值得强调的是，本·拉登给出了以下三点理由：

首先，7年来，美国一直侵占着伊斯兰土地的最神圣领土——阿拉伯半岛，掠夺这片土地上的财富，对它的领导者们颐指气使，羞辱它的人民，恐吓它的邻邦，并且将它在那里的基地变成了攻击临近穆斯林人民的先锋阵地。

其次，在第一次海湾战争期间及之后，犹太十字军联盟（Judeo-Crusader alliance）给伊拉克人民造成了巨大的创伤，死亡人数令人发指，超过了100万。尽管发生了所有这一切，美国人仍然试图再次上演这些惨绝人寰的大屠杀……

最后，当美国出于宗教和经济目的发动这些战争的时候，他们还为卑鄙的犹太国家利益服务，将大众注意力从其占领耶路撒冷和谋杀那里的穆斯林教徒转移开。

通过杀害堕胎服务提供者来保护未出生的婴儿，保罗·希尔认为遵从上帝的旨意是他必须履行的基督教职责。和他一样，本·拉登也宣称“遵照全能真主的命令……从他们（敌人）的魔爪中解放阿克萨清真寺（al-Aqsa Mosque，在耶路撒冷）以及麦加大清真寺（HolyMosque，在麦加），这样他们的军队才能离开伊斯兰教的所有领土”，该宣称“在上帝的许可下，号召每一个信仰真主并且想要得到回报的人都要遵从他的意旨去杀死美国人”。

如“9·11”恐怖组织的领导人穆罕默德·阿塔（Mohammed

Atta）在他给组织成员的手令中所说："当猛烈袭击开始的时候，像英雄那样抱着不再回到这个世界的决心，展开攻击。赞美（安拉，即高喊'安拉是伟大的'），因为这样的高喊将会把恐惧插入那些异教徒的心里。"阿塔的指令一次又一次地提醒其组织成员，他们的行动是代表真主的，他们在这次任务中的行为必须反映其神圣的性质。

你绝不能显示出任何的紧张或压力，要欣喜、高兴、愉快并且冷静，因为你将要执行一次安拉喜爱的行动，让他高兴。

别迷惑或吓唬你的兄弟们，要鼓励他们、安慰他们、提醒他们。《古兰经》里的词句多么优美啊："让那些用尘世间短暂生命换取来生的人们以安拉的名义去战斗吧。"还有，记住圣人的话："不要以为那些为了安拉的荣誉而被杀害的人们真的死了。"

最终，"9·11"事件的袭击者们被告知，他们"不能为自己报仇，而是要以安拉的名义进行一切攻击"。"9·11"事件之后，本·拉登称赞19名恐怖主义者为"上帝已经为他们开辟了一条道路的年轻人"，并且坚持认为"讨伐异教徒毫无疑问是所有穆斯林教徒的义务"。

犹太教徒和神圣恐怖主义

1994年2月25日清晨，巴鲁克·古德斯坦（Baruch Goldstein），一位在西岸城市希伯伦附近的基尔亚特·阿尔

巴 (Kiryat Arba) 犹太人定居点非常知名的医生，也是宗教右翼组织卡奇（Kach）的积极成员，走向位于希伯伦 / 哈利（al Khali）的族长坟墓处的圣地。该处圣地修建在亚伯拉罕、萨拉和其他备受尊敬的宗教人物埋葬之地，在这里，犹太教徒和穆斯林教徒有分开的礼拜大厅。这天早晨，古德斯坦径直走到了穆斯林的那一边，从大衣底下拿出一把突击步枪，开了 111 枪，杀死 29 名穆斯林礼拜者，射伤人数众多，最终他被活活打死。

古德斯坦并未留下任何解释性的遗言，然而 20 世纪 90 年代中期的政治现实以及他已故的精神导师拉比（Rabbi，犹太教精神领袖的俗称）梅厄·卡亨（Meir Kahane）的教导，可以解释他的直接政治动机和更深层次的宗教动机。就像以色列国内所谓的以救世主自居的其他右派一样，古德斯坦对政治发展并不满意：以色列总理伊扎克·拉宾（Yitzhak Rabin）和巴勒斯坦解放组织领导人亚西尔·阿拉法特（Yassir Arafat）磋商的《奥斯陆和平协议》，在占领区域内的更多犹太人定居点的被冻结，以及巴勒斯坦极端主义者们持续增加的对犹太人定居点的袭击。正如埃胡德·斯普林扎克（Ehud Sprinzak）解释的那样：

古德斯坦在希伯伦大屠杀之前的几个月里遭受了严重危机。不仅仅朱迪亚和撒玛利亚两个地方前途未卜，临近的巴勒斯坦人也日益具有侵略性并付诸暴力。作为社区的紧急救护医师和恐怖活动中犹太人受害者的急救医生，也许，古德斯坦对这些情况的恶劣后果比任何一个人都有更深刻的体验。他曾数次无能为力地看着巴勒斯坦日益加剧的恐怖活动受害者在眼前死去。

那么，这些就是直接的政治愤恨。但是，古德斯坦的宗教信念又在这次希伯伦大屠杀中扮演了怎样的角色呢？作为拉比梅厄·卡亨多年的信徒，古德斯坦最终成为了斯普林扎克口中的“新卡亨犹太教徒”，这种人按照犹太拉比鼓吹的暴力而光荣采取行动。卡亨及其追随者们“不仅对暴力作出回应，还主动通过一系列死亡和破坏行动来制造暴力，这导致在狂热的拉比去世之后很长一段时间里暴力持续呈螺旋上升趋势”。在卡亨的“灾难性的救世主降临”的信仰中，核心思想就是“弥赛亚将在巨大的冲突中降临，这次冲突中犹太人会取得胜利，并且用他们的成功来赞美上帝……任何羞辱犹太教徒的事情都不仅仅是一种阻碍，还是世界朝着救赎迈进过程中的倒行逆施”。

对卡亨来说，阿拉伯人和世俗的非宗教徒的犹太人都阻碍了以色列人民的救赎，只有当所有的阿拉伯人都从以色列的神圣领土上搬走的时候，救赎才可能来到。据斯普林扎克所说，古德斯坦对卡亨的理念深信不疑：

1990年，古德斯坦深爱的拉比遭受暗杀之后，出现了无数的迹象——1992年大选尤其是《奥斯陆协议》之后连续不断的灾难——让古德斯坦开始慢慢地进入到一种绝望的以救世主自居的抗争准备状态。他感觉到一次灾难性的、至高的哈希姆式祷告（以委婉方式来提及上帝）行动才可能改变历史的进程，恢复到救世主的轨道上来（卡亨对于救赎的描述）。就这样，一个富有责任心且从来不好战的人，告诉自己必须要执行这次标榜性的任务。

换句话说，古德斯坦把他的滑膛枪对准祈祷的穆斯林阿拉伯人，是因为他相信那是上帝的意愿。

很多以色列人指责古德斯坦的致命恐怖主义行动，而在宗教右派团体成员的眼中，他立刻成了英雄。在他的葬礼上，一个定居点的同胞说：“毫无疑问，他是个伟大的人。这是毋庸置疑的。”另外一个定居点的人补充道：“对于一个一生都遵循道德标准的人来说，这是绝望的表现。”

维护对“宇宙战争”的信仰

这三个案例的惊人相似点在于，恐怖主义者的暴力行为都得到了基督教、穆斯林教和犹太教极端运动团体领导人的支持和批准，并由他们的追随者付诸实施。这些追随者们坚信他们这样做是代表上帝的，并且是为了保护他们的信仰、传统、权利和利益。这些采取致命恐怖主义行动的人们，在使用暴力对抗他们眼中的邪恶力量之前，似乎都过着正常而合乎道德的生活。只有当人们滑入了阿尔伯特·班杜拉（Albert Bandura）所描述的“道德脱离”的状态时，才有可能发生这种转变。“道德脱离”是“通过从认知角度重新构建杀戮的道德价值观而完成的。这样，杀戮就可以不再受到自我道德审视而进行”。并且，由于宗教恐怖主义者们相信他们是遵循上帝的指令，这样就可以为自己的行为开脱。据班杜拉所说，逃避责任的时候，“权威的地位越高，他们的命令就越正确、越受尊敬、越具有强制力，而人们也就越服从他们”。一旦恐怖主义者们到达了这个心理阶段，他们就会劝说自己在一场“宇宙战争”中对抗“恶魔般的”敌人。根据马克·杰根史迈尔（Mark Juergensmeyer）所说：

创造恶魔般敌人的过程，是构建一个宇宙战争场面的一部分……

当对手否决了一个人的道德和精神立场；当敌人似乎掌握了可以完全消灭一个社区、文化及自己的权力；当对手的胜利将会是无法想象的；并且似乎已经没有办法用人类的方式打败敌人——所有这些条件增加了一种把敌人想象成超人敌人、宇宙敌人的可能性。将对手恶魔化的过程旨在减少对手的力量并且诽谤羞辱他们。通过轻视和羞辱对手——使他们看上去次于人类——这种人实际上正在宣称自己具有更高的道德力量。

宗教恐怖主义者们从他们的信念中获取力量，他们相信自己是完全正确的、正义的和道德的，而他们的敌人则是完全错误的、邪恶的和不道德的。正如杰西卡·斯特恩指出的："宗教恐怖主义试图消除道德上的歧义。"为了上帝，用一场存在主义战争打败邪恶和撒旦，这是保罗·希尔、巴鲁克·古德斯坦和穆罕默德·阿塔的核心信念。当保罗·希尔决定杀死布里顿医生和他的保镖的时候，他认为"替人堕胎者的刀子是'撒旦对世界采取攻击的刀刃'"。当巴鲁克·古德斯坦决定杀死那些正在祷告的穆斯林阿拉伯人的时候，他已经得出结论："除非采取一次撼动地球根基取悦上帝的最引人注目的行动，否则和平进程将无法被阻止，而这个和平进程将最终否定救赎的梦想。"当默罕默德·阿塔和他的队友们驾驶着劫持的飞机朝着世贸中心大楼和五角大楼冲撞过去的时候，他们认为自己是神圣战争中的勇士，正在对抗被本·拉登称之为撒旦的由美国领导的犹太人和十字军联盟。

奥德丽·库尔斯·克罗宁（Audrey Kurth Cronin）列举了以下使得宗教恐怖主义者比右翼、左翼、和民族主义（分裂主义）极端分子更危险的五个原因：

- 宗教恐怖主义者相信他们是在进行"摩尼教式的正义对抗邪恶的

战斗”，所有没有信仰的人都是理所当然的目标。

- 宗教恐怖主义者想要“满足他们感觉到的神的（实施暴力的）命令”。
- 宗教恐怖主义者完全不顾“非宗教的价值观和法律”。
- 宗教恐怖主义者与现存社会体制的脱离。“他们不是尝试修正这个体制……而是要直接取代它”。
- 宗教恐怖主义者“在民间团体有广泛的支持”。例如：“像‘基地’组织这样的团体能够从全世界的穆斯林非政府机构中获得支持，这样它就拥有了真正的全球网络。”

那么，是不是有些神圣恐怖主义实施者们很“邪恶”，而另一些也许未必如此呢？在采访了许多宗教极端主义者和他们的支持者之后，斯特恩作出了区分。根据斯特恩所说：“这里描述的恐怖主义者中，少数属于完全经过深思熟虑的坏人，比如那些策划了‘9 · 11’事件的人。在一些案例中，他们行为的伦理基础往往是很复杂的。”她指出如下具体差别：

> 尽管本书中记叙的恐怖行动都不能描述为道德上可接受的行为，但是至少我的观点是：杀死医生的反堕胎犯人在道德上最容易让人接受，因此也值得深入研究。与“9 · 11”事件劫机犯不同，这些杀害医生的犯人是有识别力的：他们锁定的目标，都是他们认定的屠杀生灵的人。

但是，本 · 拉登、“基地”组织以及类似的个人和团体也认为全体美国人都背负着杀害无辜的穆斯林人的罪孽。考虑到这一点，杀害医生的凶手和“9 · 11”事件实施者的区别就在于受害人的数量而已，而不在于是正当杀人还是不正当杀人的道德差别。

宗教暴力的扩散

1980年，在伊朗人质危机期间，美国国务院并没有把宗教团体列在恐怖主义组织的名单上。但差不多20年后，榜单上半数以上的国际恐怖组织都是宗教性质团体。2006年，美国预防恐怖主义全国纪念协会（National Memorial Institute for the Prevention of Terrorism，MIPT）的恐怖主义知识库列出了202家国内外宗教恐怖组织。不足为奇的是，这些组织大部分同时也被列入民族主义者的分类清单上。比如，美国预防恐怖主义全国纪念协会的知识库将哈马斯和黎巴嫩真主党同时列为宗教组织和民族主义组织。对于许多类似组织的双重分类，这是唯一可行的办法，因为这些组织既有宗教目标又有政治目标。

尽管宗教恐怖主义和其他类别的恐怖主义（尤其是民族主义者/分裂主义者类别）之间的界限很模糊，但预防恐怖主义全国纪念协会的数据显示，无论其动机是单纯的宗教性质的，还是政治目标和宗教目标的结合，宗教组织实施的事件，在数量上和事件严重性上都有显著的增加和提高。1980年到1992年的13年间，各类宗教组织实施了总计240次国际恐怖活动，导致806人死亡，1192人受伤。在同一段时间内，共产主义者（社会主义者）和民族主义者（分裂主义者）团体实施了更多的恐怖活动，分别为1045次和1039次。从1993年到2005年年末的13年里，全部或部分由宗教组织主导的恐怖主义事件数量翻了一倍多，达到了509次，而死亡人数（5857）和受伤人数（22885）的激增更令人震惊。同时，民族主义者（分裂主义者）团体发起的袭击比其他类型的团体数量更多，但是，相比于之前的阶段，他们实施的恐怖活动大大减少了。共产主义者（社会主义者）团体实施的恐怖事件下降幅度更大，降至331起。由于预防恐怖主义全国纪念协会的知识库没有包含1998年之前的国内恐怖活动数据，这些趋势数据仅仅限于以上两个时间段的国际恐怖主义事件。如果将世界各国的国内恐怖主义事件都包含在内，数字将会更大。现有数据证实，在过去约 12 年中，宗教组织实施的恐怖活动显著增加。

对于大卫·拉波波特来说，“基地”组织和其他类似组织及小团体实施的“9·11”事件和类似暴力事件，都是起始于 20 世纪 70 年代末的宗教恐怖主义浪潮的一部分，与“新左翼浪潮”（New Left Wave）交叠，除了几个特例外，这次浪潮在冷战结束后都消失了。由于“无政府主义浪潮”（Anarchist Wave，起始于 20 世纪 80 年代）以及“反殖民主义浪潮”（Anti-Colonial Wave，起始于 20 世纪 20 年代）在“新左翼浪潮”（起始于 20 世纪 60 年代）之前，他认为“宗教浪潮”（Religious Wave）在现代恐怖主义的历史中名列第四，而伊斯兰教是近期最重要的宗教——但不是唯一的。不同于拉波波特的观点——即，将三个几乎同时发生的事件（“1979 年的伊朗伊斯兰革命、伊斯兰黑蚩拉教历（*hijri*）的开始，以及苏联入侵阿富汗”）作为“第四波”（Fourth Wave）的起点，马克·赛奇威克将 1967 年看作是关键的时期：

> 正是在那一年，阿拉伯军队被以色列人出其不意地击败了，以埃及的总统纳赛尔（Nasser）为化身的阿拉伯民族主义者们的梦想开始支离破碎。这个过程以 1979 年总统萨达特（Sadat）在戴维营的让步而结束……
>
> 1967 年之后，埃及社会的再伊斯兰化开始了。为了伊斯兰教而去阿富汗作战的阿拉伯人处于浪潮中间，而非开始。所以，“第四波”不是在伊朗或阿富汗开始，而是始于巴勒斯坦和以色列，和始于欧洲（在美洲也有影响，但程度稍弱）的“第三次浪潮”几乎在同一年。

和拉波波特一样，该作者认为伊朗的伊斯兰革命和苏联入侵阿富汗（不是第 15 个黑蚩拉世纪的开始）触发了“第四波”，而不是 1967

年的阿拉伯—以色列战争。那场战争之后，“埃及社会的再伊斯兰化开始”了，非宗教的巴勒斯坦恐怖组织应运而生，也是“第三波”或“新左翼浪潮”的产物，他们与欧洲的马克思主义恐怖团体合作。

孤立、羞辱和恐惧

尽管赛奇威克认为“基地”组织的短期或直接目标的政治性大于宗教性，并且“更多归结于欧洲激进主义而不是伊斯兰教”，他同时也承认这个组织“有明显的伊斯兰教痕迹，这种痕迹不仅仅体现在其最终（以宗教形式定义的）目标上。‘基地’组织的潜在支持者是全世界范围内的穆斯林，目前它用来发动支持者的方式也来自于伊斯兰教”。因共同的伊斯兰观念、形象和规矩而建立的联系，加上招募成员和同情者的需求，这两个重要方面为组织提供了大量的潜在支持者。“基地”组织在这方面并不是独树一帜的。如马克·杰根史迈尔所说：

> 那些有长期影响力的组织，例如哈马斯、印度卡利斯坦（Khalistan）运动、基督徒身份运动、以及犹太右翼组织，都曾经使用暴力，他们的目的不仅仅是吸引注意力，也是表达其泛文化圈中的人们的担忧。
>
> 他们可能有些激进，但也广泛表达了被孤立、被压迫的感觉。正是出于这个原因，他们尖锐刺耳的语言和暴力行为在他们的同伴们看来，也许有些放纵但却完全可以理解。

研究过宗教恐怖主义者的人们似乎认同：在这些恐怖分子强硬的言语和行为下面，隐藏着大量的孤立、屈辱甚至是恐惧。斯特恩总结道：“宗教恐怖主义者们表达的委屈和不平常常掩饰着一种更深的焦虑和恐惧。害怕出现一个不信神的世界，害怕混乱，害怕散漫无纪律，害怕孤单寂寞。”宗教恐怖主义者往往对他们在社会中失去或即将失去特权地位而感到沮丧不安，这一点儿都不稀奇。因此，在基督教徒身份的运动中，激进的因素显而易见：他们厌恶非裔美国人和犹太人，并指责正是这些人将所有的疾病带到了美国社会，这些人尤其要对“美国的色情文学、道德缺失、糟糕的经济、少数民族的权利大于白人的权利、上帝被从学校中驱逐出去”等事情负责。由于这些组织中的许多普通成员最多是高中学历，从事着低薪的工作，或者是无业游民，因此他们就把自己的困境归咎于那些非白种人和非基督教团体。在其他地区，以中东为例，那些受过大学教育的男士们的挫败感往往来自于他们未找到发挥自身技能的高水平工作。

斯特恩曾与“主之圣约、剑及武装”（Covenant, the Sword, and the Arm of the Lord, CSA）这个基督徒身份团体的一位领导者克里·诺布尔（Kerry Noble）交谈过，并且与许多国外的宗教恐怖主义者也谈过话，他如是总结：

> 诺布尔所描述的委屈不平与全世界的那些宗教极端主义者们所描述的类似。例如，“基地”组织抱怨新的世界秩序，这一点与克里·诺布尔的观点极为相似。本·拉登的二号人物——艾曼·扎瓦希里（Ayman Zawahiri），谴责西方势力利用像联合国那样的国际组织、跨国公司，以及国际新闻媒体作为他们“新十字军东侵”的武器来统治伊斯兰世界。他们往往抵制女权主义，提倡“家庭价值观”，无论他们的家是在俄克拉荷马州还是在白沙瓦。

实实在在的屈辱或者感觉到的屈辱，也可能驱动男性参与到暴力组织中。比如，“基地”组织中艾曼·扎瓦希里这样的极端主义者们相信：“几个世纪以来，穆斯林年轻人在西方的控制下蒙受屈辱，而暴力正是帮助穆斯林年轻人治愈这一消极影响的良药。”与此相似的是，基督教徒身份运动团体的极端主义者们加入暴力组织，就是为了再次获得他们的男子汉气概，并忘记他们曾经由于性别和种族平等而遭受的羞辱。因此，克里·诺布尔告诉斯特恩，“当他加入了一个暴力的种族主义者团体的时候，他这辈子第一次感觉到自己的强大”，他说，从小学开始他就备受欺辱，在体育课上他被迫要求站到女孩子那边玩耍。同样，暴力的犹太教个人和团体也认为“和平进程和放弃占领区域是对犹太人的羞辱”。

无论是基督教徒、犹太教徒、穆斯林教徒、佛教徒、锡克教徒，还是信奉特殊教派的人们，宗教极端主义者和狂热者动用暴力来反对专横的、纵容的、多变的、传播世俗价值观的后现代主义世界，这个世界正在威胁甚至已经摧毁了他们的生活方式。这就解释了为什么这些组织和个人的直接攻击目标带有政治色彩。他们选择暴力手段，就是为了重新获得对他们生活环境的控制，根据他们的愿景来重塑世界，以期最终达到所谓的宗教理想。然而，在这个过程中，他们与各自宗教中的主流教义逐渐背离，越走越远。甚至，当世界各地的宗教极端主义者意识到与自己信仰的主流已经步调不一致时，他们仍坚持说“他们的组织实际上是传统的原始形式的复活”。不幸的是，宗教恐怖主义的攻击目标常常没有能力或者不愿意去区分非暴力的主流宗教及其教义，与极端主义者们领导的以上帝之名实施恐怖主义的“新宗教”之间的差别。结果，一个宗教可能全部被它的最极端的边缘组织形象影响，从而被定型。

就在“9·11”事件之前，恐怖主义学者马格努斯·兰斯托普认识到“宗教恐怖主义在当今社会真实爆发”的原因和危险，他指出：

> 在世界正探索新的秩序的时候，目前的形势充满了不确定性和不可预见性，并且在日益复杂的全球环境中，种族冲突和民族主义冲突不断。这为许多宗教恐怖主义组织提供了机会和军火，使他们可以根据神圣的职责、理想和训令来塑造历史，然而，在其他人看

来，这个时代本身也快要结束了。

这个看法道出了这样一个事实：当今的时代背景有益于国际宗教恐怖主义和国内多样化团体的繁衍。的确，许多看似国内范围的宗教恐怖主义者——例如美国的“基督徒身份”组织的追随者们，或者像阿拉伯国家中的像“基地”组织一样的团体（如黎巴嫩真主党）——都是因为受到了超越国内范围的屈辱。颇具讽刺意味的是，在许多情况下，同样的宗教恐怖主义者一边憎恨其认为的全球化的负面影响，一边却利用全球化的工具，特别是全球化的通讯和跨国的武器和毒品贩卖，来为他们的组织和恐怖主义活动提供资金支持。

无论在何种宗教背景下，在相同和不同宗教的追随者当中，恐怖主义都有着悠久的历史。尽管这些暴力的盲信者之间有无数的相似点，但是由于大量的个人、基层组织、团体甚至网络组织都投身到所谓的圣战事业中，打着伊斯兰教旗号的自封的勇士们仍然给当今时代带来了最大的威胁。因此，下面的部分将着重分析：圣战运动的理论基础，实施暴力的理由，以及当代恐怖主义者在对抗自己的宗教和其他宗教里的异教徒的时候，圣战理论对他们的影响。

圣战运动和政治暴力

2008 年总统大选刚刚结束，在美国国家广播公司电视台的“与媒体见面”栏中，前国务卿科林 · 鲍威尔（Colin Powell）谴责了参议员奥巴马的那些对手，因为他们大肆宣扬奥巴马是个穆斯林。这位当时已经退休了的老将军补充道：“就算他是一个穆斯林又能怎样？难道在这个国家身为一个穆斯林有什么问题吗？答案是否定的。那不是美国。如果有一个 7 岁的穆斯林美国儿童梦想着他或她有一天可以成为总统，这有什么问题吗？”在一个移民国家，这是一个关于宽容和平等的基本价值观的公民必修课。如马克 · 杰根史迈尔所说：“大多数穆斯林教徒们都认为伊斯兰教是一个和平的宗教，而基督教徒和犹太教徒也同样如此看待他们自己的宗教。”

然而，自从20世纪90年代以来，尤其从2001年9月11日的袭击以来，最严重的恐怖主义威胁都与穆斯林复兴运动团体的最极端的派别密切相关。“9 · 11”事件之后，美国境内和西方世界其他地方的伊斯兰教，突然成为了大家关注的焦点。大学里关于伊斯兰教的课程被超额选修，相关主题的书籍以前所未有的次数被撰写、出版和购买。但是，还有很多美国人对此并不感兴趣，而且缺少了解。

2006年，《国会季刊》（*Congressional Quarterly*）的国家安全编辑杰夫 · 斯坦因（Jeff Stein），结束了对国会、联邦调查局和其他机构中的反恐官员的采访。他采访的问题是：“你知道逊尼派教徒和什叶派教徒之间的差别吗？”他并没有期待神学上的解释，而只是想得到一些关于这两个团体之间敌对状态的基本知识，以及他们在伊拉克和其他环境中的政治实力和区别。正如他报道的：“我采访过的大多数美国官员都没有概念，不仅仅包括情报和执法方面的官员，还包括在间谍机构担任要职的国会众议院议员。连最基本的知识都不知道，他们怎么能胜任自己的工作呢？”人们会很自然地认为这些无能的反恐专家们没有一个人了解“反恐战争”中敌对者的意识形态。下文将解释在整个穆斯林人口范围内的有宪法制定权的各种团体，尤其是激发“基地”组织核心领导者以及类似团体和个人的恐怖使命思想的宗教政治基础。

穆斯林

在全世界大约13亿穆斯林中，85%是逊尼派，其余为什叶派。他们都遵循先知穆罕默德（Muhammad）和《古兰经》的教义。伊斯兰教在穆罕默德去世之后分裂成两个分支。为此逊尼派认为他的同伴中最有能力的应该理所当然地继承穆罕默德的位置，而另一方面，什叶派认为穆罕默德的后代们才是他的精神继承人，即他的女婿阿里（Ali）应该排在第一位。瓦利 · 纳斯尔（Vali Nasr）曾经对此进行解释说，逊尼派和什叶派的区分“从某种程度上与西方的基督教中新教和天主教之间的差别差不多”。在后“9 · 11”时代，尤其是在西方世界，普遍的看法是伊斯兰教是个麻烦，伊斯兰教鼓励暴力行为。但是，约翰 · 埃斯波西托（John Esposito）提醒大家：“当讨论政治性的伊斯兰教时，一定要区分开主流团体和极端主义运动团体。前者在政治体系允许范围内参与活动，而后者则是打着伊斯兰教的名义实施恐怖活动。”绝大多数的穆斯林反对他们的极端主义及其对同胞们的暴力行为，尤其反对宗教狂热主义者们伤害妇女、儿童和老人，或者攻击穆斯林同胞并损害穆斯林利益。

伊斯兰教主义者

在全部穆斯林人口中，为了基于伊斯兰法律的伊斯兰国家的建设强大而奋斗的伊斯兰教主义者，在逊尼派和什叶派中都是第二大组成部分。受到自 20 世纪 60 年代起产生的强烈的宗教复活观念的刺激，加上对亲西方的独裁政府日益不满，当人们无路可走的时候，宗教、清真寺和毛拉（伊斯兰教神学家）自然而然地成为了聚集点。清真寺—毛拉网络的利用在伊朗革命中发挥了关键作用，就如同埃及和许多其他国家中的私人（非政府的）清真寺和他们的伊玛目（伟大的宗教领袖）所发挥的作用一样。

大多数伊斯兰教主义者支持和平改变，但是越来越多的少数群体认为暴力活动可以推动他们的事业。最古老、最有影响力的伊斯兰教运动团体是哈桑 · 班纳（Hassan al-Banna）于 1928 年在埃及创立并领导的跨国穆斯林兄弟会（Muslim Brotherhood），它旨在反抗受英国支持的君主政体。20 世纪中期，该团体在整个阿拉伯世界扩大发展，在一些国家落地生根，如阿尔及利亚、利比亚、巴勒斯坦地区、苏丹、叙利亚和突尼斯。在官方层面，兄弟会曾经宣传反对暴力，但是巴勒斯坦人反抗以色列人这件事却是例外。然而在现实中，埃及的穆斯林兄弟会和其他地方的分支机构却在各种背景和情况下采取了恐怖主义手段。如“9 · 11”委员会的报告所述：“在一些国家，兄弟会的角色是非暴力的；然而在其他国家，尤其是在埃及，与当权政府斗争的时候，它在暴力和非暴力之间不断变换着。”某些情况下，最暴力的成员们在兄弟会内部组成了各自的小团体，有时，他们还会成立更加极端的独立团体。

萨拉菲派和瓦哈比派

穆斯林人口中有一个萨拉菲派（Salafi），它属于最具清教徒特色的逊尼派伊斯兰教，旨在推动先知穆罕默德及其同伴们的原始教义回归。一些观察家们已经把这个思想流派与 17 世纪发生在英国和美国的清教徒运动进行了比较。萨拉菲派认为《古兰经》和先知穆罕默德的实践（穆罕默德言行录），才是虔诚的穆斯林们最正统的指导方针，而不是后期伊斯兰学者们对原始资料的解读。与其他清教徒运动团体一样，萨拉菲派相信，伊斯兰黄金时代（当穆斯林的统治延伸到欧洲的时候）的终结，是由他们自己的“统治者和人民”造成的，“这些人放弃了自己宗教的正确道路，使得伊斯兰教在面对逐步侵入的国外势力时非常软弱无力，而这些势力非常急切地想要偷走他们的土地、财富甚至灵魂”。在塔利班控制下的阿富汗，最显著地反映了萨拉菲派所憧憬的理想社会。

最有影响力的萨拉菲派是沙特阿拉伯的传教士们。他们宣扬一种古老的萨拉菲形式，被称作瓦哈比派（Wahhabi）。这是一个 18 世纪的运动团体，以其创始人穆罕默德 · 本 · 阿卜杜勒 · 瓦哈卜（Muhammad bin Abd al Wahhab）的名字命名。自从 1932 年现代沙特阿拉伯王国建立以来，瓦哈比传教士们在国家的宗教、政治、社会和文化等方方面面都产生了极大的影响。沙特阿拉伯的统治者们和瓦哈比教派的领导人们之间的共生关系，让清教徒主义和不宽容原则在整个国家得以传播。萨拉菲派反对皇室里西化的成员，反对西方世界在沙特阿拉伯半岛的影响，以此避免暴力政变，保卫皇室。然而，这样的安排是有代价的：沙特政府和富有的沙特人为瓦哈比教派在整个中东范围内的，以及包括欧洲和美国的世界其他地方的战斗提供资金支持。不仅如此，最近，沙特阿拉伯的恐怖分子数目与时俱增。19名"9·11"恐怖分子中有15人是沙特阿拉伯公民。并且，2006年8月至2007年8月期间，进入伊拉克境内与"基地"组织的分支机构"伊拉克伊斯兰国"（Islamic State of Iraq）并肩作战的外国人士入境记录显示：595次入境记录都列明了这些圣战战士的国籍，其中41%是沙特阿拉伯人。

圣战战士

尽管大多数的萨拉菲人士并不参与暴力活动且不支持其萨拉菲同胞们的恐怖主义行为，但是，当今最危险且为数最多的恐怖活动团体和小派别们都是萨拉菲团体的成员。马克·塞奇曼（Marc Sageman）把"全球的萨拉菲圣战战士"称为一个"从摩洛哥延伸至菲律宾、消除了现存国界"的宗教复兴运动团体。

圣战的涵义

1998年2月，本·拉登和其他四位圣战团体领导者在埃及、巴基斯坦和孟加拉签署了一项名为"宗教法令"的裁决，裁决的标题是"世界伊斯兰反犹太人和十字军圣战阵线"（The World Islamic Front for Jihad Against the Jews and Crusaders）。在正文中，本·拉登解释道："伊斯兰史上的宗教学者们都同意，当敌人攻击穆斯林国家时，圣战是每个人的职责……除了信仰，没有比对抗腐蚀宗教和全世界的敌人更伟大的职责了。”本·拉登、其他“基地”组织领导者，以及他们在全世界的追随者、支持者和同情者们频繁使用“圣战”这个词来描述他们的恐怖主义任务和行为。意料之中的是，这个词在西方国家有着消极负面的内涵。

“圣战”的字面意思是沿着真主和先知穆罕默德的道路努力或者奋斗。并且，更大的圣战和较小的圣战之间还有差别。前者可以看作是个人的精神和道德层面的奋斗，而后者则是为了伊斯兰教的利益而进行的暴力抗争。这个差别要追溯到穆罕默德，据称，他曾说：“我们从较小的圣战（战争）回到了更大的圣战（个人为了过上崇高的生活而进行的努力）。”至于二者之间的争议点，塞奇曼解释说：

较小的圣战是为了伊斯兰教的暴力抗争。传统的伊斯兰教把圣战看作是世界上的一种义务，这个世界被分成伊斯兰教的土地和充满冲突的土地。穆斯林团体必须参与到在全世界范围内拓展伊斯兰教土地的圣战中，这样，所有的人类才可以生活在一个公正的政治社会秩序内。一个解释学派曾经淡化了这种好战性，引入了土地协议的概念，该协议主张与伊斯兰土地停战，不必付诸于圣战。

当提及好战的或者较小的圣战时，在防御性和攻击性的圣战之间还有一个差别，那就是，前者指的是反抗穆斯林领土内的侵略者，例如圣战者对抗苏联入侵阿富汗或者伊拉克的美国和其他西方入侵者的战斗；后者则是指征服非穆斯林土地并且改变异教徒的信仰。

他把“基地”组织描述为圣战运动团体的“先锋”。另外一个专家的观点是：

> 本·拉登和“基地”组织象征着一个全球的圣战，一个威胁着穆斯林国家和西方世界的极端主义团体的网络。事实证明，他们的根基要比大多数人预想的更深入、更具有渗透性。在反对苏联入侵阿富汗的圣战中涌现出来的这个新的全球威胁，已经在穆斯林世界全面爆发，并且从中亚、南亚、东南亚波及欧洲和美洲。

在人员、组织和战术方面，全球范围内的圣战运动起源的确可以追溯到20世纪80年代的阿富汗政府军抵御苏联侵略者的阿拉伯圣战。然而，武力圣战的完备的思想体系却有着更深的根源，这个思想体系对“基地”组织和其他当代圣战运动团体的理论基础、教义和行动发挥着核心影响。

圣战思想体系

通过对现有已经出版的和圣战网站上的文本进行“引文分析”，可以确认圣战团体中最有影响力的理论家们。进一步区分最主要的中世纪和现代激进思想家，两位学者发现，在第一类中，伊本·提米雅（Ibn Taymiyya）的著作在当代圣战战士中非常受欢迎，而赛义德·库特布（Sayyid Qutb）则是现代思想家中最有影响力的一位。

生活在13世纪和14世纪的法理学家提米雅，其著作为抵御外国侵略者提供了通用的理论基础：在他的年代，是号召与蒙古人（Mongols）或鞑靼人（Tartars）进行斗争。而在今天，它对抵御在穆斯林世界存在并（或）有利益的西方人而发起的暴力圣战给出了完美的理由。提米雅坚信，抵抗外国侵略者不仅仅是每一个虔诚穆斯林的权利，更是他们不可推卸的职责。他的著作中进一步叙述道：那些后来改变了信仰成为穆斯林的蒙古统治者们并不是真正的穆斯林，这些人以及其他任何没有严格遵守穆斯林法律的穆斯林团体都必须被击败——这是一个对违背了清教徒伊斯兰教原则的穆斯林统治者和政权发动圣战的许可。

当代号召对非穆斯林发动圣战并推翻当地背教政权的圣战理论家，迄今为止占支配地位的是已故埃及人赛义德·库特布。跟当今那些受过训练的伊斯兰教和圣战神学专家们相比，他也许是圣战运动中有影响力的外行中的最后一人了。20 世纪 40 年代晚期在美国生活的那两年是库特布生命的转折点，期间，他开始了从一名美国和西方的崇拜者到一名圣战革命者的转变。他极力抵制西方社会的道德堕落和物质主义，于是，一回到埃及他就加入了穆斯林兄弟会，并成长为该组织的领导理论家，并且最终与政府对立起来。由于涉嫌密谋暗杀埃及总统迦玛尔·阿卜杜尔·纳赛尔（Gamal Abdel Nasser），库特布被关进监狱并且备受折磨，但是后来被允许写作。在其最有影响力的著作《里程碑》（*Milestones*）——一部革命性的伊斯兰教的政治宣言中，库特布宣称，马克思主义和西方的民主模式和资本主义都失败了，道德观念的缺失对世界的损害最大，真正的穆斯林们有责任将世界重新拉回到正确的轨道上。然而，实现这一目标的前提是在穆斯林社会内部进行自我净化。对库特布来说，世界由两大阵营组成：（1）伊斯兰教；（2）任何未严格按照伊斯兰教义建立的制度，这些制度具有野蛮未开化、堕落和缺乏信仰的特征——这是在先知默罕默德进行传教之前世界存在的一种状态。依照库特布的观点，这两个阵营之间的选择实际上是善与恶、真主与撒旦之间的选择。在他看来，包括穆斯林在内的更多的人，都是站在异教徒制度一边的，因此，所有的穆斯林都有义务“在战斗中拿起武器，任何一个反对他思想的穆斯林，只不过是另一个需要摧毁的无信仰者而已”。库特布在书中写道，需要“在一些穆斯林国家启动伊斯兰教复兴运动”，这个运动可以“树立一个榜样，随着这个榜样的普及和流行，伊斯兰教将最终实现其统治世界的命运”。为了实现这个目标，他希望有一个先锋可以把他的思想变成现实。

这些思想后来用来指导当代圣战恐怖主义者，尤其是领导阶层——库特布的先锋成员。艾曼·扎瓦希里，即日后成长为“基地”组织二号人物的埃及人，曾经是库特布的先锋中的一线成员，因为“在1966年，当赛义德·库特布走向绞刑架的时候，扎瓦希里帮助组建了一个地下组织，旨在推翻政府并建立一个伊斯兰教国家。那年他只有15岁”。同样，本·拉登也拥护库特布的极端主义教义的原则，全球范围内圣战网络中的领导者和追随者们也同样如此。事实上，库特布的弟弟兼其遗产继承人据称是本·拉登的顾问之一。

本·拉登和艾曼·扎瓦希里通信摘录

本·拉登“9·11”事件之后的信息，2001年10月7日

真主攻击了美国的要害之处，摧毁了其最伟大的建筑，赞美主并向主祈福。美国已经从北到南、从东至西充满了恐惧，赞美主并向主祈福。美国今天所尝到的滋味不过是我们几十年来所经历的一小部分而已……所以当万能的真主赐予胜利给斯里兰教的先锋团体之一的时候，他为他们彻底摧毁美国打开了道路。我向万能的真主祈祷，祈求他让这些团体升到最高的天堂。

来自于本·拉登与半岛电视台的采访对话，2001年10月21日

我认为，这场战斗不是“基地”组织和全球十字军（Crusaders）之间的战斗。而是，穆斯林（伊斯兰教人民）和全球的十字军之间的战斗……这些在纽约和华盛顿牺牲了自己生命的年轻人们，真实地说出了我们伊斯兰群体的良心。就是这现存的良知让我们看到，对那些恐吓真正信徒的恶人、违背者、罪犯和恐怖分子采取报复性措施势在必行。因此，不是所有的恐怖主义都是受限制的或者不明智的。的确有不明智的恐怖主义，但同时也存在有益的恐怖主义……因此说，美国和以色列实施不明智的的恐怖主义，而我们实施的则是有益的恐怖主义，因为，这些行动阻止了那些人在巴勒斯坦和其他地方杀害我们的儿童。

来自于本·拉登致美国人民的磁带录音，由半岛电视台播放，2006年1月19日

你们曾经试图阻止我们过上有尊严的生活，但是你们将无法阻止我们有尊严地死去。圣战在我们的宗教里是一种号召，如果不能发动圣战，则是一种罪孽。对我们来说，最好的死亡就是在刀光剑影下实现的。别让你们的实力和现代武器愚弄了你们自己。它们能帮助你们赢得几次战斗，但是却会输掉一场战争。耐心和坚定往往比武器更奏效。我们历时十年用最简单的武器耐心地与苏联进行斗争，结果是我们耗尽了他们的经济，现在他们什么都不是。这对你们来说是前车之鉴。

来源于扎瓦希里的视频录像带和致总统当选人奥巴马的讲话，2008年11月19日

那些美国的罪行在前面恭候着你（总统当选人奥巴马），看起来，美国对世界和穆斯林的罪恶心态也将你俘虏了。穆斯林族群已经完全受够了你们虚伪的言论，你们对待以色列的姿态向我们的族群证实了，你们已经选择了对伊斯兰教和

> 穆斯林不友善的态度……你爬上了总统的宝座，即将掌管人类历史上最罪恶的力量，并将指挥有史以来对穆斯林最暴力的十字军。在你们身上，即你和科林·鲍威尔、康多莉扎·赖斯（Condoleezza Rice）以及与你们类似的人，马尔科姆·X（愿真主安拉怜悯他）关于"黑奴"（House Negroes）的言论得到了确认。
>
> 由于你是在美国对伊斯兰教和穆斯林们进行讨伐时继任了美国总统的职位，因此，你还应该意识到，你所面对的既不是个人也不是组织，而是正在觉醒的圣战和正在动摇整个伊斯兰世界基础的复兴；这个事实是你、你的政府和你的国家拒绝承认并且假装看不见的。

尽管有许多现代和前现代时期的理论家们为圣战理论作出了贡献或增补，但是，就目前来看，库特布仍然是最有影响力的一位。需要注意的是，所有有影响力的理论家们都是强硬路线者，并支持暴力活动。根据塞奇曼的观点："萨拉菲意识形态决定了（圣战运动的）使命，设定了目标，并对战术进行了指导。"甚至为圣战而服役的自称为圣战勇士和殉教者的训练，都由这一极端意识形态所指导。在研究了圣战主要领导者所宣扬的恐怖主义者训练的教义之后，布兰亚·利亚（Brynjar Lia）总结道：

> 当准备为发动一次恐怖主义运动或参与一个长期的游击战争而进行征募的时候，圣战的理论家们一致同意，意识形态的教化和精神上的准备应该超越身体和军事训练而排在优先位置。为了制造出那种经受战斗磨砺寻求殉教的斗士们（过去的圣战团体中就充斥着这样的人），圣战的恐怖主义者们竭尽全力地把心思放在

精神驯化上。

圣战运动充满了传教士般的狂热，他们的目标不仅仅是征募新人，无论这些极端主义者们走到哪里，他们都把自己的信仰强加于当地人。2008年夏天，艾丽萨·J·鲁宾（Alissa J. Rubin）从伊拉克发出的报告中写道：

> 迪亚拉省的居民和官员们说，美索不达米亚的"基地"组织的好战人士们已经慢慢把他们激进的伊斯兰愿景灌输给当地的人民。四年前，几乎是刚一搬进来时，他们就开始对男人们和妇女们开设宗教课程。"甚至在首府巴古拜都有这样的课程，我的侄女去参加过一些，她受到了蛊惑。"莎玛·阿巴德·卡德尔（Shamaa Abad al-Kader）如是说，她是米格达迪耶市一所女子学校的女校长，同时也任职于迪亚拉省委员会。"他们把人们聚集在村子里，把妇女们带到巴古拜，并培训举止言行，"卡德尔女士接着说，"这些'基地'组织的人们走进学校和清真寺并且强迫人们听课。我的侄女说那个进入他们学校的人留着长长的胡子还带着一把刺刀。"

在阿富汗，死灰复燃的塔利班圣战战士使用暴力强迫其阿富汗同胞按照极端沙拉菲的教义生活，就像他们曾经在基督教原教旨主义运动的五年统治期间一样。在那段时期，女孩们不允许接受教育，但是"9·11"事件之后，美国领导的联合军队进攻和推翻了塔利班，使这一切发生了改变。当塔利班在以前的据点坎大哈（Kandahar）重新得势的时候，老师和女学生们则成为了残暴的、通常是致命的重点袭击对象。在某次事件中，塔利班的好战分子们把一队女学生和她们的老师们浸泡在酸性物质中，导致部分人员面部烧伤。被捕之后，这些人交代说："每烧伤一个女孩子，塔利班组织里的一个高层就会支付

10 万巴基斯坦卢比（约等于 1275 美元）。”喀布尔政府称这次袭击为“非伊斯兰教的”，但是对于塔利班的圣战战士来说，这类恐怖主义活动是他们圣战的一部分，其圣战的目的就是复兴阿富汗为纯正沙拉非社会的典范。

总之，所有主要宗教的信徒和伪宗教的小派系都借上帝之名进行过恐怖主义活动。然而，现如今的圣战战士犯下了罄竹难书的致命的恐怖主义袭击罪行，并且对穆斯林世界内外都形成了迄今为止最大的威胁。

在西方国家（包括美国）土生土长的圣战战士

在解决后“9 · 11”时代西方由本土或移民来的圣战人士实施的恐怖主义威胁时，恐怖主义研究专家指出了西欧的穆斯林离散人群和美国穆斯林之间的差别。相比于美国的同类人士，欧洲的第二代和第三代穆斯林更为激进，暴力程度更高，这不能简单地归因于美国的法律实施得更谨慎。相反，穆斯林在美国的社会融合被看作是一道防护墙，用于抵御圣战组织进行教义灌输、宣传，以及筹划活动和招募新成员。“这个国家是个民族大熔炉，美国梦、个人主义、草根志愿主义——这些文化价值观让美国的穆斯林不太可能如他们的欧洲同胞一样接受如下解读：即世界上存在着对抗伊斯兰教的战争。”“9 · 11”事件七年之后，马克 · 塞奇曼这样在书中写道：“相比于内部，从远处似乎更容易反美”。在 2007 年的一份报告中，布莱恩 · 詹金斯（Brian Jenkins）表示：“自从‘9 · 11’恐怖事件之后，美国境内没有重大的恐怖主义袭击或者更大恐怖主义阴谋，这是个好消息，但这个好消息不能完全解读为情报信息增加了或是安保加强了。这表明，美国的穆斯林人口就算不能对圣战意识形态完全免疫，也可能比那些欧洲的穆斯林更少受到影响。”但是同时，他还警告大家，“实施恐怖主义袭击，并不需要大部分人参与，只需要一小部分人就可以了”。

最后这一点在2009年得到了印证。仅仅在一年的时间里，美国的穆斯林实施或策划了2起致命恐怖袭击和6次未遂的恐怖阴谋，这个数字达到了迄今为止美国境内类似事件的最高纪录。如表5.1所示，从2001年9月11日一直到2008年12月31日之后的一段时间，美国境内总共有12起恐怖袭击，美国穆斯林被指控为主谋。相比而言，仅2009年一年就有总计6起类似的事件。这些策划者的阴谋最终流产。但是除了2009年的这6起被挫败了的阴谋之外，恐怖分子们还成功地实施了最致命的两次袭击：11月5日，陆军少校尼达尔·哈桑（Nidal Hasan）在德克萨斯州的胡德堡（Fort Hood）大开杀戒，向人群进行射击，导致13人死亡，28人受伤；5个月之后，一名皈依穆斯林的美国人在阿肯色州小岩城的一个征兵中心开枪射击，杀死1人，射伤1人。在这两起案件中，还有一起潜在的针对纽约地铁系统的袭击，极具破坏性，但是被成功阻止。当时，美国永久居民纳吉布拉·扎齐（Najibulla Zazi）因试图制造并引爆大规模杀伤性武器而被捕。他的两个美国同谋，即他的前高中同学，连同另外几个海外的共谋者也都被指控。

表5.1 后"9·11"时代发生在美国境内的由（本土）圣战人士发动的恐怖袭击或阴谋

日期	袭击／策划类型
2002年5月8日	从巴基斯坦回国的乔斯·帕迪拉（Jose Padilla）在芝加哥奥黑尔国际机场被捕，因为他涉嫌试图制造并引爆一枚"脏弹"，即能在大范围内散布放射线的恐怖主义武器。
2003年3月13日	因曼·法里斯（Iyman Faris）于俄亥俄州哥伦布市被捕，理由是为"基地"组织提供帮助，并计划摧毁布鲁克林大桥；2003年5月认罪。
2004年8月	亚辛·阿里夫（Yassin Aref）和穆罕默德·侯赛因（Mohammed Hossain）在一家阿尔巴尼亚的清真寺被捕，原因是试图制造枪榴弹发射器，目标是一位巴基斯坦外交官。

（续表）

日期	袭击／策划类型
2004 年 8 月 28 日	沙哈瓦·马丁·斯拉吉（Shahawar Matin Siraj）和詹姆斯·埃尔莎菲（James Elshafay）被捕，原因是试图在共和党全国大会的前一天炸毁纽约的地铁系统。
2005 年 8 月	一个伊斯兰监狱黑帮头领凯文·詹姆斯（Kevin James）和其他 3 人被捕，原因是密谋袭击位于洛杉矶的国民警卫队设施、犹太教堂和其他目标。后来詹姆斯承认犯有共谋罪。
2006 年 2 月 21 日	穆罕默德·扎基·阿玛维（Mohammed Zaki Amawi）和其他两个来自俄亥俄州托莱多市的人，因密谋发动圣战抵抗美国并杀死美国总统而被指控。
2006 年 6 月 23 日	7 名男子在迈阿密被捕，原因是密谋对芝加哥希尔斯大厦（Sears Tower）进行炸弹袭击。
2006 年 7 月	3 名男子在黎巴嫩被捕，原因是密谋炸毁哈德逊河（Hudson River）的隧道，淹没纽约市的金融区域。
2006 年 12 月 8 日	皈依的穆斯林教徒德瑞克·沙瑞夫（Derrick Shareef），由于密谋在伊利诺斯州罗克福德市的切里瓦利购物中心引爆 4 枚手榴弹而被捕。
2007 年 5 月 7 日	6 名男子因受圣战视频鼓舞而试图袭击迪克斯堡军事基地。
2007 年 6 月 3 日	4 名男子因密谋炸毁位于肯尼迪机场的喷气式飞机燃油供应库而受到指控；其中一人，阿卜杜·卡迪尔（Abdul Kadir）是圭亚那前国会议员。
2008 年 9 月	皈依的穆斯林教徒布赖恩·尼尔·维纳斯（Bryan Neal Vinas），曾因与巴基斯坦境内的“基地”组织有联系并且参与了对美国士兵的袭击而被捕，后来又因为密谋炸毁位于宾夕法尼亚火车站的长岛铁路列车而被捕。
2009 年 5 月 20 日	4 名男子在纽约州的纽堡被捕，原因是密谋炸毁一个犹太教河谷会堂并试图击落军用飞机。

（续表）

日期	袭击／策划类型
2009 年 6 月	阿卜杜·哈基姆·穆贾希德·穆罕默德（Abdul Hakim Mujahid Muhammad），一名皈依穆斯林的美国人，在阿肯色州的小岩城的一个征兵中心，射击并杀死了一名军人，接着又射伤了另外 1 名军人。
2009 年 9 月	丹佛的纳吉布拉·扎齐被指控试图建造并引爆大规模杀伤性武器；涉嫌计划在纽约实施袭击。他的两个同谋者及海外几个共谋者后来也相继被捕。
2009 年 9 月 24 日	威廉·博伊德（William Boyd）和海森·谢里费（Hysen Sherifi）被指控侦查位于维吉尼亚州匡恩提科市的海军基地，并计划实施自杀性的袭击。
2009 年 9 月 24 日	迈克尔·芬顿（Michael Finton），又名塔里卜·伊斯兰姆（Talib Islam），被指控涉嫌通过炸毁一座位于伊利诺斯州斯普林菲尔德市的建筑来杀害联邦雇员。
2009 年 9 月 24 日	胡沙姆·马希尔·侯赛因·斯马迪（Hosam Maher Husein Smadi）被指控试图炸毁位于德克萨斯州达拉斯市的 60 层喷泉广场办公大楼。
2009 年 10 月 21 日	塔勒克·迈哈纳（Tarek Mehanna）因密谋制造原子武器、在两个商场开枪射击以及暗杀联邦官员而被捕。
2009 年 11 月 5 日	陆军少校尼达尔·哈桑在德克萨斯州的胡德堡进行了一次疯狂射击，导致 13 人死亡，28 人受伤。
2010 年 3 月 26 日	芝加哥出租车司机拉贾·拉赫拉希博·汗（Raja Lahrasib Khan），受到一名联邦检举人的指控：试图通过向海外汇款对“基地”组织提供资金支持；另外，还曾经在 2010 年夏天计划炸毁一个美国境内的体育馆。
2010 年 5 月 1 日	巴基斯坦裔美国人费萨尔·沙赫扎德试图在拥挤的纽约市时代广场引爆一枚自制汽车炸弹。

来源：作者

更让人震惊的是一次针对位于曼哈顿中心的时代广场的未遂爆炸阴谋。那是2010年5月1日星期六，当时时代广场人群拥挤，游人如织。大约在晚上6点30分，一个警觉的街边摊贩注意到，紧靠45号大街旁边停放着的一辆运动型多功能汽车（SUV）里冒出了滚滚浓烟，接着他听到了类似爆竹的声音。他向一名骑警报了警。几分钟之后，警察开始疏散时代广场及周边区域。幸运的是，SUV车里自制的炸弹装置没有按照计划爆炸。不到54小时之后，未遂的炸弹袭击者，巴基斯坦塔利班的新成员，费萨尔·沙赫扎德，在他离开美国前往最终目的地巴基斯坦之前，于肯尼迪机场被捕。

沙赫扎德，其时30岁，是一名已经加入了美国国籍的普通市民，19岁时从巴基斯坦来美国求学，后来成为了一名金融分析师。他买了房子，结了婚，还是两个孩子的父亲。他来美国并不是为了摆脱贫困，作为一名军官的儿子，他曾经在一个非常自由的环境中受到良好的教育。但在美国学习期间，他却沉迷于豪车、美女和酗酒。到2006年，沙赫扎德成为宗教信徒，并且接受了他频繁访问的圣战网站上的流行观点，即“西方正和伊斯兰教处于交战状态，穆斯林们正在遭受羞辱，因为他们已经停止反抗，偏离了宗教责任”。在一封写给朋友们的邮件中，他用糟糕的英语哀痛地表示“我们今天的穆斯林，伊斯兰教的信徒们，受到国外异教徒势力的袭击和侵占”。他认为针对伊斯兰教和穆斯林的十字军讨伐已经开始，并且信中还提到了丹麦的漫画。在衡量和平行动和暴力行动的前景时，他最终加入圣战战士行列，他写道：“那些为了真主安拉把自己的生命献给未来的战士（信徒们），不管是谁为安拉而战，被杀害或者获得了胜利，我们都应该给予重赏。”

在他写这封邮件的时候，许多美国的穆斯林们正在因为华盛顿的外交政策，尤其是在伊拉克和阿富汗进行的“针对恐怖主义的战争”而感到烦恼。在2007年初期进行调查的时候，大部分（75%）美国穆斯林都说，在伊拉克动用军事力量是错误的，较多人（48%）认为在阿富汗境内采取的军事行动是错误的，并且相当一部分人（55%）不相信针对恐怖主义的战争“是切实为了削弱恐怖主义”。尽管他们强烈反对在伊拉克和阿富汗的战争，调查分析却发现，美国穆斯林人“大部分都被同化了，他们对生活感到满意，对于全世界很多将穆斯林和西方人分开的事件都持温和的态度”。同样，当把美国的调查结果和一些欧洲国家的结果进行比较时，他们发现“在美国的穆斯林反对伊斯兰极端主义的程度要大于那些在西欧国家的穆斯林少数民族们”。

但是，也有值得警惕的迹象，那就是对恐怖主义，尤其是自杀性爆炸袭击来说，年轻的穆斯林美国人和他们的欧洲同胞观点相似。例如，30 岁以上的美国穆斯林中仅有 6% 认为，自杀性爆炸袭击通常或有时候是正义的，30 岁以下的人中有 15% 表示支持。相比之下，30 岁以下的认为自杀性恐怖主义活动通常或有时候是正义的穆斯林在法国和英国有 19%，西班牙有 17%，德国有 13%。

与未遂的时代广场爆炸案中的恐怖分子费萨尔 · 沙赫扎德或者胡德堡大屠杀的犯案者尼达尔 · 哈桑相反的是，大多数曾经反对并且现在依然反对美国在伊拉克、阿富汗、巴基斯坦和其他地方采取军事行动的年轻的穆斯林，并没有成为恐怖分子。那么，是什么因素刺激了沙赫扎德或哈桑，以及其他在表 5.1 所列之人最终诉诸于政治暴力呢？比如说沙赫扎德，甚至熟知他的人们都完全不清楚“哪些因素的结合——政治、宗教和个人——驱使费萨尔 · 沙赫扎德先生走向了暴力”。

在一份关于后“9 · 11”时代美国、加拿大和西欧境内的本土的圣战人士的综合研究中，纽约市警察局提出一种显著的激进化四阶段发展模式：

“预激进化”是指在个人进入激进化过程之前的生活。如案例分析所显示的，大多数后来成为恐怖分子的人都过着普通生活，拥有普通的私人愿景和职业愿景，并且没有实施暴力的历史记录。

“自我认同”阶段是内部和外部因素导致个人开始对圣战理念感兴趣并且信奉它。一般来说，在这个阶段，他们会寻找与自己臭味相投的人。

“教义灌输”使个人强烈地拥护暴力圣战的合理性。根据纽约市警察局的报告称，与自我认同阶段相反的是，在这个时候“随着过程的深入，与臭味相投的人联合是非常重要的因素”。

“圣战化”与之前的所有阶段都不同，它往往是一个短暂的过程。在这个阶段，基层组织的成员接受圣战教化的召唤，决定成为“神圣的勇士”，并且准备执行恐怖主义活动。

在后“9 · 11”时代，大多数本土圣战恐怖主义阴谋都受由本 · 拉登领导的“基地”组织所鼓舞，但“基地”本身很少直接参与行动。然而，2010 年《美国国家情报评估》警告称，“基地”组织目前仍意欲袭击美国本土——他们更倾向于进行一次大型的恐怖袭击，造成巨大伤亡、损害美国经济，或者一箭双雕。并且该组织仍在招募、培训和部署间谍，以及针对美国本土开展袭击的能力。如果不是原始的“基地”组织或者“基地”总部，该团体的塔利班联盟们可能已经将他们的触角伸到 2009 年和 2010 年的在美国境内的两次恐怖阴谋中了：上文提及的针对纽约地铁系统的袭击策划者和未遂的在巴基斯坦塔利班控制地区受过训练的时代广场炸弹袭击者。在后一个案例中，巴基斯坦塔利班声称对失败的汽车炸弹爆炸事件负责。在“基地”组织和塔利班可能密谋在美国境内实施大型的袭击的时候，独立自主的本土基层组织和独狼恐怖分子很可能带来更大的威胁。一个原因是，与臭味相投的人联合——这个纽约市警察局研究人员认为在激进化过程中非常重要的因素——已经日益从实际接触转移到通过网络实现虚拟联合（关于更多的虚拟圣战和社交网络在激进化进程中的日益凸显的重要性，见第六章）。正如纽约市警察局指出的：“网络是激进化进程的一个驱动器和实现媒介。”同样，美国参议院国土安全与政府事务委员会（U.S. Senate Committee on

Homeland Security and Governmental Affairs）也警告说："作为恐怖分子，网络活动可以避开美国的实际边境，并且可以削弱文化障碍，这个障碍此前已成为抵御'基地'组织的仇恨和暴力信息的壁垒。因此，在美国境内本土恐怖主义袭击的威胁增加了。"

总之，占压倒性比例的大多数美国穆斯林们抵制极端圣战的信条，但同时，他们群体当中的一些年轻成员们却无法抵御这场全球范围的仇恨和暴力病毒。

第六章　恐怖分子的形成：原因、条件和影响

2002 年 3 月，在联合国应对贫困问题的一次会议上，美国总统小布什声称，美国已经准备好解救“贫困、绝望、缺乏教育以及失败的政府，这些因素会给恐怖分子可乘之机，让他们能大施拳脚”。然而，几个月以后，小布什总统在接受欧洲自由广播（Radio Free Europe/Radio Liberty）的采访时，却表示贫困与恐怖主义没有直接的联系，“贫困只是全球的恐怖分子招募的工具。也许，这是他们（恐怖分子）招募人员的一种方式，但是，贫困本身并不会产生恐怖分子”。毫无疑问，总统对于“9 · 11”式的恐怖主义心中有数，但在评估恐怖主义根源时，他略显矛盾的论断也反映出长期以来专家们在这个问题上的争论。毫无疑问，如果不能挖掘出那些诉诸政治暴力的群体和个人的真实的、可觉察的积怨，就不能够理解恐怖主义。这种积怨的特点是民族性或是世界性的——或二者兼具。尽管相同或相似的条件在一些国家滋生了恐怖主义，但在另一些国家却没有，学者们对此给出了多种解释。

在大约 35 年前，国际恐怖主义还未出现时，普遍的观念认为诸如

贫困、缺乏教育和高失业率等社会经济条件为恐怖主义提供了肥沃的土壤，而近期的观点则更多聚焦于阿拉伯世界和穆斯林国家的恐怖主义根源。在考察了 19 世纪和 20 世纪被白人私刑杀害的美国黑人以及长时期的经济形势后，亚瑟 · 雷珀（Arthur Raper）总结得出，在经济低迷时，私刑杀害事件的数量达到峰值，而经济形势好转时，数量逐渐减少。但是，其他研究者在运用了更加现代化的经济指标后，并未发现经济形势起伏与私刑杀害事件之间的联系。例如，在 20 世纪 30 年代的经济大萧条中，并未发现此类事件激增。

基于 20 世纪 60 年代晚期到 20 世纪 80 年代西方国家的经验，初看起来，贫困滋生恐怖主义的论点就站不住脚。因为那时，世界上最富有的一些国家（例如德国、意大利、法国、比利时和美国）产生了数量较多、活跃非常的左翼恐怖组织。当时世界最著名的恐怖组织，从意大利红色旅到德国红军派，以及法国直接行动的创始人、领导者和普通成员，都来自于典型中产阶级家庭或中上阶层家庭，接受过大学教育。美国的左翼恐怖分子也是同样的情况，许多人大学毕业并获得了专业学位（医学、法律、教育、社会工作等）。但是，布伦特 · 史密斯（Brent Smith）和凯瑟琳 · D · 摩根（Kathryn Morgan）在研究中发现，在 20 世纪的最后几十年间，美国右翼恐怖分子的人口结构较左翼分子非常不同：1/3 的右翼分子没有高中毕业，只有大约 12% 的人有大学文凭，有大量的“失业人员或贫困个体户”。换言之，同样的社会，同样的宏观社会经济条件，产生了一种来自富裕阶层的恐怖分子和另外一种来自较低社会阶层的恐怖分子。

无论这些调查结果如何，认为恐怖主义源自全球欠发达国家的“贫困、绝望和怨恨”的观点保留下来，并且被当作群体政治暴力根源的一个合理解释。然而，统计数据展现的却是另一番景象。正如沃尔特 · 拉克尔（Walter Laqueur）所指出的那样：“在联合国目前认定的 49 个最不发达国家中，几乎没有恐怖事件发生。”有关中东地区恐怖主义和恐怖分子的最新研究反驳了经济贫困论点。克劳德·白莱比（Claude Berrebi）对约旦河西岸和加沙地带恐怖分子的财富状况、该地区总人口及其不同时期的经济情况做了大量的数据调研，他得出结论：

> 更好的生活水平和更高的受教育程度都与参加哈马斯集团或巴勒斯坦伊斯兰圣战组织的人数有明显的联系。在社会经济条件方面，我未能找到恐怖主义、贫困和受教育程度间可持续的联系，我认为这意味着要么没有关联，要么关联很弱。

艾伦·B·克鲁格（Alan B. Krueger）和伊特卡·马勒科娃（Jitka Maleckova）通过对黎巴嫩真主党的研究得出了类似的结论。他们的证据表明："拥有贫困线以上更高的生活水平或是接受中学以上更高水平的教育与参与黎巴嫩真主党的人数有明星的联系。"该研究同样发现："20 世纪 80 年代早期，在约旦河西岸袭击巴勒斯坦人的以色列犹太定居者多数来自高薪职业。"与白莱比一样，克鲁格和马勒科娃发现没有证据表明贫困和教育与参加或支持恐怖主义之间有直接因果关系。

一位研究者在关于已经执行或愿意执行自杀式任务的黎巴嫩真主党组织的研究中发现，这些恐怖分子或潜在的恐怖分子大多数"都来自贫困家庭"和"固定的地缘文化"。但是，由于缺乏对总人口生活水平标准与实际或潜在自杀式炸弹袭击者之间的深入对比，语境中"贫困"的涵义并不那么清晰。或许，白莱比的研究解释了不同的研究成果：针对他所研究的巴勒斯坦群体，白莱比发现，自杀式炸弹袭击者相对于人口总体水平而言，经济水平较高且受教育程度较高，但是相对于其他非自杀性恐怖分子而言，社会经济阶层较低。基于调研数据，詹姆斯·A·皮亚扎（James A. Piazza）并未发现任何论据可以支撑他所谓的"贫困根源论点"。

这些研究结果对于那些身处打击恐怖主义根源战斗中的政策制定者

具有深远的影响。如果经济和教育因素确实不是引起恐怖主义的原因，那么致力于改善经济状况，特别是提高个体收入、改善居住条件、增强医疗保健和增加受教育机会，并不会减少恐怖分子及其支持者的数量，或是消除恐怖主义。但至今为止，在许多情况下，政策依然以先前的假设为指导来援助改善国家或地区的经济环境，这是审慎的反恐战略的一部分。因此，2009年春天，塔利班与“基地”组织在巴基斯坦获得了土地控制权，并升级了在巴基斯坦和阿富汗地区的暴力事件，奥巴马政府推行了巨大的美国援助计划，在一定程度上是为了资助巴基斯坦境内与塔利班冲突地区的学校、医院和道路工程建设。

有观点认为，改变教育内容是更有前途的方法。达芙妮·博德曼（Daphne Burdman）在查看了约旦河西岸和加沙地带学校的教材、教师指导材料及其他一些官方材料后发现：

> 巴勒斯坦的孩子们被鼓励对以色列人使用暴力，哪怕他们可能会受伤甚至死去。他们被鼓励向往而非惧怕这种情形，因为他们将在真主安拉的天堂中获得一席之地。

和博德曼一样，白莱比建议，为削弱恐怖主义，工作重心应该聚焦于改变约旦河西岸和加沙地带孩子们的课程。类似的问题同样出现在其他国家和地区。例如，在“9·11”事件以后，有报道和评论批评沙特阿拉伯地区的学校和教材鼓动针对非穆斯林的偏执和仇恨。据报道，在美国北部及世界其他地区，受沙特阿拉伯资助的伊斯兰学校中有类似这种对年轻人的观念灌输。一名北弗吉尼亚的伊斯兰学校学生告诉记者，有些老师“教导学生可以对任何非穆斯林进行伤害或偷盗”。

虽然宣扬仇恨的确可能创造良好条件引导接受者支持和实施政治暴力，然而，目前尚不清楚删除学校里充满仇恨的教材及教化内容是否能够大幅削弱甚至消灭恐怖主义。毕竟，恐怖主义在各种环境中蓬勃发展——在民主和非民主的社会中，教化或非教化的年轻人可能在各种场合实施暴力。特德 · 格尔（Ted Gurr）等学者认为，自由民主体制国家比独裁体制国家更少受到政治暴力的侵害，因为异议和冲突可以被纳入合法的政治进程中。事实上，特德的研究表明，专制政权发生政治暴力的机率高于自由民主体制国家。但是通过分析 1980 年至 1987 年间全球恐怖主义事件袭击地点及袭击者和受害者的国籍，威廉 · 尤班克（William Eubank）和伦纳德 · 温伯格（Leonard Weinberg）得出结论，在 20 世纪 80 年代，“与专制国家相比，暴恐在稳定民主国家更为常见”，恐怖袭击的凶手和受害者更可能是稳定的民主国家的公民，而非来自较为不稳定的或部分民主的国家以及少数独裁专制国家。

如何解释这些相互矛盾的研究结果？最合理的解释是，这两个研究项目覆盖了不同的时间周期，更重要的是，前者聚焦国内恐怖主义的数据，后者则聚焦国际恐怖主义的数据。这两种解释都显得合理。居住在专制政权国家的公民更有理由使用暴力反抗统治集团，但是由于缺乏公民权利，实施或计划实施恐怖主义事件的反对派很可能被统治集团查出并镇压。如果恐怖分子的行动真的发生在专制国家，受攻击的政府有办法阻止、控制或改变新闻报道这类事件。民主国家的公民有机会参与决策过程，但是当团体或个人认为其不满之处无法得到充分解决，他们可能比在专制政权国家生活的公民更倾向于诉诸暴力——因为言论自由的环境有利于实现他们的“暴行宣传”。

然而，根据皮亚扎的研究，也有变量超越了政治制度的特殊性，成为恐怖主义的重要预测因素，包括“人口（规模、历史发展）、种族宗教多样性、国家打击力度的增强，及更具影响力的党派政治结构”。

所有这些可以得出结论：恐怖分子出现在贫困国家，也出现在富裕国家；出现在民主国家，也出现在专制国家；出现在稳定国家，也出现在动荡的国家；出现在孩子被教导憎恨其他意识形态、宗教或种族的社会，也出现在非此类教育方式的社会中。

由于缺乏一个通用的模型来确认滋生群体政治暴力和恐怖分子的条件，专家们已经开始在环境条件以外寻求解释。如果在相同条件下，一些人成为了恐怖分子，而另一些人没有，那么我们有理由怀疑个体特质和心理构成对于一个人选择还是拒绝恐怖主义路径具有影响，甚至是决定性作用。恐怖主义研究学者在这方面观点不一，提出了以下不同的方法和解释：（1）恐怖分子的选择是理性的；（2）恐怖分子为个人特质所引导；（3）恐怖分子是社会互动的产物。

恐怖主义是理性选择的结果

借用普鲁士军事理论家卡尔·冯·克劳塞维茨（Carl von Clausewitz）的理论，即战争是外交的延续，加里·西克（Gary Sick）提出了恐怖主义"是通过其他方式延续政治"。西克未把有暴力倾向和狂热信仰的人更容易为恐怖主义所吸引这一可能性计算在内，他强调恐怖主义是在特定政治环境下慎重选择的结果——至少在组织生命周期的早期阶段是这样。他写道："他们（集团成员）对于恐怖主义的选择，以及反对其他可能的（政治）行为形式，是政治环境的作用结果。"理查德·舒尔茨（Richard Shultz）也认为恐怖主义"是蓄意的暴力"，具有"目标导向"和"政治目的"。她将恐怖主义解释为一个合乎逻辑的选择，玛莎·克伦肖与其意见相同，她指出：

> 恐怖主义很可能是在各种选择方案中经历了几次失败后得出的理性和全盘考虑过的选择。

因此，美国的"气象员组织"创始人意识到"学生为维护民主社会而发起的反越南战争、反政府抗议并未进一步实现他们的意识形态目标"，于是创建了该组织。同样，德国红军派作为社会主义学生协会激进派产物而出现。天军和其他诉诸恐怖主义方式的极端反堕胎团体的出现和成长，是由于其创始人和成员们认定通过合法的政府进程来禁止堕胎合法的主流运动方式都是徒劳的。

基于多年的研究，埃胡德·斯普林扎克（Ehud Sprinzak）不认为恐怖分子的心理是异常或失常的。他总结出："恐怖主义不是心智失常的产物。恐怖主义，尤其是意识形态的恐怖主义，是一种卓越的政治现象，因此可以用政治术语来解释。"在这一点上，克里斯托弗·哈蒙（Christopher Harmon）同意斯普林扎克的观点，并抛弃了恐怖分子的行动是盲目的这一看法，他阐述道：

> 大多数情况下，从表面看，恐怖主义似乎是疯狂、盲目的。在尖叫和鲜血背后，存在着控制目的和动机。它们通常建立在政治或接近政治的基础上，例如通过宗教来推动政治或社会变革。
>
> 恐怖分子通常不是精神失常；他们通常"像狐狸一样狡猾"。

理查德·鲁本斯坦（Richard Rubenstein）也认为恐怖分子是非常正常的人，他们在特定的政治环境下选择暴力，他们"更像我们，虽然我们一般不愿意承认"，他们"并不比那些在葛底斯堡冲入盟军炮火中或是在德军掩护下跳伞进入法国的年轻人更为疯狂"。沿着这一思路，劳伦斯·弗里德曼（Lawrence Freedman）总结说：

> 无法勾勒出一个恐怖分子的心理构成模型。个体性格完全不同。不同恐怖主义的政治宗教背景和环境在不同的年代、地理位置和动机下差异很大。

认识到恐怖分子有"短期组织目标及长期政治目标"，路易丝·理查森（Louise Richardson）用3R总结出其直接目标或"次要动机"，即"报复、名望和反应（revege, renown and reaction）"。毋庸置疑，报复真实的或察觉到的不公平和屈辱、获得公众知名度和荣耀感，以及引起部分目标的反应或过度反应的愿望是所有恐怖主义集团的共同动机。在决定追寻理查森称之为“3R”的目标时，恐怖分子很可能进行理性的思考。

恐怖主义的本质是政治，有目标导向，是在几个备选方案中理性或逻辑选择的结果，这一观点适用于认为恐怖主义是一种工具以达到诸如在一个国家或地区消除外国势力、推翻政权或取得国家独立等政治目的的工具范式。

恐怖主义是个人特质的结果

杰罗尔德·波斯特（Jerrold Post）不赞成恐怖主义是政治暴力肇事者理性选择的结果这一观点，他认为：“恐怖分子的暴力行径源于心理力量。”基于对恐怖分子的访谈、回忆录和法庭记录的研究，波斯特认为：“具有某种特质和倾向的人可能从事恐怖分子这个职业。这种可能性不成比例。”基于活跃在巴德尔和迈因霍夫集团或红军派中 227 名左翼恐怖分子的一份调查研究证实了他的观点。特殊的经历和个人特质令某些人比其他人更容易参与恐怖主义活动。在对德国左翼恐怖分子的研究中，研究者发现：

> 据报道，至少 69% 的男性和 52% 的女性与父母、学校或雇主发生过冲突——33% 与父母，18% 与雇主——许多先前有刑事案底或少年犯罪案底的人多次犯案。虽然并没有确切的人口平均水平或对照组来比较，这个比例足以体现出，在许多情况下，父母死亡、离婚、再婚和其他当今社会中的不幸会激化一个年轻人心中的矛盾。

康拉德·凯伦（Konrad Kellen）以一名红军派的逃兵汉斯·约阿希

姆 · 克莱因（Hans Joachim Klein）为例描述了这种背景影响。在克莱因还是十几岁的小男孩时，他经常遭到父亲的虐待和殴打。凯伦讲述：

> 当克莱因十几岁时，有一次他戴着女友送的小项链，父亲扯掉了项链并再次打他。突然，年轻的克莱因反抗并扇了他父亲耳光，之后那一刻，克莱因一直等待着因为他的违犯道德的行为而被打死。可是，恰恰相反，这位老人对于他的孩子变得非常礼貌和尊重！这一课对年轻的克莱因大概意味着武力和反抗可以取得胜利……可以想象，克莱因会在某种程度上得出结论，认为他能这样对他的父亲，也可以这样对他的国家。

尽管事实上许多德国左翼恐怖分子的背景有问题，默克尔（Merkl）辩称：“每个德国恐怖分子可能转身就离开恐怖主义，成为一个有自由意志的人；有些人已经这样做了。”但是，杰弗里 · 伊恩 · 罗斯（Jeffrey Ross）所称的个体“促进特质”，如异化、抑郁或反社会行为，可能驱使人加入恐怖行动——尤其是当一个特定的组织给予他们人生第一次归属感时，他们便会加入。兰迪 · 博勒姆（Randy Borum）总结认为“恐怖分子的生活经历拥有某种共性”，“童年的虐待和创伤似乎非常普遍”，因而明智地选择中立：“所有这些并不能很好解释恐怖主义的成因，但是可以被看作脆弱点、可能的动机来源以及获得或激化某人意识形态的机制。”

波斯特认为，如果一个人认为恐怖分子受个人特质所引导，“特殊的心理逻辑驱使他们进行合理的行动”，那么工具范式理论完全不被认可：恐怖主义不被视为达到某种特定政治目的的工具，也不是进一步达成某人政治事业的路径；恐怖主义本身是一个目的，或者，如波斯特所说，“个体成为恐怖分子是为了加入恐怖组织并进行恐怖主义行为”。

恐怖主义是社会互动的结果

多纳泰拉·德拉·波尔塔（Donatella della Porta）在研究意大利红色旅成员时发现，个体加入恐怖组织的原因是社会互动和社会关系，而非个人特质。德拉·波尔塔的研究显示，“多达88%的招募者与被招募者相识，44%是朋友关系，20%是亲戚关系”。同样，一项对于黎巴嫩什叶派恐怖分子的研究证实，“招募对象主要为家庭成员、朋友或同事”。马克·塞奇曼（Marc Sageman）在分析了以“基地”组织为先锋的全球穆斯林圣战运动中172名成员的个人背景后，也发现了这一点。[1] 无证据表明在招募圣战分子时有洗脑或特别的招募手段。相反，塞奇曼认为关键在于：

> 友谊、亲戚和门徒等社会关系；积极强化接受全球穆斯林圣战思想的信念；通过与圣战分子的关系而正式接受圣战。

然后，恐怖组织在自己的社区中提供其他地方不能享受到的医疗、教育或安全保障等社会服务。黎巴嫩真主党和巴勒斯坦哈马斯组织是很好的例子。上述组织包含社区服务部门、政治分支机构和恐怖主义军团。通过为社区内需要的人提供帮助，这些组织蓄积了大量的潜在成员——尤其是在其宗教学校。潜在的成员通常在年幼时未决定自己成为恐怖分子前就被挑选出来，他们未来的角色已经注定。根据洛雷塔·纳波莱奥尼（Loretta Napoleoni）的观点：“这些人不仅是经过精心挑选，他们的背景也经过了缜密地分析，每个细节都会被考虑到。确定一个合适的人选，他会被特殊的宗教、唯灵论和暴力洗脑。”在过去的几年中，西欧成为了滋生新圣战分子（那些不抱幻想、从社会疏离出来的穆

[1] 全球穆斯林圣战运动的目的是恢复传统伊斯兰教，并建立一个从摩洛哥延伸到菲律宾的统一伊斯兰国家。

斯林移民的年轻成员）的特别肥沃的土壤。无论在伦敦还是伯明翰，巴黎还是马赛，柏林还是科隆，还是英国、法国、德国及其邻国的社区，一些穆斯林新成员很可能找到并进入穆斯林社会圈子，在这个圈子里，他们能够找到朋友、亲戚或熟人。在指出“西欧的伊斯兰激进主义和恐怖组织的历史还有待撰写”的同时，沃尔特·拉克尔（Walter Laqueur）非常肯定一点：

> 欧洲伊斯兰教将随着时间的推移而发展得更为自由和开放的理论，看上去还不太成熟。新生代成长起来，他们被人为地同化了，并在很大程度上表现出愤愤不平。圣战组织的布道者们在这些人中发现了追随者。

但是，玛丽斯·鲁思文（Malise Ruthven）在其相关研究中指出，无论是异化还是拥护宗教和意识形态极端主义，都不是建立恐怖主义圣战组织的背后推手。相反，“那些成立恐怖组织的人需要相互认识和信任。大多数穆斯林是基于血缘关系而非共同的价值观，建立了信任关系”。

性别和恐怖主义

2002年秋，莫斯科一家座无虚席的剧场发生恐怖事件之后，一位评论员问道：“在剧场的风暴发生之前，在看到车臣的女性恐怖分子黑色面罩后凝视的双眸、她们佩戴的卡拉什尼科夫冲锋枪以及全身捆绑的炸药时，有谁不会深感不安呢？”作者指出，恐怖主义总是令人不安，但是，“女性恐怖分子格外令人不安”，也许这表达出了许多观察员的感受。恐怖袭击的作案者是女性这一点格外令人震撼，因为这令人普遍猜测：“如果女人决定无视生命的尊严，不惜一切代价，那她们一定是走投无路。”

因此，当女性恐怖分子，尤其是自杀式恐怖分子袭击时，她们得到的媒体关注远远超过男性恐怖分子。此外，相较于男性恐怖分子，媒体更倾向于挖掘女性恐怖分子的动机。这当然正是恐怖组织想要达到的目的：有关她们动机和不满的媒体聚焦。

女性恐怖分子的出现不是最近才有的现象。虽然在过去和现在，无论是领导者还是追随者，恐怖分子中都是男性比女性多，但是恐怖组织中女性的数量也相当惊人。根据克里斯托弗·哈蒙的研究："国际恐怖组织中，30% 以上为女性。几乎在所有的叛乱中，女性都是名单中的核心成员和操纵者。"其他对于本土或国际恐怖组织的估测比例是 20% 到 30% 不等。一些恐怖组织全部为男性成员，极少一部分恐怖组织全部为女性成员，大多数恐怖组织既有男性也有女性。通常极左翼恐怖组织重视招募女性成员，而极右翼恐怖组织对此则不感兴趣。正如哈蒙所观察的那样：

> 如果说女性的存在开启了左翼团体成功的招募模式，那么女性在核心中坚力量中的相对缺失展现了新纳粹及类似右翼激进组织的另一种招聘模式。在这种模式下，通常不招募或扩充女性成员。这是文化和意识形态的产物，对于仍然执着于政治利益且男性占绝大多数的这类团体来说，也可能是一个致命弱点。

无论极左翼、极右翼在这一点上如何不同，不同国家、地区和洲际的不同背景的恐怖分子长期以来都知道将女性纳入操控的优势。卡拉·J·坎宁安（Karla J. Cunningham）指出：

> 在历史上，女性们不仅一直活跃在政治暴力组织中，她们恐怖主义活动的区域和意识形态范围也同样广泛。事实上，每个地区都有女性参与恐怖组织（比如一些常规团体）。女性的作用在许多恐怖组织中越来越得到重视，这一趋势非常明显。哥伦比亚、意大

利、斯里兰卡、巴基斯坦、土耳其、伊朗、挪威和美国的例子表明女性不仅仅只提供支持，还会在组织中充当领导者、招募者、资金募集者，甚至执行恐怖组织实施的最致命的任务。

事实上，从现代恐怖主义伊始，女性就积极参与了政治暴力，这一角色的转变是从19世纪欧洲的无政府主义组织爆炸开始的。妇女在二战后扮演着特别重要的角色，尤其是在美国、西欧、日本、拉丁和中美洲的极左翼恐怖组织中。20世纪70年代和80年代，许多女性恐怖分子的名字和男性恐怖分子的一样闻名。女性们同样奋战在其他类型的组织和世界其他地区。除了著名的巴德尔—迈因霍夫团伙和“地下气象员”这类组织的女性骨干外，在这里再列举几个恐怖组织中高知名度的女恐怖分子：洛丽塔·勒布朗（Lolita Lebron），波多黎各独立组织波多黎各民族解放武装力量（见第四章）的成员，于1950年参与了针对美国众议院的恐怖袭击；莱拉·卡勒德（Leila Khaled），巴勒斯坦人民解放阵线的一员，参与了1969年和1970年的劫机事件；金英姬（Kim Hyon Hui），朝鲜恐怖分子，于1987年参与炸毁了一架韩国客机，造成机上115人全部丧生；另外，在1991年，一位只知道名为“塔努”（Dhanu）的斯里兰卡泰米尔猛虎组织（Liberation Tigers of Tamil Eelam or Tamil Tigers, LTTE）女性成员，在印度一次竞选活动中暗杀了政党领袖拉吉夫·甘地（Rajiv Gandhi）。

在许多著名的恐怖组织都有大量女性成员，有些也担当领导职位。例如在原德国红军派有51位男性和39位女性。迈因霍夫和霍尔斯特·马勒（Horst Mahler）是该组织的灵魂。在巴德尔—迈因霍夫团伙的后期，女性领导者多于男性——10位女性和6位男性。在意大利红色旅的生命历程中，有12位男性领导人和7位女性领导人。事实证明，如果被逮捕入狱，女性恐怖分子比男性更忠于恐怖主义事业。尽管女性深入参与了类似组织的暴力活动，但由于这些组织成员的确不多，因此女性恐怖分子的数量更少。根据辛迪·奈斯（Cindy Ness）的研究，没有理由“去相信这些组织会招募大量女性成员，因为他们缺乏广泛的基层支持或是必要的基础设施去扩大活动范围”。

在20世纪80年代早期，玛莎·克伦肖指出：

> 有关女性在恐怖组织中的显赫地位的思考已经很多（不是指女性总体数量的多少，而是指活跃在政治或领导者位置上的女性数量）。女性参与暴力事件是否会对其总体社会角色或刻板的传统印象产生影响，将会是一个非常有趣的话题。

女性在恐怖组织中的角色会在多大程度上影响女性在社会、政治和职业中的角色，这一点是很难评估的。但是，在讨论“为什么女性成为恐怖分子”这个经久不衰的话题时，确实有传统刻板的印象和偏见存在。许多种解释已经更新换代——它们都遵循根深蒂固的文化性别定位。

为了爱

也许，最常见的观点是女性追随她们的爱人、丈夫、兄弟或男性朋友而加入恐怖组织。另外一些人认为，个人悲剧或失望驱使女性作茧自缚。卡拉·坎宁安认为这种观点“在恐怖组织内部和外部削弱了女性的可信度和影响力”，得到了大多数专家和群众的认同。罗宾·摩根（Robin Morgan）认为女性宁愿去死也不愿承认是爱驱使她们加入恐怖组织。摩根的观点是，红军派的创始人和领导者迈因霍夫，巴勒斯坦人民解放阵线的劫机者莱拉·卡勒德或是日本赤军的创始人和领导者重信房子（Shigenobu Fusako）——所有这些恐怖组织中的女性——都不过是恐怖分子的代表和男性统治、权利和压制的受害者。摩根认为恐怖主义的本质是男性化的，将其描述为“暴力和色情的集合体，‘是男子汉气概的’”。

最近，像三K党一类的白人至上组织的女性成员宣称她们中的大多数人加入组织是因为她们的丈夫或男朋友。根据一位笔名克拉利夫（Klaliff)、加入三K党很长时间的女性成员所述："我是在大学期间，与外校男同学恋爱时被介绍加入白色荣耀运动（White Pride Movement）的。他是组织中的活跃分子。"她透露，许多女性加入都是因为她们的男朋友在其中。"我无法代表组织中的所有的女性，"克拉利夫写道，"但是我认为白色荣耀运动中的男人具有男子汉气概，有理想，有勇气。"笔者继而写到她与她的丈夫结婚是因为"他的白色荣耀信仰"。通常，是亲戚、朋友和熟人启发并招募男性和女性的恐怖分子——对于招募者和被招募者而言，没有性别差异。在专门研究女性自杀式爆炸者的特点时，黛布拉·D·泽达利斯（Debra D. Zedalis）发现"挑选和劝说女性自杀式爆炸袭击者的方法与男性的相同。招募者利用了招募对象的纯真、热情、个人痛苦以及复仇渴望"。与他们的男性同伙一样，女性恐怖分子大多年轻并可能"丧失过密友或家人"，可能单身、已婚、丧偶或离婚，有些有孩子，另一些没有。在一个迄今为止的孤例中，一位怀孕的库尔德工人党（Kurdistan Workers Party，PKK）成员执行了自杀式任务，杀死了数名土耳其士兵。

演绎男女平等

在20世纪70年代，社会学家、心理学家和政治观察家们认为女权运动是大量左翼恐怖组织女性成员存在的最可能的解释。犯罪学家弗雷达·阿德勒（Freda Adler）在接受《纽约时报》采访时，将女性恐怖分子活动解释为"女权主义的异常表达"。据《纽约时报》报道，阿德勒说，恐怖主义宣传给女性恐怖分子提供了一个平台来表达"我已摆脱了对于女性的成见，我最终可以做男人一样的事情"。之前，阿德勒在她的《犯罪姐妹》（*Sisters in Crime*）一书中写道："无论他们广泛的政治声明是什么，新革命者（如'地下气象员'的女性成员）希望的不仅仅是城市中的社会收益，而是性别平等。”在特别谈到共生解放军中女性恐怖分子时，她还说道：

> 女性彻底转向一个新的、高危身份的情况，令国家大多数人难以置信：“女性怎么能够做出这样的事情呢？”也许问题本身就已经给出了答案。洛杉矶的那把火不仅烧掉了摇摇欲坠的房屋，还烧掉了大部分美国人对于女性的错觉。

在欧洲，专家对大量女性加入意大利红色旅和西德红军派这样的恐怖组织给出了相似的解释。根据1977年的一则新闻：“意大利和德国的社会学家以及新闻评论员（均为男性）在过去几周指出，大量女性加入激进组织和恐怖组织是妇女解放运动的恶果。”欧洲的男性社会学家和评论家不是唯一批判妇女解放运动的人。一位女性德国政治家说：“这些妇女公开地抛弃了女性的一切特征。”一位慕尼黑的男性教授很好奇，是不是这些女性恐怖分子“将社会暴力看作是男性特权，并问‘我们为什么不参加呢？’”。臭名昭著的女性恐怖分子苏珊娜·阿柏雷西特（Susanne Albrecht）之前的邻居抱怨道：“她整晚唱共产主义歌曲，而且从不打扫楼梯。”

最近，女性恐怖分子在男权社会中促进性别平等方面赢得了赞誉。亚西尔·阿拉法特（Yassir Arafat）在拉马拉第二次大起义的一场演讲中告诉成千上万的妇女：“女性和男性都是平等的。你们是我军中的玫瑰，将摧毁以色列坦克。”不久之后，2002年初，在以色列的第一个女性人肉炸弹袭击后，《埃及周报》（*Egyptian Weekly*）的编辑阿卜杜勒·哈姆达（Abdel Hamuda）宣称这是一次具有纪念意义的事件，它“打碎了玻璃天花板”，“提升了阿拉伯妇女的地位，在这一时刻，以令人惊艳的勇气，结束了有关男女平等的无休止的争论”。但是，大部分的这类女性成为恐怖分子是否为了追求性别平等，这一问题还远未弄清。

以巴勒斯坦自杀爆炸女性恐怖分子为例。生活在一个宗教和文化传统中性别不平等根深蒂固的环境里，有着个人失望和感情困扰的年轻女性们很容易被招募和训练为“殉道者”。实际上，在与四位女性自杀爆炸恐怖分子的家人和朋友的谈话，以及对多位被招募但没有完成使命的女性采访后，芭芭拉 · 维克多（Barbara Victor）写道：

> 我发现了这个残酷的事实，即没有一个自杀爆炸式殉道者是由女性招募的。无一例外，这些女性都是由家庭中可信任的人——兄弟、叔叔、受人尊重的领导、老师或家族朋友训练的。所有这些人都是男性。我还发现，四位死去的女性和另外那些尝试但是未能完成殉道任务的女性，都有个人问题。这些问题令她们无法在自己的文化和社会中生活下去。

这些女性所处的社会环境使她们容易受到男性的操纵和剥削。维克多判断：“事实上，相较于女性，自杀爆炸式男性殉道者有着截然不同的动机和回报。”似乎男性将自杀爆炸式殉道看作是政治，而女性则被她们的男性操控者告知她们自己或家庭中男性成员的罪孽只能通过自杀式爆炸来杀害以色列人，才能获得救赎，享受天堂的幸福。

真正的女性可以成为恐怖分子吗？

这个问题指出女性恐怖分子是女性中的异类——是男性化的，非女性化的。在过去，这个观点为大多数人所接受，时至今日，到了21世纪也仍然如此。在2002年初，美国主流新闻杂志的一篇文章将恐怖主义与男性荷尔蒙联系起来，作者写道：“睾酮水平总是与恐怖主义相关。像非宗教的意大利红色旅和德国巴德尔—迈因霍夫团伙的自杀式爆炸袭击者和绑匪都是这样。”正如安德列亚斯 · 巴德尔（Andreas

Baader）自己曾宣称的："性交和射击是一回事。"既然如此，读者被清楚地告知恐怖主义是男性的领域。与此同时，暗示着女性恐怖主义分子是异类，是例外情况，不是真正的女性。

囿于这种传统观念，辛迪·奈斯总结道："非宗教恐怖组织和宗教恐怖组织都必须以这样一种方式来记事，即不将女性恐怖的行动视为'体面'行为而狂喜，而是对既往性别观念的过渡解释。"例如泰米尔猛虎组织不放弃文化中对贞洁和母性的尊重，拒绝女性成员，但是仍然用印度神话证明在特殊情况下女性自由战士的合法化。根据奈斯所述："除了军事项目合作，泰米尔猛虎组织一般都实行两性分离制度。女性生活在独立的阵营中，运行自己的军事组织并规划项目。"同样，哈马斯等宗教团体将女性恐怖分子刻画为"伊斯兰教的卫道士，而非践踏公认的社会规范"。与此不同，相对于"女性成员并非真正的女性"，恐怖组织找到了不同的解释。一位了解泰米尔猛虎组织的社会学家说："每一位身着制服的女战士外表下都是一位温柔、文雅、热情且拥有女性全部特质的年轻女性。"

女性恐怖分子的战术优势

如前文所述，虽然女性恐怖分子并不罕见，但传统的观念认为，与男性相比，女性不大可能实施政治暴力。因此女性不容易被拦截，比男性有更多的机会进行恐怖袭击。恐怖组织的操控者和恐怖袭击的策划者们早就发现了这点。女性很少被怀疑，接近潜在袭击目标或地区的时候被拦截的可能性较小，被彻底检查的概率比男性恐怖分子低很多，可以假装怀孕以隐藏武器和炸药。正如前德国恐怖分子、一位巴德尔—迈因霍夫团伙继承者波密·鲍曼（Bommi Bauman）所观察到的那样：

> 如果一个男人身居要职，知道自己可能成为恐怖分子的目标。

这时如果一个女人接近他，他可能会想，她是个妓女。女性可以直接走到目标对象家门口。有时，两个女人走在一起，谎称自己走丢了。但如果是两个男人一起走近，他可能会有警觉。

鲍曼所描述的正是西德恐怖分子实施的几起绑架和暗杀事件的画面，其中女性恐怖分子透露了她们未被像男性成员那样当作嫌疑对象的实情——虽然众所周知，女性在这些组织中非常活跃。其他地区的恐怖分子也利用了这一点。在泰米尔猛虎组织女性成员塔努暗杀拉吉夫·甘地之前，“她为他献花环，鞠躬，然后引爆了一枚炸弹，炸死了他们两人”。她扮演了一位甘地的女性崇拜者，在接近他时没有遇到任何问题。很多需要两人配合的团队中，后备成员也常常是年轻女性。由于女性的战术优势，库尔德工人党同样利用女性来进行自杀式袭击。另一方面，女性也更愿意采用人肉炸弹的方式。因为在战斗中，她们的体力常常没有男性好，所以希望用这种方式来证明自己在战斗中的作用。最近，以俄罗斯人为袭击目标的女性人肉炸弹恐怖袭击，一定程度上被解释为车臣组织利用车臣女性“比车臣男性行动自由，不会经常受到俄罗斯警方和保安的常规检查”的优势。2004 年初，在哈马斯宣称派遣了第一位女性作为人肉炸弹袭击以色列人后，该组织的精神领袖谢赫·艾哈迈德·亚辛（Sheik Ahmed Yassin）在被问及为什么他的组织决定选用一个女人时，他提到了“纯粹战术原因”。他说：“如果是男性，他可能无法接近目标，这是我们用女性的原因。”[1]

随着时间的推移，某些社会当局逐渐认识到女性恐怖分子和男性一样，可以进行致命的恐怖主义袭击。当西德开始面临红军派及其后续团体的恐怖主义行动浪潮时，据说国家反恐部门接到上级“先射击女性”

---

[1] 哈马斯的第一位女性自杀式袭击者是莉姆·瑞雅思，22 岁，两个孩子的母亲。格雷格·玛尔引自亚辛：《22 岁加沙母亲杀死 4 名以色列士兵》，2004 年 1 月 15 日《纽约时报》A3 版。

的命令。[1] 俄罗斯当局为了应对不断增加的车臣女性袭击，将检查范围扩大到戴围巾和穿着典型穆斯林服装的女性。因此，从长远来看，当女性恐怖袭击司空见惯时，很可能女性的性别优势会消失。如果这样的话，仅仅高级官员明白恐怖主义中女性悖论的神话还远远不够，那些夜以继日执行反恐政策的男性和女性们都需要懂得并采取相应行动。但是，知易行难。例如，美国国土安全部编制了关于恐怖分子典型特征的官方资料，但却只适用于男性。杰西卡·斯特恩批判它“是我们反恐战略的一个重大弱点”，并警告说：

> 仅仅剖析男性，且紧紧关注庇护恐怖分子的国家，是重大的漏洞，既没有考虑到联邦调查局已经确认的“基地”组织开始招募女性的事实，也没有考虑到去年春天发现的麻省理工学院一位女科学家为“基地”组织提供后勤保障的事例。

即使在已经经历过多次女性恐怖分子袭击的地区，人们看待和对待女性的态度仍然不同。以色列就是一个非常好的例子。在2004年1月，一位22岁的巴勒斯坦女性伪装成瘸子，在加沙检查站告诉以色列人她腿上有金属片，可能会报警。他们于是让她在旁边的特殊区域等候女性检查员。片刻之后，这个女性引爆了自己，杀死了四名以色列人。主管军官非常悲伤，他的士兵为女性的尊严着想，却送命于愤世嫉俗的人。他说：

> 我们尽量人性化，考虑女性的搜身问题。她说她有身体上的残疾，这是士兵们让她进来的原因，私下检查她是因为她是一名女性。这非常残忍，也很讽刺，她利用了我们士兵基于人道主义

[1] “首先射击女人”因此被用作一本书的书名来探讨女性恐怖分子的现象，见艾琳·麦克唐纳：《首先射击女人》，纽约.兰登书屋，1992年版。

的宽容。

这里的教训是：虽然在恐怖分子的犯罪动机和行为方面，并无太大性别差异，但大多数人还是认为女性的嫌疑更小，没有男性危险。实际上，有迹象表明，未来恐怖组织会招募更多女性。通过分析在14个穆斯林国家所做的调研，两位学者总结出，调查对象中的女性更可能为了捍卫伊斯兰教而支持恐怖主义。

有证据表明，女性恐怖主义者比男性恐怖主义者更加效忠于恐怖事业及战友。在对意大利红色旅和类似组织的研究中，路易塞拉·德·卡塔尔多·纽伯格（Luisella de Cataldo Neuberger）和蒂齐亚纳·瓦伦蒂尼（Tiziana Valentini）发现，恐怖分子入狱时，相较于女性，更多的男性成员会遵循法律并与他们的恐怖组织活动和目标划清界限。虽然关于第一代红军派的数据并不充分，但是有迹象表明，相较于男性，女性身陷囹圄后，一般不愿意与当局合作。

儿童恐怖分子

根据联合国和一些人权组织的研究，世界上许多地区的恐怖组织、叛军和政府军队使用儿童作为恐怖分子或士兵——许多情况下他们强迫儿童这么做。在斯里兰卡，泰米尔猛虎组织就是一个通过胁迫和绑架来招募儿童的组织。多年来，成千上万的儿童被诱拐——虽然据估计只有将近1/3的绑架被报道。由于害怕遭到报复性袭击，父母不敢向当局报案。

2009年，猛虎组织被击败，其灵魂人物韦卢皮莱·普拉巴卡兰（Vellupillai Prabhakaran）和其他大多数头目都被杀死后，政府军队逮捕了五百多名儿童。他们将这些儿童与成年战友们分开，送入了儿童康复中心，重新接受教育。泰米尔猛虎人民解放组织（Tamil Makkal Viduthalai Pulikal，TMVP）现在是斯里兰卡的一个政党，在2004年由一位前猛虎组织的将领卡鲁那·阿曼（Karuna Amman）建立，一直与镇压猛虎组织的政府军作战。据悉，在猛虎组织被击败之前，这个组织也雇佣了上百名儿童。实际上，联合国 2010 年年报中关于 2009 年发生的儿童与武装冲突问题指出，2009 年春天，一位泰米尔猛虎人民解放组织将领因招募使用儿童在拜蒂克洛被捕，但是一周后被保释，没有被指控。据报道，该将领在释放后被杀害。斯里兰卡政府对类似指控未采取任何额外的措施。

许多党派雇佣和使用儿童，“大多数是非国家行为体”，2010 年 6 月，联合国秘书长儿童和武装冲突特别代表拉迪卡 - 库马拉斯瓦米（Radhika Coomaraswamy）在联合国大会上汇报了几个新的进展：

> 我们还发现越来越多的儿童被世界上不同的军队和组织用于（搜集）军事情报……我们越来越关注世界各地战争性质的变化，以及它给我们负责儿童保护的同事们带来的挑战。在一些战争中，我们发现儿童被用作人肉炸弹——2009 年，在阿富汗和伊拉克有几个这样的案例。

最新有关儿童士兵和恐怖分子的联合国报告列出了 56 个使用儿童的军事组织，其中大多数是非政府组织，分布在以下 14 个国家：阿富汗（6）、中非共和国（7）、乍得（2）、刚果（6）、哥伦比亚（2）、达尔富尔（11）、伊拉克（1）、缅甸（10）、尼泊尔（1）、菲律宾（3）、索马里（3）、斯里兰卡（1）、苏丹（2）和乌干达（1）。

缺乏广泛认可的恐怖分子形象

由于没有一个普遍适用的恐怖主义概要，因此应该通过考虑使用不同的变量和因素来理解恐怖主义根源和解释不同类型的恐怖主义。

但是，当一切都这样说和做时，而不去考虑真实或观察到的植入恐怖主义意识形态根基并为恐怖袭击提供正当理由的政治、社会经济或宗教积怨，就很难解释一些特定类型的恐怖分子行为。米歇尔·维韦约卡（Michel Wieviorka）写道："无论多么贫乏和微弱，总有一种意识形态为恐怖分子的行为奠定基础。"相对于恐怖组织的普通成员，对于恐怖组织的创始人来讲更是这样。但是，为了发挥作用且发展壮大，创始人和他们的继任者必须将真实的或观察到的积怨转化成一种意识形态的规章制度或使命宣言。杰西卡·斯特恩认为："组织中最重要的是使命。使命演绎着'我们与他们之间的对抗'。它将纯粹与不纯粹区分开来，建立了群体认同感。组织的使命宣言——讲述其存在合理性的故事——是将那些即使最脆弱的组织聚拢在一起的粘合剂。"

走向恐怖主义的不同阶段

恐怖主义很少是冲动的结果。人们不是由于一时冲动而成为恐怖分子的。当组织和个体的行动发展到最后一个阶段时，他们诉诸于政治暴力。通过区分社会运动、反抗运动以及恐怖活动，维韦约卡区别了对执政当局反抗程度不同、行动方案不同，并可能从一种类型转变成另一种类型的各类反抗群体。

同样，埃胡德·斯普林扎克将自由民主分为三个阶段——从强烈反对到激烈抗议（有抗议活动，甚至小规模暴力）到彻头彻尾的恐怖活动：（1）信心危机；（2）合法化冲突；（3）合法化危机。一旦一个组织进入最后阶段，其积怨很快转为对敌人丧失人性的强烈愤恨。"如今执政当局和幕僚被描绘为'东西''猪''狗''纳粹'或'恐怖分子'。这样的描述并非偶然，而是不断重复的，系统化的。"恐怖组织都使用这种词汇将敌人描绘成非人类。由于对越南的政策，林登·贝恩斯·约翰逊总统（Lyndon B. Johnson）被20世纪60年代激进的极端左翼分子称作"婴儿杀手"；在美国德克萨斯州东南部城市韦科事件发生之后，右翼极端分子将联邦警察称作"婴儿杀手"，将司法部长珍妮特·雷诺（Janet Reno）称作"韦科屠夫"。

德国红军派成员也逐渐进入了最后的爆发性阶段。默克尔说："一旦敌人已经被宣布成为彻头彻尾的道德上的恶魔，世界变得简单起来，任何对抗这些恶魔的手段都变得合法了。很快，'抗争'本身成为目标，这样的转变可以满足个人深层次的需求。"一位意大利红色旅成员解释了恐怖分子寻找受害者的心态和动机：

> 当你选中受害者；他是活生生在那里的；他就是那个可以被归罪的人。在那一刻，已经有一个逻辑审判，你认定他是罪恶的；你只需要决定对他的惩罚。因此，你有一种非常"显著"的正义感；你惩罚他不仅仅因为他做了什么，还因为其他的一切。之后，你不再在乎这个人有什么责任，你将全部惩罚施于他……他是那个将毁掉我们全部的组织中的一小部分。

一位阿拉伯恐怖分子在表达对以色列人的仇恨时说："你们以色列人的灵魂和行为是纳粹……鉴于这种行为，我别无选择，只有毫不留情地以任何可能的方式来打击你们。"一位伊斯兰恐怖分子在为自杀式袭击任务辩护时说："这不是自杀。自杀是自私的、软弱的、精神不正常的。这是'殉道'（为真主安拉殉道或自我牺牲）。"

首先脱离人性，然后将杀人从道德上和宗教上合法化，是阿尔伯特·班杜拉（Albert Bandura）所描述的组织对实施恐怖主义的道德解脱机制：

> 解释行为的本身使得一套分离机制得以运转。通常，人们不做不道德的行为，除非他们可以解释这些行为的合法性。通过认知重构，罪恶的可以被看作是光荣的。在这个过程中，破坏性行为被描绘成有道德目的的，从而为个体和社会所接收。之后，人们出于道德的需要这样做。

另一种分析恐怖分子激化过程的方法在第五章描述过，是由分析那些出生在或移民到西方国家的圣战分子的成因发展而来。将道德解脱和“脱离人性”的过程对应到圣战分子激进化的四个阶段是有可能的。反之亦然，这些阶段的核心部分可能对应解释非穆斯林转化成为宗教或非宗教恐怖分子的激化阶段。

在研究恐怖主义成因时，玛莎·克伦肖辨别了两个主要的因素：（1）社会亚群体感到的政治、社会经济和宗教积怨的先决条件；（2）引发恐怖袭击的突发情况或特别事件。在大多数从事恐怖活动的组织或个体中可以追踪到这个双重原因（见表 6.1）。尽管这一章相当详尽地讨论了恐怖主义成因中的政治环境和个体情况，但是还需要进一步解释引发事件。通常，针对非暴力和暴力异议的军事行动或其他政府暴力行为是恐怖组织形成的催化剂。因此，1968 年民主党对不满芝加哥公约的抗议者们进行的残酷镇压激发了“气象员组织”的成立。一年之后，在西柏林的一场抗议伊朗国王来访的示威游行中，警察杀死了一个名叫本诺·奥内佐格（Benno Ohnesorg）的德国学生，由此引发了大规模学生示威游行，拉开了红军派成立的序幕。在 1967 年的战争中，阿拉伯国家被以色列打败，这成了巴勒斯坦恐怖组织形成的导火索。同样还有 1991 年第一次海湾战争，美国部队使用阿拉伯基地导致本·拉登恐怖“基地”组织的出现。甚至独狼恐怖分子的行动也与这些激发事件相关。例如，1993 年德克萨斯州的韦科惨案，坚定了美国右翼组织反政府的信念，激发了蒂莫西·麦克维在韦科事件两周年纪念日制造俄克拉荷马城爆炸案。

表 6.1　恐怖主义的形成原因／恐怖组织的形成

先决条件	触发事件
积怨	国内的、国际的或二者兼具 内因、外因或二者兼具
反应	**反应**
分歧和意识形态差异的程度	从较为激烈的反抗阶段分离成为极端激进的个体
与当局者疏离	核心领导人成立组织，以便实施更多的军事行动：恐怖战争
非暴力的抗议	招募成员
有限的暴力行为	妖魔化敌人和自我道德解脱 保护资源（武器、财政和藏身地等） 最终结果：恐怖袭击

来源：作者

最近，时代广场未遂爆炸案的嫌犯也受此事件影响。在追踪费萨尔·沙赫扎德走向恐怖主义道路的历程中，安德里亚·艾略特（Andrea Elliott）写道：

> 2007 年 7 月 10 日黎明破晓时，巴基斯坦突击队袭击了伊斯兰堡的红色清真寺，在一片炮火中结束了漫长的武力对峙，导致 100 人丧生。在华盛顿，官员赞誉这次围攻是巴基斯坦反抗伊斯兰武装分子意愿的重要诠释。
>
> 然而，住在美国康涅狄格州的一位巴基斯坦移民费萨尔·沙赫扎德出离愤怒了。他回家探亲时在红色清真寺祷告……这段插曲激发沙赫扎德走上了参加巴基斯坦军事团体的道路，在那里，他接受训练，学习了爆炸，并获得资助蓄意策划了上个月时代广场的袭击……一位知情人士称："这是触发事件。"

恐怖主义根源：答案并不简单

认识到恐怖主义的出现有一系列原因，并且其中几个重要因素是难以判别的，杰西卡·斯特恩写道：

> 我发现恐怖主义是一种病毒，它的传播源于不同层面的危险因素：全球的、跨国的、国内的和个人的。但是，精确辨别这些因素非常困难。看上去能够使得一个人成为恐怖分子的因素（政治的、宗教的、社会的、或是这些全部）也许能导致另一个人成为圣人。

综上所述，各种政治、社会经济和宗教动机结合个人条件和触发事件，为理解恐怖分子和恐怖组织的成因、个体加入恐怖组织及决定从事暴力活动提供了线索。但是，由于缺乏一个有力的因果模型，很难全面理解特定地区恐怖分子威胁的复杂成因，更难探究出恐怖主义的根源。

第七章　从国家资助到无意识庇护

尽管恐怖组织并非国家行为，但是有些恐怖组织却受到一些主权国家政府的慷慨资助。遭受恐怖袭击的国家的决策者们非常关注这些与恐怖组织同流合污的政府，因为相对恐怖组织来说，对这些国家进行施压或制裁更为可行。正如冷战期间（见第三章）东欧和苏联附庸国政府资助反对西方的恐怖主义，国家支持早已成为恐怖分子及其行动的重要支撑因素之一。

根据法律（见《出口管理法》第 6（j）节，《武器出口管制法》第 40 节，《对外援助法第 620A 节》），美国国务卿如若认定某些国家“存在多次支持国际恐怖主义行为”，即可裁定其为支持恐怖主义国家。这一裁定会触发对这些国家的以下制裁：

1. 禁止输入和输出武器。
2. 对于可以明显提升名单上国家的军事力量或支持恐怖组织能力的军民两用货品或服务，出口机构需在出口前 30 日通知国会。
3. 禁止经济援助。
4. 施加各种经济及其他制裁，包括：

——要求美国反对世界银行和其他国际经济组织提供贷款；

——从美国法庭中取消支持恐怖主义国家以及所有曾经支持恐怖主义国家（伊拉克除外）的司法豁免权，以便在某些恐怖主义行为、酷刑、杀戮造成人身伤害或死亡的情况下，或为这些行为提供物质或资源支持的情况下索取金钱赔偿；

——美国公司和个人在名单上国家的收入不会获得扣免税额；

——拒绝对出口到美国的商品免税；

——禁止任何美国公民在未经财政部授权的情况下与列入恐怖主义名单的国家进行金融业务往来；

——若支持恐怖主义国家政府在某公司中占有大额股份，则禁止国防部与该公司签订 10 万美元以上的协议。

近几年，美国国务院确定的支持恐怖主义国家数量从 7 个降至 4 个。美国主导的伊拉克战争之后，尤其在萨达姆死后，伊拉克从这个名单中被删除；2006 年穆阿迈尔·卡扎菲（Muammar Qaddafi）宣布放弃国家大规模杀伤性武器项目、停止恐怖主义后，利比亚从名单中消失；2008 年，朝鲜政府同意朝鲜半岛无核化验证要求，作为回应，美国政府将朝鲜从名单中划去。然而，奥巴马就任总统 3 个月后，朝鲜重启宁边核设施，该设施有能力提炼武器级钚，并要求联合国检查员撤离。根据美国国务院《2009 年全球反恐形势报告》，以下国家仍然在列：古巴（自 1982 年起），伊朗（自 1984 年起），苏丹（自 1993 年起）和叙利亚（自 1979 年起）。（译者注：2015 年 5 月 29 日，美国国务卿克里决定从即日起将古巴从“支持恐怖主义国家”黑名单中去除。此外，也门自 1988 年 1 月 20 日被列入名单，1990 年之后与北也门合并为也门共和国，并从名单中除名）

古巴在这个名单上一直存至今日，朝鲜也到 2008 年才消失，因此它们一直遭受制裁，然而，并没有证据表明这些国家在冷战中向恐怖组织提供资助。而且，美国国务院在 2003 年的报告中明确承认了关于朝鲜的这一事实："据我们所知，自 1987 年大韩航空航班爆炸案以来，朝鲜民主主义人民共和国并未参与支持恐怖主义行动。"那么为什么当时朝鲜仍然被列为支持恐怖主义国家？报告中说："朝鲜政府在配合对抗国际恐怖主义上没有采取积极措施。"这样说来，"9 · 11"事件之后，美国政府似乎扩大了对恐怖主义支持国家的定义，从而涵盖了并未参与反对恐怖主义斗争的国家。然而奇怪的是，朝鲜正式宣布放弃恐怖主义后并未被从名单上划去，而是在朝鲜政府因核武器检查问题上出尔反尔才被划去。就在美国国务院为朝鲜拿掉支持恐怖主义国家名号几个月前，公布的《2007 年全球反恐形势报告》指出朝鲜窝藏了 1970 年劫持飞机的四名"日本赤军"（Japanese Red Army）。

到 20 世纪末 21 世纪初，古巴除了庇护一些恐怖组织成员外，也不再积极支持恐怖主义。在确定剩余几个在列的支持恐怖主义国家时，美国国务院这样解释古巴的情况：

> 古巴尽管不再支持拉丁美洲和世界其他地方的武装斗争，但仍然为三个美国认定的外国恐怖组织成员提供庇护和意识形态支持。
>
> 古巴政府长期以来一直支持以下组织成员：哥伦比亚武装革命力量（FARC），哥伦比亚民族解放军（ELN），以及西班牙巴斯克祖国与自由组织（ETA）。

小布什总统任期最后一年里，古巴的恐怖主义策略也有变化的迹象。美国国务院《2008 年全球反恐形势报告》指出："2008 年 7 月 6 日，古巴前总统菲德尔 · 卡斯特罗呼吁哥伦比亚武装革命力量无条件释放其扣押的人质。他还谴责该组织虐待俘虏和劫持并未参与武装冲突的平民政治家的行为。"数年来，其他直接或间接支持恐怖主义的国家却由于各种政治原因没有被列入美国国务院的这一名单。例如，巴基斯坦长期支持恐怖主义组织在喀什米尔地区的行动，但由于其政府一直在美国领导的国际反恐运动中积极配合，因此并未被列入这一名单。最令人费解的，当属美国国务院未将沙特阿拉伯列入支持恐怖主义国家，因为沙特领导人长久以来一直向恐怖主义组织和培训、招募恐怖分子的组织注入大量资金。

长期支持国际恐怖主义的国家有以下共同点：政府采取高压统治，宏大的政治和（或）宗教目标超越了本国领土的界限，倾向于将本国或本地区的问题归咎于外界敌对势力。 若对双方都有利益，政府和恐怖分子会沆瀣一气（见表 7.1）。通常情况下，支持恐怖主义的国家会提供训练营、庇护所、经济、后勤、武器等方面的资助。作为回报，恐怖主义组织帮助资助国对一些国家实施恐怖袭击，因为如果资助国亲自出击，可能有遭受报复的风险。

表 7.1　恐怖分子的需求及支持恐怖主义的国家的动机

恐怖分子需求	国家支持恐怖主义的原因	美国政府 2008 年公布的支持恐怖主义国家名单
活动基地	共同的目标和不满	伊朗
训练设施	共有的敌人	
经济支持	希望恐怖分子采取暴力行动	苏丹
武器	拒绝参与恐怖主义的能力	叙利亚
情报和后勤支持	避免反恐打击	古巴
人员招募机会	将国内激进分子的不满情绪转嫁于国外目标	
庇护所		

来源：作者

近二十年来，伊朗一直有计划地、慷慨地向国外恐怖组织提供其所需的各种支持。伊朗模式是目前为止最全面的一种，以下案例分析会详细说明这一点。

案例分析

伊朗：国家支持恐怖主义的主流模式

从20世纪80年代起，伊朗就成为积极支持恐怖主义国家的典范。伊斯兰革命委员会（The Islamic Revolutionary Council）是一个由11人组成的宗教团体，于1981年成立，旨在监督、协调对伊斯兰国家伊斯兰革命团体的帮助。委员会召开会议，为黎巴嫩、伊拉克、阿拉伯半岛及其他地区的运动提供支持，组建伊斯兰革命卫队（The Corps of the Islamic Revolutionary Guards），为伊斯兰革命运动提供建议和培训。数年来，伊朗采取以下多种方式支持国外恐怖分子：

宣传：伊斯兰共和国成立后不久，伊朗便开始利用广播向波斯湾地区的穆斯林国家宣扬伊朗革命，鼓励民众推翻受所谓西方势力，尤其是美国势力影响的“非伊斯兰”统治者。宣传活动还蔓延到其他地区。

训练营：20世纪80年代，伊斯兰革命卫队在伊朗各地（例如库姆和马什哈德）建立设施，训练国外什叶派教徒。在成立黎巴嫩真主党和建立贝卡谷地（Bekaa Valley）的训练设施时，他们发挥了关键作用。

财政支持：1981年9月，阿亚图拉·霍梅尼（Ayatollah Khomeini）成立伊斯兰革命委员会，宣称目标是将伊朗革命运动扩大到境外。自此，伊朗政府提供资金，支持非伊朗革命力量。据专家估计，仅黎巴嫩真主党每年就从伊朗政府获得数千万美元资金，作为其成员——尤其是那些被训练成为恐怖分子的成员——的报酬，这些资金也用于教育、医疗和福利等能够维持、扩大民众支持的领域。

武器供给：伊朗一直向伊斯兰革命卫队提供武器，有时还通过其他国家提供。例如，真主党据说曾通过叙利亚获取武器。这些武器也被输送至其他地方。例如，2001 年初，以色列特种部队（Israeli Special Forces）在红海拦截了一艘载有 50 吨武器的船只，该船只目的地为加沙地带，而货物发出地正是伊朗。

外交支持：伊朗使用外交渠道支持真主党。例如，真主党与叙利亚政府发生分歧时，伊朗就采用过外交手段。

庇护所：伊朗为在逃的恐怖分子提供庇护所。有时这些恐怖分子劫持飞机后，会迫使飞行员在伊朗降落，因为这里欢迎他们并能提供保护。

受资助团体：伊朗 89% 的人口是什叶派穆斯林，10% 是逊尼派穆斯林，1% 被称为“其他”。大部分资助都提供给了真主党等什叶派团体，不过伊朗也支持逊尼派穆斯林组织，如哈马斯和巴勒斯坦伊斯兰圣战组织（Palestinian Islamic Jihad），以及巴勒斯坦非宗教恐怖组织，如解放巴勒斯坦人民阵线总指挥部。所有这些受资助团体的共同之处，是它们都用暴力方式反对以色列。

“9 · 11”事件之后，美国政府谴责伊朗庇护“基地”组织成员，谴责声甚至持续到伊朗政府把一些成员移交给其所属国政府之后。尽管一些观察员对伊朗什叶派和“基地”组织逊尼派之间所谓的友谊表示怀疑，但是还有一些人推测，虽然美国针对“9 · 11”事件主导的阿富汗战争迫使许多“基地”组织恐怖分子撤离阿富汗，但部分伊朗安全部队仍为他们提供庇护。

然而，不管伊朗和“基地”组织之间是否存在联系，正如丹尼尔 · 拜曼（Daniel Byman）所说：“伊朗仍是世界上最大的恐怖主义支持者之一。”“数年来，伊朗政府武装、训练、动员、组织了数十个恐怖组织。伊朗不仅在毗邻的波斯湾，而且在黎巴嫩、以色列、波斯尼亚、菲律宾，以及其他地区支持恐怖组织。”然而，在 2006 年夏真主党与以色列为期 34 天的战争中，伊朗所扮演的恐怖主义支持者领袖的角色，以及真主党在以色列战争中充当的伊朗政府傀儡的角色再次成为焦点。有资料称：

伊朗虽然并未亲自出现在真主党的前线上，但却仍旧活跃。8 月 1 日，以色列入侵巴勒贝克（临近叙利亚边境的城市）时，大量革命卫队成员被杀害。以色列情报称，伊朗帮助真主党发射了地对海导弹，几乎摧毁了一艘以色列战舰。真主党使用的武器——现代反坦克导弹和数千枚投掷在以色列的火箭弹——大多数来自伊朗和叙利亚。数年来，伊朗顾问帮助真主党建造、培训的武装军事据点遍布南黎巴嫩。

2008 年底、2009 年初，以色列—哈马斯暴力冲突中，大量火箭弹从加沙地带射向以色列，落点比之前哈马斯发射的火箭弹和迫击炮纵深更加向南。从这点看来，伊朗向加沙地带走私武器的总量和范围都显而易见了。

过去和现在的国家支持

伊拉克

萨达姆下台之前，伊拉克政府多年来一直支持恐怖主义，为其提供武器、后勤、训练和庇护。这些恐怖主义组织主要为巴勒斯坦非宗教团体，他们针对以色列和那些公开支持以色列的国家的公民发动袭击。2002 年，臭名昭著的巴勒斯坦恐怖组织头目之一阿布 · 尼达尔（Abu Nidal）在巴格达神秘死亡。阿布 · 阿巴斯（Abu Abbas）是巴勒斯坦解放阵线（Palestine Liberation Front）领导人，2003 年巴格达沦陷时在他位于伊拉克的藏匿处被美军抓获。据说他在伊拉克关押期间死亡。1991 年初第一次海湾战争爆发前，阿巴斯警告说，如果美国为首的联军攻击伊拉克，他的组织将发动一系列反西方的恐怖主义行动。但这一恐怖威胁没有付诸实施。

萨达姆政权在 2003 年倒台前曾支付给每个巴勒斯坦自杀式炸弹袭击者家庭 1 万美元（后来增加到 2.5 万美元），作为对这种“殉道”的补偿。伊拉克也支持过伊朗反对派组织，其中包括恐怖组织伊朗人民圣战组织（Mujahedin-e-Khalq）。然而，并没有可靠证据表明伊拉克政府支持过“基地”组织，伊拉克也不太可能这么做。本 · 拉登鄙视伊拉克总统，因为萨达姆是个非宗教统治者，在本 · 拉登看来，萨达姆就是原教旨主义统治者的敌人，也是他一直鼓吹的唯一可行的穆斯林国家模式的敌人。对于萨达姆这种非宗教统治者来说，本 · 拉登宣扬的在本地区建立伊斯兰共和国的主张和统一穆斯林国家的泛伊斯兰理想阻碍了他联合“基地”组织和统一战线以共同对抗美国的计划。对于本 · 拉登和他的同伙们来说，除掉萨达姆几乎与驱逐沙特阿拉伯统治者同样重要。但是，2003 年入侵伊拉克前后，小布什政府坚称伊拉克与“基地”组织有往来，甚或与“9 · 11”事件恐怖分子有关联。据美国国务院称，伊拉克北部的“基地”组织恐怖分子“制造疑似化学武器”并“试图走私至俄罗斯、西欧和美国境内，用于恐怖主义行动”。报告得出结论，这些举动只有“在萨达姆政府的认可和默许下才得以实现”。事实上，有证据表明，“伊斯兰辅助者”组织（Ansar-al-Islam）将伊拉克和“基地”组织联系在一起，在伊拉克北部萨达姆政府统治之外的一个地区开展活动。虽然美国国务院曾提到，有报告称伊拉克政府官员和本·拉登及其他“基地”组织成员有联系，但美国国家恐怖主义袭击委员会（National Commission on Terrorism Attacks upon the United States）并未找到证据证明伊拉克和“基地”组织存在“合作关系”或伊拉克参与了“9·11”事件。

2003年5月，萨达姆政权垮台后，小布什总统对伊拉克停止全面制裁，因为它已不再是支持恐怖主义的国家。一年后，伊拉克仍位列美国政府的支持恐怖主义国家名单上，美国国务院给出如下理由：

> 由于美国主导的联军和伊拉克当权派面临大量前政权势力、罪犯和国外势力（包括与“伊斯兰辅助者”组织、“基地”组织和阿布·穆萨布·扎卡维，Abu Mus’ab al-Zarqawi勾结的伊斯兰极端分子）的各种联合攻击，伊拉克成了世界反恐战场的核心阵线。

美国主导的联军占领伊拉克出现一个意外后果：伊拉克成了恐怖主义的温床和“基地”组织及同类伊斯兰组织招募新成员的主要推手。

利比亚

20世纪70年代，尤其是80年代，利比亚是最臭名昭著的恐怖主义支持者之一，它向巴勒斯坦恐怖分子和与巴勒斯坦恐怖组织有关联的欧洲团体提供训练设施及后勤和财务支持。此外，有利比亚公民（据说是政府间谍）开展恐怖主义行动，其中就包括1988年12月的洛克比空难（遭遇恐怖袭击而在苏格兰洛克比镇上空爆炸的泛美航空103航班），但利比亚统治者穆阿迈尔·卡扎菲否认自己或其政府参与其中。那些年，利比亚不仅支持巴勒斯坦非宗教组织和西欧左翼团体，而且支持南亚的革命运动。2000 年，卡扎菲派了一个熟悉“阿布沙耶夫”（Abu Sayyaf）恐怖组织的利比亚官员来到菲律宾南部，在这里，穆斯林分离主义者关押着数名欧洲人。卡扎菲特使说服“阿布沙耶夫”领导人释放这些欧洲囚犯，并为每人支付赎金 100 万美元。利比亚人称之为“发展性援助”，着实是走了一步好棋。一方面，他们出钱资助恐怖主义行动，另一方面，他们扮演了人道主义者的角色，从极端恶劣的丛林囚禁地解救了德国、法国和芬兰囚犯。

“9 · 11”事件之后，卡扎菲反复强调，利比亚时刻准备着加入反恐战争，尤其是反对本·拉登和“基地”组织成员等伊斯兰极端分子的战争。2003 年 12 月，布什总统和英国首相托尼·布莱尔（Tony Blair）指出，利比亚总统已经同意放弃本国大规模杀伤性武器计划。然而 2004 年，正当美国石油公司希望美国停止制裁，重回伊比亚油田之时，沙特阿拉伯当权派逮捕了四个人，据说他们参与了卡扎菲策划的暗杀皇储阿卜杜拉（Abdullah）计划。2006 年夏，国务院把利比亚从恐怖主义支持者名单上去掉；2008 年，美国与利比亚正式恢复中断了 28 年的邦交。

苏丹

1986 年，为了回击反美恐怖主义，美国对数个利比亚目标实施了轰炸袭击。之后，卡扎菲便不再热衷于窝藏恐怖分子或为他们提供训练设施。于是一部分好战分子将苏丹作为下一站。1989 年政变后，伊斯兰政府正式成立，苏丹开始全力以赴为大量伊斯兰恐怖分子团体提供训练基地和其他便利。有消息称，这些训练营供利比亚、埃及的恐怖分子以及真主党、哈马斯、几个菲律宾团体、阿尔及利亚和突尼斯的伊斯兰武装分子使用。这些团体的共同之处在于推翻当局政府，建立伊斯兰政权。1991 年，本 · 拉登被开除沙特国籍之后，与同党一起移至苏丹，他们受到了苏丹当权人士的热烈欢迎。

1994 年，苏丹政府将委内瑞拉的卡洛斯 · 拉米雷斯 · 桑多斯（Carlos Ramirez Santos，最臭名昭著的极端分子之一，被称为“豺狼卡洛斯”）引渡至法国。苏丹此举旨在改变恐怖分子庇护所的国际形象。但这一举动并未奏效。一年后，美国对苏丹实施制裁。1996 年，在美国政府的压力下，苏丹政府提出允许沙特阿拉伯或美国当局收押本 · 拉登。由于缺少证据控告他是恐怖分子，克林顿政府和沙特阿拉伯政府都拒绝了这一提议。于是，本 · 拉登和他的团队转移至阿富汗。

虽然“9 · 11”事件之后，沙特政府逮捕了数十名恐怖分子，美国也为此解除了对其的制裁，但美国政府仍不愿将其从支持恐怖主义国家名单上除去。《2008 年全球反恐形势报告》中，美国国务院称赞沙特政府为“全球反恐力量中的合作伙伴”，赞赏它“持续致力于打击直接威胁美国在苏丹利益和人身安全方面的恐怖行动”。但“苏丹残存的‘基地’组织恐怖主义因素，以及巴勒斯坦伊斯兰圣战组织和哈马斯恐怖主义因素”仍然值得关注。

叙利亚

传统意义上讲，叙利亚政府对恐怖主义的支持仅限于那些为阿拉伯世界（尤其是巴勒斯坦）利益而斗争、对抗以色列的非宗教或宗教团体。首先，叙利亚对以色列有直接敌对情结，因为 1967 年“六日战争”（Six-Day War）中，以色列占领了戈兰省。数年来，叙利亚允许恐怖分子驻扎在其境内。伊斯兰抵抗运动哈马斯、巴勒斯坦人民解放阵线、巴勒斯坦人民解放阵线总指挥部、伊斯兰圣战组织是其中在叙利亚首都大马士革最为活跃的几个组织。叙利亚政府与黎巴嫩真主党也联系密切，允许伊朗革命卫队和来自世界各地的恐怖分子使用在黎巴嫩贝卡谷地的训练营。20 世纪 90 年代末，一位专家总结道：

例如，大马士革机场成了众所周知的伊朗向真主党训练营和遍布中东的特工输送武器和设备的中转站。而且，叙利亚也着力提供重要庇护所和办公室，大量组织由此招募受训人员。

对巴勒斯坦或亲巴勒斯坦恐怖主义分子的支持到 21 世纪早期仍在持续。然而，没有充足证据表明叙利亚曾支持过“基地”组织或与“基地”组织相关的团体。“9 · 11”事件之后，美国国务院的确认识到，叙利亚政府“与美国和其他反对‘基地’组织、塔利班和其他恐怖组织和个人的国家深度合作，不论在媒体或是清真寺，对任何公开支持‘基地’组织的势力都是一种震慑”。叙利亚与恐怖主义团体的关系以及对其的支持似乎都受制于政府的国内外政策利益，正如拜曼所言：“微妙又复杂，反映了叙利亚政府既想利用又想限制恐怖主义团体的愿望。”在 2008 年支持恐怖主义国家年度评估报告中，国务院表示对叙利亚政府与伊朗政府的紧密关系表示密切关注。报告称，“一年来，叙利亚持续加强与支持恐怖主义同盟国家伊朗的联系”，“总统阿萨德（Asad）亲自访问德黑兰，这是 2005 年来的第 3 次，是作为对伊朗总统艾哈迈迪 · 内贾德（Ahmadinejad）2007 年访问大马士革的回访”。2009 年是奥巴马总统任期的第一年，当年的支持恐怖主义国家年度评估报告对此同样表示关注。

沙特阿拉伯案例

“9 · 11”事件过后不久，玛莎 · 克伦肖撰文道，近三十年来，大多数针对美国的国际恐怖主义行动都“起因于美国支持不受欢迎的当地政府或区域反对派”。

此外，该区域的专制政权非常乐意看到最激进的指责者把愤怒和恐怖行动施加到他人身上，即美国和以色列。而且，为了维护后方稳定，这些政权也把这些团体的仇恨转嫁到外部目标身上。最终，一些政权进而为这些恐怖分子提供财务支持，或者允许国内个人或组织采取恐怖行动，只要他们不在国内采取激进行为。

该地区的其他国家，尤其是那些处在盛产石油的阿拉伯半岛的国家，支持或默许针对以色列的恐怖主义，而沙特阿拉伯在资助恐怖分子孵化全球网络基地方面扮演着独一无二的角色。美国国家恐怖主义袭击委员会的一份评核报告称：

> 沙特阿拉伯不再是“基地”组织的首要援助者，但我们却找不到证据证明沙特政府作为一个机构或其内部有某些高官曾资助“基地”组织。此外，“基地”组织在沙特阿拉伯王国有雄厚的资助基础，因为这里极端宗教主义非常盛行，慈善事业也是这一文化的核心，且到目前为止，仍然缺乏监管。

然而，与沙特阿拉伯统治者间接帮助国外仇恨者和恐怖煽动者众所周知的行为相比，无论沙特政府，还是王室贵族及其夫人直接资助“基地”组织或相关组成部分和个人的行为，都不那么为人所关注。洛雷塔·纳波莱奥尼（Loretta Napoleoni）这样描述沙特阿拉伯资助的庞大的“清真寺网络”：这是“恐怖主义资助网络的意识形态伙伴，它赞扬恐怖主义，结构复杂丰富，可以与其资金体系相媲美”。

这一全球清真寺网络是最纯正的原教旨主义——瓦哈比主义（Wahhabism）与沙特王室共生关系的产物。作为宗教领袖支持沙特阿拉伯统治者的回报，政府一向严格推行瓦哈比教育，支持瓦哈比主义的传教热情。由于穆斯林必须捐献善款（称为“天课”），大量资金流向波斯湾周围盛产石油国家的慈善组织。数年来，大部分沙特人的善款都流向“与政府相关的慈善机构，主要用于行善和在全国宣扬严格遵循瓦哈比主义伊斯兰两件事上”。为了分散针对其统治的反对力量，沙特统治者鼓励扩张瓦哈比主义，因为它是“沙特阿拉伯境内大多数极端宗教势力的泄压阀”。

第一次海湾战争之后，情况尤为如此。据丹 · 墨菲（Dan Murphy）称：

> 20 世纪 90 年代，沙特许多极端忠诚的传教士和年轻人都被送到国外工作和传教。他们可以随意在国外采取极端行动，只要不把这些行动施加在本国即可，如本 · 拉登等人就认为在国内采取极端行为是堕落的、非法的。

通过沙特慈善机构资助建立的清真寺，瓦哈比领袖首先找到了沃土，可以帮助穆斯林在几个新独立的前苏联共和国享受长久以来没有的宗教自由。非洲、南亚、东南亚，以及其他一些发展中国家也建起清真寺和宗教学校。这种宗教在这些区域积极扩张的同时，在进入西方国家时却谨小慎微。结果却总是相同的，但正如纳波莱奥尼所说：

> 在西方国家，清真寺网络的主要活动是招募成员和筹集资金。活动非常成功，有些清真寺已经成为潜在恐怖主义斗士的温床，他们心中充满了危险的宗教和政治理念。

与沙特统治者转嫁国内不满情绪的初衷相反，本 · 拉登和他的追随者并没有迷失他们的首要目标。“基地”组织始建于 2003 年，巩固于 2004 年，在沙特阿拉伯境内发动了致命的恐怖主义攻势。2003 年 5 月，针对西方国家公民的利雅得汽车炸弹袭击，致使 35 人死亡、200 余人受伤。自此，发生多起明目张胆伤害外国人的袭击、绑架和处决事件，其中包括 2004 年末吉达美国领事馆的袭击事件。这些恐怖主义行动的直接受害者大多是美国人和其他外国人，而且沙特皇室也是目标之一。本 · 拉登及其追随者希望驱逐外国人，包括石油公司工作人员和美国军方境外工作人员，从而达到削弱沙特阿拉伯经济和防御能力的目的。这种攻击一定程度上是成功的，因为一些外国公司已经减少了在沙特阿拉伯的活动。

政府重新考虑是否支持恐怖主义之际

国家对恐怖主义和某些特定恐怖组织的支持不见得会永远持续下去。相反，政府已经反复思考过与恐怖组织的关系，并停止或改变了对其提供支持。因此，巴勒斯坦恐怖主义分子获准在利比亚盘踞、训练数年后，卡扎菲要求他们离境，因为他惧怕以色列和美国的进一步报复性打击。卡扎菲宣称他已经放弃恐怖主义并支持“9·11”事件后的打击恐怖主义行动，此后便开始四处活动，希望美国结束制裁，期盼美国石油公司回归，从而振兴利比亚经济。显然，卡扎菲认识到，支持恐怖主义的经济代价远远高于意识形态方面获得的利益。然而，利比亚撤出支持恐怖主义行列似乎是个例外，并且不合常理。正如拜曼所说：

> 国家支持恐怖主义是个不易解决的复杂问题。尽管面对外交抗议、经济制裁甚至军事压力，伊朗、巴基斯坦和叙利亚仍然支持无数恐怖组织长达数十年。塔利班政权被美国支持的军队推翻之前，一直坚持支持“基地”组织。许多其他国家也支持恐怖组织，有时甘冒战争风险。

已经沦陷的国家、正在失利的国家和“棕色地带”

典型的支持恐怖主义的国家常常有强大的中央政府牢牢控制其领土，但弱小国家在恐怖主义方面同样有问题。如果一个国家缺乏强有力的中央政府，恐怖分子就有充分自由控制该国领土或部分领土。哥伦比亚是个很好的例子，其中央政府的权力只能波及一部分区域，而其他区域却疏于控制。于是，许多国内恐怖分子和准军事团体控制了大面积国土，他们之间有时为了获得一块有价值的土地，特别是那些农民种植古柯（可卡因的主要原料）的地区，甚至不惜相互攻击。[1] 也门是个沦陷国的例子，其政府已不能有效掌控权力。已经沦陷的国家和正在失利的国家都是孕育恐怖分子的温床。“基地”组织的追随者中有许多是也门人，他们在本·拉登位于阿富汗的训练营里受训。2000 年，美国“科尔”号驱逐舰（USS Cole）在亚丁港停留补充燃料时，遭到也门“基地”组织成员的致命袭击。

此外，有些国家虽然具备有效的中央政府，但是国家对某些地区无法或不愿行使中央集权或加以控制。例如，菲律宾的领土就存在所谓的“棕色地带”（brown areas）——地理上的飞地，“在这里，国家功能和领土控制微乎其微，甚至完全不存在”。因此，“基地”组织的附庸之一“阿布沙耶夫”组织在菲律宾南部采取行动，获得绝对优势以永远阻止政府军试图摧毁恐怖组织的连续打击。

就美国来说，最危险的“棕色地带”是阿根廷、巴西和巴拉圭三国交界的所谓的三国交界处（Tri-border Area，TBA）。据贝妮代塔·贝尔蒂（Benedetta Berti）所言：

> 三国交界处是南美最重要的商业中心之一，每天有近两万人从邻国越境前往巴拉圭东方市的自由贸易区。大量人口和货物进入三国交界处，加上边境管理松散，导致犯罪和武装团伙在此云集。此外，在当地洗钱、与海外地区进行资金往来的便利条件极大地刺激着三国交界处活动基地的维系。

---

[1] 例如 2004 年 6 月，为了重新获取对准军事力量已夺取地区的控制权，哥伦比亚革命武装力量左翼势力在哥伦比亚东北部杀害了 34 名古柯农民，据说是因为这些农民为右翼准军事组织服务。参见胡安·福雷罗：《哥伦比亚叛党的袭击威胁脆弱的对话》，2004 年 6 月 17 日《纽约时报》A3 版。

难怪有不同目的和意识形态的恐怖组织把这里看作交流活动经验、分享经济来源的天堂。尤其真主党在此已经生机勃勃地存在了数十年，“充分利用了这里居住的黎巴嫩籍移民的密集网络”。“基地”组织领导人显然认识到了三国交界处潜在的机遇，因为从“基地”组织在阿富汗的藏匿处搜出了一张这一地区的地图。虽然没有结论性证据证明“基地”组织中枢曾经活跃在三国交界处，但有报告称圣战组织在这一“棕色地带”设立了训练设施，并使用这一区域作为跳板在拉丁美洲招募新成员：

新近一份阿根廷情报称，位于阿根廷边境的巴西城市乌拉圭亚纳和巴拉圭的卡斯卡维尔一些穆斯林商人行踪可疑。

据恐怖主义专家沃尔特·珀迪（Walter Purdy）称，这一区域是“世界上恐怖威胁不断攀升的地区之一，恐怖分子可能在此发动袭击”。

提供无意识庇护的国家

若政府邀请或允许恐怖分子在其境内活动、培训或藏匿，这些国家是在为恐怖组织和个人提供主动庇护。但有更多国家是国内或国际恐怖分子的无意识庇护者。如前所述，已沦陷或正在的失利国家无法对抗恐怖分子，因此通常成为恐怖组织的被动宿主。然而，出于不同原因，有些民主自由国家和这些国家一样，也能变成无意识庇护国和恐怖分子的藏匿处。

民主国家及其人民因为坚持自由原则，也会为国内恐怖主义的滋生和国外恐怖分子的到来提供有利环境。政治和宗教包容、开放的边境、行动的自由、移民导致的越来越多样化的人口以及政治避难机会，都是恐怖分子到民主国家寻找机会的原因。恐怖分子知道，除非与独裁者结为同盟，否则在自由社会行动更容易。民主国家截然不同于已沦陷和正在失利的国家，这里是否充斥着恐怖主义机构或许曾有争议，但“9 · 11”事件之后的数年里，这种争议已经荡然无存。最终，调查表明，“基地”组织的间谍和类似的基层组织存在并活动于美国、加拿大、英国、法国、德国、意大利、西班牙、比利时、荷兰等欧洲和其他大洲的民主国家。

总之，支持恐怖主义的国家只是国家和恐怖分子关联的一部分因素。沦陷和正在失利的国家常常是孕育无政府支持恐怖分子的天然土壤。而运转正常的民主国家也不断变成恐怖分子，尤其是伊斯兰极端分子（多为外国人或一代移民）的无意识庇护国。

第八章　共同思路：目的、目标、战术

虽然有些人在心理上更倾向于成为恐怖分子，但如果只把恐怖分子和他们的行为认为是疯狂或是善变的，那就错了。实际上，如布鲁斯·霍夫曼（Bruce Hoffman）所说，一个恐怖主义组织对目标和战术的选择是由各种各样的因素所决定的，其中包括组织理念。实际上，无论组织理念明确与否，它毫无疑问都决定了行为的目的、目标人物或受害者，而且在某种程度上还决定了恐怖活动的战术或方法。

对于目的，恐怖分子倾向于两种政治目的，即短期目标和长期目标，而且当他们在计划和实施恐怖行为的时候，对这两种政治目的都会进行考虑。对于策划了20世纪70年代和80年代一系列劫持和绑架事件的黎巴嫩人和巴勒斯坦人，大多时候他们的短期目标就是释放那些被囚禁的同胞。（黎巴嫩）真主党的更为短期的目标之一，是迫使美国和法国军队从黎巴嫩撤退。1983年，在布鲁特附近的基地曾经发生过针对美国和法国军队的骇人的恐怖袭击，目的是迫使军队撤退。当时，真主党在其《致黎巴嫩和全世界被践踏的人民的一封公开信》中宣布了其最终长期目标：

至于以色列，我们认为就是美国在我们穆斯林世界的急前锋。他们必须同篡夺权利的敌人斗争，直到被篡夺的权利返回其所有者手中……

穆斯林的反抗必须在真主的帮助下继续、扩大和升级，也需要取得全世界穆斯林的完全支持、帮助和参与，这样我们才可能根除这个毒瘤，让其彻底消失。

当"地下气象员"、共生解放军或是巴德尔—迈因霍夫红军派抢劫银行的时候，他们的短期目标非常清晰：他们需要资金来支持他们的地下活动。但是他们把犯罪和战利品作为进一步实现最终或长期目标——革命性的制度变革——的途径，从而使犯罪和战利品都得以合理化。对于红军派，这无异于一场国际革命。正如红军派的一位成员所描述的：

即使欧洲都市的民众不支持革命的一方（我们中的工人阶级也是享有特权的，也会参与对第三世界的剥削），那些在这里成立先锋队、参加革命的人们唯一可做的，就是动摇帝国主义的根基，摧毁其组织。

恐怖分子能实现他们的目标吗？

一方面，如果有人细想巴德尔—迈因霍夫组织和相关基层组织的理念和目标，很明显会发现他们没有完成、甚至哪怕是推进其终极或战略目标。另一方面，他们非常成功地实现了他们的短期或战术目标，比如解救同伴。在这方面，西德激进左派是此时期其他左派恐怖分子的代表，经常在他们的短期计划中取得成功。同样的情形亦见于右翼、民族主义、单一问题等其他类型的恐怖组织。鉴于这种成败参半的局面，有人认为"民族、国家和恐怖分子的角力结果并不甚明朗"。虽承认恐怖分子战术上的成功，罗伯特·费尔里（Robert A. Feary）却总结道，对于他们的终极目标来说，这一结果“很难起到鼓舞恐怖分子士气的作用”。

可以确定的是，就长期或终极战略目标来讲，恐怖主义的战场是完全失败的；但同时也不乏“大卫胜歌利亚”般的结果。恐怖分子的一个成功案例是伊尔贡（Irgun Zvai Leumi），该激进组织当时在英属巴勒斯坦托管地运作，针对英国人实施恐怖活动。其中最致命和臭名昭著的攻击是 1946 年对位于耶路撒冷的大卫酒店英国总部的袭击，导致 91 人死亡，恐怖活动导致英国从巴勒斯坦撤出和不久之后的以色列建国。据大卫·弗罗姆金（David Fromkin）所说：

> 当然，在其他时间或基于其他理由，英国人总会撤退。但这并不重要，因为伊尔贡想要尽快独立，为希特勒统治下的欧洲难民打开国门。他们用自己的方式得到了他们所想要的。

同样，民族解放阵线（National Liberation Front，FLN）的恐怖活动迫使法国从其北非阿尔及利亚殖民地撤出，这也开启了阿尔及利亚的国家独立之路。

因此，恐怖主义起作用了吗？有些时候是的，因为人们“在 1974 年亚西尔·阿拉法特（Yassir Arafat）出席联合国招待会之前，已能找到恐怖主义起效的历史例证”。然而，在引用以色列和阿尔及利亚的例子时，弗罗姆金认为，“只有当你按照恐怖分子希望的方式做出回应时，恐怖主义才会取得成功”。菲利普·詹金斯（Philip Jenkins）总结阿尔及利亚民族解放阵线的例子时，表示恐怖主义和恐怖分子可以实现他们的长期目标。据詹金斯所述：

> 其他的几个运动都已实现了从让人憎恨的恐怖分子到让人尊敬的政治家的转变。在一些历史时期，非洲民族会议（African National Council，ANC）曾采取恐怖主义行为，但在 1994 年，它

成为了南非的执政党，而南非是黑人非洲最有影响力的国家。在北爱尔兰，爱尔兰共和军经常使用野蛮暴力来对付平民和非战斗人员，这种行为只能称为恐怖主义。到20世纪90年代末，爱尔兰共和军的主要支持者格里·亚当斯（Gerry Adams）成了北爱尔兰政界一名杰出人物，也成了英国议会的一员。在以色列，20世纪40年代已被定罪的犹太恐怖分子，在80年代则升级为受人尊敬的政界领袖。

总之，恐怖主义的短期目标成功概率是很高的，但长期目标成功概率就很低。过去有一些恐怖主义活动确实实现了他们的最终目标，这样的事例仍在鼓舞着当代恐怖分子，使他们坚信自己也可以成为这样的特例。

目标的选择

一旦思想理论基础被人接受，或是确立了最终或长期目标，那么可接受的目标范围“将由多重因素决定，而恐怖分子的意识形态在此过程中扮演着核心的角色，不仅因为它为恐怖分子的行动提供了最初的动力，也因为它确定了他们可以运行其中的道德框架”。意识形态比其他因素都重要是因为其教义“明确了一个组织的成员如何看待他们周围的世界”。更重要的是，恐怖主义教义明确了敌人的范围，并把受害者从中挑选出来。比如，西德红军派认为美国和北约（西德为其成员国）是让人仇恨的帝国主义体系的核心，因此，美国国民和北约代表和机构就是合理合法的目标。尽管意大利红色旅与红军派一样，也对全球帝国主义罪行深恶痛绝，但实际上，它的终极目标是推翻意大利政权。结果正如德雷克（C.J.M.Drake）所指出的，德国左翼恐怖分子把美国军队、德国高层政要和公司高管作为主要目标。红军派选择那些它认为是不道德和邪恶的群体作为其受害者，而意大利恐怖分子则主要针对底层和中层目标，但偶有例外，比如 1978 年绑架和杀害前总理阿尔多 · 莫洛的案例。红色旅的目标几乎都是意大利人。

红军派和红色旅制造的事端显示，即使拥有同样的意识架构和敌人，不同组织选择袭击目标也会有所区别。在意大利恐怖分子眼中，所有的警员都是他们明确的合法的目标；而对于西德恐怖分子，底层警员从来都不是他们蓄意攻击的目标——即使有几个会在恐怖活动中被意外杀害。在红军派创办者乌尔丽克 · 迈因霍夫、霍尔斯特 · 马勒和安德列亚斯 · 巴德尔被逮捕之后，西德内部的恐怖活动发生了明显的变化。某些情况下，他们的“继承者”选择“无辜”的、没有任何象征意义的人们作为目标，这种情况发生在几次飞机劫持事件中。据报道，红军派创办者拒绝针对无辜人群的袭击，认为这是“新成员对红军派第一代人道德的恣意削弱”，其中一人，克劳斯 · 胡恩施克（Klaus Juenschke），抱怨“这些退化的人，居然有胆……吹嘘如此懦弱的谋杀，还把他们作为新品质展现在西欧的反帝斗争中”。然而总体来说，即使是新一代的德国恐怖分子，他们仍坚持对军界、政界和公司目标的认真挑选。

很多年来，反美恐怖主义的攻击对象看起来像是随意挑选的，因为他们恰好在错误的时间出现在了错误的地方。然而，受害者大多数时候都“不是纯粹任意挑选的”。相反，恐怖分子把那些携带以色列护照、属于特别宗教组织的成员（也就是犹太教），或是那些访问特定国家的美国居民作为目标。比如，黎巴嫩恐怖分子在 1985 年劫持了美国环球航空公司的一架客机，搜走了所有护照，让一名乘务员把以色列人和带有犹太发音名字的乘客挑选出来。在 1972 年一次对以色列洛德机场的恐怖袭击中，一些外国乘客被害，一名恐怖分子解释说“在以色列没有无罪的游客”。基本理由就是如果你不支持我们，那你就是反对我们的，或是如一些恐怖分子所说：“如果你不是解决方案的一部分，你就是问题的一部分。”同样，1993 年第一次世贸中心爆炸成为美国境内第一次重大国际恐怖活动，其犯案者如是说：

> 美国人民需要对他们政府的行为负责，对于其对其他民族犯下的罪行，必须进行质问，否则，他们——美国人——将成为我们毁灭的目标。

本·拉登也是以同样的方式解释其针对美国人民的圣战。他明确地引用真主的旨意作为支持，并写道："所有这些美国所犯下的罪行和罪过都是对真主、他的信使和穆斯林的明确宣战。"

在以色列人和巴勒斯坦人的冲突中，巴勒斯坦恐怖组织成员也同样认为他们的事业是正义之举，从而把以色列人任意作为目标这一行为进行合理化。这种心态在巴勒斯坦激进分子的言论中有所体现：

> 这个机构对于武装进攻的损害、范围或本质都没有任何限制。目标就是杀害尽可能多的犹太人，对于潜在的受害者，不论是士兵、女人还是孩子，都没有道德区分。
>
> 考虑到道德时，我们相信我们事业的正义性……我不记得曾经被道德问题困扰。

1995年俄克拉荷马城爆炸案的策划者和实施者蒂莫西·麦克维，也把他任意杀害无辜人的行为进行合理化。在他把轰炸阿尔弗雷德·默拉联邦大楼的计划透露给他的朋友迈克尔·福捷（Michael Fortier），被问及大楼里所有人的命运问题时，麦克维尔回答说："把这些人想成是星球大战的风暴骑兵，他们作为个人可能是无辜的，但是他们因为为邪恶帝国工作而有罪。"

总之，整体的意识形态框架和他们对积怨与谴责的转化机制，都将指导一些恐怖分子选择有限数量的目标类型，而有些恐怖分子则选择整个国家或几个国家这样庞大的群体作为其合理的目标。

恐怖主义方法：从原始炸弹到大规模杀伤性武器

鲍耶·贝尔（J.Bowyer Bell）如是描述恐怖分子的心态：通过暴力手段达到政治目的。他发现，对于恐怖分子：

> 诉诸暴力往往是最后的选择，是一种塑造未来的合理手段。由于对现状无法忍受，暴力成为唯一的途径。一位巴勒斯坦激进分子说道："如果投掷玫瑰可以奏效，我们就会投掷玫瑰。"事实是它并不奏效，所以他们选择了投掷炸弹。

恐怖分子使用投掷玫瑰的比喻与他们多年来在现实生活中制造的破坏形成了鲜明对比。事实上，恐怖分子使用过各种暴力手段——从刺伤或勒死受害者到使用神经毒气。恐怖分子改变战术的最显著原因，是随着时间推移出现了更加方便有效的恐怖主义袭击和伤害目标的方式。几百年来，从左轮手枪、雷管炸弹、化肥炸弹、火箭弹到沙林毒气，恐怖分子为达到目的使用了各种新技术。交通技术的进步也影响了恐怖分子的战术选择，例如令列车出轨，劫持飞机和轮船，在拥挤的公交车上实行自杀式爆炸袭击，以及汽车、卡车炸弹袭击等都已证明这一点，更不用提在"9·11"事件中，恐怖分子使客机成为了毁灭性的导弹。

在选择单个还是多个目标的同时，实际上也选择了相应的攻击方式。两种决定均受以下因素影响：

- 接近目标的难度
- 目标的保卫水平
- 目标社会的总体反恐措施
- 袭击者所涉及的风险
- 成功完成任务的概率

对于恐怖分子来说，没有什么比成功执行一次恐怖行为更重要。正如乔治·哈巴什所说：“最关键是要选择那些能够保证 100% 袭击成功的目标。”在一次特定的行动中，还有其他因素影响到特定恐怖袭击方式的选择：

- 恐怖分子的培训和技能水平
- 财政资源、流动性和藏身之所的可行性
- 可用的武器装备
- 对直接受害者和少量无辜旁观者的有限打击抑或不考虑无辜旁观者数量的任意无限袭击

现代恐怖分子在决定特定的攻击模式时有广泛的选择。25 年前，反恐专家罗伯特·库珀曼（Robert Kupperman）和达雷尔·特伦特（Darrell Trent）警告说，恐怖分子不仅使用“手枪、冲锋枪和炸弹”，也尝试使用“热能追踪地对空火箭（SA-7s）和苏制反坦克武器（RPG-7s），德国恐怖分子甚至曾威胁释放芥子气和神经毒剂”。经验丰富的恐怖组织还经常编写和发放指导手册，为恐怖袭击提供各类武器建议。临时爱尔兰共和军发行过一本小册子，其中描述了各种战术，“包括制作和使用各种炸药，埋于路面下的特制涵管炸弹以及狙击手的部署。文中还提到冲锋枪、手枪、手榴弹、步枪、自动步枪、迫击炮和火箭发射器”。据一位专家指出，“爱尔兰共和军在过去的袭击中已部署过所有这些武器，它们现在仍然处于常规服役状态。从这方面看，爱尔兰共和军是当代恐怖主义的典范”。这份爱尔兰共和军恐怖分子适用武器清单表明，当代恐怖组织可以使用更加多样的武器。

最常见的恐怖袭击方式

- 爆炸袭击
- 自杀式爆炸袭击
- 暗杀
- 武装袭击
- 导弹袭击
- 劫持
- 绑架
- 大规模干扰 / 大规模杀伤

对特定场所进行爆炸袭击是迄今为止最常用的方法，其次是不同类型的恐怖自杀式炸弹袭击。在过去几年中，全副武装的恐怖分子和越来越多的叛乱分子采取武装袭击的方式。2008 年 11 月，在印度孟买发生了一起令人震惊的袭击案例，当时恐怖分子武装袭击了酒店和其他设施中的平民。当恐怖分子或游击队控制某些地区，或受到该地区居民的支持，并且（或者）在未受政府和安全部队控制的地区行动时，这样的攻击尤为常见。拥有大规模、精良武装和齐全设备的组织，还包括哥伦比亚革命武装力量、阿富汗和巴基斯坦的塔利班以及伊拉克的各种恐怖主义和叛乱团体。武装袭击的数量在过去几年激增，其中有许多发生在伊拉克、阿富汗、巴基斯坦，这一点也不意外。2007 年，据美国反恐中心关于世界范围内恐怖事件的统计数据显示，武装袭击（11411 起）是第二种最常用的恐怖袭击方法，紧随“常规”爆炸袭击和自杀式炸弹袭击事件数量（16932 起）。与常规爆炸袭击一样，武装攻击者选择的时间和地点往往使其采用突袭的方式攻击受害目标。即使受害者武装了自己，恐怖分子也照样占得上风。而在过去，武装袭击在各类恐怖袭击手段中的使用频率很低。

恐怖主义行动会导致决定性或持续性的事件。爆炸、暗杀和自杀性任务是决定性的事件，因为实际行为发生在数秒内——武装进攻持续时间稍长一点——而劫持和绑架都是持续性事件，因为这些恐怖活动持续的时间更长——几小时、几天、几周、几月甚至几年。虽然造成的损害各有不同，但旨在造成大规模干扰和破坏的恐怖主义行动也属于决定性事件这个类别。以下段落总结了各种恐怖方法或战术的特征。

爆炸袭击　相当长一段时间以来，比起其他攻击方式，恐怖分子都更喜欢爆炸这种方式，因为没有其他工具能比燃烧或引爆装置更便捷。并且这是一个“很容易学到的，对行凶者风险最小的技术”，“爆炸可以在可控的距离和时间进行”。设置定时器装置可以让恐怖分子在他们选定的时间内引爆炸药。爆炸可以以多种方式进行，在多数情况下“几乎有无限多种操作方法”，恐怖分子的炸弹大多是自制的，据专家了解，制造简陋但威力巨大的炸弹所需的看似无害的材料可以在自由市场上购得。关于炸弹成分以及混合或组装的具体说明都是现成和合法的，可以在书店、图书馆和网上查到。

比如，动物解放阵线的网站上就贴出了《动物解放阵线读本》，详细描述了如何制作简单的纵火装置，如何将其有效地放置在目标设备中，及如何避免被警察抓到。在读本的“入门指南”部分，动物解放阵线详细说明了“制造纵火装置的简单方法”和“同样装置的不同版本”，以供纵火犯使用。许多大威力的自制爆炸品在书中都有描述，而这些书很容易买到，如《无政府主义食谱》或《家庭爆炸物车间》。2003 年 6 月，《无政府主义食谱》的一名顾客在亚马逊网站上评论道：

书里大部分的内容（少数例外）还算准确，它主要就是教你如何去做某事，还告诉你怎样做会很危险以至于失败……如果你的确很想知道如何自制炸药，试试看菲斯特叔叔的《家庭爆炸物车间》，这本书现在销量很好。这类书中的技巧都是从军事手册中摘取的，内容最早可追溯到约 30 年前。

2001 年 10 月，菲斯特叔叔《家庭爆炸物车间》的一个巴西读者在亚马逊网站的顾客评论中写道：“哇，我刚收到第二次修订版，菲斯特叔叔创造了奇迹：他把最好的东西变得更好……如果你想要炸药制造方面最好的书，这本你值得拥有。”

但人们甚至不需要去买书，无论是过去还是现在，都很容易获取制作炸弹的说明书。1996 年 7 月亚特兰大百年奥运公园中的管式炸弹爆炸后，美国有线电视新闻网（CNN）网站撰文详细描述了该设备，并附带说明了它的制作过程。读者可以看到如下文字：

> 管式炸弹是相对简单的装置。顾名思义，就是一段管道两端封顶，中间充满爆炸物。很多时候，中间还塞满了钉子和螺丝以提高杀伤力……管道中还可以装着低速火药或塑性炸药。它可以被设置为即刻爆炸或是定时爆炸。

发表七年后，这一文章仍然可以在美国有线电视新闻网网站上检索到。美国有线电视新闻网似乎只是在无意中提供了关于图纸炸弹的基本信息，而其他网站则刊登了由肥料和燃料组成的燃烧弹和炸弹等炸药的详细制作说明。[1]1993 年几乎炸塌世界贸易中心其中一座塔楼的卡车炸弹恐怖阴谋袭击者，在购买组装大威力炸弹所需的化学材料时，没有遇到任何阻力。西蒙 · 里夫（Simon Reeve）描述了策划第一次世贸中心

---

[1] 其中一个网站，Raisethefist.com，介绍了如何制作各类炸弹，从原始的管式炸弹到用混合了汽油的硝铵肥料做成的大威力炸药。在无政府主义网站管理员和炸药制作指南作者于 2002 年初被逮捕之后，这个网站就无法访问了。后来的网站没有再刊登炸药制作指南。

爆炸案的拉姆齐·优素福和他的同伙是如何行动的：

> 优素福，又名“Ibraham Kamal”，是他在美国的6个月里所用的11个别名之一。他最初从一个叫“城市化学”（City Chemical）的当地公司订购化学品，包括1000磅（454公斤）尿素、105加仑硝酸、60加仑硫酸。优素福告诉“城市化学”售货员自己所需的东西：尿素晶体中的含氮量得达到46.65%，硫酸纯度必须达到93%。

蒂莫西·麦克维和和他的同谋特里·尼科尔斯也轻松购得卡车炸弹的材料，并彻底炸毁了俄克拉荷马市的阿尔弗雷德·默拉联邦大楼。根据卢·米歇尔（Lou Michel）和丹·赫贝克（Dan Herbeck）所述：

> 1994年9月30日和10月18日，特里·尼科尔斯使用别名迈克·黑文斯（Mike Havens）购买了4000磅的硝酸铵。麦克维的购买量少一点。当机会一旦出现，他就会开车进入当地小镇的饲料和种子商店，把50磅一袋的亚硝酸装到车上。他满不在乎地把10大袋子扔进“公路勇士”车的后座。如果不是担心重量分配不均，他甚至会连车尾行李箱一并塞满。
>
> 麦克维和尼科尔斯共进行了8次采购，才买够了所需要的硝酸铵。

恐怖分子还使用过会产生毁灭性后果的塑胶炸药。1988年末，泛美航空公司103航班爆炸案就是通过引爆一片塞姆汀塑胶炸药薄板实施的，这种塑胶炸药当时可以在捷克和利比亚获取。爱尔兰共和军“用它独立自由地制作炸弹，比如非爱尔兰团体就经常这样使用那些可以被装在公文包里的，或者作为大号化肥炸弹的导火索”。

硅藻土炸药是最先被恐怖分子所使用的炸药。19世纪的无政府主义者在散文、甚至在诗歌里称赞阿尔弗雷德·诺贝尔（Alfred Nobel）

的发明是“毁灭社会的工具”。硅藻土炸药现在仍被现代恐怖主义分子使用。通常，恐怖分子从军队仓库、建筑工地或矿山窃取炸药。一百多年前，无政府主义者约翰 · 莫斯特试图组装一个可燃性信件炸弹——一种现代恐怖分子已经制造并能很好运用的装置，虽然后者形式更为复杂。比如，“智能炸弹客”西奥多 · 卡钦斯基（Theodore Kaczynski）就是通过邮寄信件炸弹伤害和杀死目标。

暗杀 恐怖分子使用炸弹暗杀敌人比使用手枪被捕的机率更低。但是在有些情况下，刺客近距离射杀目标后也能够逃离现场。比如，2002年初，两名刺客在博洛尼亚杀害了意大利政府顾问马尔科 · 比亚吉（Marco Biagi）。他们在受害者进入家门时开火，然后两人乘摩托车逃离。2000年，几名希腊恐怖分子用一把45毫米口径的手枪在雅典暗杀了英国军事参事史蒂芬 · 桑德斯（Stephen Saunders），然后成功逃离。但总的来说，近距离射击目标的风险要比其他战术大。年轻的以色列人伊戈尔 · 埃米尔（Yigal Amir）为了阻止中东和平进程而杀害了总理伊扎克 · 拉宾（Yitzhak Rabin），当他用贝瑞塔手枪射击拉宾后，很快被保安部队制服并逮捕。

自杀式袭击 2001年9月11日，“基地”组织的19名成员乘坐其劫持的客机撞进纽约和华盛顿特区的建筑，让美国认识了当时已被广泛应用的骇人恐怖战术：自杀式袭击。很快，此类攻击被比作二战时期的神风特攻队，当时大约有4600名日本人用飞机撞向敌方目标实施自杀式攻击。但是，神风特工队是国家战队的一部分，而最近实施自杀式袭击的都是团体或个人。正如亚当 · 多尔尼克（Adam Dolnik）在2003年击败伊拉克的萨达姆政权前所回忆的：

> 现代的自杀式爆炸袭击起源于黎巴嫩。1981年12月，非政府组织首次实施了大型的自杀式袭击，导致伊拉克驻贝鲁特使馆27人死亡，逾100人受伤。

阿尔·达瓦党（Al Dawa，一个伊朗人支持的什叶派组织）宣称策划了此次袭击，目的是为了推翻伊拉克的萨达姆政权。

然而，对于大多数美国人，现代自杀行为的历史可以追溯到 1983 年。当时一个黎巴嫩真主党成员开着一辆满载炸药的卡车进入驻贝鲁特的美国大使馆，导致司机和其他 60 余人遇难。6 个月之后，同一个组织的另一名成员开车到贝鲁特机场附近的美国海军陆战队军营，点燃了汽车炸弹，导致 241 名美国人死亡。另一起针对驻扎在黎巴嫩的法国军队的致命自杀攻击几乎是在同一时间发生，导致了 58 名法国伞兵死亡。事实上，从 1982 年 11 月到 1983 年 11 月一年的时间里，有 500 多人死于发生在黎巴嫩的五次大规模自杀式袭击。时任里根政府主管政务的副部长劳伦斯·伊格尔伯格（Lawrence Eagleburger）说道，当时如果一名司机想自杀，人们想自卫几乎是不可能的。美国和法国军队最终撤出了黎巴嫩，以色列国防部队也撤退到了南部。可见自杀式袭击的成效是不可否认的。

从恐怖分子的角度来看，自杀式恐怖行动相比其他恐怖方式有很多优势。据霍夫曼所述："自杀式爆炸袭击成本低且奏效。比起其他恐怖行为，自杀式爆炸袭击更简单、更易于操控。他们保证能吸引媒体报道。自杀式恐怖分子是终极智能炸弹。"恐怖分子本身能最好地理解自杀策略的功效。在采访了 20 世纪 90 年代 250 名最好战的巴勒斯坦人后，纳斯拉·哈桑（Nasra Hassan）如此写道：

> 一名巴勒斯坦安全官员指出，除了一名有决心的年轻人外，其他所需的成本就是钉子、火药、电池、开关、电缆、水银（从温度计中可得到）、丙酮之类的东西，以及剪裁一条能容纳下 6 个或 8 个口袋炸药的皮带。最贵的是到偏远的以色列城镇的交通费用。一次自杀式恐怖行动的总花费大约只有 100 美元。

而且，自杀任务的策划者不需要制定逃跑计划，担心作案者被捕或是组织机密的泄露。更重要的是，选择自杀攻击策略的组织认为这种恐怖方式比其他战术更容易成功。据纳斯拉 · 哈桑所述：

> 伊斯兰抵抗运动组织和伊斯兰圣战组织的军事指挥官说，人肉炸弹是攻击目标最有把握的方式之一。伊斯兰抵抗运动组织的一名高层领袖说："主要是确保大量敌人受到影响。炸弹腰带或炸弹背包使得袭击者对视角、位置和时机都有把握。"

自杀式袭击令目标社会尤为恐惧，这其中有很多原因。首先，就像一位专家所总结的，这种策略"确实致命"，而且"平均来说，杀死的人是其他恐怖行为的四倍多"。其次，自杀式袭击对于目标社会的心理有着持续性的影响，因为没人知道下次自杀式袭击会发生在何时何地，会以何种方式发生。

由于操作上和心理上的有效性，现代的自杀式袭击已从黎巴嫩蔓延到越来越多的地方，如斯里兰卡、土耳其、车臣、阿根廷，当然还有以色列。正如亚当 · 多尔尼克所指出的，在过去的 30 年里，怀有宗教动机的恐怖分子并不是唯一接受和使用这种策略的群体。可以肯定的是，中东许多团体进行的自杀式袭击都是由虔诚的穆斯林所实施的，但非宗教团体也采用了同样的策略。在黎巴嫩，自 20 世纪 80 年代初以来，大约只有一半的有记录的自杀式袭击是由真主党和阿玛尔（都是什叶派团体）所为，其他的则由一些非宗教组织所为。同样，尽管哈马斯和巴勒斯坦伊斯兰圣战组织都是穆斯林宗教团体，自杀式袭击是他们对抗以色列最有效的武器，此外更为世俗的非宗教组织"阿克萨烈士旅"2001 年后也开始效仿此举。

但"黎巴嫩真主党"才真正创造了阿拉伯世界及更大范围内的身负炸药的烈士神话——主要是因为这样的袭击随后会在电视上播出。结果产生了克里斯托弗·罗伊特（Christoph Reuter）所说的极为成功的“烈士营销”。这种营销可以确保永远不会缺乏愿意为事业而献身的人，因为这种事业在他们看来远比自己的生命重要。纳斯拉·哈桑在巴勒斯坦激进分子的自杀式袭击后，曾对该事件进行描述并赞扬：

> 自杀行为不会以爆炸和很多人的死亡终结。哈马斯和伊斯兰圣战组织把烈士的磁带或视频分发给媒体和当地组织，以记录他们的成功并鼓励年轻人。他（自杀性炸弹袭击者）的行为成了清真寺布道的话题，并为传单、海报、视频、示威活动以及广泛的媒体报道提供了素材。烈士邻居墙上的涂鸦赞美他的英雄主义。有抱负的烈士使用汽车和公交车爆炸模型来模拟自杀式袭击行为。

宗教恐怖主义开展自杀袭击任务是因为他们坚信：作为回报，他们将能升入天堂。非宗教自杀恐怖主义者不会期待上帝的报偿，但他们也接受类教派组织的思想灌输，坚持绝对从属于任何“更崇高的事业”，这就解释了泰米尔猛虎解放组织（常被人称作“泰米尔猛虎”）和库尔德工人党的自杀式恐怖袭击。虽然中东组织的自杀式袭击在过去二十多年里得到了很多宣传，斯里兰卡（原名锡兰）比其他任何国家都经历了更多这样的行为——从20世纪80年代末以来，估计有两百多次。在对抗僧伽罗控制的中央政府的斗争中，泰米尔猛虎解放组织的自杀军队“黑虎队”几乎总是针对政府官员、权力象征以及该国的基础设施进行攻击。比如在1996年1月，一群自杀式炸弹袭击者袭击了斯里兰卡中央银行，造成86人死亡，超过1300人受伤。2001年7月，一支更大的自杀式炸弹袭击队袭击了科伦坡的国际机场，摧毁或损坏了13架军用和民用飞机。

鲁伊特把对指定的泰米尔猛虎解放组织自杀式炸弹袭击者的教导称为洗脑。新成员被告知被敌人活擒是一件很耻辱的事情，为此，组织的所有成员都携带着氰化钾胶囊，要求他们在“受伤或濒于被捕时”吞下。20世纪90年代末，左翼的库尔德工人党在土耳其南部进行了15次自杀性袭击任务，目标全部都是政府代表、军队成员和军事设施。绝大多数受害者都是警察和士兵，但也有一些平民意外丧生或受伤。像斯里兰卡的“黑虎队”一样，库尔德工人党的自杀式炸弹袭击者并非以上帝和快速进入来世天堂的名义终结自己的生命，他们如此做是出于加强组织的政治动因。

激进穆斯林团体在黎巴嫩实施了第一次自杀式爆炸以后，什叶派传教士面临着他们的宗教是谴责还是允许这些行为的问题。例如，赛义德·穆罕默德·侯赛因·法德拉拉（Sayyid Muhammad Husayn Fadlallah）第一个宣布，以他对伊斯兰法律的理解，他对用自杀来达到政治目的持保留意见。但是，正如马丁·克莱默（Martin Kramer）所指出的：“法德拉拉最终给了他们（自杀式袭击）尽可能充分的支持而不需教令明示。”然而，这并没有解决黎巴嫩或是其他地方的穆斯林传教士的问题。直到今天，一些宗教领袖，不论是什叶派还是逊尼派，仍会制裁在自卫策略下针对平民的自杀任务，同时另一些人公开反对此策略。

多尔尼克发现自20世纪80年代初以来，有18个恐怖组织在15个国家实施了超过300次自杀袭击任务。这些袭击都不能与2001年9月11日撞向纽约和华盛顿标志性建筑的多重自杀式航班造成的死亡人数和毁坏程度相比，遑论对美国精神的额外伤害。从主谋的角度来看，“9·11”自杀式袭击行动是成功的。本·拉登和他的副手在“9·11”后的通信中多次如是表达。只要恐怖分子认为自杀式袭击是最有效的策略，他们就还将继续依赖人肉炸弹和人肉导弹。

罗伯特·A·佩普（Robert A. Pape）不认为宗教狂热是对这一现象的合理解释，他认为“自杀性恐怖主义遵循一个战略逻辑，专门用以迫使现代自由民主主义作出重大领土让步”。换句话说，这跟该组织是宗教的还是非宗教的无关，其民族主义愿望才决定了自杀式袭击的战术选择。这一结论无法解释为什么一些组织为争取民族自决和国家地位而实施自杀式袭击，而其他有同样抱负的组织却不会。为什么巴勒斯坦人接受这种方法，而“埃塔”组织和爱尔兰共和军则不然。看来，狂热虔诚的宗教和（或）一个有魅力的上帝般的领袖仍然是最好的解释。对于“泰米尔猛虎”，其创始人和领导者韦卢皮莱·普拉巴卡兰（Vellupillai Prabhakaran）对组织结构行使着上帝般的绝对掌控，该组织“从内核上讲更像一个教派”。在这方面，泰米尔猛虎组织和库尔德工人党就像双胞胎，因为据鲁伊特透露，在被捕之前，阿卜杜拉·奥贾兰（Abdullah Ocalan）在库尔德工人党中的地位和普拉巴卡兰在泰米尔猛虎组织中的地位是一样的：奥贾兰是上帝或至少是圣人，而“库尔德工人党则成为事实上的教派”。迈克尔·拉杜（Michael Radu）也描述了泰米尔猛虎组织和库尔德工人党的运作“更像有超凡魅力的领袖绝对控制之下的宗教派别”。在研究一些民族主义团体后，亚伦·霍维茨（Aaron Horwitz）发现了一个美化自杀的文化传统，它把集体利益作为最强大的决定因素：在这个传统存在并被领导所使用的地方，自杀性恐怖袭击被证明是一个很有吸引力的选择，而在没有这个传统的地方，自杀性袭击还没有被接受成为一种恐怖主义策略。

鉴于自杀性恐怖主义的高宣传价值，有时在同一环境中发生的最致命的袭击是由两个或两个以上的组织实施也就不足为奇了。米亚·布鲁姆（Mia Bloom）的一项观察强调，在组织间竞争下，为了使自己区别于其他组织，后建组织会效仿自杀式袭击的风潮并提升暴力级别。这种“竞相声称负责”现象的发生与否还取决于那些在其名下的恐怖组织及其成员声称采取行动后的反应。布鲁姆称，如果国内环境支持自杀性恐怖行动，而某些叛乱组织却不使用这种战术的话，他们往往会失去地盘和知名度。在这种情况下，这些组织也会尝试通过自杀式恐怖行动来重新获得支持。最后，恐怖组织之间的竞争也可能会影响到自杀式恐怖分子的选择，以便能够引起敌友双方的特别关注——女性优于男性，年轻的志愿者优于年长的志愿者。例如 2006 年 11 月，在哈马斯声称独自实施了一起由迄今为止年纪最大的自杀式爆炸者（一名已是9个孩子的母亲和36个孩子的祖母的64岁老妇人）实施的爆炸负责后，哈马斯在新闻报道方面取得巨大成绩，同时得到了大量巴勒斯坦人的支持。

劫持 以瞄准和持有人质作为谈判筹码的行动需要谨慎和复杂的准备工作。从20世纪60年代末开始，劫持商业飞机一度是恐怖分子首选的策略。一般来说，这些行动由至少两名（但往往会超过两名）恐怖分子通过用手榴弹和（或）手枪威胁机组人员和乘客来取得控制。每当劫机者迫使飞行员降落在一个同情他们或者力量有限而不能开展营救行动的国家，他们就能就其直接需求进行谈判——特别是释放被关押的恐怖分子同伙或是支付赎金。当一架被劫持的飞机降落在一个不欢迎恐怖分子的国家时，除非确保他们在这个国家自由通行，否则就威胁伤害人质。不管何种情况，只有经验丰富的组织才有可能成功劫机，因为这种策略“需要行动人员有耐心和掌控‘行动时间’的能力”。

劫持者在这些行动中所承担的风险在很大程度上依赖于离港机场及所选航班的反恐措施。良好的机场安检可以在登机前检测出恐怖分子的装备；武装的空中警察在飞机上可以制服恐怖分子，并防止他们取得控制；最后，训练有素的反恐突击队可以在地面上猛攻被劫持的飞机。确实，越来越多的国家实施这些反恐措施后，20世纪80年代的劫机数量便开始减少了。

袭击海上目标 2009年4月，美国海军“班布里奇”号驱逐舰成员发现，旁边有艘挂着美国国旗、载有1.7万吨货物的海运马士基·阿拉巴马州号货轮（MV Maersk Alabama）。其船长被四名索马里海盗劫持到一条无动力的救生艇上。在其他几艘海军舰艇赶到现场后，阿拉巴马州号货轮才被军事护航到目的地肯尼亚港口。在此期间，释放船长的谈判失败。事件在离开非洲之角后结束：一组美国海军“海豹突击队”队员飞到现场，打死在救生艇上的三名海盗，而此时海盗的一名同伙正在美国海军“班布里奇”号驱逐舰上谈判，希望得到一大笔赎金。与此同时，已有十几条船只和 200 多名水手被海盗劫持，要求以数百万美元的赎金赎回。但也有可信的报告称，在 2010 年的春天，部分赎金甚至在伊斯兰激进分子抓住索马里海岸最臭名昭著的海盗——哈拉尔代雷（Xarardheere）之前就被移交给青年党。此外，在新闻组织的采访中，海盗认为他们的行为是正当的，他们声称欧洲国家向海洋倾倒有毒废物，摧毁了他们曾经富饶的渔场。

在过去 30 年中，所有恐怖事件中只有约 2% 符合海上恐怖主义。在这些案件中，让人印象最深刻的发生在 1986 年，巴勒斯坦恐怖分子在地中海劫持载有许多美国公民的意大利游轮阿希尔 · 劳罗（Achille Lauro）号，他们残忍地杀害了一位坐轮椅的名叫莱昂 · 克林霍福尔（Leon Klinghoffer）的纽约人。阿希尔 · 劳罗号上的恐怖分子并没有使关押在以色列监狱里的同伙获释，但由于在过去的几年里，非洲、亚洲和拉丁美洲的海盗在索得高额赎金方面成功率很高，同时受到了来自世界各地媒体的巨大关注，所以反恐专家担忧，在可预见的未来可能发生更惊人的海上恐怖主义事件。

根据一份专家评估，最有可能发生海上恐怖主义的情形有以下七种：

- 利用商业集装箱船走私化学、生物或放射性材料，在内陆或港口，如鹿特丹、新加坡、香港、迪拜、纽约或洛杉矶进行非常规的袭击；
- 使用“特洛伊木马”的方式，如拖网渔船、补给舰、拖船，或类似看似无害的船只来运送武器和其他与战斗相关的材料；
- 通过劫持船只，支持指向种族的、意识形态的、宗教的或分裂主义企图的政治暴力活动，为其募集资金；
- 在狭窄的海上交通要道上故意沉船来阻止或破坏海上交通；
- 劫持装有液化天然气的船只，将其作为一个漂浮炸弹引爆，或把它当作碰撞武器使用；

- 利用小型快艇撞击油轮或海上油井平台来影响国际原油价格或造成重大污染；
- 通过直接对游轮或客运轮渡上所提供的食品进行投毒，或者引爆船载或潜水简易爆炸装置来造成大量人员伤亡，再通过快速靠近的小船撞沉船只。

绑架 成功绑架一个或更多的人需要更多的操作技巧和有利条件。在一个友好或一个当局无法提供法律和秩序的环境下劫持人质，风险远比在一个敌对的环境中寻找藏身之处小。在20世纪80年代的大部分时间里，劫持美国人质的黎巴嫩恐怖分子并不需要担心被发现和逮捕，因为他们能够在其控制或充满同情者的地区藏匿和运作。在过去，为了能使人质获释，目标政府或私人公司会屈从于绑匪提出的要求而使绑匪处于有利的境况。例如哥伦比亚和拉丁美洲其他地区的恐怖组织多次绑架外国人，在人质来自北美或欧洲的雇主支付了赎金后，他们才得以释放。

无论在何种情况下，一次绑架行动需要复杂的计划、稍纵即逝的时机、强大的设备支持以便组织控制人质，以及在同第三方提要求或谈判的同时保证自身安全的能力。在过去，被绑人质的情况往往是最终得到释放，但也有其他的结局。例如20世纪80年代，黎巴嫩恐怖分子杀害了两名人质：威廉·巴克利（William Buckley）和威廉·希金斯（William Higgins）。尽管绑匪曾用这个战术向政府施压，让后者屈从于他们的要求，但最近由“基地”组织和其附属分支实施的绑架案却呈现出与众不同的动机。他们不想讨价还价，而是更青睐用最野蛮的方式杀害人质，并通过宣传人质被残忍折磨和被处决的录像来向目标观众发出警告。这种战术已较为常见，2002年初，《华尔街日报》被绑架的记者丹尼尔·珀尔（Daniel Pearl）在巴基斯坦被恐怖分子残忍地杀害。一年后，年轻的美国承包商尼古拉斯·伯格（Nicholas Berg）在伊拉克被恐怖分子斩首。另一名名叫保罗·约翰逊（Paul Johnson）的美国工程师在沙特也遭遇了同样的命运。

固定和移动目标的导弹袭击　2002 年 11 月，一枚地对空导弹射向一架喷气客机，机上载有大批从肯尼亚蒙巴萨岛度假胜地返回以色列的游客。非常幸运，火箭弹没有击中目标。但可以确定的是，恐怖分子曾经向一个度假区发射了导弹，同时一枚汽车炸弹袭击了同一个度假区中一家以色列人开的酒店，造成大堂里 14 人死亡。这并不是恐怖分子第一次使用这种战术。例如在 2000 年 9 月，一枚从手持式火箭发射器中发射的火箭弹从几百码外的地方射向了伦敦市中心的英国情报总部。官员们怀疑叛军爱尔兰共和军应对此事件负责。据这次大胆袭击后的现场照片显示，曾在詹姆斯·邦德的电影（《黑日危机》）中起重要作用的知名的军情六处只受到了很小的损伤，但是这些图像仍然加剧了伦敦和英格兰其他地方因恐怖暴力活动升级而带来的恐惧。多年来，爱尔兰共和军一直用迫击炮和自制发射器袭击军事和民用目标。据克里斯托弗·哈蒙（Christopher Harmon）透露：

> 迫击炮最有创意和巧妙的使用方法在 20 世纪 70 年代和 80 年代被爱尔兰共和军和日本“中间核心派”的恐怖分子所普及。恐怖组织将迫击炮放在改装后的车后面，为城市恐怖主义打造了真正的“移动发射器”。该方法于 1991 年被大胆地用于袭击唐宁街 10 号（首相官邸）。虽然炮弹连首相花园中的一棵树都没击中，但这比击中官邸本身更有影响力，因为这是一种心理上的胜利。

如今，如果恐怖分子有金融资源，他们就不必依靠自制迫击炮，而是购买火箭弹，手持导弹发射器，能致命击中固定或移动的目标。这些邪恶交易的促成者不是一些叛变国家就是新兴的几乎遍布各大洲的黑市。

即使从有一定距离的地方向敌对目标发射炮弹，也存在一些风险。

除非恐怖分子在有利条件下行动，或在已失败或即将失败的国家行动，否则即使有保险的逃跑路线，也还是有被抓的风险。

案例分析

“基地”组织阿富汗营地的武器训练

艾哈迈德·雷萨姆（Ahmed Ressam），阿尔及利亚人，其恐怖分子同伙莫克塔尔·胡阿里（Moktar Haouari）在法院受审时，他为控方作证。下面的文字摘自他的证词，他供述了自己在“基地”组织在阿富汗卡尔登（Khalden）和德隆塔（Deronta）营地的武器训练：

问：在营地的五六个月里，你接受训练了吗？

答：是的，我接受训练了。

问：你最先接受了什么训练？

答：我接受了轻武器训练，有手枪、小机关枪和大机关枪以及火箭筒。

问：请解释一下什么是 RPG。

答：它是一种用于山地作战和城市反坦克战斗的小型火箭发射机。

问：接下来你接受了什么训练？

答：我接受了爆破训练。

问：你们有什么样的炸药？

答：看怎么控制费用了，炸药种类有 TNT 和 C4。

问：什么是 C4？

答：它是一种塑料炸药，还有一种叫做黑塑料。

问：你们在训练中培训使用炸药了吗？

答：只要是跟炸药之类沾边的就是破坏。

问：训练中的破坏部分包含什么？

答：怎样炸毁一个国家的基础设施。

问：说一说你后来接受了什么训练？

答：我还接受了街头巷战训练。

问：简单描述一下那是什么样的训练。

答：我们学习如何在城里开展行动，怎么设路障，怎样袭击建筑以及在这些行动中所使用的策略。

问：你也接受战术训练了吗？

答：是的。

问：就刚才你谈到的战术训练，你当时学习什么内容？

答：在实战中如何暗杀一个人。

问：你接受了在建筑物通风口附近投放氰化物的训练，对吗？

答：他们给我们一些样品，但实际上我们还未尝试过。

问：你在德隆塔训练营做了一些其他实验，包括投放其他毒物，对吗？

答：是的。

问：你在德隆塔训练营学到如何把毒药和其他东西混合并把它们放一起并涂抹在门把手上，你还记得吗？

答：是的，我是说过。

问：任何人只要接触了这些把手，毒药就会很快进入他们的血液，对吗？

答：是的，是这样的，毒药会渗入体内。

问：然后他/她会被毒死，对吗？

答：是的。

大规模破坏和大规模杀伤

恐怖分子即使不采取投掷炸弹和导弹、暗杀、炸毁摩天大楼、劫持人质或释放毒气这样的方式，依然可以对任意一个目标社会造成极大的损害。例如 1995 年初，“高科技”恐怖分子在法兰克福三个关键的地下十字路口切断了德国公共通讯运营商的电缆，导致该城市部分地区所有的电脑、电话和传真服务被中断，其中包括国际机场、医院和写字楼。幸运的是通信的短暂中断并没有造成坠机或者患者死亡，但声称对此事件负责的“无连接”组织（Keine Verbindung）证明了通信系统的脆弱。

那些企图严重破坏一个国家或地区的基础设施的恐怖分子会着眼于袭击电力网络和天然气管道。如果华尔街领头羊纽约证券交易所和“9 · 11”事件之后建立的备份系统的电力短暂中断，将会波及本国或全球金融市场甚至致其瘫痪。2003 年 8 月 14 日，美国中西部和东北部的部分地区，以及邻国加拿大的电力供应设施的意外故障，使约 5000 万人受到影响，并让他们尝到了针对电网和其他关键基础设施的大规模恐怖袭击的苦头。这些事件并不是简单地扰乱直接受影响地区人们的生活，而是会造成国内外都能感受到的涟漪效应，使民众、工商业界和市场蒙受巨额损失。

仅是制造重大破坏的威胁也可以引起混乱后果。如 1995 年，负责指挥纽约两个机场（约翰 · 肯尼迪和拉瓜迪亚机场）和新泽西州纽瓦克机场交通的空管中心收到一个炸弹威胁。虽然最后被证明是一个骗局，但这三大机场的飞机起降被中断了数小时，这对全国其他地区的空中交通也造成了连续反应。在过去，恐怖组织曾多次试图破坏世界各地的电网和天然气管道，但并没有造成很大的破坏和中断。然而，老练而又决绝的恐怖分子成功的可能性非常高。

安全专家特别担心未来会发生毁灭性网络恐怖主义。这种担心不无缘由：2002 年，美国联邦调查局的探员调查了一个监视硅谷计算机系统的神秘图案，震惊地发现：

通过与劳伦斯·利弗莫尔国家实验室专家们的合作，美国联邦调查局追踪到了更宽广的侦查轨迹。一份给国防部门的法院适用调查摘要中提到，联邦调查局发现了遍布全国的多重伪装的网站。通过访问设在沙特阿拉伯、印度尼西亚和巴基斯坦的通讯交换机，访客可以学习研究紧急电话系统、发电和输电、水资源储存和分配、核电站和天然气设施。

美国官员说，一些调查建议规划开展常规攻击。另一些则策划对一类数字设备进行远程控制，如消防调度和管道设备。根据执法和国家安全官员透露，在今年查封的基地组织电脑中找到了更多关于这些设备的信息，以及如何对这些设备进行编程的信息。

如下场景是困扰安全专家的诸多噩梦之一——恐怖分子发动一场大型的物理攻击并辅以网络攻击，以防止专业应急救援人员的迅速行动。比如类似“9·11”这样的事件，并且同时伴有网络攻击以破坏911急救系统和（或）袭击所在城市和地区的电网。其实还有其他危险存在。例如，计算机可用于“远程访问谷物加工厂，改变食物中的补铁量，导致一个国家的孩子因吃这些食物制做的早餐而致病或死亡”。又或者，恐怖分子可以远程改变天然气管道压力，导致阀门故障，使一个还在沉睡中的郊区发生爆炸和火灾。难怪在“基地”组织成为最危险的恐怖组织之前，专家就曾警告说：

今天的危险来自于各种不同级别的诱发性灾难。在我们的社会中，保障生命的实体网络的脆弱性导致人们关注恐怖袭击引发的破坏活动和低强度战争。如果成功，这种袭击可能会超过社会的自愈范围。

可以这样说，从大规模破坏性的恐怖主义跨越到大规模杀伤性的恐怖主义的步伐是相当小或不存在的。对于新的大规模杀伤性武器，罗伯特·邦克（Robert Bunker）写道：

> 虽然迄今为止没有这样的武器被恐怖分子所利用，不过最近出现了一种令人不安的趋势，就是自1996年以来，有激光器袭击商业航空和洛杉矶大都市区的机载执法设备。这些事件中也包括针对安大略省、波摩娜和圣地亚哥警用直升机事件，它们至今仍无法解释。激光器成为了恐怖分子理想的武器，而事实上，在实用性、运作和作战部署领域，它比对空导弹（SAMs）更具有优势。更棘手的问题是，激光器像电脑一样，价格一直在大幅下降但性能却大大提高。

大规模杀伤性武器能够构成终极威胁，但是专家们现在越来越多地提到CBRN（化学、生物、放射性和核）武器，因为大规模杀伤性武器也可以表示“大规模干扰性武器”。随着东欧集团和苏联政府的瓦解，核武器比之前更容易得手。那些原来在俄罗斯和东欧开发核武器和生化制剂的科学家和技术人员也更容易招聘。无论是通过官方渠道、俄罗斯黑手党，还是通过一些被拖欠薪资的科学家，这些危险的武器及其相关专业知识最终流入到了那些被认为跟恐怖组织有关联的国家。恐怖分子可能采取大规模杀伤性武器是一场噩梦，这样的想法在过去简直不可想象。在右翼领导人威廉·皮尔斯（William Pierce）的小说《透纳日记》里，他描述新纳粹是如何使用生物、化学和核武器征服北美和欧洲的。现在，灾难性恐怖主义的威胁毋庸置疑。最广为人知的是日本奥姆真理教，该教派在1995年屡次投放沙林神经毒气。但在1990年，在发生震惊世界的日本沙林神经毒气袭击事件的五年前，斯里兰卡泰米尔猛虎组织用毒气袭击了一处斯里兰卡军事设施，这让它成为了第一个使用化学武器的恐怖组织。

在美国，已有证据显示，白人至上主义者、基督徒身份和民兵运动等组织一直在研究化学和生物制剂。然而，这些几乎完全是低级别的事件……（以至于）很难称作使用大规模杀伤性武器。同样，1984 年发生的一起事件也可以这样描述，当时拉杰尼希的狂热信徒向他们所居住的俄勒冈州社区中 10 个餐厅里的沙拉自助柜投毒。这个计划目的在于让足够多的公民因生病而不能在即将到来的选举中向该教派选举候选人投反对票。然而紧随“9 · 11”袭击事件而来的炭疽热事件，让恐怖分子利用生物或化学制剂作为大规模杀伤性武器这一迫切危机变得家喻户晓。而该领域的两位专家的确有这样的判断，他们如是评论：

> 化学和生物制剂均能通过恐怖组织犯罪活动在政府实验室里获得。通过与流氓科学家发展联系，恐怖组织也可以在公开市场中购买用来生产这些药剂的设备。尽管一些生物制剂的制备相对困难，但当代恐怖主义组织可以通过接近具有大学水平的成员、合作者、支持者和同情者来完成生产过程。

到目前为止，恐怖组织尚未持有核武器。但奥姆真理教和“基地”组织试图从俄罗斯和其他前苏联共和国购买高纯度钚来自制核武器。他们完全没有必要利用本 · 拉登的金融资源来获得大威力的武器。正如公众所知的那样，美国陆军丢失了储存在像布拉格堡这样的军事设施中的大量爆炸物，而组织或个人强行进入某个实验室偷盗核、生物或化学材料这样的事情并非没有可能。一直有这样一种可能性：一个不敢向真正的或假想中的敌人宣战的政府，却有可能向恐怖分子提供大规模杀伤性武器，甚至是核武器。

将近十年前，一大批专家就警告提出，除非美国与国际社会阻止这种正在展开的最糟糕的情形发生，否则世界将会进入后冷战的核无政府状态。为防止无所作为，他们警告说，恐怖组织能够在俄罗斯核武市场进行自由买卖。考虑和想象一下持有核武器的哈马斯，持有核武器的红色旅和持有核武器的车臣武装。但俄罗斯的核武器所存在的易被偷盗和高价竞标购买问题并不是这方面唯一的危险。除俄罗斯外，还有其他7个拥有核武器的国家（中国、法国、印度、以色列、巴基斯坦、美国和英国）。截至2004年，专家们深信朝鲜拥有了几种制造核武器的原料，同时伊朗也在朝这个目标而努力。不管这些核武器是由国家赞助还是在黑市上获得，一旦落入恐怖分子手中，将会变成终极恐怖威胁。据罗翰·古纳拉特纳（Rohan Gunaratna）和彼得·乔克（Peter Chalk）所说：

> 由于恐怖分子倾向能造成大规模伤亡的袭击，“基地”组织或其他恐怖组织在可预见的未来会获得、开发和使用化学、生物、放射和核武器。除非国家赞助恐怖组织核武器，恐怖组织自己去获得核武器几乎是不可能的。尽管如此，恐怖组织将很有可能获取、开发或使用化学、生物或放射性武器。

当今没有一个国家可以自信地认为恐怖分子将继续依靠传统的武器而回避使用能制造大规模骚乱和破坏的武器。尽管有这种威胁，但武器和国家安全资深专家艾莉森·格雷厄姆（Allison Graham）表示，最终的恐怖灾难是在“阻止恐怖分子获得核武器和武器级的材料”方面做出紧急、积极和多方面的努力来预防。

恐怖分子手中极有可能持有的化学、生物、放射性和核武器

流氓国家、恐怖组织和个人恐怖分子可能开发或获得众多的化学、生物、放射性和核材料以施行致命且灾难性的政治暴力。一些在美国本土和外部的组织已经开发或获得生物或化学药剂，并试图使用它们。其他一些恐怖组织也做过类似的努力，但没有成功。有些事件获得了更多的宣传。1995年，在日本奥姆真理教用沙林毒气袭击了东京地铁系统后，世界各地对此进行了广泛报道。但有证据显示，美国的极端分子已经设法购买危险的生物制剂，而媒体竟毫无察觉。杰西卡·斯特恩发现，仅1995年一年就有三起生存主义者和白人至上主义者获得生物制剂的知名案例。据斯特恩所述：

> 3月（1995年），明尼苏达州爱国者委员会的两个成员因生产蓖麻毒素，并用来谋杀一名美国联邦警察副局长而被逮捕，只因该联邦警察副局长曾发文称他们中有人偷漏税。
>
> 5月，奥姆真理教事件仅仅6周后，新纳粹组织前成员拉里·韦恩·哈里斯（Larry Wayne Harris）购买了3瓶鼠疫杆菌细菌。该细菌能引起黑死病，曾在14世纪中期造成欧洲近1/4的人口死亡。
>
> 12月，一名生存主义者因试图携带130克蓖麻毒素穿过边境进入加拿大而被逮捕。

恐怖分子可能利用的最恐怖的化学、生物、放射性和核武器有以下这些：

化学武器

芥子气：一种气体或液体形式的化学剂，在某些情况下它的气味像芥末，但它不同于人们吃熏肠和其他食品时用的芥末。芥子气侵袭皮肤并引起严重的水泡。当吸入之后，它会损害肺、其他器官甚至细胞的DNA，并可导致癌症和下一代的先天性缺陷。芥子气虽然没有像其他一些化学制剂那样致命，但把它作为武器使用时，它很可能对人造成永久性的伤害和痛苦。目前还未发现恐怖分子生产或拥有芥子气的案例。

沙林：无论是气体还是液体形式，都是最致命的化学武器之一。它比氰化物更为致命，能够在几分钟之内杀死受害人。无论是吸入或通过皮肤吸收，这种化学物质都会攻击人的神经系统、肌肉和器官。日本奥姆真理教在20世纪90年代在其实验室制造沙林，并在1995年把该武器用作恐怖武器袭击了东京地铁系统。

维克斯毒气：一种化学药制剂，被认为是已知的最致命的神经毒气。当维克斯毒气通过皮肤被吸收，它可以攻击人的神经系统，而且往往在很短的时间之内使人丧命。可以确定的是，非专业人士不会制造这种致命的物质，但奥姆真理教的科学家们确实制造了微量的维克斯毒气，并将其用于几次暗杀行动中，导致一名被害者丧生。

生物武器

炭疽：一种细菌，但在美国"9·11"事件几个星期后，一名至今仍身份不明的人给一些传媒界和政界人士邮寄了带有炭疽孢子的信件，让炭疽成为生物武器，在美国家喻户晓。炭疽可以通过最微小的皮肤伤口进入体内，可以被吸入体内，也可以在摄入食物时被吸收。当炭疽孢子被吸入并进入肺部后，如果未经治疗，大多数受害者会死亡。皮肤和胃摄入形式的炭疽被认为致命性较小。

天花：一种很容易在人与人之间传播的病毒，在过去，它经常可以在一年内造成数百万人的死亡。天花在30年前已被宣布灭绝，已知的只有美国和俄罗斯存有天花病毒，存放于美国疾病控制和预防中心以及俄罗斯的一个曾经为苏联生物武器计划服务过的资源库中。因为天花病毒具有高度传染性，恐怖分子几乎不可能会利用这种病毒。不过人们担心，财力雄厚的恐怖组织内的科学家也许可以从那些曾经参与过苏联生物武器计划的、天花病毒领域的失业专家那得到天花病毒。

肉毒杆菌毒素：已知的最毒的生物制剂。据一项统计披露，浓缩程度最高的肉毒杆菌毒素，"如果均匀散播的话，只需要一磅，理论上就可以杀死10亿人"。土壤中有时也会发现产生肉毒杆菌毒素的细菌。当受害者暴露于某烈性肉毒杆菌毒素之下时，肌肉将会麻痹，并在很短的时间内死亡。据报道，奥姆真理教的科学家曾尝试用炭疽杆菌和肉毒杆菌来制造细菌武器，而且他们“于 1990 至 1995 年期间，在日本策动了多达十几次未遂的细菌袭击”。

蓖麻毒素：一种可吸入、摄入或注射的蛋白质毒素。蓖麻毒素存在于蓖麻籽中，提取出来的蓖麻毒素的毒性强过氰化物两百多倍。由于没有已知的解药，一旦中毒，受害者将必死无疑。2003 年初，英国警方在伦敦郊外的一栋建筑里发现了少量蓖麻毒素，并逮捕了 7 名与此事件相关的穆斯林极端分子。

放射性武器

脏弹：传统的爆炸装置，同时含有放射性物质。当脏弹被引爆，炸药（或其他任何被使用的爆炸物）将散发放射性物质并污染目标区域。根据辐射的效力、天气条件和紧急反应速度，遇难者的数量会有所不同。例如，如果一个脏弹在纽约时代广场引爆，该区域及其周围环境将在很长一段时间内不宜居住。如果恐怖组织获得放射性物质，他们将会很容易利用这些放射性物质来制造脏弹。有报道称，在“9 · 11”恐怖事件前，“基地”组织实际上已经在阿富汗制造了这样的放射性武器。

核炸弹：“基地”组织在阿富汗的藏匿处的文件显示，本 · 拉登和他的组织对学习核武器非常感兴趣。事实上，自 20 世纪 90 年代以来，本 · 拉登就试图获得核能力，但没有证据显示他的这些努力是成功的。奥姆真理教也有意开发核武器。2005 年初，在其离任前，美国司法部长约翰 · 阿什克罗夫特（John Ashcroft）警告说：

> 如果你将核武器扩散到恐怖分子手中，整个世界秩序可能会被一些强加他们自己意愿和苦涩哲学给别人的人极大地扰乱。

尽管如此，核武器造成噩梦般的场景似乎比恐怖分子部署化学、生物甚至放射性武器带来威胁的可能性小。一些专家拒绝被某些政府官员夸大其实、耸人听闻的新闻报道和好莱坞电影所描述的灾难性的生物或化学恐怖主义产生的危言耸听方案。但即便是持反杞人忧天观点的学校也并不完全排除这种攻击。如乔纳森 · B · 塔克（Jonathan B. Tucker）和艾米 · 桑兹（Amy Sands）所说：“历史记录表明，只有极少数恐怖分子有动机进行肆意的化学或生物武器袭击，很少有人具备必要的技术和专业知识，而几乎没人去真正干这些事。”塔克和桑兹指出，国家资助恐怖主义这类事件是非常罕见的，但他们也承认：“专案或跨国恐怖组织，如轰炸世界贸易中心的那个组织，引起了越来越多的关注，因为这些组织可能与国家赞助商有或多或少的来往，而相较于政府，这样限制较少。”

在 2008 年年底，美国“防止大规模毁灭性武器破坏、扩散和恐怖主义委员会”得出结论：

> 持有核武器或试图开发核武器的国家的数量正在增加。恐怖组织致力于获得核武器以及制造核武器的材料和专业知识。核材料和核技术的非法交易是一种从来间断且涉及多方的严重问题。
>
> 然而，核恐怖主义依然是一种可以预防的灾难。世界必须带有新的紧迫感去阻止扩散核武器的国家，同时美国必须提高其全球领导能力，并致力于制止核武器扩散和在落入恐怖分子手中之前保护好核材料。

第九章　恐怖活动的组织结构和财务状况

传统而言，大部分恐怖活动的策划都依据其他组织的层级模型，这些组织可以是属于政府或企业等合法的一类，也可以是属于犯罪集团等非法的一类。单个领导者或群体领导者通常会占据组织金字塔结构的顶端，而其他副官和普通士兵则汇集于底层。其指挥系统可与军队的指挥系统相比较：领导层做出决定，然后传达给下层实施。比如临时爱尔兰共和军就被描述为“既能保证运营效率又能保证非运营效率的分层组织权威结构”。同样，黎巴嫩真主党曾“在国家层面和地区层面上由最高的政治宗教领导层进行统治。其领导班子由黎巴嫩‘乌力马’成员组成（由选定的学识渊博的人组成的团体，表达伊斯兰真实观点）”。最古老的巴勒斯坦激进组织便是强有力的领袖们构建层级结构的最佳例子——亚西尔·阿拉法特（Yasser Arafat）的巴勒斯坦解放组织、阿布·尼达尔组织（Abu Nidal Organization）的法塔赫（Al Fatah）游击队、乔治·哈巴什的解放巴勒斯坦人民阵线和阿布·阿巴斯的巴勒斯坦解放阵线。黑虎队（Black Tiger）——斯里兰卡泰米尔猛虎组织的自杀游击队和所有泰米尔猛虎对组织的事业的绝对忠诚，与泰米尔猛虎组织领导人韦卢皮莱·普拉巴卡兰（Vellupillai Prabhakaran）统治下的严格等级教化和指挥制度不无相关。同样，在阿卜杜拉·奥赛林（Abdullah Ocelan）——1999 年被捕并监禁于土耳其——的带领下，马克思主义库尔德工人党由上层统一指挥。

然而最近，越来越多的恐怖活动开始摒弃层级结构并采用共产党曾实施过的“无领袖抵抗”策略。在 1992 年的手册中，声名狼藉的美国右翼极端分子路易斯·比姆（Louis Beam）声称要终止利用层级组织模式来防止政府人员潜入并进行破坏活动，并阐释其利益所在。比姆主张所有团体和个人应彼此独立并脱离中央指挥进行管理，他指出：

> 乍看之下，这种组织形式貌似是不切实际的。这主要是因为目前没出现这样的组织。自然便出现这个问题：如果彼此之间并无互通或没有统一的领导，“挂名组织”与个人之间如何进行合作？答案是通过挂名组织或个人行动而参与无领袖抵抗计划的人员必须清楚地知道自己目前正在从事的活动，以及如何去做。如此，个人便有责任掌握必备技能并获知未来任务。所以，这个提议绝不像它看起来的那么不切实际。因为毫无疑问：在任何活动中，所有的参与者持有共同的观点，熟悉相同的理念并对某种既定情境有类似的反应。

写这篇文章时，比姆对于层级组织的弱点有切身体会。比姆曾是美国三 K 党“德克萨斯骑士”组织（Texas Knights）的龙头老大，担任其组织金字塔结构顶层领导的角色。很长时间以来，执法部门都能成功打入三 K 组织。对这种监视大失所望之后，比姆加入了白人至上主义的宗教组织“雅利安国民”，以便宣扬并实践无领袖反抗的想法。虽然比姆承认单独行动者和独狼恐怖分子需要与“报纸、传单和电脑等信息发布机构”保持联系，但是他并未指出领导者们应提供激励和信息资源。然而，通过强调无领袖反抗模式中个体的职责，比姆充分意识到一个人或一个小团体有能力担当对抗“国家暴政”的“爱国”基层抵抗组织。俄克拉荷马城爆炸案的主凶之一蒂莫西·麦克维便是独立基层组织起作用的完美体现。并无理由相信麦克维收到来自右翼组织上级的直接指令、援助或财力资源，但是麦克维的确清楚圈内的激进反政府情绪，且阅读过那些详细说明如何战胜联邦特工的小说和传记。米尔·艾马尔·坎西（Mir Aimal Kansi）是一名巴基斯坦人，他于1993年在华盛顿附近美国中央情报局（CIA）总部入口处袭击并杀害了几名雇员，并在伊斯兰极端分子对抗美国的“圣战”这一更大战斗中，充当着独狼恐怖分子和无领袖基层组织的角色。

在比姆发现并宣扬“无领袖基层组织”前后，非宗教的右翼和左翼组织、单一议题团体和宗教活动就已经采用了“无领袖基层组织”的概念。比如：当巴德尔—迈因霍夫帮和红军派的创立者身陷囹圄时，其追随者在外成立了“革命基层组织”继续为事业而战。美国及其他各地的现代无政府主义者，尤其是西欧的反法西斯主义（反法西斯主义者的）运动皆信赖该组织原则。正如民兵运动、动物解放阵线组织、地球解放阵线组织和美国及欧洲的众多其他单一议题运动一般。

对许多极端分子而言，恐怖主义行动成为了“奉献终生热情的事业”。与其他临时或业余的恐怖分子相比，他们已经变为专职或专业的恐怖分子。20世纪70年代和80年代的马克思主义恐怖组织成员成为专业的恐怖主义者，只因为他们必须秘密活动；而许多极右翼反政府活动的坚定拥护者都落入业余一类。只要领袖（一般为专职工作人员）明确表达某一特定运动的思想体系，那些专业成员占主导地位的团体和拥有绝大多数业余追随者的组织都会优先选择无领袖反抗模式。

圣战分子也采用了无领袖反抗策略。因此，所谓的《圣战百科全书》（*Encyclopedia of Jihad*）有时可在网上获得，它“指导如何创立具备情报、补给、规划、准备和实施等元素的秘密活动基层组织”。恐怖主义问题研究专家杰西卡·斯特恩指出这种趋势会给西方执法带来很多特殊问题。斯特恩提出：

在“圣战文化”网络杂志的一篇文章中，一名沙乌地阿拉伯的伊斯兰主义者呼吁本·拉登的支持者们无需等待指示，直接行动即可。“我并不需要参见酋长（本·拉登），在征求他的许可后才能实施一些行动。”他写道：“同样，我也无需获得允许后才能祈祷，或考虑杀死聚集在我们地盘的犹太人和十字军战士。”

但是在某些方面，领袖依然是至关重要的。如果没有领袖启动事业、形成一套理念或者说服他人信奉自己的说教，就不会发生层级活动，也不会出现独立运作的基层组织。即使偶尔有强大的个人首先采取行动，恐怖分子的基层组织或高一级组织也只有在真正或潜在的国内或国际帮派对某个特定事业表示支持时才会出现。这些支持者中只有少部分赞成暴力做法并积极贯彻它，但是他们在藏匿所、财政支援和对反恐措施的应对方面起到决定性的作用。

互联网会促进各种社交网络的发展，同时也对联结致力于政治暴力的分散基层组织网络有所帮助。在此过程中，本质上无论是罪犯还是恐怖分子的团体、基层组织或个人，他们的新型网络在新型冲突——即专家们所称的“网络战争”——中与政府对峙。“网络战争”一词有双重含义。第一，指基于基层的组织模式或网络；第二，这种网络十分依赖互联网和其他现代通信技术进行有效沟通、协调和教导。或者换句话说，恐怖分子（或罪犯）“依赖于使用网络形式的组织、教义、战略和技术”。米歇尔·扎尼尼（Michele Zanini）意识到新旧恐怖组织有着不同的组织理念和做法。她指出：

恐怖组织中网络体系的兴起是迈出革命步伐的一部分。他们试图脱离正式组织的国家团体形式，而转变为个人和子群等私人投资

> 的松散网络格局。他们也许拥有自己的战略方针，但同时也享有战术独立性。与此有关的事实是：恐怖组织利用信息技术对分散成员的活动进行协调。通过采用这种技术，恐怖分子不仅可以展开信息战争，还可以支持自己的网络组织。

无论是理解为在其他方面遵循传统制度的无领袖反抗基层组织，还是将其看作一种利用信息科技发展作为网战原理的趋势，20 世纪 80 年代以来，脱离严格等级制度组织的基本想法受到国内和各跨国恐怖组织的青睐。尤其是这两种类型的组织——美国及欧洲的极右派（极端保守主义）和全世界的极端主义伊斯兰团体——很早便全面采用了基于基层组织的网络模式。根据迈克尔·外恩（Michael Whine）所言：“这种组织包含地域分布广泛、极端激进和非政府等要素，使其成为网络的理想用户和网络战争的支持者。”在“9·11”事件发生之前，扎尼尼描述道：跨国的阿拉伯恐怖主义网络与同类的传统组织不同，因为它由各种各样的自治团体构成。扎尼尼称：

> 最声名狼藉的网络成员就是本·拉登。他利用自己的财富和组织技能来支持和指挥伊斯兰极端分子的跨国联盟。此联盟的关键部分便是他自己的核心团体——众所周知的“基地”组织——偶尔独立执行任务，但大多数时候都是与其他团体或联盟成员协力作恶。

“基地”组织最终成为最为广泛的网络恐怖组织，正是始于该组织向基层组织模式的转变。自 20 世纪 90 年代中期开始，本·拉登即派遣亲信至许多国家和地区，以便建立基层组织的全球网络。1994 年，第一个，也许是最重要的一个基层组织在英国成立。

“9·11”事件之后的数月甚至数年后，欧洲基层组织的整体轮廓变得清晰明朗。在“基地”组织成员准备密谋炸毁美国在比利时的军事基地时，一名告发者在法庭陈述，恐怖分子已经建立了一张由伊斯兰激进派组成的“蜘蛛网”。他们正在策划袭击活动，并在欧洲为“基地”组织和现已被推翻的阿富汗塔利班招募士兵。

但是仅有“基地”组织网络是不足以实现本·拉登的宏大计划的。1998年，本·拉登在阿富汗召开会议，由自治伊斯兰团体的各头目参加。其中，埃及“伊斯兰圣战组织”的首领艾曼·扎瓦希里（Ayman al-Zawahiri）医师在不久后便成为了本·拉登的得力助手。与会人员还包括埃及“伊斯兰团结”（Gama’a al-Islamiya）组织的各领袖、激进巴基斯坦团体的各代表和孟加拉国“伊斯兰圣战组织”的首领。会议结束后，这位“基地”组织的领导人成立了他所谓的国际伊斯兰阵线（International Islamic Front，IIF）组织，为反犹太人和十字军的圣战服务。国际伊斯兰阵线是由全部或局部为穆斯林国家的现有团体组成的国际联盟，发展极为迅速。虽然当时严格说来只收留逊尼派回教徒，但也联系什叶派团体，尤其是黎巴嫩真主党，等级分明却组织最佳的上帝党（Party of God）等，并与他们展开合作。真主党这一黎巴嫩组织一直打着周边国家的主意，即便没有基层组织，它在北美洲、南美洲、非洲和欧洲也不乏支持者。最后一项要点是，随着真主党作为反美反西方的恐怖行动幕后操纵者的呼声日益见涨，由本·拉登鼓动的大量新基层组织在世界许多地方得以成立。

综观而言，“基地”组织的基层恐怖组织和国际伊斯兰阵线网络中互有关联而又相对独立的组织（其中许多包含大量的结点）形成了规模巨大的恐怖分子网络，他们出没于几大洲和数十个国家。本·拉登曾集合的组织在很多方面都符合原始型的网络战争设计。正如理论家们所言：

> 理想状态下，并无单一的中央领导、指挥或总部——也无确切的核心或头目确定攻击目标。整个网络（而不一定是每个结点）几

乎没有级别之分；可能会存在多个领袖。决策和行动实行分散式管理，如此才能调动地方积极性和自主性。

恐怖网络的设计旨在开展持久而有效的恐怖行动。而网络的创建取决于是否有共同的原则、利益和目标——也许是无法实现的思想体系——但已越过各层级深入组织成员人心。

诚然，作为基地组织和国际伊斯兰阵线网络的头脑和心脏，本·拉登的角色就相当于董事长；而扎瓦希里即为身边的首席执行官。受信任的合伙人会率领着以下委员会执行下列职责。具体方面如下：

政治委员会（Political Committee），或“修罗”（Shura：印度教中神的一种）：负责发布宗教法令或以伊斯兰法的名义辩护甚至发布命令——对他们而言，恐怖行动是针对异教徒的；

军事委员会（Military Committee）：负责策划具体的攻击行动并管理基地组织的集训营；

财务委员会（Finance Committee）：负责基地组织生活和运转费用的筹集、预算和财政管理；

国外采购委员会（Foreign Purchase Committee）：负责购买技术装备（例如电脑）、武器和爆炸品；

安全委员会（Security Committee）：负责情报工作、反间谍活动和基地组织领袖与设施的安全保护。

本·拉登在苏丹时首次实践了这种精心设计的组织机构模式。此后又于阿富汗再次实行，因为“基地”组织领导人及其合伙人都觉得这里很安全。据估计，大约有2万名成员来自于数十个自治和附属团体及基层组织。他们分别在阿富汗、菲律宾、印度尼西亚、澳大利亚、马来西亚等地的训练营及其他地方受到“基地”组织特工的训练。同时，“基地”组织还为相关的基层组织提供财政资源、武器和后勤服务。

“9·11”事件之后，“基地”组织失去了在阿富汗的主枢纽。网络的第二枢纽（总部 / 自治组织的营地）和结点或基层组织对于继续为事业而战、策划并实施恐怖活动就变得至关重要。截至 2003 年，恐怖主义专家罗翰 · 古纳拉特纳（Rohan Gunaratna）阐释道：

> 2001 年 10 月，阿富汗主基地得以铲除。如今“基地”组织的领导层意欲依靠联合团体来实现其领土目标，同时对其全球的圣战提供支持。为此，基地组织的组织者、培训人员、财政专家和通讯员被派遣到世界各地，以便接应这些团体。

虽然整日东躲西藏，本 · 拉登依然继续“鼓动许多经他训练和派遣的间谍，以及小型的伊斯兰极端主义团体和认同他观念的个人战士”。但是如果本 · 拉登亲自“挑选目标和特工，批准了所有的‘基地’组织行动”，他便不再像从前那样参与重要决定。

在后“9 · 11”时代，越来越多的团体加入“基地”组织 / 国际伊斯兰阵线恐怖网络，其中包括下列自治组织：

阿布沙耶夫（Abu Sayyaf Group）：位于菲律宾南部，为成立一个独立的穆斯林国家而战斗的分离主义团体。它绑架勒索、策划暗杀和爆炸，已将势力扩张至马来西亚。

安萨尔联盟（’Asbat al-Ansar）（追随者联盟）：黎巴嫩伊斯兰逊尼派团体，热衷于对抗国内和国际目标（其中包括美国人）的恐怖主义。

案例分析

“基地”组织和国际伊斯兰阵线基层组织体系

因1999年12月图谋在洛杉矶国际机场制造爆炸事件而被定罪的阿尔及利亚市民艾哈迈德·莱萨姆（Ahmed Ressam）有望争取到减刑，因为在恐怖分子同伴的审判中，他为公诉人作证并揭露了“基地”组织倾向的详情：

问：你被指派到阿富汗的哪个训练营？

答：他把我送到了卡尔登训练营（Khalden Camp）。

问：能描述下训练营是如何组织的吗？

答：卡尔登训练营包括来自各个民族的训练人员。

问：能列举一些卡尔登训练营中的代表性国家吗？

答：好的。约旦、阿尔及利亚、也门、沙特阿拉伯、瑞典，还有德国、法国、土耳其和车臣。

问：你参加的是哪个团体？

答：我属于阿尔及利亚团体。

问：训练营中会教你们保密原则吗？

答：是的。

问：能大概说一下保密原则的基本内容吗？

答：其中一项就是守住自己的秘密。当参与小组工作时，每个人只知道自己应完成的任务，没别的，这样才能保住自己的秘密。应避开可疑的或会给自己带来嫌疑的地点，比如清真寺。

问：你刚才说自己属于阿尔及利亚团体，对吧？

答：是的。

问：那么阿尔及利亚团体中大概有多少人？

答：30多个人，我也记不太清了。

问：谁是阿尔及利亚团体的领导者?

答：大老板是芒塔斯（Montaz），他的副手是阿布·多哈（Abu Doha）和阿布·加法尔（Abu Jaffar）。

问：请告诉我们阿尔及利亚训练营的人们是如何组织的？

答：阿尔及利亚训练营是个包含很多小单元的大团体。每个基层组织（小单元）有个特定的地区，比如欧洲。每个基层组织都有掌握大局的埃米尔。身在巴基斯坦的他们与身在欧洲的阿布·加法尔保持着联系。

问：你的基层组织大约有多少人?

答：我记得是5个。

问：在你的基层组织中，会讨论如何实施一场恐怖行动吗?

答：是的。

问：你能向陪审团描述下有关这种讨论的情形吗?

答：我们所有人都在加拿大会面，然后全部参与银行抢劫行动。拿到钱之后再去美国行动。

伊斯兰组织（Al-Gama'a al-Islamiyya，Islamic Group，IG）：埃及最大的激进恐怖组织，在埃及境内曾组织多起恐怖袭击。该组织高层签署了本·拉登1998教令，向美国宣战。

圣战组织（Al-Jihad）：也称作埃及伊斯兰圣战组织（Egyptian Islamic Jihad），是20世纪70年代成立的一个极端团体。2001年与“基地”组织/国际伊斯兰阵线联合，但是保留了自己独立行动的权利。

圣战者运动（Harakat Ul-Mujahidin，HUM）：一个激进的巴基斯坦团体，在克什米尔一带进行恐怖活动。圣战者运动的长期领导人法兹尔·贺曼·赫利勒（Fazlur Rehman Khalil），也是1998年本·拉登向美国宣战的共同提案人之一。

伊斯兰祈祷团（Jemaah Islamiya，JI）：位于东南亚的大规模恐怖网络，在印度尼西亚、马来西亚、泰国南部地区和菲律宾南部分布有多个枢纽和基层组织。伊斯兰祈祷团与"基地"组织建立了牢固的联结。很多伊斯兰祈祷团成员都在本·拉登的阿富汗训练营中接受训练、财务和后勤援助。2002年巴厘岛夜总会爆炸，2003年位于印度尼西亚首都雅加达的万豪酒店汽车炸弹，均由伊斯兰祈祷团策划行动。

拉什卡-塔伊巴组织（Lashkar-e-Tayyiba，LET）：又称虔诚军（Army of the Righteous），是依靠"基地"组织的激进逊尼派团体。2002年初，本·拉登的亲信阿布·祖巴耶达赫（Abu Zubaydah）在巴基斯坦费萨尔巴德（Faisalabad）的拉什卡-塔伊巴组织藏身之所被逮捕。

有迹象表明，该网络也包括一些不知名的团体，其中有菲律宾的莫洛伊斯兰解放阵线（Moro Islamic Liberation Front）组织、车臣的安萨尔运动（Al-Ansar Mujahadin）、利比亚伊斯兰战斗组织（Libyan Islamic Fighters Group）和突尼斯战士团（Tunisian Combatant Group）。此外，通过前文言及的与黎巴嫩真主党的合作，"基地"组织能向长期的真主党盟友示好。其中包括巴勒斯坦极端分子——尤其是哈马斯/伊斯兰抵抗运动和巴勒斯坦伊斯兰圣战组织。

"基地"组织的中心领导层逃至阿富汗并躲藏多年之后，其网络结构变得至关重要。尤其在"9·11"事件之后，"基地"组织中心的扩张在某些方面类似于跨国企业的组织模式——在世界各地通过兼并与收购成长壮大，然后把大多数（如果不是所有的）决策权留给各种国家或区域的附属机构。至于"基地"组织，它的"次要事宜要最低限度地依靠核心领导层决策”。但是正如跨国企业的总部奋力争取更高的品牌知名度和更大的产品需求量那样，“基地”组织也需要利用有效的宣传对自己的思想观念品牌进行市场营销。根据 2009 年初的评估：

> 巴基斯坦的庇护所对“阿凯达组织”（Al-Qa’ida）重新获得活动控制权的工作十分有价值，同时使核心团体能够更好地授权附属组织。通过有选择性的兼并联盟，该组织已扩张至索马里、也门、南非、非洲西部、黎凡特和阿尔及利亚。在这些地区发展的“阿凯达组织”附属成员进行着较小却持久的威胁活动，这壮大了组织的名声并进一步维持了活动的开展。附属机构为“阿凯达组织”提供了更多的机遇，同时也因为失去了对其信息、品牌和目标选择的控制而增加了风险。尽管存在风险，“阿凯达组织”仍不断地进行扩张。

无疑，企业合并并非没有风险。如果个别组成单元远离了核心目标，那么虚拟网络中增加基层组织和枢纽也可能会存在某种问题。更加重要的是中心领导层需要付出不懈努力，通过有效的信息战略将所有单元联系在一起。7 年多时光里，“基地”组织核心领导人看起来似在躲藏，但却成功地进行了扩张并将其全球网络团结在一起。

恐怖团体何时没落或终结

当初以美国为首的联盟入侵阿富汗，开始搜寻本 · 拉登及“基地”组织领导人时，很多观察家就表示怀疑：本 · 拉登的逮捕或死亡是否意味着“基地”组织甚至是国际伊斯兰阵线的灭亡。在本 · 拉登外逃并四处躲藏的同时，预计有 2/3 的“基地”组织网络领袖在“9 · 11”事件后的几年里，要么被捕，要么被杀。然而同伴的离去和本 · 拉登的被迫隐身并没有削弱其网络的力量，反而给予了区域和地方活动者们变身领导层的机会。实际上自美国“9 · 11”事件以来，在“基地”组织网络的前14次袭击中，有9次活动是由地方基层组织独立策划、筹资和实施的。因此，许多观察家认为即使俘虏或逮捕了本 · 拉登也无法使其创造的恐怖网络倒闭。相反，本 · 拉登貌似殉道者的身份事实上会吸引更多的新成员并进一步加固“基地”组织和国际伊斯兰阵线。

领袖的免职或逃亡状态引起了较大的分权，“基地”组织并非首例。德国“红色军团”的创建者们被捕后，他们并未由另外一群有影响力的领袖取代。在愈发强势的警方行动的压力下，“红色军团”反而按照基层组织的模式继续行动。2004年初，哈马斯的精神领袖谢赫 · 艾哈迈德 · 亚辛（Sheik Ahmed Yassin）遭以色列暗杀后，阿布德 · 阿吉斯 · 兰提希（Abd-al-Azis al-Rantisi）直接接替了他。但是随即到来的兰提希暗杀事件引发了对该组织未来结构的疑问。观察家特别想知道，哈马斯是否会抛弃显要的中心领导层，然后以无领袖基层组织形式来运转其军事派别，从而不易被以色列的安全部队发现并确定为攻击目标。

一个强大领袖的死亡或被捕也会导致因争夺继承权引起的内讧，并进而导致整个团体的削弱甚至解散。在全国联盟（National Alliance）右翼的创始人和领导人威廉 · 皮尔斯（William Pierce）死后，以及白人至上主义“世界创世教堂”（World Church of the Creator，WCOTC）的领袖马修 · 黑尔被捕后，就曾出现过这种情况。在这两个案例中，最高层的领导人实行专制统治而不允许其他身处高位的强大同伴陪同左右。因此，就会出现没有充分影响力的确定继承人来继续领导的情况。

组织瓦解通常是由领导的真空状态或不同团体派系之间意见不合引起的。除此之外，玛莎 · 克伦肖还提及两个其他导致恐怖组织没落的原因：组织的实体被目标政府击败和组织决定放弃政治暴力。一般而言，恐怖组织的战败归因于导致大批成员死亡或被捕的大规模警方行动或军事战役。这便是意大利红军派、乌拉圭“图帕马罗”（Tupamaros）及许多其他左翼组织的命运。如果对囚犯和在逃恐怖分子实行大赦，政府似乎便能够高效地根除政治暴力。因此，当“图帕马罗”的创始人劳尔·森迪克·安托纳斯欧（Raul Sendic Antonaccio）被赦免时，他命令组织成员放弃恐怖主义，并和平参与政治。意大利采取的所谓的悔改政策说服了大量的红军派成员缴械投降。

所以，一个团体放弃恐怖战略的原因之一，便是真正被目标政府打败。当然，终结恐怖主义最显而易见的原因便是恐怖组织的目标得以实现。这里便有一个例子：英属巴勒斯坦托管地的国家军事组织“伊尔贡”所实施的恐怖行动，达到了预期的目的，即英国的撤退和以色列国的成立。奥德丽·库尔特·克罗宁（Audrey Kurth Cronin）列出了以下 7 个“近代恐怖团体没落和终结的解释说明或关键构成因素：（1）抓获或杀死领袖；（2）未能成功过渡至下一代；（3）成功实现组织目标；（4）转向合法的政治进程；（5）失去民众支持；（6）镇压；（7）由恐怖主义转变为其他的暴力形式”。她同时指出，导致某团体式微或灭亡的原因可以是上述情况中的多个。

恐怖主义融资

“9·11”事件之后，美国总统布什及其国务卿科林·鲍威尔发表声明：资金是恐怖主义的氧气和命脉，因此管理机构正在加大力度罄尽恐怖组织的财务资源。跟踪恐怖组织的资金链是一种可靠的反恐战略。因为资金流向有助于确定捐助人、中间人、甚至是接收基层组织及其成员，但是并无证据表明缺少资金会使恐怖组织停止活动。无疑，为了养活自己、经营训练设施、获得武器和出行，专业的恐怖分子需要大量的（业余的恐怖分子需要一些）财务资源。曾经出现过这方面的知名案例，即恐怖分子因为缺少必需资金而不得不逐步缩减计划。尼若德·瑞菲里（Nimrod Raphaeli）引用 1993 年世界贸易中心爆炸案作为此类事件的证明："因为缺少资金，恐怖分子便无法制造最初计划的大规模爆炸袭击。"但是总体来说，恐怖分子一直拥有丰富的资源为暴力行动筹措资金。

长期以来，西方观察家推测本·拉登的继承财产可以使他支持阿富汗和世界各地的恐怖行动。但是，美国国家恐怖主义袭击委员会（National Commission on Terrorist Attacks upon the United States）发现本·拉登的个人财富远比人们认为的数字要少。据该委员会透露：

> 本·拉登从未接受过价值3亿美元的遗产。大约从1970年到1994年，他每年接收大约100万美元的财产——这是一笔大数目，但是即使是3亿美元也很难用以负担全球圣战的经费。

事实的真相大概介于"大笔财富"和捉襟见肘的版本之间。如果确实出现资金短缺的情况，彼得·卑尔根（Peter Bergen）指出："'基地'组织于1998年8月7日几乎同时轰炸袭击在肯尼亚和坦桑尼亚的美国大使馆，而缺钱并没有影响其行动。"当政府剥夺恐怖分子的财务资源时，他们希望能避免进一步的恐怖行动。但是事实证明恐怖组织足智多谋，总是能够找到新的资源来筹措行动资金。美国政府宣布会彻查恐怖资金后，本·拉登声明此等措施无效。"托真主安拉的鸿福，"他说，"'基地'组织有三个以上的不同财务网络。"

马丁·S·纳维亚斯（Martin S. Navias）明确了恐怖组织的三个资金来源，既独一无二又很难切断。然而，为恐怖组织提供经费的额外方式至少有一个（但绝不是唯一的）。以下是四种最常见的资金来源：

支持国财务支援。此类支援可以是间接的，因为赞助政府会免费提供住处、集训营、武器等；也可以是直接的，因为恐怖组织接受现金支付或从合法成立并集资的银行账户提现。这类支援有很多例子，比如伊朗对黎巴嫩真主党的支援、利比亚以往对非宗教巴勒斯坦团体的支援、沙特阿拉伯对慈善恐怖组织前线的支援、或伊拉克前总统萨达姆对巴勒斯坦自杀性炸弹袭击家族的慷慨资助。除没收境内银行的资金并对支持国家施加压力之外，受赞助恐怖团体的目标政府很难阻止该类支援。

民间组织/个人捐赠。支持恐怖团体动机和目标的情绪越强烈，组织就越有可能为恐怖团体募集到大量的小额捐款，或富人越有可能捐赠大笔数目的钱财。正如纳维斯指出的那样："值得注意的是，此类资金可能来自于恐怖组织的东道国、恐怖团体活动的目标国家或至少对他们有敌意的国家。"如果受赠组织不但涉及恐怖主义还参加社会福利事业和合法的政治活动，那么这份融资方案将会尤其巧妙而有效。比如，巴勒斯坦的哈马斯组织一边提供教育机会、医疗保健和其他社会服务，其军事部门还一边开展恐怖行动。黎巴嫩真主党在参与合法政治进程的同时，也在实施着恐怖活动。

恐怖分子利用自己的正当业务资助暴力行动。这是到目前为止可能性最小的资助恐怖主义的方式，而"基地"组织便是最明显的例子。"基地"组织最初由本·拉登的遗产和他在苏丹成立的商业企业所赚取的利润进行资助。当然，很多公开或秘密鼓励政治暴力的仇恨团体都会通过销售书籍、T恤、海报、光盘和其他商品——通常来说是通过他们的网上商店来迅速取得大量利润。

恐怖分子卷入犯罪活动来资助他们的活动。前三个筹资渠道是非常重要的，但是很多（即使不是大多数）恐怖团体也会为了负担活动的资金而卷入犯罪活动。通常而言，过去和现代的恐怖分子会抢银行、实行绑架敲诈赎金，以及参与有利可图的毒品走私活动。对位于中东、南亚、东南亚和拉丁美洲的恐怖团体而言，走私毒品已经成为一种特别流行的融资来源。政治学家奥雷尔·克洛桑（Aurel Croissant）和丹尼尔·巴罗（Daniel Barlow）对东南亚恐怖主义融资特别关注，并总结道：

除去他们的意识形态目标，该地区的大部分恐怖组织有着采用同一手法进行有组织犯罪的伟大传统。长期以来，东南亚通过非法毒品生产和轻武器贸易等犯罪活动洗黑钱，并制造非法资金；为实现自己的目的，过去十年的叛乱团体、民族武装和有组织犯罪一直利用该地区获取并输送资金。

对于松散联系的恐怖组织网络，作为其组成部分的团体会通过前线公司或慈善机构将资金转移给附属组织。比如，“基地”组织及其地方联盟的“资金由东南亚流入和流出，从而支持‘基地’组织及其地方组织。一旦跨国恐怖组织从本地活动中获取资金或者从外国支持者处获得资金，那么这些钱就要分发给联盟前线组织或个人”。

阿根廷、巴西和巴拉圭的交界，即位于南美洲的“三国边境区”也是声名狼藉的恐怖组织集资来源。恐怖组织在此筹集到的或支持者转移给他们的钱财中的很大部分都源于犯罪活动，比如毒品走私和伪造商品。哈马斯、真主党和“基地”组织以及拉丁美洲组织的联盟和支持者们通过犯罪活动筹措到大量资金。想要追踪这些资金很难，因为“该地区的转账都是通过哈瓦拉体系等非正式的价值转移体系”，或者换句话说，在传统银行之外进行。

为得到钱财，恐怖分子会在世界各地使用非法手段。比如在西方国家，恐怖主义者很可能会实施信用卡诈骗、销售伪造护照、侵犯知识产权和非法移民偷渡。但是，虽然财务资源对恐怖组织及其暴力行动而言是至关重要的，但是缺少了财务资源——如果这种情况真的发生的话——也不一定能显著地削弱恐怖主义。

恐怖分子特别擅于发现他们认为在暴力运动中最有效且最不容易被敌对当局破坏的组织体系和财务资源。

毒品恐怖主义或毒品资助的恐怖主义？

正如之前提到的那样，世界各地的恐怖组织通过私贩麻醉品来资助各种活动。比如哥伦比亚革命武装力量“在 20 世纪 90 年代末期的年度收入为 5 亿美元”，这绝非特例。毫无疑问，很多恐怖组织通过毒品走私攫取的巨额资金占据着他们最高的、在某些情况下也是唯一的收入。然而，“毒品资助的恐怖主义”这个表述就要比“毒品恐怖主义”这个普通术语要精确得多，因为后者模糊了参与政治暴力和从事犯罪活动组织的区别。正是由于这个原因，亚伯拉罕 · H · 米勒（Abraham H. Miller）和尼古拉斯 · A · 达马斯克（Nicholas A. Damask）拒绝将“毒品恐怖主义”描述为自 20 世纪 80 年代以来被那些喜欢强调毒贩和恐怖分子之间联系的决策者所利用的“神话”。米勒和达马斯克并不否认恐怖组织和贩毒集团之间存在着合作关系，但他们还提到，两种组织会争夺势力范围，并爆发冲突，常常争个你死我活。他们以拉丁美洲为例，指出了恐怖组织和贩毒集团在目标上的根本区别：

> 左翼叛乱分子力图创建政府控制经济型企业的经济结构。毒贩希望建设极少干预经济、看轻意识形态且易受贿赂的政府。
>
> 将毒贩和叛敌聚集在一起的不是共同的目标，而是共同的敌人——政府。
>
> 因此，毒品恐怖主义的观点基于过分简单化的老套理念，即强调恐怖分子和毒贩之间的少数相似性，却忽略他们之间众多的差异。

哥伦比亚即为典型的一个例子。哥伦比亚革命武装力量和较小的哥伦比亚游击队（M19）（即“4 月 19 日运动”）因为其财政困难削弱了组织招募和运作能力，故而举步维艰长达数年。这种窘境在 20 世纪 80 年代早期得以改变，当时左翼革命恐怖分子和贩毒集团发现了共同之处：后者为了保护其成员不受军队伤害，允许哥伦比亚革命武装力量“向在其管辖区域的所有古柯种植者征收10%的保护税费”。双方都从交易中牟取暴利，因为他们的联盟导致了毒品生意的迅速扩张。然而毒品黑手党及其恐怖合作伙伴之间的根本区别在于：对前者而言，有利可图的犯罪活动才是终极目标；而对于哥伦比亚革命武装力量和哥伦比亚游击队组织来说，参加毒品买卖并从中获取金融财富只是达成他们政治目的（即进一步行动并最终实现其意识形态主张）的一种手段。

第二部分
反恐怖主义

第十章　美国“9 · 11”事件后的国家安全战略

2001 年 9 月 11 日美国东部夏令时间晚上 8 点 30 分，布什总统在总统办公室神情严肃地向震惊的国民发表了演说。起初，他把这一天跨国恐怖分子对美国本土的毁灭性打击称作“大屠杀行为”。但是在这次简短的演讲结束时，他宣称“美国和我们的盟友将与世界上所有希望和平和安全的主体联合起来，我们将并肩作战，争取打赢‘对抗恐怖主义的战争’”。与起初提到的犯罪相反，战争类比绝不是虚夸的感叹。武力的使用，而非执法，被华府用作“9 · 11”事件后的主要策略，以应对跨国恐怖主义以及当局认为与这种政治暴力相联系的威胁行为。罗伯特 · 达尔比（Robert Dalby）观察到，在“ 9 · 11”事件后，存在这样一个“即时假设，即最好将打击恐怖行动看作是战争事件，而不是外交手段和警务行动”。

世贸中心大楼和五角大楼分别象征着美国经济实力和军事优势。虽然它们遭受袭击而毁坏是当代恐怖主义史上最致命的，但是此次撞击事件并不是由本 · 拉登策划、“基地”组织或类似团体或组织实施的首例反美行动。但相较而言，1993 年首次世贸中心爆炸袭击事件、1998 年美国驻肯尼亚和坦桑尼亚使馆卡车炸弹袭击事件、2000 年

“科尔”号驱逐舰炸弹袭击事件以及沙特阿拉伯和其他地方的反美暴力行动并没有被评估为重大国家安全威胁。反而正如伊恩·莱塞（Ian Lesser）在1999年和“9·11”事件之前推断的，“大多数对当代恐怖主义的分析都将恐怖分子实施的政治暴力当作孤立现象，而没有与其地缘政治和策略背景联系起来”。这不足为奇，因为现实主义的地缘政治概念关注的是民族国家，每一个国家都试图最大化本国利益，而这正是美国安全和外交政策的指导方针。基于这样的理解，国际环境中的威胁往往来自国家——特别是强大的国家，而来自非国家行为主体的威胁并不适合现实主义范式。因此，国际关系学者也忽视了恐怖主义。玛莎·克伦肖注意到：

> （“9·11”事件之前）安全研究和国际关系领域并不重视对恐怖主义研究感兴趣的学者，恰恰是因为人们没有把恐怖主义当作是该学科或制定大战略的一个重要问题。作为一种理性手段，恐怖主义本身并不适合于抽象出理论或建模。恐怖主义研究由于过于以政策为导向，而不具备学术重要性。[1]

当专家警告恐怖主义是对美国国家安全的严重威胁，并建议需要将其整合到国家安全政策中时，他们通常想到的是一些噩梦般的场景：恐怖分子掌握了大规模杀伤武器。保罗·皮勒（Paul Pillar）把对死亡人数的统计作为有限认知跨国恐怖威胁的基础，并如是总结：

> 存在这样一个基本范式，即恐怖主义是以美国死亡人数衡量

[1] 克伦肖的分析区分了战略、大战略和外交政策：战略“主要指军事行动”并“关注手段方式与结果之间的关系”，大战略“代表了一个更具包容性的概念并解释了如何整合一个国家的各方面资源来获得国家安全”，“外交政策定义了战略和‘大’或高层战略的目标”，它是“目的意志的陈述”。

的，因此反恐怖主义在很大程度上是未雨绸缪，做好应对足以杀死许多人的袭击（特别是化学、生物、放射性或核袭击）的准备。众多对恐怖主义威胁和与打击恐怖主义相关的优先权和资源调配持有异议的人都赞同这一范式。

虽然代表两党的21世纪美国国家安全委员会（U.S. Commission on National Security/21st Century，或USCNS/21）强调恐怖分子掌握大规模杀伤性武器带来的危险，但是它亦迫切要求将非国家行为主体带来的威胁纳入到国家安全战略和政策中。在其1999年9月发布的“关于21世纪头25年全球安全新环境的第一阶段报告”中，该委员会做出以下严重的警告和预言式的评估——正如“9·11”事件后来显示的：

> 虽然常规冲突仍有可能发生，但是最严峻的安全威胁可能是次国家组织利用经基因方法改造过的病原体对美国城市实施的突然袭击。另外一种可能的威胁是，在烟雨朦胧的清晨，当200架左右的商用飞机正在试图安全着陆时，发生了精心策划的，专门针对美国东海岸空中交通管制系统的网络攻击。

委员会总结道：“综合在一起来说，有证据表明美国安全威胁将比以往任何时候更加分散、更加难以预测、更加难以压制。威慑将不再像过去那样发挥作用，甚至在许多情况下不起丝毫作用。”虽然该委员会的联合主席，即曾担任参议员的民主党人加里·哈特（Gary Hart）、共和党人沃伦·拉德曼（Warren Rudman）和曾担任美国众议院委员会成员纽特·金里奇（Newt Gingrich），数次在国会委员会上论证以上推断。但是正如《金融时报》指出的，他们令人担忧的预测直到“9·11”事件后的第二天才受到“很少的关注”。因为几乎所有的新闻机构都完全忽视了这份报告，所以公众对委员会可怕的结论一无所知。

在世贸中心和五角大楼自杀性袭击之前的3个月，国家恐怖主义委员会（The National Commission on Terrorism）也发布了报告，但情况亦无甚改善。在他们的执行摘要中，委员们警告要警惕在美国国内外活动的危险组织。《奥马哈世界先驱报》（*Omaha World-Herald*）的一篇社论称委员会“预想了一种异乎寻常的罪恶，且经验证明确实存在”。结果是，不光大众，外交政策当局中恐怕也有许多人被蒙在鼓里。

所有这一切在2001年9月11日这一天发生了改变。正如一名观察员提到的，从那以后，“美国对国家安全的关注几乎全部集中在（一些人可能会认为被束缚在）国际恐怖主义的问题及美国国土可能再次发生的恐怖袭击上”。克伦肖说：“‘9 · 11’事件使恐怖主义在更为广泛的国际关系和外交安全政策中从无人问津变得众所周知。现在恐怖主义在大型战略辩论中已经成为中心议题。之前忽视恐怖主义的学者现在承认恐怖主义是一个重大国家安全问题。事实上，有些人也认为恐怖主义威胁是促使冷战后外交政策完全重新定位的诱因。”

总统布什及其最亲近的顾问并没有等待外交政策部门和国际关系学者将大家广泛认为的新型灾难性恐怖主义纳入后“9 · 11”时代的国家安全战略和国家外交政策重点中。事实上，2001年9月11日的总统讲话及随后的演讲，就已经标志着对恐怖事件零星、逐一回应的做法已然结束，而建立在所谓的对抗恐怖主义的战争（或者布什政府最终所称的“全球反恐战争”）和再后来的“长期战争”上的新国家安全战略已经开始。这场战争不仅是为了打击恐怖组织、集团、基层组织和个别恐怖分子，而且绝大部分实际上是打击支持恐怖主义的国家。其目标不仅仅是打败恐怖主义行凶者和支持他们的国家，同时还要用民主政权替代独裁主义和压制性政权，从而消除全世界的恐怖主义，或者至少减少这种威胁。

“9 · 11”事件7天后，美国国会授权总统布什“使用所有必要和适宜的武力打击那些他认定为计划、授权、实施或资助了‘9 · 11’袭击的国家、组织或个人，或者打击藏匿上述组织和个人的目标，从而防止那些国家、组织或个人在未来实施反美的国际恐怖主义行为。”两天后，在对国会和美国人民的电视直播讲话中，总统将常规战争与世贸中心和五角大楼的恐怖袭击视为相同概念，他说：

> 在9月11日，与自由为敌的人发起了反对我国的战争行为。美国人经历过战争，但是在过去的136年间，除了1941年星期天的偷袭，他们参与的战争都是在外国领土。美国人了解战争造成的伤亡，但没想到战争竟会在平静的清晨在大城市市中心发生。美国人知道突然袭击，但从未想到突袭会发生在成千上万的平民面前。所有这一切在同一天都发生了，夜幕降临时，世界已经改变，在这个世界中自由正在遭到攻击。

值得注意的是，无论国会的战争授权还是总统的讲话，都提到了国家新型反恐战争的军事行动目标不仅包括恐怖主义组织和个体，也将包括“国家”。“世界各地的每个国家现在都需要做出决定。要么加入我们，要么加入恐怖分子，”总统说，“从今天起，美国将把任何继续庇护或支持恐怖主义的国家当作是敌对政权。”虽然“9 · 11”事件由“基地”组织头目策划，并由19名组织追随者实施，但是坚持以国家为中心的评估以及以往回应方式的决策者，更适于打击国家而不是“基地”组织和恐怖组织附属机构等非国家行为主体。

布什政府内外的新保守派思想家立即意识到反恐战争为推进工作日程提供了一个理想的借口，而推翻伊拉克总统萨达姆的统治是日程上的优先事项。布什总统任期的最早几个月内，新保守派已经在白宫和国防部产生了相当大的影响。特别是国防部副部长保罗 · 沃尔福威茨（Paul Wolfowitz）不遗余力地呼吁推翻伊拉克总统和叙利亚社会党政权。据鲍勃·伍德沃德（Bob Woodward）所述：

> 鹰派的沃尔福威茨观点犀利，主张强硬政策。推翻萨达姆的原因是：这是必要的且将会是相对容易的。沃尔福威茨认为可以派遣军队攻占并控制伊拉克南部油田——1000口油井的产量约占伊拉克石油产量的2/3——并建立一个据点……可以通过这块飞地对萨达姆反对派提供支持，从而使其集结国家的其余力量来推翻萨达姆的独裁统治。

沃尔福威茨提议即刻攻打伊拉克。他认为“即便只有10%的可能性确定萨达姆是‘9·11’事件的幕后指挥者，也要优先考虑消除这种威胁。同时他也认为实际概率远远高于10%”。沃尔福威茨和他的顶头上司国防部部长唐纳德·拉姆斯菲尔德（Donald Rumsfeld）并未成功说服总统及其他国家安全顾问发动伊拉克战争，或者同时发动针对阿富汗“基地”组织和塔利班政权以及伊拉克萨达姆政权的战争，但是奉总统之命，五角大楼继续计划入侵伊拉克。就在“9·11”事件几天后，“布什告诉（国务卿）赖斯（Rice）反恐战争的首要目标将是阿富汗。‘我们现在不会动伊拉克，’总统说，‘我们延迟了对伊拉克的行动。但最终我们将返回来解决这个问题’。”

新保守派促进了布什主义和2002年《美国国家安全战略报告》（*National Security Strategy of the United States of America*）的形成和编撰。但是他们的核心理念自冷战结束之后就已经形成并阐明。在一份针对“9·11”事件后国家安全战略的评估中，西蒙·达尔比（Simon Dalby）写道：

> 这种地缘政治思想无甚新意，但是鉴于本·拉登的新式战术，2001年9月的政策中显然需要尽快加入一些创新。美国霸权的核

心主题，即维持绝对军事优势从而压倒潜在对手，以及发动预防性战争扼杀潜在威胁于萌芽中的意愿，在1991年伊拉克战争后，冷战结束时，老布什第一个总统任期内就已初具雏形。那时迪克·切尼（Dick Cheney）是国防部长，科林·鲍威尔和保罗·沃尔福威茨是华盛顿安全部门的核心人物。美国有权坚持用其权力按照美国模式重塑全世界这一相关的重要假设，也在20世纪90年代早期开始延续下来。

抱着对克林顿总统任期内美国安全政策的不满，主要新保守派人士通过演讲、文章、研究和书籍等积极推销他们关于后冷战世界新秩序中美国担任的角色的观点。他们的大本营是“新美国世纪工程”（the Project for a New American Century），一个华盛顿智库。2000年9月，“9·11”事件发生一年前，该组织发布了一份长篇报告（《重建美国防御：新世纪的战略、军队和资源》），该报告呼吁建立一套新的国家安全战略。“目前美国未遇到全球竞争对手，”该报告指出，“美国大的战略目标应当在于尽可能在未来保持和扩大这种优势地位。”新保守派最想要做的事是大力发展美国军事，以保持和加强美国在全球的支配地位。如同政府内外大多数安全和外交政策专家，新保守派一心想着民族—国家威胁，而忽视了非国家主体——恐怖集团和网络。他们的安全和外交政策蓝图一点也没有涉及恐怖主义，仅在谈到美国对全球国家体系的支配时提到了一次恐怖分子：

美国的全球领导力及其当前作为强国和平担保人的角色依赖于美国国土的安全，依赖于欧洲、中东和周围能源生产地区及东亚之间力量均势的保持，依赖于涉及恐怖分子、有组织犯罪和其他“非国家行为主体”的全球民族国家体系的总体稳定。

比起现实主义者和自由国际主义者的信条，新保守派的美国例外论占了上风，以至于“新保守派版本的美国外交政策提供了布什主义的理论政策内容，反过来为 2003 年合法化入侵伊拉克和废黜萨达姆政权提供了支持”。有专家指出，“‘9 · 11’事件让新保守派由此找到借口，将军事领先策略作为美国的行动准则”。当美国领导的军事联盟将“基地”组织和塔利班从阿富汗驱逐到巴基斯坦时，政府官员已经计划入侵伊拉克，并准备将伊拉克作为下一个反恐战争的前沿阵地。对于当局支持上述两项军事行动的言论，新闻媒体不仅加以报道，而且事实上也表示支持。一名学者通过分析主流报纸的社论和专栏文章的内容而得出结论，认为布什政府“通过将安全与义愤联系起来”而获得了人们对阿富汗战争和伊拉克战争的支持。可以这样假定，美国大众对这两场战争的强烈支持是受到了媒体舆论引向的影响，这些舆论引导者信奉布什政府“9 · 11”事件后的外交政策和其“谴责邪恶敌人和兜售其美德的强势主张”。

布什总统的国家安全战略

2002 年 1 月 29 日布什总统的“国情咨文”讲话、4 个月之后布什在西点军校的毕业典礼致辞、布什和其他高级行政官员的补充发言，以及 2002 年的《国家安全战略报告》，都包含了美国新型国家安全战略或者被称为布什主义（Bush Doctrine）的基本要素。国家安全战略和外交政策在之后的几年中什么都没改变。2002 年文件中所阐明的原则也是 2006 年《美国国家安全战略报告》的最重要组成部分。为了这个目的，每部分都以一个简短的“国家安全战略（2002 年）摘要”开始，随后在“2002 年以来的成就和挑战”和“未来之路”等这样的标题下更新内容。在研究了 2006 年的文件之后，一名外交政策专家总结道：“我们很难找到足够证据证明总统已经放弃大家所熟知的布什主义。”下文根据国家安全战略总结了布什主义中有关恐怖主义和反恐怖主义的三个最主要要素。

让世界更安全、更美好

作为世界唯一的超级大国，美国下定决心要维护和巩固其全球霸主地位。根据总统签署的 2002 年《国家安全战略报告》序文，"20 世纪自由与极权主义之间的伟大斗争的结果，将会是自由力量的决定性胜利，以及使国家成功的唯一可持续模式：自由、民主和自由企业"。美国将运用其军事、政治和经济实力服务于国际和平和自由、民主和经济进步的传播。鉴于"9 · 11"事件被看作是用美国形象重塑世界的警钟和机会，布什主义在表达主要前提和基本原理时使用了明显乐观的语句。正如下列节选内容证实的：

> 美国将利用这一机会在全球推及自由的好处。我们将努力把民主、发展、自由市场和自由贸易的希望之种撒播到世界每一个角落。"9 · 11"事件告诉我们，像阿富汗一样的弱国将会给我们强国国家利益带来巨大威胁。贫穷不会使穷人成为恐怖分子和杀人犯，但贫穷、无能的机构和腐败容易使弱国受到境内恐怖主义网络和贩毒集团的影响。

正如一位著名学者所说，这种观点"与强大国家中常见的信念有关系，即它的价值是普遍的，它们的传播将有利于整个世界。正如威尔逊（Wilson）试图'教导（拉丁美洲的国家）选出好的领导人'那样，布什也会将自由市场和自由选举带到没有这些事物的国家"。

布什政府明确表示"这一战略目标有助于使世界变得更加安全，更加美好"。这不禁让其他人猜测，作为一个重生的基督徒，总统的信仰是如何融入其"9 · 11"事件后的外交政策使命中的。一位国际关系专家写道："有理由相信这样一件事，正如信仰基督给他（布什）以前漫无目的和放荡的个人生活找到了人生的意义那样，反恐战争不仅成为他外交政策的典型特征，也成为了他的神圣使命。”

在威胁变得迫在眉睫之前抢占先机

美国和其他民主国家受到了恐怖组织，以及支持政治暴力和向恐怖分子提供大规模杀伤性武器的无赖国家的严重威胁。布什总统明确了不对称战争的危险，并在西点军校谈道：“敌人过去需要强大的军队和工业能力才能危及美国和美国人民，但‘9 · 11’事件只需要数十万美元和十几个受到蛊惑的恶徒。”当总统在这种背景下谈到大规模杀伤性武器时，他告诫所有面对恐怖组织的国家：“当生化和核武器与弹道导弹技术一起传播时，即使是弱小国家和小集团也可能获得毁灭性力量来打击大国，”他说，“我们的敌人已经公开宣布这样的意图，而且我们已经发现他们正在寻求这些可怕的武器。”

在新的地缘政治环境中，与冷战期间“确保同归于尽”（Mutual assured destruction，MAD）这一假设一脉相承的威慑被认为是过时的，必要时必须由军事上的先发制人代替。用布什总统的话来讲：

> 上世纪很长一段时间内，美国的国防遵循冷战时威慑和遏制的原则。在某些情况下，这些策略仍然适用。但新的威胁也需要新思维。威慑进行大规模国家报复的策略对神出鬼没的、没有国家或公民可保卫的恐怖网络来讲毫无意义。当拥有大规模杀伤性武器的疯狂独裁者用导弹发射那些武器，或者秘密提供给恐怖分子联盟时，遏制是不可能的。仅凭着乐观的希望，我们无法保卫美国及朋友。我们不能信任专制君主的话，他们郑重地签署防扩散条约，但一转身就全面毁约。等待威胁完全变成事实需要很长时间。保障我们的安全将要求所有美国人具有前瞻性和果断性，为先发制人做好准备，在必要的时候捍卫自由和保卫生命。

在布什主义中，威胁在变得迫在眉睫之前就要被处理掉。2006年《国家安全战略报告》不仅列举了伊拉克调查小组的调查结果，即萨达姆“持续关注着大规模杀伤性武器的效用”，并且可能已经重新启用大规模杀伤性武器计划，此外也提到了调查组“发现战前的大规模杀伤性武器储备的情报评估是错误的”。文件除指出“我们的情报工作有待改进”外，还明确表示，根据布什主义中先发制人的原则，入侵伊拉克和推翻萨达姆是合理的。

单边使用武力

美国如果对“先发制人”的原则尚未达成共识，在面临紧迫威胁时将采取单边行动。正如2002年《国家安全战略报告》所说的那样，“虽然美国将不断努力争取国际社会的支持，但也会毫不犹豫地单独行动，在必要时行使自卫权”。这一立场不足为奇，因为“致力于维护单极国际体系和先发制人原则是单边主义的核心”。在“9·11”事件几个月乃至几年后，当美国人担忧其他恐怖袭击时，必要情况下独自打击恐怖分子和支持恐怖主义的国家的理念对布什政府来讲是一张容易打出的牌。

但是，单边主义不仅仅是20世纪90年代新保守派推进的大战略的一部分，而且也是小布什就任总统前的政策导向。在入主白宫后及“9·11”事件前，“布什无意迎合国际舆情或者关注来自欧洲国家的强烈抗议，因为美国用自己的方式阐释其利益与世界的利益。因此，布什政府退出了《京都协议书》、国际刑事法院（International Criminal Court）和禁止生物武器协议”。布什主义的第三个核心思想映射出新保守派长期以来对国际组织、法律、公约和倡议的蔑视。

总之，在当时，布什政府抓住“9·11”事件、未来攻击的威胁和反恐战争等契机，让自己有机会奉行单边主义原则，有采取先发制人行动的权利，以及按照作为美国安全战略核心组成部分的美国价值观，利用美国优势重塑世界。

2006年中期选举，共和党表现惨淡，随后，缔造布什主义和伊拉克战争的新保守派党员接连从行政部门要职退任或失去影响力。尽管总统和他的团队仍然坚持其说辞，但是美国外交政策已经开始偏离布什主义信条。一个明显的迹象是布什政府愿意与朝鲜开展多边会谈，2002年早期，总统曾将朝鲜与伊拉克和伊朗一道认作是“邪恶轴心”中的无赖国家。

安德鲁·巴塞维奇（Andrew Bacevich）总结道：“在布什主义的试验中已经发现了不足。”他认为国会需要迫切“废除布什主义”，从而减少“在未来重演伊拉克战争的可能性”。菲利普·戈登（Philip Gordon）也警告要警惕重大事件和新动态（例如美国境内再次发生灾难性恐怖袭击）。它们可能会让美国使用遵循布什主义原则的外交政策来应对。制定作为未来美国国内外政策指南的未来国家安全战略的任务被留给了布什总统的继任者。

奥巴马总统的国家安全战略

在2009年4月初，国家反恐中心（National Counterterrorism Center）主任迈克尔·莱特（Michael Leiter）对美国国家安全战略进行了更加全面的分析，这是与布什主义反恐战争的中心思想迥然不同的，他说：

> 反恐是美国重大政策的一部分。反恐很少（如果有的话）应该是那种政策的主导。我们面临的恐怖主义挑战在世界不同地区是有差异的，并且与美国广义的政策利益相关联。反恐在大多数情况下应当是跟随其他人，不应当做广泛政策的大英雄。我认为这样说对我来讲很重要，因为我想要弄清楚反恐社会是如何理解其角色的。我们应该是在影响很多政策，我们应该是在宣传很多政策，但从根本上讲，我们还有更广泛的问题。不论是在巴基斯坦和阿富汗还是

在索马里，反恐并非美国政府所在乎的唯一利益。

数周之后，奥巴马总统在美国西点军校毕业典礼所作的演讲中简要阐述了一种新型安全学说，该学说与布什主义主要有两点不同。首先，奥巴马总统根本没有提到前任总统宣扬并在伊拉克战争中予以践行的观点，即：在威胁迫在眉睫之前实施先发制人的打击的需要和权利。这种转变不足为奇，因为奥巴马曾多次表示干预伊拉克是一场“可选性战争”，与在阿富汗针对“基地”组织和塔利班叛乱分子的“必要性战争”完全不同。其次，奥巴马没有提到前任者的名字或参照他的学说，而是通过强调多边合作和加盟的需要批判了前任单独行动的策略。在西点军校，他言辞犀利地说：

本世纪的重担不能单独落在我国士兵身上。它也不能单独落在美国人民身上。我们的敌人乐于看到美国因过度扩张武力而削弱自身优势。而且在过去，我们也一直有远见地避免单独行动。二战期间，我们是人类历史上最强大战时联盟的组成部分。冷战期间，我们紧密联系了许多自由国家和机构，对冷战保持克制并最终获得了胜利。我们十分了解所处国际体系的不足。美国并未成功走出合作潮流——但我们已经成功地引导走向自由和正义的潮流，国家会通过承担应尽的责任和未尽责而产生的后果来发展成长。

奥巴马的立场详见2010年《美国国家安全战略报告》。该文件详细叙述了迈克尔·莱特的前述言论，即如果将整个国家安全政策比作狗，反恐通常只是狗尾巴。结合伊拉克战争和阿富汗战争，下段文字将对抗恐怖主义的斗争置于一个更广阔的视角，即全球威胁之中：

然而这些战争——以及全球性的反暴力极端主义的成功努

力——只是我们战略环境的一个要素，不能由此定义美国与世界的协约。恐怖主义是全球化时代众多重要威胁之一。就美国人民和全球安全而言，最严重的威胁仍旧来自大规模杀伤性武器，特别是核武器。驱动我们日常生活和军事行动的太空和网络设施很容易遭受其干扰和袭击。对矿物燃料的依赖限制了我们的选择，也会对我们的环境造成污染。气候变化和流行病威胁了区域安全和美国人民的健康。衰退中的国家易滋生冲突，危害区域和全球安全。全球犯罪网络助长了国外的不安全因素，并将威胁美国民众的人员和货物带到美国境内。

据奥巴马政府表示，一个强大的国家安全态势开始在国内形成，它包括强劲而有竞争力的经济教育体系和能源自给体系的转变。虽然不放弃捍卫国家和国家利益的单边行动权利，但是奥巴马主义接受国际组织和多边联盟行动（见263页框内文字）。

虽然关于单边和多边行动的说辞从布什主义到奥巴马的国家安全战略有显著转变，但是迄今为止，布什政府和奥巴马政府驻伊拉克和阿富汗的美军数量仍然超过其他联合队伍的总和。虽然驻伊美军在2007年大举增兵后开始稳定撤军，但是奥巴马总统遵守其竞选承诺，重新关注阿富汗战争，开始大力巩固在那里的美军力量。担任总统数周后，他总结了在阿富汗和邻近国家巴基斯坦的军事目标，他说：“我想要美国人民知道我们有一个清晰明确的目标：破坏、瓦解和击败巴基斯坦和阿富汗‘基地’组织，阻止他们在未来重返这两国。那是必须实现的目标，拥有毋庸置疑的理由。”

武力使用（2010年《美国国家安全战略报告》）

有时我们可能需要武力保卫我们的国家和盟友或保持更广泛的和平与安全，包括保护平民免遭严重的人道主义危机。我们将借助外交、发展，以及国际规范和机构来解决分歧，防止冲突，维护和平，尽可能减少使用武力。这意味着美国可采取量身定制的方法来保持持续的威慑力并在陆地、空中、海上、太空和网络等所有领域具备必要的能力。这也包括帮助我们的盟友和合作伙伴构建履行责任的能力，从而保障地区和全球安全。

虽然有时使用武力是必要的，但我们不论何时都将在战争之前穷尽其他所有的选择，并且慎重衡量行动与否的成本和风险。当必须使用武力时，我们将继续这样做，以此反映我们的价值观和加强我们的合法性，我们将寻求广泛的国际支持，与北约和联合国安理会等机构一起工作。

美国必须保留在必要时为了保卫国家和利益而单方面行动的权利，但我们将尽力坚持使用武力的管理标准。这将巩固那些依照国际标准行动的国家，并且孤立和削弱标准的国家。我们也将总结出清晰的指令和具体的目标，充分考虑行动的后果，不论是预料之中还是始料不及的。美国将谨慎部署武装部队的男女士兵至险境，以确保其领导、训练和完成使命所需的设备。

然而，副总统乔·拜登（Joe Biden）曾建议利用有限的特种部队集中攻击和击败“基地”组织成员和他们的塔利班盟友，总统并未听取这个建议，而是接受了一项全面的“全面反叛乱”战略（Comprehensive counterinsurgency，COIN），该战略要求使用大量地面部队用于国家重建。正如制定打击“全球圣战”策略的主要理论家和支持者大卫·基尔卡兰（David Kilcullan）所说的那样：

> 至今还没有不会造成敌人伤亡的平叛方法：无论采用何种方式，大量的杀戮都不可避免。但杀死敌人不是唯一的目标，在“反叛乱”的环境中，在人群中实施武力总是伴随着附带伤害、疏离人群、争斗和其他意想不到的后果。在政治上，使用的武力越多，作战情况就会越糟糕。边缘化各种挑战者并打败他们，从而获得对滋生冲突的、全部的社会政治空间的控制，这才是真正的目的。

在当地、区域和全球背景下，基尔卡兰的“全面反叛乱”构想包含三个支柱，即安全、政治措施和经济措施；支持它们的基础是有效信息，或者人们所称的“民间外交”或“政治宣传”。该框架的顶层（或目标）是控制。

这种“全面反叛乱”模式为五角大楼和国防部主要将领所信奉，它要求部队住在平民周边，赢取他们的信任，不仅建立或重建学校、医院和基础设施，也包括政府机构和民主进程。“反叛乱”的支持者声称这一战略是在阿富汗取得成功的最佳方案，他们指出在大卫·彼得雷乌斯（David Petraeus）将军的领导下，驻伊拉克军队“激增”之后，在伊拉克实施这一方案将大获成功。但评论家们认为伊拉克与阿富汗和其他衰落国（例如拥有土生土长和外国恐怖分子的索马里或也门）大相径庭。退休陆军上校、西点校友道格拉斯·麦格雷戈（Douglas Macgregor）认为“整个平叛策略是一个加诸在美国人民身上的骗局。我们要花费 1 万亿美元来重塑伊斯兰国文化的这一观点完全是胡说八道”。

虽然从理论上讲，“全面反叛乱”策略对军事、民用机构和领导人的共同努力而言是合适的，但是一位“反叛乱”策略批评家总结道：“反叛乱模式实际上重塑了军队，扩大了军队的权力（和经费）以把外交和政治纳入战争：想想‘绿色贝雷帽’（Green Berets，即美国陆军特种部队）作为武装的‘美国和平部队’（Peace Corps）的先例吧。”

2008年《国防战略》由在奥巴马政府连任的国防部长罗伯特·盖茨（Robert Gates）签署。它认识到了长期反恐斗争的必要性，军事和非军事途径的纳入，尤其是征求外国政府和行为主体合作的重要性。2008年《国防战略》规定：

> 武力的使用发挥了作用，但是可能比采取军事行动捕杀恐怖分子更重要的是采取措施促进当地人民参与政府和经济计划，以激励发展并了解和消除叛乱分子的积怨。
>
> 只要有可能就与地方行为主体一起工作或者通过地方行为主体应对常见安全挑战，这是一种对抗暴力极端主义的最佳和可持续方法。往往我们的合作伙伴能够占据更有利的位置处理特定问题，因为他们比我们做的或者曾经所做的都能更好地了解当地地理环境、社会结构和文化。当弱势国家和当地居民努力扭转极端主义的滋生条件和瓦解支持和允许极端组织成长的联盟时，我们将与跨领域的国际伙伴共同协助他们。

与政府、国际组织和非政府组织合作应对其本土“暴力极端主义”，既不能保证通过军事或非军事手段打败跨国恐怖分子和叛乱分子，也不能令他们退却。典型的例子是近年来华府施压下的巴基斯坦的反恐努力。当巴基斯坦军方打击部落地区的恐怖分子，美国特种部队（U.S. Special Forces）引导导弹袭击塔利班和“基地”组织藏匿处时，外国救援人员也成了恐怖分子的暗杀目标。这种情况类似于邻国阿富汗，那里北约军队常常也有阿富汗士兵的加入，他们打击塔利班和其他叛乱分子，并且也在遥远的山村和山村周围修建学校、道路和桥梁。然而，当村民需要选择站队时，即：是支持正在计划另一起攻击的塔利班战士，还是警告改善了他们社区条件的美国士兵，他们倾向于选择前者——这只是出于恐惧。跟巴基斯坦的情况一样，在阿富汗的外国救援人员会被暴力极端分子杀死或绑架。不论各国政府处理特定恐怖事件，还是消除各集团和运动带来的经常存在的威胁，他们都需要评估哪种短期战术和长期战略是最有希望的。第十一章将评估硬实力和软实力在反恐怖主义中的应用，回顾在“9 · 11”事件前后采取的反恐怖主义军事和非军事手段。

第十一章　硬实力和软实力在反恐怖主义中的应用

2001 年 10 月 7 日，“9 · 11”事件发生后，美英联军在阿富汗联合发动了反恐军事行动，目标是摧毁“基地”组织设施，逮捕本 · 拉登及其追随者，推翻为本 · 拉登及其组织提供安全庇护的阿富汗塔利班政权。初袭击塔利班和“基地”组织据点不久之后，联军就终结了塔利班的统治，炸毁了“基地”组织的营地，并迫使“基地”组织头目和成员逃亡至巴基斯坦。

多年来，虽然塔利班和“基地”组织并未受到致命伤害，但阿富汗战争作为对抗恐怖主义的成功案例被广为传颂。随着美国将反恐重点和军事力量从阿富汗转移到伊拉克，塔利班和“基地”组织的领导人和战斗人员得以在巴基斯坦跨界藏匿处重整队伍，对联军和阿富汗反恐力量发动暴力袭击。

2008 年 3 月 1 日，哥伦比亚军队在黎明前越境空袭了哥伦比亚革命武装力量位于厄瓜多尔的丛林营地，炸死了该组织最有影响力的领导人物之一、最出名的发言人保罗 · 雷耶斯（Paul Reyes）及其他 16 名成员，其中雷耶斯的女伴也在此次空袭中丧生。

哥伦比亚革命武装力量是历史最久、最危险的恐怖组织之一，虽然此次实施的适当的军事攻击是对该组织的沉重打击，但也引发了区域危机。厄瓜多尔、委内瑞拉、尼加拉瓜和智利政府谴责在一个主权国家境内实施袭击，这可能引起武装冲突。但在一周内，哥伦比亚、厄瓜多尔和委内瑞拉总统在圣多明各会见并消除了分歧。

2008 年 10 月 31 日，两枚导弹击毁了巴基斯坦北瓦济里斯坦部落地区村庄的一所房屋和一部车辆，造成 20 人丧生，其中包括“基地”组织特工阿布 · 卡沙（Abu Kasha）和组织内几名其他外国成员。两小时后，两枚导弹袭击了南瓦济里斯坦部落地区的另一个村庄，造成包括几个外国武装分子在内的 7 人丧生。

由于美军对阿富汗和巴基斯坦边境部落区域的“基地”组织和塔利班频繁发动类似攻击，人们认为导弹是由美国无人机发射的。有记录显示，在过去 3 个月内发生了 17 起美国无人机导弹攻击事件。

军事力量和武力威胁在国际政治占有一席之地，它们是且应当一直是反恐怖主义行动的选项。前面简述的对阿富汗和巴基斯坦境内塔利班或“基地”组织以及对厄瓜多尔境内哥伦比亚革命武装力量的军事行动都是比较有效的对抗恐怖组织的军事行动。但是，成功袭击恐怖组织营地、无人机发射导弹、突击队突袭解救人质和入侵民族国家，则倾向于实现有限的目标（即摧毁训练营、消灭或更替集团或政权领导层以及解救人质），这些行动不大可能一劳永逸地摧毁恐怖组织、阻止国家对恐怖主义的支持或改变恐怖分子所主导的公众情绪。除了一系列军事回应之外，也存在非军事选择，且这些非军事选择应当成为有效反恐政策的组成部分。换句话说，反恐措施既需要考虑硬实力又需要考虑软实力。

2009 年 1 月，奥巴马宣誓就职之前，约瑟夫 · 奈尔（Joseph Nye）曾评论，布什主义（如第十章所述）是“基于当今世界实力的错误分析”做出的选择。展望新政府与“布什主义”并不相同的外交政策方法，奈尔写道：“奥巴马的选举活动本身就已经做了大量恢复美国软实力的工作，但他还需要跟进相应的政策，结合硬实力和软实力制定出类似于那种赢得冷战的明智策略。”“9 · 11”事件很久以前，奈尔就建议将软硬实力综合起来作为后冷战时代美国大战略的基础，但他的实力观念在全球恐怖威胁背景中更为适用，对寻求有效的反恐策略和政策特别有帮助。

作为国务卿提名人选，希拉里 · 克林顿（Hillary Clinton）在美国参议院外交关系委员会举行的听证会上作证时，谈到了“软实力”的必要性，并解释了“巧实力”：

> 总统当选人和我都认为外交政策必须以原则和实用主义的联姻为基础，而不是基于僵化的意识形态；应当基于事实和证据，而不是情感和偏见。我们国家的安全、生命力和引领当今世界的能力都迫使我们认识到我们是相互依赖的这一压倒一切的事实。
>
> 我们必须运用被称为“巧实力”的实力，“巧实力”是可供我们使用的各种各样的工具，包括外交、经济、军事、政治、法律和文化手段，针对每种情况，挑选一种正确的工具或者几种工具并用。在“巧实力”中，外交手段将是我们外交政策的先锋。

不对称战争指交战方军事力量差异巨大，与具有相似能力的交战双方之间的对称战争相反。在后冷战世界局势中，不对称战争是最为显著的。在可预知的未来，这种情形也不大可能改变。

实力的定义——硬实力和软实力

德国社会学家马克斯 · 韦伯（Max Weber）将政治定义为“谋求权力共享或争取影响权力分配的活动，不管这种权力是国与国之间的还是单一国家不同群体之间的”。在韦伯眼中，

“任何一个从政人员都是为了谋求权力，他们或将权力作为实现其他目标（目标可能是理想化的或自私的）的一种手段，或‘为权力本身’，也就是说为了享受权力带来的威望而争取权力”。正如约瑟夫·奈尔所说，军权和经济力量是“可以用来说服他方改变立场的命令式硬力量的例子。硬实力离不开引诱（胡萝卜）或威胁（棍棒）”。硬实力明确了然，软实力不露声色。奈尔认为软实力“可以拉拢人而非强迫他们。软实力仰仗一种以塑造他方偏好的方式设立政治目标的能力”。

2007年秋，美国国防部长罗伯特·盖茨（Robert Gates）呼吁美国政府大力投入美国软实力的复兴，指出单凭军事力量不能保卫美国在全世界的利益。盖茨批评后冷战的策略是“目光短浅的”，它“破坏了美国与世界其他地方融入、协助和沟通的能力——‘软实力’，而软实力在整个冷战期间都起着十分重要的作用。美国国务院在一段时间停止雇用新的驻外事务处人员。美国国际开发署大量裁员——越南战争期间其编制人员多达1.5万人，到20世纪90年代，仅剩大约3000人。美国新闻署遭到裁撤，不再是一个独立实体，变得四分五裂，许多职能合并到国务院的小角落”。

在这个过程中损失的是美国的软实力优势，特别是民间外交方面的优势。在冷战期间，关于美国、美国价值观和美国公民生活方式的信息被传播到共产主义世界，东西方文化教育的交流作为主要的软实力途径也早已存在。

现如今全球信息与通讯网络，特别是互联网，为包括民间外交在内，特别是在对抗恐怖主义宣传的工作中的新型软实力途径提供了新机遇。

根据美国国家情报委员会（National Intelligence Council）预测："恐怖主义到2025年为止都不大可能消失。"反而非正规部队——可以把他们称作恐怖分子、游击队或叛乱分子——将继续直接或间接地挑战美国或其他强大国家。阿富汗和伊拉克的经历表明了压倒性实力不会在不对称战争中取得成功——至少也需要辅以软实力。正如一名专家所说，这样的冲突"要求使用国家实力的所有要素。想要取得成功不能够仅仅依靠强加意志到他人身上，而要更多地去塑造朋友、敌人，最重要的是塑造介于朋友和敌人之间的人"。其他专家更加坦率地表达了相同的观点。在阿富汗战争第8年时，安德鲁·巴塞维奇谈到此次冲突时，建议"阿富汗战争（像伊拉克战争）不要以武力取胜。它只能通过政治解决，即使解决过程并不完美"。

那么在反恐中有什么样的硬实力和软实力可以选择呢？

军事硬实力

约翰·刘易斯·加迪斯（John Lewis Gaddis）观察到，在世界贸易中心坍塌和五角大楼被部分摧毁不久之后，"除了策划和实施恐怖事件的少数人以外，没有人预料到事情会发生。但从事件发生的那一刻起，所有人都认识到一切都已经发生了改变"。继"神风特攻队"偷袭世界最强大的（也是唯一的）超级大国领土以来，"9·11"事件堪比珍珠港袭击事件。但就两起偷袭事件的相似性而言，大多数评论员没有提到它们最明显的不同：在珍珠港事件中，一国政府下令攻击，目标是军方人员；但在纽约和华盛顿事件中，一个国际恐怖分子网络的成员策划并实施了针对无辜平民的攻击。将两起事件等同起来，引发战争隐喻似乎才显得合乎逻辑。政治领袖和媒体立即将其称为"对美国的袭击"（一种战争行为）是期望得到一种同样具有说服力的回应，即小布什总统迅速公开宣布的"对抗恐怖主义的战争"（War against terrorism）或"针对恐怖行动的战争"（War on terror）。注意，在恐怖主义大背景中，名词

“战争”（war）常常跟在介词“对于，针对”（on）而非“反对，对抗”（against）之后，杰弗里·农贝格（Geoffrey Nunberg）解释道：

> “针对……的战争”（war on）这一搭配可追溯到本世纪初，那时人们习惯了用这个搭配描述反对酒精、犯罪和贫穷等对社会大众有害的事物，比如“针对斑疹伤寒的战争”（the war on typhus），这些社会罪恶频繁出现，只能缓和，不能彻底根除。社会对毒品或醉驾宣战，但没有一个人期望获得全盘胜利。
>
> “针对恐怖的战争”（the war on terror）也暗示了这不是一场针对人类敌手的运动，而是一场针对到处流行的社会瘟疫的运动。

上文是约翰·克里（John Kerry）对“针对恐怖行动的战争”（war on terrorism）含义的理解方式。2004年总统竞选期间，他说：“唯一实际的目标是推行暂时性对策，将其降低到小麻烦的状态，而非全方位集中的清理。他指出这与遏制卖淫和赌博之间有相似之处。”同样，保罗·皮勒认为“反恐的一个主要教训是恐怖主义不能被‘击败’——只能使其减少、衰弱，在某种程度上得到控制”。但布什总统从未放弃“针对恐怖行动的战争”或“针对恐怖的战争”的含义和目标，也就是说，这场战争“在全球范围内所有恐怖团体被发现、阻止和击败之前不会结束”。奥巴马总统则将其对抗恐怖主义的战争限制在“基地”组织及具有相似目的的极端分子的范围内，他也警告那些“反对我们的恐怖分子”，“我们将打败你们”。

军事报复

在恐怖主义和反恐怖主义的背景下发动一场真正的战争，敌人必须控制一个国家或国家的一部分。阿富汗战争就是这样的情况。控制了阿富汗大部分地区的塔利班统治者允许本·拉登在阿富汗建立“基地”总部和训练营。这是一个国家的准统治者和一个恐怖组织之间产生共生关系的鲜明例子。该恐怖组织策划了针对美国的前所未有的恐怖袭击。当塔利班领导层拒绝了美国在“9 · 11”事件之后将本 · 拉登及其同伴驱逐出境或移交美国的要求后，通过战争取缔“基地”组织及其支持者的提议获得了大量的国际支持，因为“世界大部分地方准备接受民族自卫的延伸定义——《联合国宪章》第 51 条要求的标准”。阿富汗战争是在袭击美国事件之后打响的，因此被合理解释成一种报复和防范行为。保罗 · 皮勒认为“在近期发生具有明确挑衅意味的重大攻击事件，且证明某个国家对此应负责任的情况下可启用武力选项。对恐怖组织和恐怖分子有关活动的日常支持行为并不属于这一类”。在打击塔利班的事例中并没有完全满足严格的要求，因为塔利班领导人或其追随者既没有计划也没有实施“9 · 11”事件。但是，塔利班领导阶层与本 · 拉登及其“基地”组织有着密切的联系，很可能早已知悉了“9 · 11”事件的阴谋。

报复指在事实发生之后采取的惩罚性行动，或者如尼尔 · 利文斯顿（Neil Livingstone）所说，“报复指对那些犯下不法行为的人做出的惩罚，因为对此种行为不存在其他形式的和平解决方案”。就恐怖主义而言，如果能准确定位恐怖分子所处的特定位置，军事报复的目标可以是恐怖分子自身；如果能确认政府是行凶者的支持者，军事报复的目标也可以是一个国家。从理论上说，报复和先发制人之间有区别，但在现实中二者的界限常常模糊不清。因此，1986 年美国空袭利比亚的黎波里和班加西是对利比亚参与西柏林夜总会（美国军人常去的夜总会）爆炸事件的迅速报复。但是军事措施也是先发制人的，因为这些措施被认为可以阻止利比亚总统穆阿迈尔 · 卡扎菲援助未来的恐怖行为。针对“基地”组织和塔利班的阿富汗战争，同样是报复性和先发制人的。

合法报复和国际法认可的报复“不能是反复无常、无固定时限的，必须符合一些详细定义的条件和限制”。首先，寻求和平解决方案的努力必须已经失败；其次，报复措施必须与初始的侵犯行为成比例，一定不能伤及无辜；最后，许多专家认为“有效回应一起突发恐怖事件”的军事报复只能限制在恐怖袭击之后的有限时间内。“在正常情况下，军事行动的窗口期大概不超过72小时。”最后一条解释了为什么以色列常常非常迅速地报复恐怖袭击。但限制合法报复的时间范围降低了达成和平解决方案的机会，尽管在大部分恐怖主义案例中达成和平方案是遥遥无期的。皮勒警告要警惕“为报复而报复”，但他承认“反击可能有助于保持国民士气”，认为“这或许已经成了大多数以色列报复恐怖分子的主要考虑”。“如果报复是为了抚慰受害国民众或震慑将来的袭击”，那么它必须是公开的，不能偷偷摸摸。

尽管精确制导炸弹和导弹已经提高了“外科手术式”空袭的准确性并降低了伤及无辜人士的风险，但这项选择并非万无一失。平民继续在类似的攻击中无辜受伤或身亡。当这些人员伤亡（被称为“附带伤亡”或“附带损害”）发生时，实施报复的政府将受到国外（有时也受到国内）的谴责。在黎巴嫩真主党成员于2006年夏天越境进入以色列抓捕以色列士兵之后，作为回应，以色列大规模军事袭击了位于黎巴嫩的恐怖分子据点。尽管以色列为对抗真主党的战争正名，称其是对绑架以色列国防军成员的报复和一项阻止南黎巴嫩军在未来使用火箭恐怖攻击以色列平民的预防措施，但是评论家谴责以色列没有首先尝试和平解决边境事件，且伤害了大量的黎巴嫩平民。当然，问题在于和恐怖分子作战与和国家军队作战的巨大差异，因为恐怖分子常常在平民区活动和躲藏。但是如果报复或预防行动的目标没有完全实现——比如2006年以色列对黎巴嫩真主党的冲突——结果对民族士气和团结是不利的，未必能起到威慑未来恐怖袭击的效果。

继美国领导的联军取得表面上的胜利之后，阿富汗战争成为持久的不对称战争，战争一方是“基地”组织恐怖分子和塔利班叛乱分子，另一方是作为北约部队一部分的美国军队。但是一名“进攻行动和进攻军事能力”的支持者认为，“即使不成功的进攻行动也能迫使恐怖武装或其分支永久中止行动以免遭毁灭，这将有助于削弱他们的能力”，而且“攻击行动的威胁对拖垮恐怖分子至关重要，不论他们是在阿富汗野外的恐怖武装还是躲藏在城市之中和全球无人区的恐怖分子”。

但以军事单位战斗的恐怖分子并不是典型的恐怖组织，把他们作为目标与使用攻击性武力对抗藏匿在城镇或农村平民之中的恐怖分子或叛乱分子有很大的不同。在“针对恐怖行动的战争”期间，对恐怖分子或叛乱分子实施的高危攻击行动的众多悲剧之一发生在2008年8月，当时，一支美特种部队（SOF）在阿富汗阿齐贾巴德的一个村庄实施了空地联合作战行动。当尘埃落定，90多个平民——大部分是妇女和儿童——同大约36名叛乱分子一道丧生。这次行动对美国在阿富汗的村庄，整个阿富汗，乃至国际社会的声誉造成的损害，再一次远远超过了消除一些恐怖分子或叛乱分子带来的利益。特别是当军事行动涉及无辜局外人士的死亡时，常常让恐怖组织集结支持者并招募新成员。因此，针对“基地”组织和塔利班人员的“外科手术式”打击，常常跟随着塔利班和“基地”组织恐怖分子在阿富汗和巴基斯坦的暴力行动。

军事先发制人

作为“9 · 11”事件之后外交政策的一部分，布什总统宣布了美国对威胁美国国家安全且不能进行威慑的无赖国家具有发动先发制人战争的权利。先发制人指“在敌方行动之前攻击，从而阻止敌方行动和避免遭受伤害”。此处的关键是，是否能获得针对某个国家的攻击计划的可靠情报。如果证据存在，先发制人的军事行动便名正言顺。但是要获得能够证明所有先发制人行动的合法性的证据总是障碍重重。尼尔 · 利文斯顿在恐怖主义的背景下讨论了这个话题，他在“9 · 11”事件很久之前便写道：

> 事实上，对于世界其他地方，一个实施先发制人攻击的国家看起来是一个侵略者，而不是潜在的受害者，为了赢得对其行动的认可，进行先发制人攻击的国家将不得不提出充分的、具有说服力的理由，从而为其行动正名。然而，这是极度困难的，并且在某些情况下可能是办不到的。

正如罗伯特·杰维斯（Robert Jervis）所指出的："预防性战争的本质意味着其证据是模糊的，且其支持论点是有争议的。假如英法两国在1939年之前就加入对德国的战争，大部分民众会相信二战是不必要的。"鉴于这个原因，政府一般不愿意发动先发制人的战争。

对于美国，这种军事先发制人的观点在伊拉克的形势中发生了改变。通过入侵和占领伊拉克，美国在世界许多地方失去了它曾经用以激励许多国家参与对抗"基地"组织和阿富汗塔利班政权的军事联盟的道德高地。鲜有例外的是，国际社会对华府发动伊拉克战争的主要原因并不买账，即伊拉克存在大规模杀伤性武器和萨达姆向恐怖分子（即"基地"组织）提供这些武器的威胁。如果这可以成为入侵伊拉克的理由，那么当时的朝鲜、伊朗和巴基斯坦会引起更大更直接的威胁。但是就像第十章所详述的，对布什总统来讲，赞成先发制人的战争的决定性因素并不在于某种威胁是否即将发生。正如总统在一次电视采访上所发表的言论：

> 我认为当我们遇到威胁时，有必要在威胁迫近前（重点强调）处理那些威胁。如果威胁迫近了就太迟了。在这种新型的战争中就太迟了，这也是我之前做出（发动伊拉克战争）决策的原因。

如果美国声称有权"向……新兴的威胁在其尚未完全形成之前"发动战争，正如总统的所作所为，将证明针对许多国家的先发制人的攻击都是正当的。而且其他国家也可以坚持相同的权利。不论赞成和反对先发制人战争的根本理由是什么，军事力量可以击败恐怖主义援助国家的军队，颠覆他们的政权，但是不能完胜散布在全球的恐怖主义网络。

伊拉克战争就是这样一个例子：以阻止灾难性恐怖主义的名义进行的入侵，为效忠于“基地”组织的团队和分支或具有相似目的的组织涌入伊拉克和发动恐怖主义浪潮铺平了道路。此次冲突一开始并不是“针对恐怖行动的战争”的一部分，而是为了打击和战胜伊拉克军队。然而，就在击败伊拉克、颠覆萨达姆政权之后，此次冲突转变为美国军队及其盟友与外国恐怖分子和当地叛乱分子之间的不对称战争。在萨达姆统治期间，伊拉克本身不是圣战恐怖分子的繁殖地，并且不允许来自阿拉伯和穆斯林世界的外国极端分子入境和发动针对平民的致命暴力。讽刺的是，初步击败伊拉克之后的几年时间，见证了伊拉克和外国武装分子掀起的恐怖袭击浪潮——不仅针对占领军成员，而且大多数是针对伊拉克大部分领土的平民大众。假如伊拉克成为真正的所谓的全球反恐战争最重要的前沿阵地（正如布什政府宣称的），那么它也是侵占伊拉克在阿拉伯和穆斯林世界引发和滋生的仇恨和愤怒的直接结果。例如，2007 年，在全球发生的 1.4 万 多起恐怖事件中，有 6000 多起（43%）发生在伊拉克；在全球因恐怖袭击造成死亡的 2.2 万 多人中，有 1.3 万多人（60%）死于伊拉克。

2008 年报告的恐怖袭击有所下降，这主要是因为：2007 年夏，美国在伊拉克的军事部署激增；也许更为重要的，是所谓的“安巴尔觉醒”（Anbar Awakening）群众运动，大量逊尼派教徒反对伊拉克“基地”组织的外国极端分子，而与美国军方合作；而且，什叶派教士领袖穆克塔达 · 萨德尔（Moqtada al-Sadr）决定严加管束迈赫迪军，集中精力在政治进程中获得权力。[1]

总之，针对恐怖主义援助国的战争可以发动并且赢得胜利，但即使是最强大的军事力量也不太可能打败跨国恐怖主义组织或网络。在总统奥巴马就职典礼之前，国防部长盖茨写道："直接军力将在对抗恐怖分子和其他极端分子的长期努力中继续发挥作用。但从长远来看，美国不能消灭恐怖主义或找到胜利的方法。"

当谈到跨国恐怖主义，特别是全球恐怖分子网络时，稳妥的旧式警方行动比军事行动更有作为。相比将恐怖主义当作战争来看的范式，一名研究恐怖主义的学者更赞成将恐怖主义理解成犯罪，他认为：

> 恐怖主义是一个在全球范围内存在的现象，恐怖事件发生频繁，且必定涉及犯罪。任何一个反恐的国家或国际机制必须以这一认识为基础。自由民主制已经构建了处理犯罪的完备法律法规、体系和组织结构；最终，刑事审判制度应当成为他们反恐努力的核心部分。

最近一项有关 1968 年到 2006 年全世界所有活跃恐怖团体的研究发现，7% 的团体因为军事力量而终止，40% 因为警察而终结，10% 因为意识到自己的目标是多么的局限而停止。根据同一项研究，在所有组织中，43% 因为政治解决方法或协议而终止了暴力活动。换句话说，将恐怖团体纳入政治议程的传统刑事审判途径和努力在终止恐怖主义方面

[1] 在鲍勃·伍德沃德最新书籍《内部战争：2006—2008 年白宫秘史》推出之前，《华盛顿邮报》有报道称增兵"不是伊拉克暴力活动骤降的首要因素"。除了"安巴尔觉醒"和迈赫迪军受到抑制之外，伍德沃德提到了情报官员和军方官员采用的有助于定位和瞄准主要恐怖分子和叛乱分子的"新型隐密技术"。文章见于 http://www.washingtonpost.com/wp-dyn/content/article/2008/09/04/AR2008090403160.html。在他的回应中，国家安全顾问史蒂芬·哈德利坚持认为 2007 年的增兵是使得其他改进成为可能的决定性因素。哈德利的论述参见 http://www.whitehouse.gov/news/releases/2008/09/20080905-5.html。

比军事行动成功得多。然而，如前所述，也存在军事力量是一个选项、有时也是最佳选项的情况。

突击队袭击

除向资助恐怖主义的国家发动战争或者对恐怖主义援助国和恐怖集团实施空袭之外，突击队攻击恐怖分子的巢穴和训练场地、利用突击队抓获恐怖分子和利用代理人攻击恐怖分子都是许多目标国家的可选项。使用突击队增加了攻击的准确性，减少了伤害无辜的风险。但派遣特种部队小组到敌对环境，也使小组成员冒着被抓获、伤害乃至牺牲的危险。利用代理人从一方面来讲，可以消除本国人员被伤害的危险，如果攻击失败或者带来附带伤害，还能容许官方人员拒绝对事件负责。但从另一方面讲，援助政府可能失去对代理人的控制。有传言说 1985 年，在贝鲁特的汽车炸弹袭击杀死了无辜的黎巴嫩旁观者。据称，美国中央情报局雇佣了本土人士实施此次攻击，但失去了对他们行动的控制。最近，在“9 · 11”事件之后入侵阿富汗期间，美国特种部队成员向阿富汗部落成员付钱让其协助捕获本 · 拉登、“基地”组织成员和塔利班领导人。但据报道，阿富汗人也从另外一方收取贿赂并警告他们美国领导的联盟即将采取的行动。

另外，突击队可以用来对特定恐怖行为的行凶者实施系统化惩罚行动。一般来讲，民主国家的政府和公民并不赞成暗杀恐怖分子。但在某些困境中，一些专家建议用以牙还牙的手段对抗残忍的恐怖分子，行动“必须是经过精挑细选的、战斗是秘密的，只针对那些应负责任的且拒不承认罪行的恐怖分子”。

惩罚行动的典范仍然是以色列在 1972 年慕尼黑奥运会国家运动员遇袭后的应对行动。在总理果尔达 · 梅厄（Golda Meir）的激励下，以色列军方和情报部门选出最出类拔萃的精英组成一个突击队，代号为“天谴行动”（Mivtzan Elohim，即 Wrath of God），责令突击队成员抓获应对慕尼黑事件承担责任的“黑色九月”恐怖组织的所有成员。几年来，“天谴行动”突击队在中东和欧洲追捕“黑色九月”的领导者和追随者，将他们逐一杀死，直到1979年才完成刺杀任务。在执行任务的过程中，突击队也犯了错误——例如，一名在斯堪的纳维亚的阿拉伯人因被错认为是慕尼黑袭击事件的巴勒斯坦领导而遇害。但是，正如一名观察家赞许地写道：“尽管有一些引人注目的混乱……摩萨德（Mossad）（以色列情报机关）对巴基斯坦恐怖分子造成了致命的打击，这没有丝毫吹嘘的成分。恐怖分子知道谁做的，对以色列国民那已经足够了。”其他人建议美国应当依照“天谴行动”模式建立一个反恐突击队，作为反恐行动中一个更具攻击性的选择。

暗杀

“天谴行动”是一项暗杀行动。政府通常闭口不提或否认他们参与了对恐怖分子的暗杀。但在某些情形中，官方人员承认要是能满足担惊受怕的平民寻求更多保护的心理，这样的定点谋杀可作为预防行动和报复行动。因此，2000年秋，以色列官方公开承认他们的军队正在瞄准和捕杀被起诉攻击以色列平民或策划这些行为的巴勒斯坦人。尽管巴勒斯坦人称其为“国家恐怖主义”和“暗杀”，但一名以色列高层政府官员解释这些行为是反恐措施的组成部分，并说“大部分应对恐怖行为的有效而正确的方式是清除或监禁这些组织的领导人员”。有一次以色列军方瞄准了一起巴勒斯坦恐怖袭击事件的一名幕后策划者，但在任务实施过程中杀死了几个平民。此事发生之后，一名采访人员使用“暗杀”这个字眼描述此次行动，以色列外交部长希蒙·佩雷斯（Shimon Perez）听后很愤怒。“自杀性人肉炸弹不会受到死亡的威胁，”他认为，“唯一能够阻止他们的方式是截击派遣他们的领导。”总理阿里尔·沙龙（Ariel Sharon）明确表示“防止犹太人受害的行动”将继续下去。的确，以色列加强了谋杀恐怖集团领导人的行动。但是从长远来看，除掉哈玛斯领导人谢赫·亚辛（Sheik Yassin）、其继任者及巴勒斯坦恐怖集团高层中的许多其他人是否会减少针对以色列的暴力攻击仍然无法确定。比起底层恐怖分子，他们的领导在死后更易被尊为殉道者，从而吸引更多新人的加入。

“9·11”事件之后，美国大众媒体就正在进行的木·拉登搜寻行动的最佳战果展开了辩论。是逮捕还是“消除”（即暗杀）“基地”组织领导？这是一个问题。如果本·拉登被逮捕并由美国司法审判，美国内部害怕掀起新一波恐怖袭击。也有人担心如果本·拉登被逮捕并押解至国际法庭，美国会失去对审判程序的控制。就消除“基地”组织幕后老板的威胁而言，自美国中央情报局参与了20世纪60、70年代谋杀外国领导人的阴谋被揭露之后，暗杀就被美国宣布为不合法的行动。可以肯定的是，本·拉登既不是国家元首，也不是一个国家的领导人。然而，“9·11”事件之后，问题是当知道恐怖分子是目标时，总统和国会是否应当解除暗杀禁令。迈克尔·伊格纳季耶夫（Michael Ignatieff）提出反恐战斗中定点暗杀的三个条件：“仅作为最后手段；仅当美国人生命受到过度威胁时才有可能实现抓捕；仅在可以避免无辜平民死亡和伤害的地方。”布什总统没有撤销禁止暗杀的行政命令，国会也没有提出允许定点暗杀恐怖分子的法案。但“9·11”事件后，总统布什签发了一项授权中央情报局杀死或抓捕恐怖主义首领的裁决。事实上，在2002年的秋天，由美国中央情报局操纵的一架“捕食者”（Predator）无人驾驶飞机向也门一辆汽车发射了“地狱火”（Hellfire）反坦克导弹，杀死了一名关键的“基地”组织领导人和其他5人。此行动毫无疑问是定点暗杀的成功一击。类似的“捕食者”攻击了阿富汗的“基地”组织和塔利班领导人，但没有成功。“9·11”事件后，暗杀恐怖分子仍是美国打击恐怖主义策略的一部分。

2010年春季，在美国国家安全委员会批准定点刺杀躲藏在也门、出生于美国的传教士安瓦尔·奥拉基（Anwar al-Awlaki）之后，即使是美国公民，一旦成为恐怖分子，也将被列在中情局的暗杀名单上。奥拉基是一个具有领袖魅力的传教士，号召暴力反对美国，并招募圣战分子在美国实施袭击。2009 年秋季“胡德堡大屠杀”（Fort Hood massacre）的行凶者尼达尔·哈桑（Nidal Hasan）、企图在圣诞节（2009 年）引爆炸弹的奥马尔·法鲁克·阿卜杜勒穆塔拉（Umar Farouk Abdulmutallab）和其他一些知名的恐怖分子都是奥拉基的门徒。美国广播公司新闻网（ABC News）的杰克·泰普尔（Jake Tapper）问起奥拉基是否在中情局暗杀名单上时，中情局局长莱昂·帕内塔（Leon Panetta）回答说：

> 奥拉基是一名向美国宣战的恐怖分子。他现在所做的一切事情都是设法激励其他人攻击这个国家，有整整一连串的情报可查到奥拉基，还有他不停说服他人以某种方式攻击这个国家。你可以从奥拉基身上追踪到底特律（圣诞节）的炸机犯。我们可以从奥拉基追踪到这个国家发生的其他攻击，这些攻击由奥拉基煽动或者受其影响。奥拉基是一名恐怖分子，是的，他也是一名美国公民，但他首先是一名恐怖分子，我们将像对待恐怖分子一样对待他。我们没有暗杀名单，但是我可以告诉你们这样一件事，我们有一个恐怖分子名单，他的名字就位列其中。

人质救援任务

在 20 世纪 60 年代晚期和 70 年代早期，当劫持人质成为最流行的恐怖策略时，军警专家就开始讨论合适的救援方法。但是，正如皮勒回忆的，正是因为“德国未能成功救援 1972 年慕尼黑奥林匹克运动会时被劫持的以色列运动员（才真正）导致欧洲主要政府组建承担此类任务的技艺精湛的突击队”。例如，德国在其边防队组建了一个名叫“边境保护组”（GSG-9）的反恐突击队。英国指定特别空勤队的特别突击队为一支反恐力量。在1976年，以色列突击队是首个实施了令人瞩目的救援任务的国家，当时恐怖分子劫持了一架从特拉维夫飞往巴黎途中的法航客机，并强迫飞行员降落在乌干达恩德培。虽然乌干达当局支持那些威胁要杀死以色列人质的劫机者，但是以色列仍使用C-130飞机搭载着86名训练有素的突击队成员降落在机场。在几分钟之内，伞兵打倒恐怖分子，救出95名乘客。虽然2名乘客在交火中死亡，救援突击队队长乔纳森·内塔尼亚胡（Jonathan Netanyahu）不幸以身殉职，但恩德培突袭成为“一个世界性的轰动事件——毫无疑问的反恐胜利”。

1977年11月，在卡特总统任职期间正式建立反恐部队时，被视为反恐突击队的“三角洲部队”（Delta Force）已经处在规划阶段。就在几个月前，德国GSG-9战队在索马里摩加迪沙机场冲进被劫持的德国汉莎航空公司的飞机，解救了所有86名乘客。三角洲部队由查尔斯·贝克卫斯（Charles Beckwith）上校指挥，是美国一支反恐怖主义的拳头力量——特别是伊朗人质危机期间救援任务失败后，其结合了各军队的特殊部队组成了所谓的特种作战部队。伊朗作战行动失败的部分责任归咎于不同军队服务之间协调不力。（但是，与摩加迪沙不同，那里的索马里政府欢迎德国突击队救援行动，而美国救援力量飞进的是伊朗国内一个极其恶劣的环境。可以肯定的是，以色列突击队在恩德培也面临着敌意——并取得了成功——但是除了他们行动的出色执行，他们的成功得益于出其不意，因为这是此类救援行动的先河。）

近期，外国人被劫持为人质（一次一人或三五成群）后，通常被扣留在跨国恐怖分子在伊拉克、巴基斯坦、阿富汗、沙特阿拉伯和其他地方的藏匿处，这使得救援尝试变得几乎不可能或没办法实现。

虽然国内救援行动往往问题比较少，但是当绑架者控制了国家的领土时，其救援难度与解救在国外扣留人质的难度没什么不同。哥伦比亚是一个具有启发性的例子。多年来，哥伦比亚革命武装力量绑架和扣留了几百名人质，尽管哥伦比亚安全部队屡次尝试解救他们，其中许多人很长一段时间都没有被释放。但是，军事情报机关和突击队的联合努力，最终在 2008 年 7 月 2 日成功实施了最惊人的非暴力解救人质行动。这次行动从哥伦比亚革命武装力量丛林营地解救了 15 名人质，其中包括哥伦比亚前总统候选人英格丽德·贝当古（Ingrid Betancourt）和 3 名美国人。在他们已经渗透到恐怖 / 游击组织几个月后，救援人员扮成哥伦比亚革命武装力量的战士，并令守卫相信他们是奉命从三个地点押送人质到集合点，然后从集合点飞往一个国际会议地点。伪装起来的救援者、真正的哥伦比亚革命武装力量战士和人质一起穿行了 90 英里的丛林。当一架直升机降落时，哥伦比亚安全部队伪装成哥伦比亚革命武装力量的操作人员下机，给人质戴上手铐，命令他们随着两名守卫一起登机。在飞机起飞后不久，守卫即被控制并解除了武装，人质们才获悉他们最终自由了。贝当古已经被囚禁了 6 年以上，3 名美国国防承包商被囚禁了 5 年。

总之，解救人质的任务在“宽松的环境”比“非宽松的环境”更有可能取得成功。各个国家和世界各地的不同反恐突击队实施的许多人质救援任务，都肯定了这一经验法则。

非军事硬实力：经济制裁

与军事行动一样，经济制裁由政府强制实施，通过经济制裁措施影响受制裁目标的行为。贸易和外援制裁意在改变政府行为，而金融制裁既可以针对国家主体也可以针对非国家主体。贸易制裁禁止向目标国家进出口商品，外援制裁可中止向受制裁政府提供金融援助和其他援助，比如贷款；典型的金融制裁重点是冻结外国政府或组织的金融资产，使他们不能从外国银行账户转移金钱。所有上述经济制裁，都是美国政府的反恐措施。

事实上，当美国国务院确定某些国家为恐怖主义的支持者时，这项指控会自动触发美国施加的多种制裁，包括禁止某些商品出口和各种外国援助项目。此外，具体的制裁往往要立法禁止赞助的国家。但制裁需要慎重考虑。虽然制裁使目标国家（有些情况下是目标组织）遭受损失，但同时也会导致制裁实施国家出口行业的业务和工人损失。此外，除非其他国家决定赞成制裁，单边实施此类型的措施往往达不到预期效果。在过去，即使是美国的欧洲盟国，也毫不渴望或愿意加入美国的单边制裁行动。就伊朗、叙利亚和古巴问题而言，情况的确如此。

不论制裁的理由是什么，“有关治国之道的学术文献一般是持怀疑态度的，它们认为使用经济制裁和其他策略是无效的，甚至会适得其反”。例如，罗伯特·佩普（Robert Pape）根据证据推断“经济制裁不大可能取得外交政策目标”。但是，皮勒指出利比亚可能是“由制裁塑造支持恐怖主义的国家行为的最好例子”。在利比亚的事例中，史蒂芬·D·柯林斯（Stephen D. Collins）的一项研究表明，由美国实施的单边经济制裁（和轰炸利比亚城市）并没有打消卡扎菲政府资助恐怖主义的念头，但联合国支持的多边经济制裁确实显著地减少了利比亚支持的恐怖主义袭击。联合国安全理事会（UN Security Council）实施的多边制裁的特别目的，是迫使利比亚交出泛美航空公司 103 号班机恐怖袭击的嫌疑人。因此，“证据清楚地表明，随着多边制裁的实施，利比亚对恐怖主义的支持急剧下降”。同样，穆阿迈尔·卡扎菲在 2003 年年底表示愿意拆除大规模杀伤性武器，毫无疑问，这项决定是受他的愿望影响的，他希望结束所有制裁、进而改善国家经济。

截断财务资源

金钱被认为是恐怖主义最重要的燃料。美国总统布什和国务卿科林·鲍威尔受“9·11”事件促动而下令采取措施截断“基地”组织和其他恐怖主义集团的财务资源时，称金钱是恐怖主义的氧气和命脉。的确，恐怖分子需要钱来养活自己，维持他们的训练设施、武器，以及支持恐怖行动的策划和执行。但是，皮勒恰当地指出，通过施加金融控制打败恐怖主义的努力会遇到两方面的问题：(1) 杀害无辜平民的恐怖活动成本相当低；(2)“在恐怖世界流动的资金是极难追踪的”。跟踪恐怖分子的财务资源有几个重要的阻碍因素，包括他们习惯使用假名、喜好不正常的金融交易——其中包括洗钱——以及参与犯罪活动，比如毒品走私。此外，实际的恐怖袭击成本相当低。虽然提前好几个月准备，涉及实施自杀式炸弹袭击者等数十人，但整个“9·11”事件阴谋的花费没有超过 40 万美元。准备历时两年的马德里火车爆炸案花费估计为 1 万美元。甚至最具破坏性的单个自杀式炸弹袭击者的爆炸腰带，只需 100 美元左右就能组装成功。跟踪资金链更可能成功地确定恐怖主义分支的成员，由此增加执法人员追捕恐怖分子的机会，想要一劳永逸地使恐怖组织全部破产歇业不太可能成功。

软实力与反恐

除了硬实力即军事措施和经济措施之外，也有一些回应特定恐怖事件和一般恐怖主义威胁的不那么激烈的选择。在评估软实力的使用时，需要弄清国家支持者和恐怖集团或网络的区别。

威慑

像许多其他卓越的国际关系学者和政策制定者一样，罗伯特·杰维斯认为当代恐怖主义威胁“不能通过威慑遏制”，因为“恐怖分子是狂热分子，他们没有什么珍重的事物，让我们可以用来冒险；像（萨达姆统治下的）伊拉克一样的歹徒甘于接受风险，喜欢制造事端。越来越多的无力感加大了对威慑效果的不满”。理查德·贝茨（Richard Betts）推断威慑在应对当今重大恐怖主义威胁方面“功效有限”。但是罗伯特·F·特拉格（Robert F. Trager）和德西斯拉瓦·P·扎格尔彻瓦（Dessislava P. Zagorcheva）认为“声称威慑在反恐中是无效的言论是错误的”。在这两位政治学家看来：

即使看似狂热的被宗教信仰强烈鼓舞的恐怖分子，在某种意义上也并非是非理性的，并非是不会受到威慑的。

恐怖主义支持体系的一些基本要素的动机似乎并不明确，因此易受到传统形式的威慑，特别是在需做长期准备的重大攻击行动的早期决策方面。

即便是动机极强的恐怖分子，他们的政治诉求（而非自己的生命和自由）在一连串的行动中面临着风险也会受到威慑的影响。

特拉格和扎格尔彻瓦认为“危及（恐怖集团）政治目标的能力……是目前为止实现反恐政策最重要的目标之一——粉碎全球恐怖网络——的最佳机会”。

外交

对于不同的恐怖主义支持国家，威慑的愿景是不同的。但是如果没有外交接触，没有与恐怖主义和恐怖组织的支持人对话，那么不可能弄清楚威慑是否有希望。

近四十年来，美国一直坚持不与恐怖分子谈判，不会屈服于恐怖分子的要求。这项政策是尼克松政府制定并实施的，此后也为所有的政府官方所接受。然而，外交代表着一种努力解决特定恐怖状况、说服其他政府加入反恐措施和暂停他们支持恐怖分子的有用工具。外交努力往往在人质劫持情况中特别紧迫，此时受害者的健康乃至生命都岌岌可危。在伊朗人质危机期间，美国多次试图寻找外交解决方案打破僵局——即使美国和伊朗已经断绝了外交关系。在这种情况下，瑞士驻德黑兰大使馆成员和联合国官员都作为第三方，代表美国进行谈判，最终，阿尔及利亚官员在促成协议结束危机中起了重要作用。外交有机会解决危机，是因为伊朗当局对人质挟持者有很大的影响。在1985年美国环球航空公司劫机危机期间，同样也有大量的媒体外交，包括华盛顿官员和黎巴嫩个人在电视上说明他们的立场和回应彼此的建议和要求。更为重要的是，华盛顿官员和以色列政府之间的接触以及红十字会（Red Cross）的角色，在谈判释放以色列囚禁的阿拉伯人和解救真主党挟持的人质中起着至关重要的作用。

选择外交路线并不能保证圆满解决问题。虽然美国和塔利班没有外交关系，但是对阿富汗境内“基地”组织和塔利班设施的军事行动之前会有第三方（特别是巴基斯坦）促成的间接外交交流。但是，一些失败例子不应打消在其他事例中使用外交行动的积极性。用国家恐怖主义委员会的话来讲：

> 外交是一个重要工具，它既能在特定情况下获得其他国家的协助，也能说服国际社会谴责和取缔恐怖分子令人震惊的做法……
>
> 美国应该加强努力，阻止各国对国际恐怖分子提供范围广泛的援助。这一举措的重点是必须通过鼓励各国停止承认和容忍其境内恐怖分子的存在，限制恐怖分子的行动自由。

最后，外交“是与反恐的所有（其他）要素联系在一起的”，如保罗·皮勒观察到的，不论你想到的是军事措施、情报和执法领域的国际合作、截断恐怖分子财务资源的努力，还是经济制裁。

恶化与恐怖主义支持者的外交关系是美国反复做出的选择，这显示了一个受攻击国家惩罚恐怖主义支持国的决心。但是这个选择去除了直接外交在反恐中的作用，而外交关系可作为探索一国政府可能减弱支持恐怖主义的意愿的措施。

当然，即使没有正式的外交关系，政府与政府之间的直接接触也不是毫无可能，可以成为促使恐怖主义支持国改变政策的一个因素。利比亚再一次成为典型例子。在2003年，利比亚从美国国务院的恐怖主义支持国名单上除名。在除名之前，美国、利比亚相互接触使穆阿迈尔·卡扎菲决定中止大规模杀伤性武器的项目和停止参与任何恐怖主义活动，并且他还同意补偿利比亚支持的恐怖事件中的受害者家庭。到2008年年底，即华盛顿和的黎波里之间断绝外交关系28年后，这两个国家终于愿意恢复全面外交关系。正如之前所提到的，卡扎菲希望结束对本国的经济和政治隔离。这大大影响了他的决定，但是外交有助于达成最终的成果。

以朝鲜为例：朝鲜是美国国务院支持恐怖主义国家名单上另一个长期在列的国家；美国、中国、日本、俄罗斯和韩国的联合外交努力，而非军事力量，使得朝鲜坐在谈判桌前。因此，平壤迈出了第一小步，同意拆除在宁边的核反应堆，并许诺长期延后发展核计划和验证机制。继而，美国承诺解除经济制裁，从恐怖分子的支持者名单中除去朝鲜，并且一旦可验证无核化流程能实现时，就打开国际援助的大门。事实上，这不是该故事的美好结局，而是另一轮艰难而长期持续的谈判过程的开始。到2009年初，朝鲜驱逐了国际核检人员，开始重新处理乏燃料棒，提取钚用于生产核武器。国际社会需要再一次努力恢复谈判。（译者注：2016年2月24日，联合国安理会投票一致通过扩大对朝鲜制裁的决议，以此回应朝鲜1月6日的核试验。此次制裁为20年来对朝鲜的最严厉制裁。）

美国总统是否应直接与伊朗领导人谈判是2008年总统竞选中一个重大的争论焦点，奥巴马同意无需先决条件即可跟美国的对手，包括伊朗，进行谈话，而约翰·麦凯恩（John McCain）反对直接的和最高级别的外交。同时，布什政府也提出异议。2008年5月，布什总统在以色列议会（Knesset）发表讲话，在提及伊朗总统马哈茂德·艾哈迈迪－内贾德（Mahmoud Ahmadinejad）之后，紧接着说：

有些人似乎认为我们应该与恐怖分子和激进分子谈判，好似一些独创性论据将说服他们之前所做的一切都是错误的。我们已经听到过这种愚蠢的妄想。当 1939 年纳粹的坦克越过边界进入波兰时，一位美国参议员宣布："主啊，如果我能够与希特勒会谈，后来发生的所有一切事情可能就能避免了。"我们有责任还原这种做法的本来面目，即虚假的绥靖安慰。历史已反复证明这是不可信的。

在总统斩钉截铁地拒绝了与伊朗领导人对话和回击了那些直接对话倡议者两个月之后，美国国务院三号人物威廉 · J · 伯恩斯（William J. Burns）前往日内瓦参加会谈，同行的还有欧盟代表和伊朗核谈判代表赛义德 · 贾利利（Saeed Jalili）。虽然日内瓦会议未形成实质成果，但有报告显示，美国政府和伊朗政府正在考虑向对方首都派驻办事处。华盛顿和德黑兰有关非正式外交交涉的可能性的评论具有重要意义，与总统艾哈迈迪—内贾德和总统布什通常好斗的言辞和副总统切尼长期虚张声势的做法大相径庭。鉴于总统奥巴马的立场是与伊朗、古巴以及其他敌手进行直接外交，双方可以考虑首先在对方首都展开多种官方交涉。这好似步入外交路线的前奏，以期改变恐怖主义支持国的政策。

对话恐怖集团

是否与恐怖集团对话和谈判首先取决于特定的环境。发生人质事件时，政府最有可能愿意直接或间接与恐怖分子交涉以解救同胞生命。在伊朗人质危机中，在华盛顿和德黑兰之间的武器换人质的交易中（目的是为了解救黎巴嫩真主党绑架的美国人质），以及其他不那么著名的例子中，政府和企业一同与恐怖分子谈判和做交易，无需多言，这是为了解救人质。这种做法一直延续至今。

为了解救人质而屈服于恐怖分子的要求会有很多后遗症，因为这样的交易可能鼓励同一集团或其他组织再次绑架人质进行要挟。

如果有可能的话，与他们谈判放弃恐怖主义、让集团参与国内 / 国际政治进程中也是相当困难的。北爱尔兰是一个很好的例子。经过几十年的血腥暴力和一个持久的和平进程，北爱尔兰最终在2007年初转危为安，爱尔兰共和军的政治派别新芬党（Sinn Fein）和代表了多数新教徒的民主统一党（Democratic Union Party）共同组建了一个新政府，代表天主教少数派长期反对新教徒、担任重要政治角色的伊恩·佩斯利（Ian Paisley）成为了第一部长（相当于总理），前爱尔兰共和军指挥官马丁·麦吉尼斯（Martin McGuinness）为第一副部长。北爱尔兰的例子说明，通过谈判达成和平协议很少在首次尝试就能成功；相反，更有可能的是，和平之路是由协议打破和暴力再次爆发等铺垫而成的。斯里兰卡政府与泰米尔猛虎组织、西班牙政府与巴斯克“埃塔”恐怖组织，以及以色列政府与哈马斯集团之间的停火协议，都经过了多次谈判和多次协议被打破。然而鉴于军事行动终结恐怖主义的效果不佳，谈判途径在某些情况下可能是最有前景的选项。

人们需要认识到，恐怖组织的目标和意识形态决定着是否有寻求共同点与和解的机会。除完全独立外，分裂主义组织也倾向于勉强接受有较高程度的政治、经济和社会自治，即便仅仅是因为害怕失去自己的拥护者。从另一方面来看，有着不可妥协目标的组织不会改变他们的最终目标。虽然有可能与德国巴德尔—迈因霍夫恐怖分子等马克思主义武装分子谈判并通过释放一些监禁的同伙来解救他们劫持的人质，但是与他们谈论组织的终极目标的直言命题（即摧毁资本主义、德意志联邦共和国及西方其他国家的民主政权）是毫无意义的。宗教恐怖分子也往往有不能妥协的绝对要求和目标。将之前是恐怖组织、而现在正式宣布放弃恐怖主义的非宗教性巴勒斯坦“法塔赫”（al-Fatah）组织，与宗教性巴勒斯坦哈马斯组织作比较是有启发性意义的。“法塔赫”已经接受与以色列构建“两个国家”的妥协解决方案，而哈马斯却从未放弃其终极目标——将以色列从中东地图上抹去。

尤其是“9·11”事件之后，虽然认识到与恐怖分子开展会谈所涉及的困难和风险，但是，丹尼尔·拜门（Daniel Byman）通过回顾政府与爱尔兰共和军、西班牙“埃塔”、巴勒斯坦解放组织等恐怖集团的接触，调查出这些对话带来的潜在利益。他也评估了美国与黎巴嫩真主党/哈马斯之间的会谈可能——没有提到是否赞成与“基地”组织领导人会谈。与“基地”组织展开实际对话的建议可能会被认为是“无异于叛国”，然而路易丝·理查森（Louise Richardson）了解到这一情况后写道：

> 如果有什么不同的话，我们似乎对敌人本质的了解比我们开始反恐战争的时候少得多。我们先入为主地认为他们的要求十分极端、没有商量余地，但是应当找出这是否属实。
>
> 艾曼·扎瓦希里（Ayman al-Zawahiri）俨然是“基地”组织领导层的主要代言人和战略家，虽然我们尚不清楚他是否有权威让跟随者追随其后，但是无论他有多少恶名，与其交涉的机会不应当错过。

有趣的是，扎瓦希里在2006年12月公布的一盘录像带中说美国将最终不得不与“伊斯兰教世界的真正力量”（大概是指“基地”组织领导层）进行对话。换句话说，“基地”组织第二大指挥官发信号，表示愿意与美国谈判。

在这个问题上，作者支持反对对话本·拉登或其助手的一方，因为该组织的目标无谈判余地。谈判将振奋“基地”组织和全球类似恐怖主义网络，无需放弃暴力而使其政治角色合法化。正如一名专家所说：

> 没有迹象表明“基地”组织改变了使用暴力的思维。难以想象一个将“基地”组织纳入的可行的初级谈判流程。“基地”组织有全球抱负，没有稳固的领土基地，也没有明确界定的领土范围，用

于通过宪法手段满足其组织目标。在这些情况下，公开谈判将是适得其反的举动：它会使“基地”组织在政治上成为合法的组织。

同样结果未定的，是与塔利班和平谈判并结束阿富汗敌对状态的努力。美国和北约支持的阿富汗计划，旨在争取底层战士的支持，商谈塔利班领导参与合法的政治进程，并且谋取邻国政府对类似和平进程的支持。正当和平集会（或称作族长会议）批准该计划时，塔利班武装分子加紧攻击了喀布尔和该国其他地区的目标。

斯科特·阿特兰（Scott Atran）和罗伯特·阿克塞尔罗德（Robert Axelrod）两位学者通过与国务院恐怖主义集团名单上的许多组织领导人实际对话，调查了与恐怖组织谈判的效用，他们注意到“有一些恐怖组织，例如‘基地’组织，可能不得不与之战斗到底”。但他们也提出下列论点：

这是一个令人不快的真相，但是与恐怖组织的直接互动有时必不可少。即使事实证明与某个特定的恐怖组织谈判没有任何进展，但是对话和倾听有助于我们更好地了解为什么这个组织想要与我们战斗，以便我们更好地与之作斗争。

然而，在 2010 年 6 月，最高法院在“霍尔德诉人权法项目”中裁定，即使是这样的专家与恐怖组织接触也构成“物质支持”，由此也会使一个恐怖组织“合法化”，因此认为这些接触是违法的。

考虑到“基地”组织和类似组织以阿拉伯人和穆斯林的名义犯下暴力罪行，一个理查森也推荐的、更有前景的行动，是致力于减少那些阿拉伯人和穆斯林对恐怖组织的支持和同情。为了获得道德支持和招募新成员，恐怖分子需要他们声称的自己所代表的那一类群体的亲善。因此，有必要使用 21 世纪的信息和通讯方式开展一项民间外交行动。

民间外交

当谈到阿拉伯和穆斯林世界时，在巴基斯坦、沙特阿拉伯、印度尼西亚和其他一些国家的民意调查，显示出对本·拉登的强烈支持，他的事业有一个软肋，利用正确的民间外交途径可以使其更加软弱。“明天没有恐怖”（Terror Free Tomorrow）组织在穆斯林国家开展了大量调查，其主席肯尼思·鲍伦（Kenneth Ballen）发现这些国家对美国存在明显的怨恨，但同时也有无需大的政策调整即可逆转大局而支持美国的可能性。

以巴基斯坦为例，在2008年6月的一项调查中，80%的受访者说“基地”组织的首要目标是坚决抵抗美国；57%的受访者赞同这个目标。这项调查还显示只有1/3的巴基斯坦人支持本·拉登及其“基地”组织。当问起哪些方面可以使其对美国的看法改观时，绝大多数人认为教育奖学金和美国签证、两国之间的自由贸易、灾难援助、医疗救助、为建设学校和培训教师提供资源，可作为改善巴基斯坦人对美国看法的措施。最令人惊讶的结果是，较大比例的本·拉登支持者比非支持者更积极地回应那些被认为可能改善巴基斯坦人对美国和美国人态度的美方措施。再以印度尼西亚为例，2005年致命海啸发生后，美国领导的救灾工作在此开展，之后这里的公众舆论对美国变得更加有利，对本·拉登的态度变得大不如之前积极。根据这些结果和其他考虑到的穆斯林国家的相似结果，肯·鲍伦（Ken Ballen）写道：

> 我们的调查揭示，美国将会见证到穆斯林世界绝大数人对美国看法的巨大改进，包括那些表达支持“基地”组织和本·拉登的人。条件是我们对他们表示尊重，关心他们的日常生活，采取实际的、相对可行的措施，例如加大直接的人道主义援助（医疗、教育、食物），提供签证和更好的贸易条件。

为了让民间外交起作用，不仅仅是国务院官员，华盛顿决策者们也必须考虑如何解释和证明美国政策——为与不为——是合理的，以及如何来衡量那些政策对外国公众的影响。简言之，需要有一个有效的民间外交。

与传统的政府之间的外交不同，民间外交是由一国政府实施，目标是针对外国民众。到目前为止，“9 · 11”事件后美国在阿拉伯和穆斯林世界的民间外交一塌糊涂，因此与冷战期间的成功相差甚远。冷战时代美国民众外交的三大支柱——经由外语广播节目向共产主义世界传播信息、文化交流和教育交流——需能适应 21 世纪的全球现状。在信息时代，许许多多的全球电视广播网和互联网提供即时新闻、信息和沟通，过去行之有效的广播策略现在已经不起作用了。比以往任何时候都多的工具和机会，可以用来拥有和吸引更多的国外观众——但前提是由会说目标观众语言、了解目标观众文化、当然也了解美国公共关系目标的专业人员构思、制作和出品创新节目。

虽然有充足的经费，例如美国政府的阿拉伯语电视网自由电视台（al-Harra）和广播电台萨瓦（al-Sawa），但是既没有展示出他们冷战时代“美国之音”或“自由欧洲广播电台”等先辈的卓越，也没有为一个截然不同的媒体和通讯环境找到有希望的新途径。至于互联网，国防部长罗伯特 · 盖茨（Robert Gates）的评论直中要害，他说：

> 公共关系由美国发明，但我们在向世界其他地方宣传本国方面做得很差，这包括传达我们的社会文化情况、自由民主情况、政策和目标等。“基地”组织在通过互联网传达它的消息方面做得比美国好得多，这是一个十分令人尴尬的事实。正如一名国外外交人员几年前提的问题：“一个洞穴里的男人如何才能在通讯方面超越世界上最强大的通信社会？”当谈论到美国的沟通战略时，我们脑海中不会轻易浮现快速、敏捷和文化关联等词汇。

虽然现代化的民间外交模式必须重视互联网上虚拟文化交流的充足机会，但是绝不可以以牺牲直接文化交流为代价，因为调查显示，许多阿拉伯人和穆斯林喜欢这样的互动方式。

最终，民间外交也应当对准温和派穆斯林传教士和舆论制造者，比如新闻机构人员，尤其是新闻分析家、社论作者和专栏作家，并且鼓励他们甚至向他们施压，令其大胆抗议以伊斯兰教名义进行的恐怖主义。2004 年车臣分离主义分子在别斯兰恐怖袭击了一所俄罗斯学校之后，许多穆斯林传教士谴责袭击事件——但这些谴责常常不是绝对的，他们或明或暗地允许对以色列和其他不支持巴勒斯坦事业的异教徒（如俄罗斯）实施致命打击。其他穆斯林领导指出 21 世纪初的大多数可怕的致命恐怖袭击都是穆斯林所为。描绘先知穆罕默德的丹麦漫画引起的暴力轩然大波期间，一些阿拉伯舆论制造者质疑了穆斯林世界因漫画而举行大规模抗议活动，但却对圣战分子斩杀西方人质并将行刑录像发布在互联网上的事保持集体沉默。由于这些温和派人士是促进非暴力运动和最终结束他们群体、国家和区域内暴力的最大希望，因此，他们是大众媒体和个人沟通工作的特定目标。

和解与和平

稳定的民主政府努力向个人或组织提供调解、妥协和和平的机会，而不是打击和镇压他们——这一选择常常在对恐怖主义的回应方式中被忽视。正如彼得 · C · 瑟德伯格（Peter C. Sederberg）所指出的：

> 我们往往低估民主原则本身可能提出的有效回应措施的可能性。谈判、妥协和和解蕴含于民主流程，但是评论员通常认为它们是不相干的，甚至一点也没效果，对它们不予理会。

如果个体恐怖分子意识到他们抗争的无助，恐怖组织并没有下定决心完全毁灭所对抗的国家，那么仍存在和解和妥协的机会。例如 1980 年的意大利“悔过”法律这一努力，旨在吸引个别恐怖分子远离红色旅恐怖组织，赢得他们的合作，进而削弱和打败该恐怖组织。这项努力的时机无疑是正确的，因为当时红色旅越来越残暴的恐怖袭击惊骇了愈来愈多的成员，一些成员不再相信他们的武装斗争会成功。虽然一些恐怖分子抓住了这次机会，但其他许多恐怖分子并没有。泰拉 · 德拉 · 波尔塔（Donatella Della Porta）认为“团体动向”将恐怖分子保持在同一战线，并发现：

> 在放弃恐怖主义的过程中，许多武装分子其实是被迫通过加强其对组织的忠诚度以回应一些同志的“背叛”。团结同志的程度也影响着退出地下组织的过程。访谈称这种情感是“你不能依个人决定而放弃的”。

2004 年 6 月，在沙特阿拉伯一系列致命的恐怖袭击之后，国王法赫德（Fahd）呼吁“基地”组织的武装分子追随者在一个月内到执法机关自首，届时“宽恕之门”将打开。这次有限制的大赦还附上了警告，除非武装分子屈服，否则他们将面临举国的愤怒力量。在特赦宣布不久之后，两名沙特阿拉伯头号通缉恐怖分子投降。但一个与本 · 拉登有联系的沙特阿拉伯组织发布网络新闻，预言这项行动将以“彻底失败……未能阻止圣战”告终。在这个特例中没有威胁存在，但是想要成为叛逃者的成员因害怕被惩罚而不太可能脱离他们的组织。有限制的大赦一点也不成功。

正如面向个人的和解努力一样，和平倡议旨在将政府和恐怖组织聚集在一起寻找非暴力和解办法。这在过去取得了喜忧参半的结果。在南非，涉及少数派政府和南非非洲国民大会的长期和平进程是成功的，因为它促进了 1994 年一个民主政府的成立。在“逐渐了解彼此”的阶段，各党设定了一个谈判议程，并同意可行的妥协方案：政府释放非洲国民大会的囚犯，而非洲国民大会终止其武装斗争。此后进行了实际谈判、实施谈判协议，并最终实现“真相与和解”的进程。20 世纪 90 年代，北爱尔兰各党同意参与谈判来解决百年冲突，和平推动了一个持久的、非暴力的政治解决方案。在中东，过去几十年，谈判解决巴以冲突似乎多次步入正轨，但在关键时刻，不赞同双方和解的反对者使和平进程脱出轨道。虽然西班牙政府和与巴斯克分裂组织“埃塔”之间的会谈在 20 世纪 90 年代达成停战协议，但是从长远来看，恐怖分子反对和解方案，并重新开始他们的恐怖活动。

国家与国内恐怖组织之间的冲突似乎比一个民族国家与外国恐怖组织或国际恐怖主义网络之间的冲突更容易实现和解和妥协。非宗教组织比宗教组织更愿意参与谈判。本·拉登的个别追随者可能受到特赦的诱惑放弃他们的恐怖活动，但全球“基地”组织恐怖网络的首脑与他们主要的敌人——美国——不太可能走上和解和妥协之路。但是，和解作为回应恐怖主义的众多选项中的一个选择，万万不能忽视。事实上，政府可以使用“胡萝卜加大棒”的方式，或者如瑟德伯格建议的，“将和解和镇压要素结合起来”。

第十二章　平衡安全、自由和人权

在 2009 年圣诞节针对飞往底特律的未遂炸机案发生后，警察审问了案犯乌玛·法鲁克·阿杜穆塔（Umar Farouk Abdulmutallab），并最终对他宣读了“米兰达原则”（Miranda warning）（即“你有权保持沉默。如果你不保持沉默，那么你所说的一切都会被用来在法庭作为控告你的证据。你有权在受审时请律师在一旁咨询。如果你付不起律师费的话，法庭会为你免费提供律师。你是否完全了解你的上述权利？”）。结果，尼日利亚市民阿杜穆塔选择保持沉默，直到他的父亲从尼日利亚飞抵美国并说服他开口。评论员指责恐怖分子和嫌疑人不应享有“米兰达权利”，应该审问他们以获得对正在进行的反恐战争的有价值情报。在早前和之后的案件中也出现过类似问题，涉及者有像阿杜穆塔这样的外国人，也有像胡德基地（Fort Hood）射手尼达尔·哈桑（Nidal Hasan）这样的美国公民。实际上，早在该问题提出之前，警方在认为对公共安全必要时就可以破例处理，在质询被捕人员前不宣读“米兰达原则”。

除了这次例外，2010 年 5 月 1 日在时代广场发生的未遂卡车爆炸案发生后，引发了另一场公众关于给予恐怖分子“米兰达权利”的利弊讨论。美国司法部长埃里克·霍尔德（Eric Holder）宣布奥巴马政府将与国会合作，在处理恐怖分子嫌犯的逮捕和拘留问题时放宽“米兰达原则”。尽管霍尔德声称更灵活的“米兰达权利”符合宪法要求，但民权团体对他的计划仍持反对态度。保守方呼吁将恐怖分子和恐怖分子嫌疑人当作战士对待，认为他们是军事罪犯，应该受到长时间的审问。

这场讨论再一次证明了民主社会在平衡公民自由权和安全需要之间的困难。政府的第一责任是保护人民的生命和财产安全。因此，政治领袖们倾向于在危机时刻以提供安全保障为由采取特别的举措。但是在灾难性的恐怖袭击发生后，民主政府必须抵制住诱惑而不要走得太远——否则，只会让他们想要击败的恐怖主义者得势。恐怖分子希望改变受袭社会的行为。恐怖分子在攻击民主国家时，他们希望袭击目标因为恐惧而减弱或放弃他们最可贵的价值：他们对民权和人权的尊重。本·拉登在发动“9·11”事件时，就是抱着这样一种目的，而且他认为自己成功了。他在一次半岛电视台的采访中说道：

> 美国领导的西方文明，其价值已经被摧毁了。那些象征着自由、人权和人性的标志性建筑已经被摧毁了。它们消失在烟尘中。
>
> 美国政府禁止媒体播出我们的陈述，这份陈述还不到一分钟，这就是证明。他们感到美国人民已经开始了解事实真相，真相就是我们并非他们所说的恐怖分子，而是因为我们在巴勒斯坦、伊拉克、黎巴嫩、苏丹、索马里、克什米尔、菲律宾以及很多其他地方都在遭受攻击。

尽管本·拉登在描述“9·11”事件后美国和西方世界所发生的变化时有些言过其实，但无疑对手的反应是他非常乐见的。早期的恐怖分子还期望政府能够有过度反应，从而使本国市民受挫或愤怒。在

“9 · 11”事件前，保罗 · 威尔金森（Paul Wilkinson）对“比恐怖组织发动的任何行动能更快、更有效地摧毁民主”的“过度反应”和遏制措施提出了警告。但是他也告诫了在面对恐怖威胁时不要“反应不足”。换言之，一边是确保人民安全的责任，另一边是尊重民权及人权的要求；一边是有效的反恐和防恐措施，另一边是众人推崇的社会价值观，政府必须努力在二者之间获得平衡。

防恐和反恐之间有什么区别？在 20 世纪 80 年代，马克 · A · 塞尔莫（Marc A. Celmer）写道：“防恐行动是指采取防御性的举措来阻止恐怖主义的发生，它与反恐措施相对应，后者本质上是攻击性的，是对恐怖行动的应对。”“防恐”一词仍被认为是防御性质的，但“反恐”的通常意义已经超越了攻击性质。在受到恐怖主义威胁时，政府采取和执行一系列的政策和措施以防止发生进一步的恐怖袭击。追捕恐怖分子、惩戒恐怖活动的支持者、发动报复袭击、加强安防措施以及加强准备工作都属于全面反恐战略的内容。通常，许多政府机构以及私有部门会参与到反恐活动中。因此，反恐包含应对恐怖主义的战略和战术。按照一条百科全书条目：

> 反恐并不针对具体某个领域或机构，它涉及来自社会各个层面的实体。例如，公司有安防计划，有时会与政府分享商业数据。地方警察、消防和应急人员（常称为“第一应对者”）有应对恐怖主义袭击的方案。军队执行对恐怖分子的打击行动，通常使用特种部队。

于是，防恐政策和行动成为了国家在应对恐怖主义及其威胁时采取的全面反恐手段的一部分。

在美国政府颁布它的第一部综合性防恐、反恐法案之前，欧洲民主国家，例如德国、希腊、英国，为应对频繁发生在它们境内的恐怖袭击制定了多项法案。1970 年到 1989 年期间，联邦德国对刑法进行了十项修订，使得司法和警察部门有更多理由调查和拘捕嫌疑人。“9 · 11”事件之后，曾被联邦德国用来反对红军派及其后继组织的、兼有描述和数据挖掘功能的“计算机检索”（Rasterfahndung）恢复了活力。谈到早前的实践，彼得 · 卡赞斯坦（Peter Katzenstein）写道：

> 新开发的“计算机检索”是为反对恐怖主义而量身定制的。它存储了大量的数据，目的是识别涵盖多项可疑特征的重叠集群，希望由此能更高效、更有效地开展警察工作。例如，在 20 世纪 70 年代，警察获得了西德公共事业公司的文件，并识别出了通过现金支付账单和通过第三方支付账单的客户。通过检查住所登记（这在西德是必须的）、汽车登记、社会保险收据、儿童保育付款和其他数据源，潜在嫌疑人的范围进一步缩小。剩下的是一个潜在恐怖主义嫌疑人的名单：没有养老金或儿童津贴的人、没有登记的人、没有汽车的人、没有以现金或通过第三方支付水电费账单的人。传统的警察调查（包括监控和入室搜查）仅针对这张嫌疑人清单展开。

“9 · 11”事件后，“计算机检索”系统主要关注二十多岁和三十多岁的穆斯林和阿拉伯人，以及旅行社、通信公司、大学和其他公共和私人机构提供的数据。2006 年初，德国的宪法法院在审判一个摩洛哥人的诉讼案件时裁定：“计算机检索”仅在对国家安全和个人生命存在“真正的威胁”时才合法。

“9 · 11”事件发生后，德国在几个月内就发布了两部综合性反恐法律，包含多项影响深远的条款，例如将执法部门的管辖范围扩大到德国边境以外，允许政府禁止宣扬暴力的宗教团体、扩大边境巡查队筛查和搜查过境人员及其行李的权利。2006 年，黎巴嫩学生试图炸毁两辆德国火车未遂后，总理安吉拉·默克尔（Angela Merkel）及其政府大力推动在火车站和其他公共区域安装闭路摄像系统。位于科隆主要站点的一台摄像机提供了两个年轻人登上一辆火车的细粒状图片，很快其中一名嫌犯就落入法网。

1973 年，英国颁布了针对北爱尔兰恐怖袭击的《北爱尔兰法案》，法案加强了紧急事件处理的条款。自那以来，英国已经颁布了多部防恐法案。和德国一样，“9 · 11”事件以及 2005 年 7 月伦敦交通系统发生多起自杀式袭击后，英国又颁布了多部综合性的法案：2001 年的《犯罪与安全法》、2005 年的《恐怖主义预防法》、2006 年的《恐怖主义法案》。即便是在 2001 年前，当时英国政府主要关注的还是北爱尔兰冲突背景下的恐怖主义，英国情报和警察机构就已经得到《2000年调查权监管法案》和《2001 年犯罪和安全法案》的授权，“检查可能暗示恐怖主义活动的通信数据”。此外，为了监控通信数据，警察或情报机构只需要提交一份书面申请，由机构中的专人进行审批。正如约翰·柳（John Yoo）在美国某参议院委员会前作证时所述：

> 英国的警察（相比美国同行）拥有更大的权力在没有犯罪指控的条件下拘捕恐怖嫌疑人。2006 年的《恐怖主义法案》第 23 章规定了一项流程，嫌疑人被拘留的时间不得超过 28 天，超过 28 天后他要么被指控犯法，要么就获得释放。如拘留超过 48 小时，需要法院审批。如果政府希望关押嫌疑人超过 7 天，需要再次经过法院审批。法官不需要寻找可能的原因，但必须确信“有正当理由相信进一步拘留申请所涉人员是有必要的，或是为了通过质询或其他手段获取相关证据，或是为了保留相关证据”，而且“与涉案人员相关的调查工作没有拖延”。嫌疑人可以寻求律师帮助，也可以在法官面前进行书面或口头的沟通，但是嫌疑人和他的律师可能不被允许参加听证会。在拘留 2006 年 8 月炸机案的被捕嫌疑人时，英国

政府已经行使了这项权利。这不仅使得炸机阴谋受阻，同时警方也能在正式指控嫌疑人之前收集更多证据。

伦敦发生自杀式炸弹袭击（含未遂案）后，2006年紧接着就出台了《恐怖主义法案》，该法案规定，鼓吹和鼓动政治暴力属于犯罪行为。和德国、希腊的法律禁止在新闻报道或恐怖分子的宣传资料中鼓吹恐怖主义一样，该条款太过宽泛而很难发挥作用。

20世纪80年代初期，美国也不例外地在每次重大的反美恐怖主义行动后，通过立法和执行活动来进行应对。但是直到1996年，在国会和比尔·克林顿总统应对俄克拉荷马市的炸弹案前，防恐法案仍未明显地侵犯个人的公民权。20世纪80年代，境外的美国人、外国使馆和私人设施经常成为恐怖主义的目标，历届总统和国会两院都急切地想要证明他们没有袖手旁观。通常，总统会设立委员会并要求他们提供建议，而国会委员会则举行听证会。政府官员和国会议员，无论是民主党人还是共和党人，都急切地宣称他们已启动或支持通过立法以加强领空、水域和国外的安全。在此期间，1986年出台的《综合性外交安全法》最大范围地包含了新立的和修订的安全律法。例如，该法案指示国务院成立外交安全服务署，加强保护美国大使馆以及国外的其他政府设施，并扩大一项设施建设项目以巩固海外的外交任务。该法案（《公法》99页—399页）还包括了：为抓捕恐怖分子建立的一项奖励制度、为美军海外基地提供更多安全保障的一个项目、为提升海港和船上安全的多项措施、打击核恐怖主义的多项举措，以及一个恐怖主义遇难者和受难者的补偿框架。

受到1993年首次世贸中心爆炸案的严重影响，俄克拉荷马市爆炸案发生前两个月提交国会的《防恐及有效死刑法（1996年）》(《公法》104页—132页）从某些方面来说是克林顿总统期望值的弱化版本。例如，一个本可以给予警察更多权力监视恐怖主义嫌疑人的条款被删除了。不过，该法案的反对者认为它的部分内容是“近几十年来对公民权最严重的侵害”。该法案规定，个人或团体（无论本国公民还是外国人）向国务院认定的外国恐怖组织提供资金或物资支持，则为犯罪行为。法案的另一部分要求设立特别法庭负责将参加恐怖活动的外国嫌疑人驱逐出境的案件，同时保护机密情报。《防恐法》首次要求塑胶炸弹必须包含化学“标签”以便警察能够追溯其源头。应恐怖主义受害人及其家属的要求，《防恐法》允许美国市民对国务院认定的支持恐怖主义国家的政府提起民事诉讼。

上面提及的法案、行政命令和其他政府举措，无一能及白宫、国会、司法部及美国政府其他机构在“9·11”事件发生后的井喷式密集举措。据劳拉·多诺修（Laura Donohue）所述，在“9·11”事件发生后的八周内，“总统发布了几十份公告和行政命令，行政部门参与到广泛的防恐战斗中。国会提交了 323 份议案和决议，颁布了 21 部与恐怖主义袭击和反恐战争相关的法案和决议”。纽约和华盛顿的恐怖袭击发生后几天内，布什政府就向国会提交了扩大警察和检察队伍以促进反恐斗争的多项提议。约 6 周后，国会两院均以压倒性票数通过了《通过为拦截和阻止恐怖主义犯罪提供适当手段来团结和加强美利坚合众国法》，该法案就是众人熟知的《美国爱国者法案（2001 年）》(《公法》107 页—156 页）。这样急急忙忙写就的议案，几乎没有立法者在投票时了解条款的详细内容。无论是草案还是总统最后签署通过的法案最终版，都缺少新闻报道对最重要的条款进行介绍并监督，于是大众对新法案的内容一直一无所知。

《美国爱国者法案》大幅度提升了政府机构通过在不提前通知搜查对象的情况下执行“秘密潜入并搜查”居民住所、办公室和其他私人场所以追踪和收集情报的权力。政府合法的窃听权扩大了，情报在各联邦机构之间的共享范围也扩大了。政府机构仅需证明某项国际恐怖主义调查中寻找的资料是必要的，就可以合法获得调取任何人在图书馆、书店、电话公司、互联网服务商和大学的记录的权力。根据该法案的指示，美国司法部长在提起指控或开始驱逐出境程序之前，扣押外籍恐怖分子嫌疑人的时间不得超过 7 天。如劳拉 · 多诺修所言 :“《美国爱国者法案》不仅仅是‘允许’，而且是‘要求’司法部长对他认为与恐怖主义有关或对国家安全造成威胁的任何人实施拘留。该条例并未具体指定拘留的时限。不经过审讯的拘留可以一直持续，直到嫌疑人被驱逐或被认为不再是威胁。”此外，该法案规定建设一个系统，在外国人入境（到美国）时采集他们的指纹并拍摄头像。这项颇受争议的举措在 2004 年初时已经实施。

该法案的支持者强调，如果国会和总统没有延续动作的话，许多最受争议的条款会在 2005 年过期。但这并不能平息保守派和自由派的批评，这些人在获悉《爱国者法案》的详细内容后，认为其中多项条款是对宪法保证的公民自由的破坏，并反对这些条款。国会研究服务署的查尔斯 · 道尔（Charles Doyle）指出人们对数量庞大的防恐律法呈现出截然不同的反应，他谈道 :“尽管并非没有保护措施，批评家们还是认为该法案的条款做得过度了。尽管司法部要求的诸项要求它都实现了，有一些人却担心它还做得不够。”

大卫 · 科尔（David Cole）和詹姆斯 · 德姆普斯（James Dempsey）认为 :“《爱国者法案》极大地改变了政府权力的范畴，而它改变权力的方式实际上可以导致过去执法机构中最极端的权力滥用的再次出现。”这样的担忧是有理由的。美国司法部的检察长发现在多起案件中，被扣留的恐怖分子嫌疑人的公民自由和公民权利在实施《爱国者法案》时被剥夺了。检察长报告描述的案件中，有一起指控是“在一次体格检查中，一位监狱管理局的医生告诉犯人‘如果让我负责，我会处死你们所有人，因为你们犯下了滔天罪行’”。这名医生还被指控“以残忍的、非专业的方式”对待其他犯人。在监狱管理局的调查证实了这些指控后，这名医生仅仅受到了训斥——而不是开除。比这起案例中对个人虐待更糟糕的是，检察长谈到许多外籍羁押人员“在十分恶劣的条件下被关押数月，而司法部没有做任何努力去区分恐怖分子嫌疑人和在非法移民围捕中而被抓捕的人们”。美国拘留所的羁押人员中，多数因为违反移民法而被拘——在多个案件中，拘留的时间长达数月，且在这段时间内独立的司法机构无法对他们的案件进行审查。

2005 年 4 月，美国参议院和众议院举行了一系列监督听证会，就是否要延续将在年底到期的《爱国者法案》中的 16 项条款进行了长时间的辩论。广泛的意见认为，这部综合性法案中的大部分内容都是执法机构进行反恐斗争的工具，且不会引起争议。但是政界的左翼和右翼分子都强烈呼吁删除或修改《爱国者法案》中那些允许联邦调查局和其他机构压制不同政见和监视美国人的内容。尤其受争议的是允许政府获取医药、图书和其他个人记录并搜查住所的部分——在两起案件中，相关个人都未被告知这些行为。

尽管 2001 年首次发布的《爱国者法案》以压倒性票数在国会参众两院通过（参议院 98 : 1 ，众议院 356 : 56），四年后持反对意见的人数增多了——参议院以 89 : 11，众议院以 280 : 138 通过《美国爱国者改进和重新授权法（2005 年）》和《美国爱国者增加授权修订案（2006 年）》。但两党中的绝大多数人仍将票数投给了这些议案——也许因为他们加强了国会和司法部门对诸多领域的监管，尤其是与窃听、获取个人记录、“秘密潜入及偷窥”搜查令等。但布什总统于 2006 年 3 月签署两项议案成为法案（《公法》109—177 页和《公法》109—178 页），他的签署声明清晰地阐明了他保留忽略这些监督条款的权力。

总统关于众议院第 3199 号法案
(《美国爱国者改进和重新授权法案(2005 年)》)的声明

今天,我签署颁布众议院第 3199 号法案,即《美国爱国者改进和重新授权法案(2005 年)》,以及参议院第 2271 号法案,即《美国爱国者增加授权修订案(2006 年)》。这两项法案将帮助我们继续有效对抗恐怖主义,继续打击非法吸食冰毒——吸食冰毒已经毁了太多人的生活。

行政部门将对众议院第 3199 号法案的条款进行解读,呼吁为行政部门以外的机构提供情报,例如 106A 和 119 部分,采用与总统的宪法权力一致的方式监管单一的行政部门,并对揭露后可能影响外交关系、国家安全、行政部门流程或行政部门宪法义务表现的情报给予隐瞒。

行政部门将对众议院第 3199 号法案的 756(e)(2)部分进行解读,该部分条款呼吁行政部门官员提交国会建议立法行动,采用与总统的宪法权力一致的方式监管单一的行政部门并建议国会采取他认为有必要且紧急的措施。

乔治·W·布什
于白宫,
2006 年 3 月 9 日

就在《爱国者法案》的第二版成为美国法律前几个月,布什总统在新闻报道中承认了国家安全局在没有许可令的条件下对怀疑与恐怖分子相关的美国公民和非公民的国际电话进行窃听并拦截邮件的行为。国家安全局的这一行为违反了 1978 年的《外国情报监听法》（*Foreign Intelligence Surveillance Act*，*FISA*），该法案保护美国公民和在美国居住的外国人不受电子监控，对美国国内的外国情报嫌疑人员进行电子监控要经过外国情报监控法庭授权。“9 · 11”事件后不久，布什总统授权国家安全局在缺少《外国情报监听法》法庭发放许可证的情况下对美国市民和外籍人士实施窃听。当这些行动被曝光后，一些严厉的批评家认为布什总统已经违反了这项法律，应该被弹劾。但是正如埃里克 · 利希特布劳（Eric Lichtblau）所报道的，窃听丑闻曝光后的次年，情况仍没有任何改变。“尽管过去一年中舆情激愤，国家安全局的窃听项目仍在不受干扰地继续，无论是国会还是法院都没有给出明确的处理意见”。（译者注：2013 年 6 月爱德华 · 斯诺登（Edward Snanden）曝光了美国国家安全局的监听项目——棱镜计划（PRISM）。再次引起了轩然大波。）

然而，布什总统在任期的最后一年，努力争取并获得了更多的合法秘密监视权。2008 年 7 月，参众两院的民主党人（包括当时的议员奥巴马）和共和党人投票支持对初版的《外国情报监听法》进行重大“更新”后，布什总统签署颁布了《外国情报监听法修正案（2008 年）》（FISA Amendment Act, FAA）。首先，新版的《外国情报监听法》允许：（1）当国家安全环境为“紧迫”时，政府可在缺少法庭许可令的条件下对外国人实施不超过 7 天的紧急窃听；（2）只要司法部长认为窃听对象与恐怖主义相关，在无许可令的条件下对市民的紧急窃听可延长至 7 天。其次，新法案对于“9 · 11”事件后多年内为布什政府实施非法窃听的电信公司提供了司法豁免权。

尽管《外国情报监听法修正案》的支持者强调反恐战争中应加强安全，但是反对者希望维持基本的、宪法赋予的自由。因此，在白宫举行的签署仪式上，布什总统说：

今天，我们很高兴签署一份标志性的法案，它对我国人民的安全有着至关重要的意义。该法案将允许我们的情报人员快速、有效地监视国外恐怖分子的通讯，同时尊重国内美国人的自由。我今天签署的这项法案将帮助我们履行最庄严的责任：阻止更多的恐怖袭击、保卫人民的安全。

但是参议员克里斯·多德（Chris Dodd），该项法案最直言不讳的反对者之一，说道：

总统先生大笔一挥，这个史无前例的国内间谍政权背后的真相将永远被隐藏。但是战斗还要继续。只要有机会，我就会继续为法治和所有美国人的公民自由站出来；对于任何在法庭上质疑这一决议的合宪性的行为，我都将大力支持。我只希望法庭能够纠正国会和总统犯下的这次错误。

《外国情报监听法修正案》签署颁布后不到 24 小时，美国公民自由联盟（American Civil Liberties Union，ACLU）代表数名原告提起控诉，质疑新法案的合宪性。该联盟的控诉书写道：

（新）法案不仅在事实上将总统于 2001 年末批准的不正当间谍活动合法化了，它还给予了政府更大的监视权力，包括对美国国际通信实施拖网式监控，而不告诉法庭它打算监控谁，监视哪条电话线或电子邮件地址，监视的目标在哪里，为什么要实施本次监控，或者政府是否怀疑通信的某一方存在非法行为。

于是宪法应支持还是反对《外国情报监听法修正案》这一问题又被踢回了法庭。和布什政府一样，奥巴马政府试图通过援引“国家机密”

原则来避免针对无许可令的窃听的法律诉讼。但是美国加利福尼亚州第九巡回上诉法院（U.S. Court of Appeals for the Ninth Circuit）驳回了政府关于撤销哈拉曼伊斯兰基金会（al-Haramain Islamic Foundation）诉讼案件的请求，该基金会指控国家安全局对他们实施了非法窃听。三位法官组成的裁判委员会没有同意司法部给出的这些诉讼会揭露国家机密的理由，而是对原告的法律诉讼亮了绿灯。在另一个案子中，美国电话电报公司的客户控诉该公司与国家安全局合作进行窃听，奥巴马政府再次使用布什政府的"国家机密"进行辩护。而这只是2005年布什总统承认他允许国家安全局在没有许可令条件下监控美国居民和国外恐怖分子嫌疑人之间通讯后，全国范围内针对电信领域的40起诉讼之一。简而言之，在奥巴马就职后的最初一段时间内，两届政府在窃听案中的立场大同小异。

"敌方战士"的权利

对于美国关押在古巴军事基地关塔那摩湾的所谓"敌方战士"应享有的法律权益，以及美国在阿富汗、伊拉克、关塔那摩和其他地方的拘留设施中的外籍人士所遭受的折磨和虐待，言论都颇有争议。布什总统及其政府将几百名外国人以及少数美国人描述成"敌方战士"而非战犯或罪犯，并拒绝给予这些人《日内瓦公约》规定的战犯保护以及美国宪法赋予的被指控罪犯应享有的公民权利。"9 · 11"事件后的恐怖主义不能与战争和犯罪相关的常见威胁相提并论。但是，正如罗纳德 · 德沃金（Ronald Dworkin）指出的：

> 恐怖主义代表着新的挑战和危险，但这并不意味着犯罪法和战争法试图捍卫的基本道德原则和人权已经被废止或形同虚设。相反，我们必须在有效保护自身的同时也兼顾遵循这些原则，即探索第三种模式。

在关塔那摩湾被关押多年的六百多名外籍人士，要么是在阿富汗抓获的“基地”组织或塔利班战士嫌犯，要么是被其他政府移交给美国政府的嫌犯。但是，根据国际协议，无论宣布他们是“敌方战士”还是“非法战士”，这些人的法律权益都不应该由美国单边决定。正如安东尼·刘易斯（Anthony Lewis）的解释，“美国签署并认可的《日内瓦第三公约》中规定，如果对犯人的状态有疑问，其审讯应该由一个‘有能力的法庭’来判断。‘有能力的法庭’指的是一个独立的法庭。但布什政府拒绝遵守《日内瓦公约》”。

在其他观察员看来，这个问题并不太明朗。迈克尔·伊格纳季耶夫（Micahel Ignatieff）假设针对美国的恐怖威胁无论是过去、现在还是将来都十分严重，他提出在反恐斗争中要坚持“以小恶治大恶”的立场，他建议道：

> 要战胜邪恶，我们可能需要“以恶治恶”：无限期拘留嫌犯、高压审讯、暗杀，甚至先发制人发动战争。这些行为之所以被称之为“恶”，是因为每一项都有悖于国内和国际法律，也因为它们不经过正当程序就能剥夺人的生命权利或人身自由。这些行为只有在一个条件下才是正当的：为了防止更大的邪恶。

但是这一手段需要正式和非正式的民主机构履行自己的责任并控制“小恶”。正如伊格纳季耶夫所说：

> 只有我们的机构正确地工作——国会仔细审查立法案并摒弃那些会危害自由和安全的措施，法庭在宪法的保护下拥有执行权，媒体拒绝将自己“嵌入”到政府中——“小恶”对道德准则和宪法造成的危害才能被控制。

在大的危机中，尤其是国家安全受到威胁时，美国总统倾向于要求更多的权力。过去，总统们在暂停基本的民事权利时，很少受到政府内外其他人员和机构的检查，“9 · 11”事件后近 3 年里一直如此。尽管总统所在党派控制了两院，但只有法院有这种权力。但是，如刘易斯所述：

> 高等法院通常不愿意干预。法庭在接到日本重新安置项目，即总统富兰克林 · D · 罗斯福（Franklin D. Roosevelt's）指示将 12 万日本籍美国人从他们的家中驱赶至集中营时，多数人不愿意质疑这项认为日裔美国人可能不忠诚的军事判决，尽管事实已经证明他们是错误的。

但是，美国高等法院的确在“9 · 11”事件后“敌方战士”问题等案件中限制了总统和行政部门的权力。首先，以 6 : 3 的票数裁定关塔那摩湾的外国羁押人员有权申请人身保护令，这一古老的法令赋予了犯人质疑羁押合法性的权利。其次，高等法院还决定美国市民——即便被行政部门宣布是敌方战士的人——仍享有宪法赋予的走正当程序的权利，就算总统也必须通过正当法律程序剥夺美国市民在《美国宪法》第五修正案中被赋予的“生存权、自由权和财产权”。在一个罕见的案子中，高等法院的开明法官约翰 · 保罗 · 史蒂文（John Paul Stevens）和保守成员安托南 · 斯卡利亚（Antonin Scalia）在亚西尔 · 艾萨姆 · 哈姆迪（Yaser Esam Hamdi）案件中产生了 7 : 1 的票数。哈姆迪是美国人，在阿富汗的敌对斗争中被捕。在压倒性的意见中，法官桑德拉 · 戴 · 奥康纳（Sandra Day O' Connor）写道：

> 在这场持续的战斗中，寻求正确的宪法平衡对我们的国家具有重要意义。但是，我们不应该漠视这个国家珍视的价值观或美国人

的特权——公民精神，这一点也同样重要。越是在最困难、最不确定的时期，我们国家对正当程序的坚持就越要经受住考验；那些让我们在国外英勇奋战的原则，我们必须在国内也予以坚持。

总的来说，正如法官奥康纳所言，这些判决清楚地表明，“战时状态不等于总统的空白支票”。美国司法部和国防部没有让哈姆迪的律师在法庭上为他的羁押辩护，而是来了个180度的大转弯，宣布恐怖分子嫌疑人哈姆迪根本算不上威胁。在哈姆迪将放弃美国国籍作为释放条件后，他被送往沙特阿拉伯，成为一个自由人。

虽然美国政府在思考如何将高等法院的裁决转化成关塔那摩监狱里对犯人的实际操作，但对于关押在美国境外秘密羁押监狱中的外籍人士来说——他们的人数我们不得而知——无论出现何种令人满意的解决方案，他们的前途仍旧未卜。据“人权第一”组织（Human Rights First，其前身是“人权律师委员会”，Lawyers Committee on Human Rights）所述，“9 · 11”事件约3年后，美国政府“将犯人关押在秘密的海外监狱系统中，不仅缺少足够的监管和问责，连法律也鞭长莫及”。这些羁押人员被长期关押，无法获得律师的帮助，没有独立的政府对他们的关押进行检查，没有红十字会、人权观察或其他组织的探视。这样的政策是站不住脚的。就连认同以“小恶”对抗恐怖威胁的伊格纳季耶夫也坚信：“美国的羁押人员不应该被永久剥夺寻求法律帮助和司法程序的权利，无论是民事联邦法庭还是军事法庭。犯人被秘密关押只会滋生酷刑。如果嫌疑人被关押在法律覆盖之外的地方，那么就不可避免地会发生让美国蒙羞的行为。”

2006年6月，关于如何审批“敌方战士”的问题似乎最终得以确定。美国高等法院在“哈姆丹对拉姆斯菲尔德”（*Hamdan v. Rumsfeld*）一案中裁定，布什政府设立的特别军事法庭违反了《日内瓦公约》和《美国军事审判统一法典》。该案件最终以5∶3的票数做出对萨利姆·阿罕穆德·哈姆丹（Salim Ahmed Hamdan，曾在阿富汗担任本·拉登的司机和保镖）有利的裁决，认为“敌方战士”受《日内瓦公约》保护。此外，国会 2001 年 9 月颁布的《使用军事武力反对恐怖主义的授权书》中，并未给予布什总统不经国会同意便创建新法庭的权力。此后几个月，国会采用了布什总统签署的法案《军事委员会法（2006 年）》(《公法》1009 页—1366 页)，该法案包含了重新建立军事法庭的条款（军事法庭曾被高等法院在“哈姆丹对拉姆斯菲尔德”一案中认为是不合宪的)，以及禁止美国政府拘留的和认定是敌方战士的所有外国人使用人身保护权。美国《外交事务》杂志主编法里德·扎卡瑞拉（Fareed Zakaria）谈道：

> 2006 年的《军事委员会法》取消了所有外国人和“非法的敌方战士”的人身保护权，包括美国的永久居民（绿卡持有者）……实际上，如果行政部门声称这些逮捕是反恐战争的一部分，那么联邦法院评估拘留的合法性这一历史角色似乎就被剥夺了。

2006 年 12 月 14 日，美国哥伦比亚地区的地区法庭法官詹姆斯·罗伯森（James Robertson）做出裁定：《军事委员会法》并未允许哈姆丹在联邦法庭前为他的拘留做辩护。而一年前，正是这名法官同意了萨利姆·阿罕穆德·哈姆丹的人身保护请求，从而阻止了他在关塔那摩的战争犯罪审判。但是据詹姆斯·罗伯森所说，《军事委员会法》“明确禁止关塔那摩监狱的羁押人员使用人身保护条例”。

哈姆丹挑战了国会条例的合宪性，但 2007 年 10 月美国高等法院拒绝审理他的案件。哈姆丹被指控参与阴谋并为恐怖分子提供物资支持，哈姆丹的特别军事法庭审批于 2008 年夏天在关塔那摩进行。由 6 人组成的委员会判处他的严重指控（参与阴谋）无罪，但较轻的指控（为恐怖分子提供物资支持）罪名成立。检察官要求判处 30 年监禁或终身监禁，但委员会的最终裁定为66个月的监禁期。其中，有61个月已经服刑完毕。2008年10月，哈姆丹被送往也门，在那里完成最后一个月的服刑。

哈姆丹被释放时，约有250名“非法的敌方战士”仍然被关押在关塔那摩监狱中。其中，约100名是也门人。如何处置这些羁押人员和关塔那摩监狱这个问题将留给奥巴马政府解决。奥巴马在总统竞选中称关塔那摩监狱是美国历史上黯淡的一章，并承诺“我们会关闭关塔那摩监狱。我们将恢复人身保护法……我们将以身作则、言出必行。这是我们对未来的愿景”。在他宣誓就职后的第3天，奥巴马总统发布了一项行政命令——在立即查阅所有羁押人员的档案后迅速关闭关塔那摩湾监狱。但是，面对来自国会和其他方面的无情批评和攻击，白宫撤回了“关闭关塔那摩监狱，将剩余的羁押人员转移到美国本土的监狱，并且在正规的法庭审理”的承诺。在总统的批评者眼里，将恐怖分子或恐怖嫌疑人关押在美国本土，即便是在最严密的监狱中，也会威胁到美国本土安全。当司法部宣布“9·11”事件的首脑哈里德·谢赫·穆罕默德将在曼哈顿市中心的联邦法庭受审时，曾引发大量持续的反对。政府只好再次撤销决定，另外寻找审判地点。

颇为讽刺的是，奥巴马总统在多起涉及公民权利的案件中的立场和他的前任布什总统如出一辙。例如，布什总统在任时，司法部同意驳回中央情报局所谓“特别引渡”（将恐怖主义嫌疑人移交给以违反人权著称的外国政府）中五名受害人的诉讼。和布什政府一样，奥巴马任下的司法部采用“保护国家机密”为该案中的政府进行辩护。但是，第九申诉法庭由三位法官组成的裁判委员会宣告原告胜诉，且不受理政府的投诉。

酷刑：带头者和效仿者

> 在巴格达城外的阿布格莱布监狱里，一名伊拉克犯人……曼德尔·埃尔·贾马迪（Manadel al-Jamadi）死于一次审讯。他的头部被一个塑料袋盖住，身体被绑在十字架上，这一姿势使得他无法呼吸。根据法医鉴定，他死于窒息。

2007 年秋，在美国参议院司法委员会对其任命之前的听证会上，还未上任的司法部长迈克尔·穆凯西（Michael Mukasey）声称对水刑的性质并不知情。他说，他并不知道这种审讯手段是否包含严刑拷打。在写给委员会的一封信中，他似乎与政府的立场一致——中央情报局审讯恐怖分子或恐怖嫌疑人不受反酷刑法律的限制，但是军方和其他单位必须遵循这些法律。他被任命为美国执行这些法律的最高官员。上任后，穆凯西没有改变他的立场。相反，他曾经在参议院司法委员会前说，未来他不会反对使用酷刑。

水刑作为一种酷刑已经被使用了几百年，近来，违反人权的国家和非国家组织都使用过。据说，“实施水刑时，有一种是将犯人捆绑在板子上，脸部用布或玻璃纸盖住，水泼到嘴巴上会造成溺水的效果；有一种是将犯人头朝下浸在水中”。在过去，美国当局把这种极为恐怖的审讯方法当作酷刑，认为它可以用来惩罚战犯。因此，二战后，“美国军事委员会成功地起诉了几位对美国犯人实施水刑的日本士兵为战犯。1968 年，一位美国陆军军官曾因为在越南对一位犯人实施水刑而被法庭传唤”。

但在“9·11”事件后，情况发生了变化，水刑和其他酷刑在“反恐战争”中不再是禁止的。尽管之前也有一些发生在美国海外监狱中的，对所谓敌方战士进行的“激进型审讯”见诸报端，但直到 2004 年春，哥伦比亚广播公司新闻节目《60 分钟》和西摩·赫西（Seymour

Hersh）在《纽约客》中报道阿布·格莱布（Abu Ghraib）监狱在押人员被严刑拷打事件时，大部分美国民众才了解到这样严重违反人权的行为。政府官员将这一个案归咎到不服管理的士兵身上。但最终的证据显示，“严厉的”审讯手段——其实就是酷刑——得到了白宫、司法部和国防部法律专家的书面许可，此举明显违反了《联合国禁止酷刑公约》、美国《宪法》以及军事法的统一法典。

谈到政府评论员所谓的“酷刑备忘录”，唐纳德·P·格雷格（Donald P. Gregg，1982 年至 1988 年期间为时任副总统的老布什担任国家安全顾问）在 2004 年写道：

> 最近有报道指出，布什政府的专职律师们在努力与恐怖主义斗争时，于 2003 年写下了备忘录要恢复美国人已禁用多年的酷刑。这些备忘录为伊拉克、阿富汗和关塔那摩的恐怖行为扫清了道路，也无情地嘲弄了政府声称的“只有少数士兵被人误导而犯下了非人的虐囚恶行”。
>
> 我想象不出还有什么比这些决定更能彻底地降低美国的世界地位的事情，更重要的是，这种决定会降低我们对自己的看法。获得准许的虐待行为带来的影响极坏——看看法国人吧，到现在他们还在设法擦去荣誉上的劣迹：那些在阿尔及利亚故意使用酷刑带来的劣迹。

尽管证据确凿，美国政府依然否认在押犯受到或曾经受到过严刑拷打。2006 年 10 月，美国国会采用了由总统签署的一项包含反对酷刑条例的法案，小布什总统在他的署名陈述中坚称新法案“将会允许中央情报局继续质询关键恐怖分子头目和人员”。他声称总统有特权决定中央情报局的审讯人员可以使用哪些方法。但同时，他继续对美国人和全世界说：“美国没有使用酷刑。使用酷刑违背了我们的法律，也与我们的价值观相悖。我从未授权使用酷刑。”同样，在一次广播采访中，副总统切尼谈到在审讯羁押人员时将其“浸到水中”（指水刑）是“很容易做出的决定”，但他马上又说“我们没有使用酷刑。我们不会做出这样的事情”。

即便中央情报局局长迈克尔·V·海登（Michael V. Hayden）承认2008年初水刑曾被用于审讯三名基地组织头目：阿布·查巴达（Abu Zabaydah）、阿卜德·阿拉西姆·阿拉纳西里（Abd al-Rahim al-Nashiri）和哈里德·谢赫·默罕穆德（Khalid Sheik Mohammed），白宫仍坚称“没有使用酷刑”。一名白宫发言人称，布什总统将会“在达到某些条件的情况下授权对未来抓获的恐怖主义嫌疑人使用水刑”。副总统切尼极力为对少数恐怖分子使用严厉的审讯手段进行辩护，声称这些方法构成了“一套强硬的方案，用以对付强硬的敌人”。总统和副总统都不认为水刑或“严厉的审讯手段”属于酷刑。不出意料地，2008年3月8日，布什总统在他每周六早上进行的日常广播讲话中，宣布他已经否决了禁止中央情报局使用水刑和其他严厉审讯手段的立法。他这样为自己的否决申辩：水刑和其他严厉审讯手段的禁用“将会失去反恐战争中最有价值的工具之一”。他还说：“国会现在还不是丢弃它们的时候，因为它们一直都在很好地保护美国人。”换言之，对恐怖分子和嫌疑人进行严加拷问是布什“反恐战争”的一部分。除了完全禁止酷刑，这一被否决的提案还要求禁止：

- 强迫犯人裸露身体、从事性行为或摆出性爱姿势
- 使用兜帽或麻袋罩住犯人头部，以及使用胶带粘住眼睛
- 水刑
- 使用军用警犬
- 使用低温或高温伤害
- 剥夺犯人必需的食物、水、药品或治疗

2008年11月11日，参议院三军委员会发布了对美国境外监狱设施在押犯人为期18个月的调查报告（摘要）。委员会发现“高级官员们授权使用激进的审讯方法是虐囚的直接原因，它传达了这样的讯号：对美国羁押的犯人进行虐待和凌辱是被允许的”。该文档的详细结论将虐待和拷问羁押犯的责任归于布什总统、他的内阁成员（尤其是国防部长唐纳德·拉姆斯菲尔德）、国家安全委员会和军事领导人。谈到阿布格莱布时，该参议院委员会认为该监狱发生的虐待事件并非“少数士兵擅自行动”的个案，而是获得“高级军事和文职官员”政策许可的结果。然而，只有少数的底层士兵因虐待羁押犯而被判有罪，唯一一名被指控的军官，负责阿布格莱布监狱审讯的陆军中校，被军事法庭无罪释放。

如果在这一黑暗的篇章中有一些英雄的话，他们就是军队中质问“激进的审讯”策略，并以专业水准保护和判别关塔那摩犯人们的律师。正如大卫·科尔（David Cole）所述：

> （参议院）听证会上披露的文件显示，考虑使用高压手段时，各军的高级律师们——陆军、海军、空军和海军陆战队——表示反对，说这些战术可能是非法的。

但是当参谋长联席会议主席理查德·迈尔斯（Richard Myers）将军的法律顾问开始调查该案件涉及的法律问题时，迈尔斯将军按照国防部法律总顾问的请求“下令停止法律调查”。

《参议院三军委员会关于美国刑拘人员待遇的结论》

结论 1：2002 年 2 月 7 日，乔治·布什总统发表书面决断声称，为人道主义待遇提供最低标准的《日内瓦公约》共同条款第 3 条对“基地”组织和塔利班羁押犯不适用。决断书发出之后，“生存、躲避、抵抗和逃脱”（Survival Evasion Resistance and Escape，SERE）这一用于模拟不遵从《日内瓦公约》的敌人的战术训练中所采用的手段，如水刑、裸露、重压体位等，被授权用于审讯美国羁押的犯人。

结论 2：总统内阁成员和其他高级官员参与了 2002 年和 2003 年在白宫举行的多次会议，讨论了具体的审讯手段。国家安全委员会负责人检阅了中央情报局在该时段的审讯程序。

结论 3：使用与 SERE 训练中类似的技巧——如脱光学员的衣服、将他们置于重压体位、头戴兜帽、像对待动物一样对待他们——与美国以人道主义对待羁押人员的承诺不符。使用这些手段审讯羁押人员同样与收集准确的情报信息这一目标不一致，因为 SERE 训练的目的是增强美国人员抵抗刑讯逼供的能力。

结论 4：审讯过程中使用 SERE 训练中的技术，羁押人员受到身体和心理伤害的风险极大。SERE 学校采取严格的控制手段来降低学员在训练中的身体和心理伤害。这些控制手段包括：对学生进行医学和心理学筛选、训练过程中安排有经验的心理师进行心理干预、使用密码确保学员可以在需要时随时停止使用这些技巧。但在真实的审讯中，是没有这些控制手段的。

结论 5：2002 年 7 月，在国防部法律总顾问威廉 · J · 海恩斯二世（William J. Haynes II）的请求下，国防部长法律总顾问办公室向联合人员康复机构（Joint Personnel Joint Personnel，JPRA）获取了关于SERE训练技巧的信息用于审讯。该举动反映了这样一个立场：敌人使用的那些虐囚手段可以考虑用在美国羁押犯身上。

结论6：中央情报局的审讯流程包括至少一项SERE训练技术：水刑。政府的高级律师们，包括总统法律顾问阿尔贝托·冈萨雷斯（Alberto Gonzales），副总统法律顾问大卫·阿丁顿（David Addington），曾为中央情报局审讯手段的法律分析做咨询。司法部法律顾问办公室随后发布的法律意见解释了美国反酷刑法律下的法律义务并判决了中央情报局审讯手段的合法性。这些法律顾问办公室的意见歪曲了反酷刑法律的意义和意图，将美国羁押人员的虐待合理化，并影响国防部决定美国军方人员在审讯过程中使用哪些审讯手段是合法的。

结论7：联合人员康复机构对“攻击性”审讯行为的支持超出了该机构的知识和专业范围。美国羁押人员受虐，联合人员康复机构对美国政府审讯的支持功不可没。联合人员康复机构的攻击性支持还影响了授权使用虐待性审讯手段政策的发展。

结论8：2003年9月，联合人员康复机构支持的特种任务单位（Special Mission Vnit, SMU）、特别工作组（Task Force, TF）在伊拉克的审讯行动中，发生了虐囚事件。联合人员康复机构指挥官陆军上校兰迪·莫尔顿（Randy Moulton）授权SERE指导员（后者没有任何羁押人员审讯的经验）使用SERE训练手段积极参加特遣部队审讯，这是一项严重的判断错误。“特别任务单元特遣部队”指挥官未能命令在审讯中禁止使用

SERE训练手段是一次严重的领导失败，这导致了特遣部队对羁押犯人的虐待。伊拉克是《日内瓦公约》的战场，SERE学校的手段与《日内瓦公约》下美方人员的责任不一致。

结论9：作战司令部要求联合人员康复机构提供“攻击性”审讯支持，而美国联合部队司令部（JFCOM）批准该申请导致联合人员康复机构的活动超出了其章程和专业技能范围。直到当美国联合部队司令部的军事法官意识到，并在2003年9月底对联合人员康复机构支持攻击性的审讯行动提出担忧时，美国联合部队司令部的领导层才开始有步骤地缩减联合人员康复机构的攻击性的活动。但是，直到2004年9月，美国联合部队司令部才发布了正式的政策文件，说明支持攻击性的审讯行动已经超出了联合人员康复机构的章程范围。

结论10：少将迈克尔•墩拉威（Michael Dunlavey）于2002年10月11日提交的关塔那摩（GTMO）审讯手段审批申请受到了联合人员康复机构训练的影响，并且包括了用来教授美国人员抵制敌人虐待审讯的SERE训练内容。关塔那摩军法官戴安•比弗（Diane Beaver）中校的法律审查证明2002年10月11日的关塔那摩申请具有深刻错误且合法性不足。关塔那摩的领导，包括少将墩拉威的继任者——少将杰弗里•米勒（Geoffrey Miller），对美国国防部犯罪调查特别工作组和联邦调查局关于“这些手段可能违法，使用这些手段只会让羁押人员更加抵抗”的警告未引起重视。

结论11：“参谋长联席会议”主席理查德•迈尔斯关于中断其时任法律顾问——即后来的简•达尔顿（Jane Dalton）上尉——在2002年10月11日提起的关塔那摩法律和政策审核申请的决定，违背了军队的审核程序。迈尔斯主席和达尔顿上尉对申请中审讯手段合法性的审核结论严重不足，且与陆军、空军、海军陆战队及犯罪调查特别工作组早前形成的结论不一致。

结论 12：国防部法律总顾问威廉·J·海恩斯二世中断了对时任“参谋长联席会议”主席法律顾问简·达尔顿上尉在 2002 年 10 月 11 日提起的关塔那摩法律和政策审核申请是不恰当的，违背了军队的审核程序。总法律顾问接下来的审核严重不到位。海恩斯先生对国防部长唐纳德·拉姆兹菲尔德长达一页的建议没有谈到严重的法律上的担忧，而这种担忧此前有军事部门曾对关塔那摩请求的审讯手段提出过。此外，海恩斯先生信赖的那份军法官制定的关塔那摩法律备忘录，被高级军事律师们评价为“合法性不足”且“内容不恰当”，这让人深切不安。

结论 13：国防部长唐纳德·拉姆斯菲尔德授权在关塔那摩使用攻击性审讯手段是关塔那摩发生虐囚事件的直接原因。2002 年 12 月 2 日，拉姆斯菲尔德部长同意海恩斯先生关于批准 2002 年 10 月 11 日关塔那摩审讯手段申请中大多数手段的建议，影响并导致了阿富汗和伊拉克虐囚手段（包括警犬、逼迫裸露、重压体位）的使用。

结论 14：国防部法律总顾问威廉·J·海恩斯二世在 2003 年初命令国防部羁押工作小组将司法部法律顾问办公室约翰·柳的一份法律备忘录作为权威参考，阻碍了羁押工作小组进行公平和完整的法律分析，并导致了一份——按时任海军法律总顾问阿贝尔托·莫拉（Alberto Mora）的话——包含“严重错误”的报告。对法律顾问办公室备忘录的信赖导致工作小组在最终报告中建议批准几项攻击性的审讯手段，包括裸露犯人身体、剥夺睡眠、扇耳光等在 SERE 训练中用于教授美国人员抵抗刑讯逼供的手段。

结论 15：特种任务单位、特别工作组的审讯政策受到国防部长 2002 年 12 月 2 日批准在关塔那摩使用攻击性审讯手段的影响。特种任务单位、特别工作组在伊拉克的审讯政策包括使用诸如警犬、重压体位等攻击性审讯手段。特种任务单位、特别工作组的审讯政策是羁押人员受虐的直接原因，并影响了阿布格莱布监狱和伊拉克其他美国拘留所的审讯政策。

结论 16：关塔那摩指挥官少将杰弗里 · 米勒在 2003 年 8 月和 9 月两次对伊拉克进行评估访问时，对审讯人员在审讯羁押犯时应更具攻击性这一观点持鼓励态度。

结论 17：中将里卡多 · 桑切斯（Ricardo Sanchez）批准的审讯政策（包含使用警犬和重压体位）是导致伊拉克发生刑讯逼供的直接原因。中将桑切斯在明知部分手段的合法性一直处于争议的情况下，仍决定于 2003 年 9 月 14 日发布该政策，这是一次严重的判断失误。2003 年 10 月 12 日，中央司令部考虑到可能引发的潜在法律问题暂停了这份政策。但是替代政策的描述模棱两可，难以确定在审讯过程中使用攻击性手段（如警犬）是否获得了批准。

结论 18：美国中央司令部（CENTCOM）未能有效监管特种任务单位、特别工作组的审讯政策。尽管美国中央司令部认为桑切斯中将在 2003 年 9 月 14 日发布的包含的攻击性审讯手段的政策可能存在法律隐患，并在“7 国联合特别行动队”中删除了此类手段。但特种任务单位、特别工作组的审讯政策又授权使用这些手段，包括重压体位和使用警犬。

结论 19：2003 年末在阿布格莱布监狱发生的虐囚事件不

仅仅是少数士兵独自行动的结果。诸如脱衣、重压体位和使用警犬恫吓等审讯手段之所以出现在伊拉克，是因为它们被批准在阿富汗和关塔那摩使用。国防部长唐纳德·拉姆斯菲尔德在2002年12月2日授权使用进攻型审讯手段以及接下来高级军事官员和文职官员批准审讯政策及规划，这些都传递出一个信息：体罚和侮辱美国军方羁押的犯人都是适当的。再接下来，就是对羁押人员人道主义标准的降低。

奥巴马对酷刑和引渡的态度

奥巴马总统在就职后第三天发表了一项总统令：

1. 推翻上届政府的虐囚政策，禁止残忍地、有辱人格地对待被拘人员，要求以《美国陆军战场手册》为指导审问恐怖主义嫌犯；

2. 关闭秘密的中央情报局监狱；

3. 允许红十字国际委员会接触所有被美国羁押的人员；

4. 建立一个跨部门的特别小组负责羁押政策和流程的审查工作。

尽管总统禁止了虐囚，但他的政府对布什任期内形成的拷问外包持认同态度，且未完全禁止引渡。奥巴马政府在马赫·阿拉尔（Maher Arar）一案中的态度尤为令人不安。阿拉尔是叙利亚出生的加拿大人，2002年因被误认为恐怖分子而被美国当局在纽约的一次排查中逮捕，并被中央情报局在另一次“特别引渡”程序中送往叙利亚，在那里近一年的时间里，他每逢审讯即被虐待。联邦地区法官中止了阿拉尔的诉讼案后（该诉讼状告政府官员应为阿拉尔所遭受的折磨负责），“第二巡回上诉法庭”维持联邦地区法院的做法。接着，最高法庭拒绝立案。于是，法庭大门对“9·11”事件后美国政府外包拷问活动中的无辜受害人关上了。和布什政府一样，奥巴马政府以考虑到国家安全和保护外交关系（主要是与叙利亚和其他位于特别引渡接收端的国家）为由，要求法院不要受理该案。此外，奥巴马政府告诫该案可能质疑“认为请愿者可以被引渡到叙利亚的美国官员的动机和衷心”。

奥巴马政府没有禁止中央情报局继续引渡，但是承诺加强守卫防止出现虐囚事件。但是如果人性化地对待恐怖分子是需要关注的事情，那为何还要一开始就将这些审讯移交给强硬的外国政府机构处理呢？

酷刑：公众讨论

美军士兵在他们管理的阿布格莱布监狱虐待伊拉克居民，该丑闻的揭露使得美国人不得不面对“较小的邪恶”已经失去了控制这一让人不愉快的事实。实际上，早在阿布格莱布监狱虐囚案发生前，“9·11”事件后的几个月及后续几年内，媒体曾反复报道虐囚事件。最初，事件背景是美国政府关押的可能拥有下次恐怖袭击情报的潜在恐怖分子。一旦真正的恐怖分子落入美国手中，关于虐囚的讨论就更紧张了。虽然媒体（尤其是电视新闻节目）在公布阿布格莱布监狱的恐怖虐囚画面时表现得极为震惊，但他们更为频繁和显著地采访虐囚的支持者而非反对者。例如，《新闻周刊》的专栏作家乔纳森·奥尔特（Jonathan Alter）曾在“9·11”事件发生几周后写道：

> 尽管我们不断地在世界范围内公然反对侵犯人权的行为，但我们仍有必要对反恐战斗中的一些举措保持开放的心态，例如法庭认可的心理审讯。而且我们还需要考虑引渡一部分嫌疑人给我们不那么爱干净的盟友，尽管那是装出来的。没有人说过审讯得是干干净净、漂漂亮亮的。

在《亚特兰大月报》的一长篇文章中，马克·鲍登（Mark Bowden）区分了赤裸裸的虐待和“简化版虐待”（或按他说的“威压”）。谈到“简化版虐待”，鲍登写道：“尽管受害人受到了折磨，但这些做法不会留下永久的痕迹，也不会对身体产生持久性的伤害。”

在一篇专栏文章中，法律专家亨利·马克·霍尔茨（Henry Mark Holzer）这样攻击虐囚的反对者：

> 在我们当中，映入我脑海的有吉米·卡特这样的和平主义者和拉姆兹·克拉克（Ramsey Clark）这样的美国怀恨者，他们很可能跟没事人一样站在一旁，并忍受一场原子大屠杀。但是，多数人毫无疑问地会选择虐囚，尽管不情愿。
>
> 这些现实主义者们——我怀疑美国民众中不占少数——是对的。他们不需要因为同意使用酷刑或者接受使用酷刑而遭受一丁点道德上的内疚。任何形式的酷刑，无论多么残酷，如果是为了保护人权和合法的自卫，不仅不是不道德的，而是道德的、必要且紧要的事。

在美国主流纸质媒体中，专门谴责虐囚的文章更加屈指可数。《华盛顿邮报》的编辑们以及乔纳森·特利（Jonathan Turley）的一篇专栏文章是例外。特里写道：

> 本周，西维吉尼亚圣约翰·D·洛克菲勒（Sen. John D. Rockefeller）实际上鼓励美国将最近被捕的“基地”组织嫌犯哈里德·谢赫·穆罕默德移交给别国进行虐待。无论洛克菲勒先生认为使用代理进行虐待在法律上有何区别，它在道德上都不存在区别。结果是我们正在促使一个“通过虐待获得情报”的新兴市场生成。我们从一个曾经谴责虐待的国家变成了一个将虐待工作外包出去的国家。

尽管艾伦·德肖维茨（Alan Dershowitz）愿意完全禁止使用酷刑，但他同时也认识到对恐怖嫌疑人的肆意侵犯是不可避免的。因此，如果是在法官认为确实存在“十分紧急的危险”情景时，例如被拘人员掌握了即将发生的恐怖主义行为的重要信息，艾伦·德肖维茨请求合法的用刑，且用刑须是获取该关键信息从而阻止这次恐怖袭击的唯一方法。他在哈佛法学院的同事菲利普·海曼（Philip Heymann）则直截了当地反对用刑，并告诫如果按照德肖维茨说法出现了“用刑许可”，那么用刑的数量会剧烈增加。根据海曼，“法官们已经延后了1.4万份因国家安全提出的窃听申请，而且这些申请会一直在这里被延后”。与德肖维茨教授经常出现在电视节目中相反，海曼教授在这件事情上并未受到任何一家有线电视的采访。

普通的美国人在谈到这个问题时，表现出对该问题复杂性的理解，他们或赞成或反对，并且对相反的观点十分留意。两位参加纽约市政厅举行的用刑听证会的纽约市民就是典型的例子。下面的对话出现在ABC节目《夜线》中，主持人是特德·科佩尔（Ted Koppel）：

凯西先生：我住在洛克威。你们如果了解洛克威，就知道我们这个小镇……在世贸中心倒塌时……失去了70位朋友。你谈到了对恐怖分子的折磨。如果，如果他们能够预先抓住劫持三架飞机撞向世贸中心的恐怖分子，并获得信息的话，很多今天坐在这里的人都会开心得多，也就不会有这么多哀伤了。

科佩尔：啊……

凯西先生：我不认为……我觉得应该有限度，但是我觉得限度应该……我认为不应该那么极端。我认为应该有控制，但是如果你能从他们那里得到情报，我认为就应该拿到。

玛丽·丰塔纳女士：我的名字是玛丽·丰塔纳。我失去了丈夫，他是一位在布鲁克林工作的消防员。他也是……他的父亲是一位退伍军人，他的叔叔在“阿登战役”中牺牲了。我认为在……我们需要……我认为在这个国家开始思考我们的权利是一种“滑坡谬论”，我丈夫是为了权利而死，他的父亲和叔叔也是为权利而死……因此，我认为我们在开始指责前必须十分谨慎，因为我认为可能会带来偏见，可能会演变成政治迫害——我的观点是，你知道，我们都生活在这个国家。我的丈夫为我们生活在一起的权利而死去了，我们在谈论对人用刑时真得十分谨慎。这听起来很吓人。

这两个市政厅的参与者和其他参与该事件讨论的人，注意到了在安全和民权进行权衡时存在的问题。提供给编辑的绝大部分支持或反对的观点都经过了深思熟虑且十分文明。民意调查显示，“9 · 11”事件后美国公众在用刑问题上持支持和反对意见的人数相当。

但是当阿布格莱布丑闻出现后，这一情况发生了变化。政府和它的支持者们成为这一群众裁决的虐囚讨论的重要组成部分。他们要么否认美国人或它在其他国家的代理人曾经虐待被拘人，要么申辩“激进的审讯”是为达到国家安全目的的一种手段。美国大众对他们的观点似乎更看重。结果，阿布格莱布丑闻发生后，三个美国人中只有一个相信虐囚是非正当的，而大部分的民众认为虐囚“有时候”“很少”或“经常”是正当的。美国民众的这一态度和美国政府任期以外最顶级的关键人物是相似的。2008 年初，美国高等法院大法官安托南 · 斯卡利亚（Antonin Scalia）表达了类似的观点，他曾对英国广播电视公司（BBC）说“虐囚不符合宪法规定这一点并非了然分明”，他还说“如果嫌犯隐藏了可能危害公众的情报信息，那么‘殴打（嫌犯）脸部’”可能是合法的。

第十三章　国土安全：未雨绸缪、防范于未然

2009年12月25日，一名23岁的尼日利亚人乌玛·法鲁克·阿杜穆塔登上美国西北航空公司从阿姆斯特丹飞往底特律的253次航班，当飞机准备降落在底特律韦恩机场（Wayne County Airport）时，他试图引爆藏在内衣中的爆炸装置。幸运的是，他的危险举动没有成功。但是，对于未能识别这次恐怖行动的美国情报界来说，这次事故暴露了多处严重失职，因为阿杜穆塔的父亲曾多次告诫美国在尼日利亚的大使馆，他儿子皈依了好战的伊斯兰教。在举行听证会和仔细审查该事件后，美国参议院情报选举委员会得出结论："中央情报局、国务院和国家反恐中心存在一系列的技术和人为失误，导致了情报界在识别阿杜穆塔对我国恐怖威胁这一事件上的集体失败。"受牵连的还有其他机构。该委员会总共找出了以下14处失误：

1. 国务院没有注销阿杜穆塔的美国签证；

2. 阿杜穆塔不在"恐怖分子筛查数据库"（TSDB）中，也不在"重点检查人员名单"（Selectee List）或"禁飞人员名单"（No Fly List）中；

> 3. 报道未能传达至所有应知悉此事的中央情报局成员；
>
> 4. 中央情报局在总部的一个区域分局没有检索含有阿杜穆塔相关报告的数据库；
>
> 5. 中央情报局在圣诞节未遂炸机案发生前没有发布关键报道；
>
> 6. 中央情报局反恐中心办公室的受限姓名检索未能显示对阿杜穆塔的关键报告；
>
> 7. 中央情报局反恐中心分析员未能拼接关于阿杜穆塔的报道；
>
> 8. 联邦调查局反恐分析员不能获取所有相关报告；
>
> 9. 国家反恐中心情报处未能拼接关于阿杜穆塔的报道；
>
> 10. 国家反恐中心的监视名单办公室没有做进一步研究，未能找到足够的不利信息将阿杜穆塔列入监视名单；
>
> 11. 国家安全局放弃了潜在的获取阿杜穆塔信息的机会；
>
> 12. 分析员没有拼接能部分识别阿杜穆塔的关键报告，也未能确保分发了所有相关报告；
>
> 13. 国家安全局没有根据能部分识别阿杜穆塔的信息，将阿杜穆塔置于“监视名单”（Watchlisting）或“恐怖分子身份数据库”（TIDE）中。
>
> 14. 情报分析员主要关注的是阿拉伯半岛“基地”组织是否威胁到美国在也门的利益，而不是“基地”组织对美国本土的潜在威胁。

委员会得出的结论是：“情报界未能拼接并恰当分析 2009 年 12 月 25 日之前获得的信息，这些信息本可以识别出阿杜穆塔可能是对美国不利的恐怖分子。”此外，情报界和其他机构“本该在圣诞节当天采取措施阻止阿杜穆塔登上西北航空飞往密歇根州底特律市的 253 次航班”。

2010 年 5 月中旬，委员会的这份报告公布后不久，已退役的海军上将丹尼斯 · C · 布莱尔（Dennis C. Blair）便卸任国家情报总监。这离奥巴马总统指派他担任这一美国情报界的最高职位不过 16 个月的时间。圣诞节未遂炸机案引发民众质疑政府是否有能力识别出威胁美国本土的恐怖事件中的预警信号并做出恰当反应。类似的事件不止一件——在德州胡德基地（Fort Hood Army base）杀人案中，美国陆军少校尼达尔·马利克·哈桑（Nidal Malik Hasan）射杀 13 人并导致 28 人受伤。案发前，哈桑曾以宗教理由公开反对美国在伊拉克和阿富汗的战争。此外，尽管哈桑和信奉极端主义的伊斯兰领袖安瓦尔·奥拉基（Anwar al-Awlaki）的通信（电子邮件）已在胡德事件之前被截获，“一位国防部的分析员在仔细查看了这些邮件后，认为通信内容是哈桑少校研究工作的一部分，没有必要做进一步的调查”。国防部长罗伯特·盖茨（Robert Gates）在谈到五角大楼（the Pentagon）对胡德基地枪杀案的调查报告中的发现时，说道：“作为一个部门，在适应过去 10 年来不断出现的针对美国军队和军事设施的国内安全威胁方面，我们做的还不够。在这方面，和很多方面一样，国防部受到了源于冷战时期的上世纪的流程和观点的拖累。”最后，美国参议院国土安全和政府事务委员会（Committee on Homeland Security and Government Affairs）负责进一步调查枪击案发生前美国联邦调查局和五角大楼对哈桑了解多少，为何他们未能识别出该威胁。“9·11”事件发生后时隔 8 年多，国土安全领域中关于如何预防恐怖袭击还有很多问题等待解决。

在这样严峻的形势下，美国国内和领空发生的几起恐怖主义袭击又暴露了情报界存在的诸多严重缺陷，这着实让人担忧。这一点在 2009 年的胡德射杀惨案以及此后一个月的圣诞节未遂炸机案中体现得尤为明显——两个案件本来均可避免，因为情报人员已经识别了犯罪分子受到了鼓吹杀害美国人的也门宗教首领的唆使。

信息未能在多个机构之间共享并接受分析，原因并不是缺少资源。恰恰相反，最不缺的就是资源。2010 年，在“9·11”事件发生近 9 年后，经过两年的调查，《华盛顿邮报》的记者达纳·普利斯特（Dana

Priest）和威廉·M·阿金（William M. Arkin）写道："美国政府为应对2001年9月11日发生的恐怖主义袭击，打造了一个高度机密的组织，这个组织已经变得十分庞大、难以控制、颇为神秘，以至于没有人清楚到底花费了多少钱、雇佣了多少人、启动了多少项行动，或者说到底有多少机构在做着重复的工作。"

仅仅雇用一支庞大的官僚队伍，并不能保证一切如愿。谈到上面提及的失职行为，这两位记者写道："胡德枪击案的关键是缺少关注，而不是资源匮乏。圣诞节未遂炸机案由一位机警的乘客看到邻座冒烟而被及时制止，而不是依靠雇佣成千上万的分析人员去查找恐怖分子。"

认识到世界上最精巧和最富技术性的防御措施也不能彻底消灭恐怖行为，联邦、州、地方政府——以及世界各国的各级政府和相关机构——加强了"9·11"事件后紧急事件处理的专业人员储备。但是，当飓风"卡特里娜"（Katrina）在2005年8月底抵达墨西哥沿岸，对新奥尔良及其他地区造成严重经济损害和惨重人员伤亡时，显然无论是联邦政府、州政府还是当地的应急救援人员都未能就如何有效应对这样一场天灾做好充分的准备。正如参议员约瑟夫·利伯曼（Joseph Lieberman）在一次对联邦政府的尖锐批评中所说："对联邦政府来说，应对'卡特里娜'应该比处理'9·11'事件容易得多：这场飓风在到达前72小时就已经被成功预测了。"实际上，如果说"卡特里娜"来临前漏洞百出或根本缺失的准备措施，以及飓风来临后拼拼凑凑的应急救援，暴露了美国在应对可预测的自然灾害时的软肋，那么在不可预测的恐怖事件前，这种缺失和不足就更加显露无疑了。

对于美国人民和世界其他国家的人来说，美国政府未能准备好并正确应对自然灾害和人为危害是令人诧异的。毕竟，国土安全已经成为"9·11"事件之后美国国策和外交政策中的首要任务。正如副总统切尼在一次访谈中被问及"过去八年中最激动人心时刻"时，他说道：

呃，我认为最重要的、最震撼人心的是“9 · 11”事件本身，以及它所包含的、我们必须应对的、它改变这个国家的方式以及它为政府应该做的事情而设定的日程表。

但是关于政府的日程表上应该或不应该做什么，以及做事的效率上，却有两种截然相反的看法。国土安全专家史蒂芬 · 弗林（Stephen Flynn）高度批评了小布什政府在预防美国国内出现更多恐怖主义方面的做法。他在 2007 年写道：

白宫决定通过海外行动来赢得恐怖主义战争，而不是着力保护美国境内大量容易受侵害的目标。小布什政府和他在国会的盟友们发出的战斗口号是“我们必须打击国外恐怖分子，这样我们就不用在国内战斗了”。这种想法忽视了一个事实，即恐怖分子还是可以到达美国国内的。更糟糕的是，他们已经来了。

弗林问道：“我们怎能允许我们的政府这样粗心大意？谁来保卫你家人的安全？美国现在是苟延残喘吗？”但是对于小布什政府和他的众多支持者来说，“9 · 11”事件后政府在预防恐怖活动上的表现是非常出众的。副总统切尼在接受福克斯新闻（*Fox News*）记者克里斯 · 华莱士（Chris Wallace）采访时，给出了更加肯定的评价：“我认为，在这七年半的时间里，我们做到了使国家不再受到‘基地’组织的袭击，这是一项了不起的成就。”诚然，切尼说的没错，“9 · 11”事件后，“基地”组织没能再对美国进行恐怖袭击。但是，他没有提到“9 · 11”事件之前的七年半里，该组织也没有袭击美国。综合如上观点，安全专家查尔斯 · 佩罗（Charles Perrow）写道：

在我的印象里，毫无疑问，我们的国家比“9 · 11”事件之前安全些了——嫌疑人遭到了逮捕，联邦航空局（FAA）也做了改进，移民和海关执法局（Immigration and Customs Enforcement）也是。但是，第一项和第二项不在新成立的国土安全部的管辖范围内，而第三项则没有国土安全部也很容易做到。这个部门在确保我们脆弱的化学和核储存安全这点上，毫无可圈可点之处。我们的边境防卫仍然漏洞百出，如果警卫碰巧抓住一个恐怖分子，完全是运气使然。

简而言之，政府对恐怖主义防御工作给予了积极评价，但独立安全专家却对其嗤之以鼻。

相关的民调结果则更加消极。尽管政府官员不断强调，媒体也频繁报道“9 · 11”事件之后恐怖袭击的严重性，但普通市民在准备应对恐怖主义方面并未有明显的进步，负责处理紧急事务的部门内部和各部门之间的主要问题也未得到缓解。民意调查数据显示，“9 · 11”事件后“全国处于对紧急事件的无准备状态”。对专业人员的调查结果也同样惨淡，总结起来就是：“如果用几个词语来准确形容政府当前的应急体系，那就是‘混乱无序、各自为政、缺少协调、经费不足、失信于民’。”

其他国家也在遭受类似问题的困扰。2005 年 7 月，四名人肉炸弹袭击伦敦的地铁和公交系统并造成严重伤亡后，这一点变得尤为突出。伦敦交通爆炸案后一年，调查委员会发布了一份综合性报告，列举了应急系统的大量不足，其中一项是应急部门之间沟通不畅，因为警察、消防和医疗急救使用的是不同的通信系统。此外，还存在“计划中缺少对生存者的关怀”，以及“缺少基础设备，包括担架和分类卡；灾害现场必需品的供应不足，比如水”。

在美国，除了在立法阶段增加了大量新的反恐法规，对“9 · 11”事件最引人注目的应对措施，是国土安全和情报领域的彻底重组。

“9 · 11”事件后重整国土安全

几十年以来，美国国内的恐怖主义威胁和恐怖袭击（多数情况下，由本国人制造）被当作潜在的和实际的犯罪来处理。这意味着联邦调查局和当地执法机关负责预防工作和事发后的案件调查。各级政府的应急人员负责恐怖袭击的善后工作，而他们对恐怖袭击的处理方式也与其他人为或自然灾害的处理方式无异。1993 年，纽约发生了炸弹式恐怖袭击；两年后，美国俄克拉荷马州也发生了一起类似袭击；1995 年，日本东京地铁内发生毒气案；另外，有情报获悉“基地”组织试图购买生物、化学和核武器；这些恐怖袭击使相关的地方、州和联邦部门在“9 · 11”事件发生之前已加强了准备工作，相关措施主要是由既有部门完成的。其中一个例外是在东京毒气案后，美国国民警卫队（National Guard）抽调成立了 27 个“大型杀伤性武器民兵援助分队”。这些队伍驻扎在全国各地，通过训练，他们能够识别出可能用在生物和化学袭击中的致命物体。但是，正如《国土安全国家战略（2007 年）》中所述，“9 · 11”事件之前的国土安全工作总的来说是“由分散在各级政府中的多个部门和单位拼凑完成的工作”。联邦部门之间或联邦政府、州政府和地方政府之间没有总体的任务，没有一致的战略，也没有统一的目标或明确的制度安排。有的只是各部门之间争权夺势，搞重复建设，以与恐怖袭击同样的或更大的代价来预防恐怖袭击及准备应对。

“9 · 11”事件后，零敲碎打式的反恐方法已经不能适应新的形势；而广泛的意见是有必要梳理国内的防恐和反恐工作。成立国土安全部是“9 · 11”事件的直接结果。新部门将 22 个独立或附属于其他大部门 / 单位的组织统一在一起。这样做的目的是为了避免重复，最重要的是为了促进联邦政府各部门之间的横向合作，以及促进相关地方、州、联邦政府部门之间的纵向协作。尽管白宫保留了隶属于它的国土安全办公室用于负责部门之间的协调事务，国土安全部业已成为“9 · 11”

事件后防恐改革的核心举措。它通过四个副部长分别领导的四个指挥部（另一个专门负责人事和管理工作）将大量机构统一在了一个单位下：

边境和交通安全指挥部（负责边境和交通安全）下辖移民归化局、美国海关、联邦防护署、交通安全管理局、国内警备办公室、动植物卫生检查局、联邦执法培训中心。

应急准备和响应指挥部（负责管理国内警备和应急处理）下辖联邦应急管理局、国家战略储备和国家灾难医药系统、核事故处理组、国内应急支援组、国内警备办公室。

科学和技术指挥部（负责利用科技手段支持国土安全）包含化学、生物、放射性和核武器防范工程、环境监测实验室、国家生化武器分析中心、普拉姆岛动物疾病中心。

信息分析和基础设施保护指挥部（负责分析与国土安全和国内基础设施保护相关的情报）下辖关键基础设施安保办公室、联邦计算机事故处理中心、国家通讯系统、国家基础设施保护中心、能源安全和保证工程。

“特勤局和海岸警备队”不归属任何一个指挥部，保留之前的形式直接纳入国土安全部，负责人直接向国土安全部部长报告。中央情报局、联邦调查局、国家安全局和其他情报机构没有并入国土安全部，但被要求与国土安全部紧密合作，尤其是与信息分析和基础设施保护指挥部合作。在领土应急方面，国防部将提供国土安全部和其他部门不具备的兵力。国土安全领域的其他关键参与者还有疾病控制和预防中心（Centers for Disease Control and Prevention）、国家卫生局（National Institute for Health）（均隶属于卫生与人力资源部（Department of Health and Human Services））、食品安全检测和农业研究署（Food Safety Inspection and Agricultural Research Services）（隶属于农业部）。最后，国土安全部致力于促进和改进地方和州之间、以及和联邦政府之间的相互协作。

2002 年，国土安全部成立，这成为 1947 年国防部和中央情报局成立以来最大的重组动作。但这类改革往往容易导致权力斗争，并伴随着成长之痛。在此次重组中，国土安全部的情报机构从一开始就被中央情报局和国防部所憎恨。国土安全部和司法部（Department of Justice）之间也有冲突，而两个部门的领导汤姆·里奇（Tom Ridge）和约翰·阿希克洛夫特（John Ashcroft）的关系也不和睦。据说，“国防部只跟进它自己的国土安全项目，而司法部藏匿了国土安全部调查恐怖主义筹款的权力”。

此外，对于像国土安全部这样的超大部门能否有效加强和改进准备及预防工作，还是会削弱其下辖部门的有效性，从一开始就被质疑。2005 年，联邦应急管理局在应对“卡特里娜”飓风时表现糟糕，此后这种质疑声变得越来越大。国土安全部和联邦应急管理局成为“卡特里娜”败笔发生后被诟病最多的部门。专家们质问，联邦应急管理局纳入管辖范围颇大的国土安全部是否削弱了前者与联邦、州、地方相关方协作应对恐怖主义袭击和自然灾害的能力。很多评论员认为把负责准备和响应的机构和负责反恐的机构放在一个屋檐下，从一开始就不是个明智的决定。

当国土安全部在部长切托夫的领导下重组时，联邦应急管理局仍在该部门的管理下，但是不再隶属于四个指挥部中的任何一个，而是像图 13.1 中所示，成为了部长办公室直属的成员机构。其他四个机构也做了类似调整，它们是：交通安全局（Transportation Security Administration）、海关和边境保护局（Customs and Border Protection）、公民和移民服务局（Citizenship and Immigration Services）、移民和海关执法局（Immigration and Customs Enforcement）。如前所述，美国海岸警卫队和美国特勤局从最开始即是直接向国土安全部部长汇报，该状态维持不变。

时至 2008 年，美国国土安全部拥有员工超过 20 万，是除国防部和退伍军人事务部（Departments of Defense and Veterans Affairs）之外的

第三大部门。考虑到它的管辖范围和难度、雇员的规模、与州和地方政府的联系、以及负责的相关研究，2009年应总统的预算提案，要求将该部的预算规模从2003年的314亿美元提升到505亿美元。2008年，美国审计总署（U.S. General Accountability Office，GAO）报告称，自2002年起，国土安全部已经花费近200亿美元，通过联邦政府拨款的形式为公共和私人机构提供资金援助，用于“与提升国民应对恐怖主义袭击及抵御自然和意外灾害的能力相关的规划、装备和培训”。

众议院前发言人托马斯·蒂普·奥尼尔（Thomas “Tip” O’ Neill）曾经说过，所有的政治都是地方政治。恐怖袭击和其他灾难往往首先是地方性的，也有可能是区域性的问题。毫不奇怪，当地社区和州都希望争夺用于预防和准备措施的专项联邦基金，就像他们在其他领域争夺拨款一样。资金的分配从一开始就存在着很大争议。2005年秋，在“9·11”委员会（9/11 Commission）发出了关于“应急准备和回应”的最后工作报告时，对于跟预防和准备方面有关的五个领域，它给出了两个“C”、一个“D”和两个“F”的成绩。但让委员们抨击甚猛的，是国会不愿划拨基于风险的国土安全经费。就像代表两党的“9·11”委员会所说的那样，“国会仍然没有改变国土安全拨款的基本法定权力或基准，从而确保资金用在刀刃上。因此，国土安全资金继续不顾风险、脆弱性或者攻击后果而进行分配”。即使在发生抗议之后，2005年的拨款分配方案进行了调整，但是人口较少的、成为恐怖主义的目标可能性较小的州，其人均拨款比大州和高风险的城市却更高。一份报告指出了这样的差异，并指出：“居民最少的怀俄明州，按人均计算在2005财年将再次获得最多的资金用于打击恐怖主义……今年，怀俄明州每人将获得27.80美元的反恐拨款，明显低于去年的每人40美元。相比之下，纽约作为多次恐怖袭击的受害者，2005年人均将收到15.54美元，比去年的10.13美元有所提高。”

在第110届国会中，占多数的民主党接手众参两院，按照其竞选承

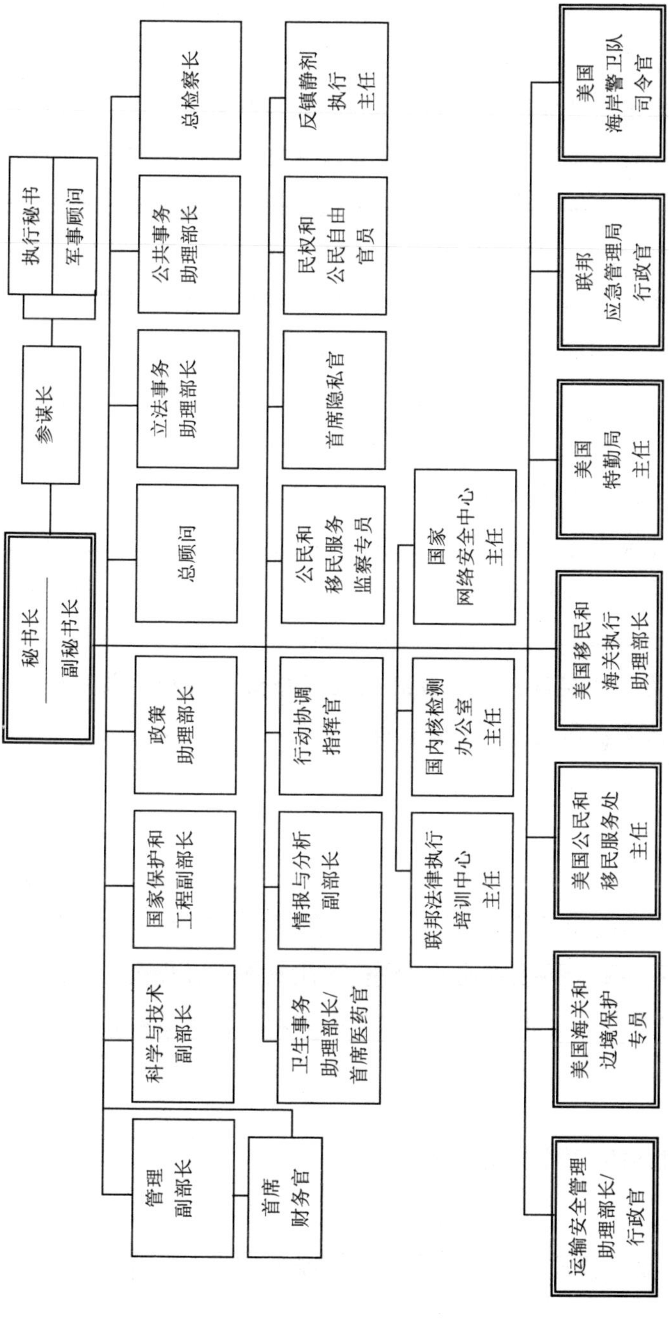

图 13.1　国土安全部组织结构图

来源：http://www.dhs.gov/xlibrary/DHS_OrgChart.pdf

诺，它将采纳“9 · 11”委员会的各项建议，包括依据特定区域脆弱性来分配联邦基金。其结果是“9 · 11”委员会法案（2007 年）的通过。该法案指示国土安全部在拨款给各州和高风险城市时，要考虑到相对威胁、脆弱性和恐怖袭击的后果，以及建议使用的拨款的预期效用。这等于向前迈进了一大步，从而纠正了国土安全拨款分配的不足之处。在国土安全部 2008 年基于风险的拨款评估中，美国审计总署指出，总的说来，国土安全部“构建了一套合理的方法来评估风险，以及在一定的财政年度内拨款”。但报告也指出存在的问题，特别是：

> 风险分析模型的脆弱性元素具有局限性，从而削弱了它的价值。脆弱性测定被认为是评估风险的普遍接受的做法，然而，国土安全部并没有衡量每个州和城市的脆弱性。
>
> 相反，美国国土安全部认为所有州和城市被成功袭击的情势均等，并由此在风险模型中对每个州和城市赋予了 1.0 的权值。因此，作为一个实际问题，最终风险评分由威胁和后果的分数来确定。国土安全部没有测量脆弱性的变化，从而忽略了各州和城市的差异。

换句话说，对于目标区域遭受恐怖分子袭击的脆弱性概率、经验和常识性的评价措施仍然没有建立，也没有被考虑在内。但在“9 · 11”事件后多年，白宫国土安全办公室（White House Office of Homeland Security）和国土安全部已携手建立全面的国土安全战略，具有特定的评估和目标。

一般和具体的国土安全策略

2007 年《国土安全国家战略》将“国土安全”定义为“预防美国国内遭受恐怖主义袭击、降低美国受恐怖主义袭击的脆弱性、减少损失和从已发生的袭击中恢复等协同工作”。国土安全部《安全战略规划（2008—2013 财年）》体现了这一定义，五个明确的战略性目标类别中，三个用于预防恐怖主义，一个用于部署准备，一个用于部门管理和团队建设：

目标 1：保护我国不受危险人物伤害

1.1　有效控制我国边境

1.2　保护内陆并实施移民法

1.3　加强游客和工作人员筛查

1.4　通过加强移民服务促进安全

目标 2：保护我国不受危险物品伤害

2.1　阻止和发现放射性核攻击

2.2　阻止、发现生物攻击并保护人民不受伤害

2.3　阻止、发现化学和爆炸攻击

2.4　在促进贸易的同时阻止非法走私品的进入

目标 3：保护主要基础设施

3.1　保护和加强国家主要基础设施和关键资源的恢复能力

3.2　确保政府通信和运作的持续性

3.3　促进网络安全

3.4　保护运输行业（交通工具）

目标 4：加强我国的准备和应急响应能力

4.1　确保准备工作

4.2　加强响应和恢复能力

目标 5：加强和统一国土安全部的运营及管理

5.1　提升部门管理和绩效

5.2　促进情报和信息共享

5.3　整合国土安全部政策、规划和运作协调

2001 年“9 · 11”事件发生后，白宫和国土安全部制定了一系列针对恐怖威胁的战略和具体的事件管理计划——部分内容是对问责的回应。例如，“9 · 11”委员会和安全专家曾抨击港口安全不足以及未能在货船抵达美国之前检查货物。2005 年《海事安全国家策略》（*The National Strategy for Maritime Security*）中的一些条款就针对这些评论做出了回应，保护海事人口中心、阻止藏匿在去往美国的船只或货船上的恐怖分子和武器，尤其是大规模杀伤性武器。为达到这一目的，海事安全策略旨在：

- 增强美国政府在国际货船抵达美国之前的预先筛查能力；
- 采用执法程序避免其进入或离开国家港口、内陆水系或领海但有理由对怀疑承载了恐怖分子和罪犯或支持恐怖主义和犯罪活动的船只进行检查；
- 改进检查疑似承载有可疑货物的船只，并在证实应没收后截留货物的程序。

2008 年 10 月，在印度孟买发生了一起精心策划的恐怖主义袭击，恐怖团伙通过海路搭乘一艘小船抵达目的地，杀死 173 人，并造成 300 多人受伤。而美国国土安全部早已认识到恐怖分子能够使用小型商业船只（例如小型渡船或渔船、游艇）进入美国或携带武器上岸，并在 10 个月前已经完成了《小型船只安全策略》（*Small Vessel Security Strategy*）。由此可见，国土安全部的官员在关注小型船只和港口安全以及其他威胁领域方面，领先于国外同行。

但最终的成败仍取决于对已制订计划和策略的实施情况。2003 年，布什总统的“国土安全总统令”（Homeland Security Presidential Directive）要求国土安全部开发“国家事故管理系统”（NIMS），旨在“为联邦、州、地方政府提供一致的、全国范围内的工具，以实现有效且高效地共同戒备、应对国内事件并迅速恢复，而不受事故的原因、规模或复杂度的影响”。2004 年初，国土安全部已经制定了综合性的任务和组织级的规划，看起来已经准备好实施能够有效管理和协调大规模灾难的工作方法。但是，在具体的“国家事故管理系统”规划发布 18 个月后，飓风“卡特里娜”袭击了美国，那个民众期待的有效的、新的危机管理系统却并未出现。

愚蠢的情报

人们普遍认为，就像格兰特 · 沃德罗（Grant Wardlaw）所言，优质的情报是“政治恐怖主义的第一道防线”。马克 · 塞尔莫（Marc Celmer）也说：“任何国家在与国内、国际恐怖主义斗争中最重要的一点是及时、准确的情报。”如果缺少有价值的、可靠的情报，预防恐怖分子实施攻击几乎是不可能的。在美国，为数众多的机构构成了“情报共同体”，其中最著名的莫过于：中央情报局、联邦调查局、国家安全局、国防情报局（DIA）、国务院情报和研究所（Department of State's Bureau of Intelligence and Research），以及各军种的情报单位。中央情报局是防恐和反恐领域获取外国情报的关键；《国家安全法》禁止中央情报局在美国国内从事监视活动。联邦调查局是主要的调查机构，管辖范围包括监控国内和国际的恐怖主义。但是，20 世纪 80 年代的反美恐怖主义，使得国会允许联邦调查局将传统的调查和执法范围扩大到美国边境以外，以防止国际恐怖主义攻击身处境外的美国人。“情报共同体”的其他成员均有其特定的工作。例如，国家安全局负责从全球搜集大量的电子信息；军队情报单位则主要关注军事威胁。

所有这些情报机构都有一个共同的目标：获得揭露对美国国家安全造成威胁的信息——包括恐怖主义阴谋。很多情况下，一个或多个机构获得的都是零碎的信息，无法拼凑出具体的线索。又或者本可以揭露一起恐怖阴谋的零星信息——却没有在一个机构或更大范围的“情报共同体”内进行拼凑组合。这就是“9 · 11”事件前的状态：多个机构掌握了不同的情报碎片，本可以事先发现劫机阴谋并预测其可怕后果。“9 · 11”事件发生后，情报机构内部和机构之间开始反思存在的问题。正如菲利普 · 海曼（Philip Heymann）指出的：“联邦调查局和中央情报局不愿或不能快速有效地交换信息；更不要说提供信息给移民归化局了。移民归化局没有从中情局那学会如何识别进入美国的恐怖分子，及其藏匿之处。”

另一方面，当中央情报局提供了嫌疑人身份后，联邦调查局在追捕国内嫌疑人时动作迟缓。更让人震惊的内幕是，“9 · 11”事件中联邦调查局在华盛顿总部的高层们忽视领导，并阻碍了外地办事处特工，他们的调查原本可以在“9 · 11”事件恐怖分子下手之前将他们逮捕归案。外地办事处特工向华盛顿的上级汇报：飞行学校有外籍学生坚持学习如何操控商业喷气式客机，但是对起飞和着陆过程并不关心。科琳 · 罗莉（Coleen Rowley）是联邦调查局在明尼阿波利斯市办事处的一位特工及律师，她提供给参议院司法委员会的证词说，她和她的同事因为总部阻止他们调查撒迦利亚 · 穆萨维（Zacarias Moussaoui）而气馁。穆萨维是“9 · 11”阴谋案指认的第 20 个劫机者，也是可疑的飞行学校学员之一。据说，罗莉因为联邦调查局总部拒绝其查看穆萨维电脑的申请而大发脾气。“9 · 11”事件之后，联邦调查局才发布了许可证，并在穆萨维的电脑硬盘中发现了与商业飞机和农业喷洒机有关的信息。政府根据发现的情报暂时停飞了农业喷洒机。一些评论员认为，如果没有联邦调查局高层的阻碍，明尼阿波利斯市的调查很可能获取外国人的身份以及他们操控商业飞机的可疑意图。此外，联邦调查局在凤凰城办事处的一位特工也曾机警地报告他在华盛顿的上级，有几位阿拉伯人在亚利桑那州的飞行学校接受训练。毫无疑问，这位特工的行为大大提升了“9 · 11”阴谋在实施之前被挫败的机率。但是联邦调查局华盛顿总部的官员们仍然没有给予关注。

除了单个情报机构的内部文化和机构之间的争权夺势等严重问题，“9 · 11”事件以前还发现了很多其他问题。2000 年 6 月，在提交给克林顿总统的一份题为《应对国际恐怖主义不断变化的威胁》的报告中，国家恐怖主义委员会告诫其成员“注意识别在搜集可靠信息时和将信息分享和报告给分析及决策者过程中的关键障碍”，而且“这些障碍必须清除”。下面列出的是部分已发现问题：

缺少信息共享。最明显的问题是情报界各单位之间的信息共享问题。“执法机构一直以来不愿意与圈外人分享信息，避免陷入任何潜在的起诉。在遇到特定威胁时，联邦调查局会及时与中央情报局和其他单位分享信息。但对于不涉及直接威胁但对情报界有巨大、长期或累积价值的信息时，联邦调查局的意愿就小多了……该问题在联邦调查局美国境内的办事处尤为突显，他们中的多数从不与总部联系，更别说其他的美国政府机构或部门了。”“9 · 11”委员会的调查也得出同样的结论：“（情报）共同体内缺少共同的信息架构来确保反恐数据在中央情报局、国家安全局、国防情报局、联邦调查局和其他机构之间得到整合。”

缺少人力情报。国家恐怖主义委员会指出：“内部信息是阻止恐怖分子袭击的关键。中央情报局必须大力招聘能够获得恐怖主义计划的线人。有时候需要招聘参加恐怖主义活动或相关犯罪的人员，这就好像国内执法机关常常招聘罪犯线人来追踪大的罪犯头子。”因此，该委员会建议，中央情报局必须按照如下的认识展开工作，即“大力招聘恐怖主义相关的人力情报资源是情报界最紧要的任务之一”。

缺少先进的信息技术。尽管“国家恐怖主义委员会”早在“9 · 11”事件之前就认识到，“挖掘已搜集信息的能力——将数据处理成能理解的信息并优化它——对有效的全球反恐项目至关重要”。但是联邦调查局和其他机构过去未能连点成线，发现可疑的恐怖分子和恐怖阴谋目标物之间的联系，其中一个重要的原因就是缺少先进的信息技术。几乎所有的情报机构都因为财政资金不足而推迟了信息技术的现代化。就拿联邦调查局来说，“面对日益增多的恐怖信息，我们的挖掘能力受限于过时的信息技术”。在中央情报局，反恐中心一直“遭受资源不足的困扰”，因此“在加快节奏以迎战恐怖主义国际化和开发并购买用于协助打击恐怖分子的技术时，不得不减少或删除计划”。至于国家安全局，国家反恐中心说由于不能“追赶上信息革命……而正在丧失定位和挖掘恐怖分子使用的现代通信系统的能力，这大大地削弱了国家安全局预防潜在袭击的能力”。

联邦调查局落后的计算机系统

尽管能够获得大量的资金支持，联邦调查局仍未能在合理的时间范围内构建一个先进的信息系统。2005年初，司法部监察长认为联邦调查局未能成功升级计算机系统阻碍了它“预防恐怖主义和打击其他严重犯罪的能力”。“9·11”事件过去三年多，联邦调查局耗资5.81亿美元的“三部曲”（Trilogy）信息系统改进项目离完工还遥遥无期。耗资1.7亿美元打造的所谓“虚拟案件档案”（VCF）项目部分完成后，特工通过计算机访问该系统的功能并未实现。

2005年2月3日，在参议院拨款小组委员会举行的一次听证会上，联邦调查局局长罗伯特·S·穆勒（Robert S. Mueller）出席了该听证会，参议院帕特里克·J·莱希（Patrick J. Leahy）在谈到联邦调查局落后的信息和通讯能力时作了如下评价：

这么多年过去了，科技都不知道进步了多少，我们今天竟然还在讨论是否要完全丢弃“三部曲”项目的关键部分——让我们期待已久的 VCF 系统。

“三部曲”项目（有些联邦调查局特工私下称它为“悲剧”项目）旨在用 21 世纪的信息技术武装联邦调查局，它不应该像制造火箭那么难。

都说“厨子多了烧坏汤”，现在我们又有了一个经典案例。VCF 系统的初始合同被修改了 36 次。在此期间，联邦调查局更换了 5 位首席信息官；据我所知，共有 10 位项目经理。

我们要保护美国人民。要做到这点，联邦调查局必须拥有先进且有效的技术。这是一项重要的任务。

但现在我们将不得不花更多的钱来购买我们认为已经买到的东西。

2005 年 3 月初，也就是听证会后几周，联邦调查局证实耗资 1.7 亿美元的 VCF 系统已被抛弃，它曾经被认为是支持特工调查恐怖主义的重要手段。该局决定开发一套新的软件系统来满足需求，新项目将耗时三年半。到 2008 年底，司法部监察长发现，名为“哨兵”（Sentinel）的新系统将花费 4.51 亿美元，而不是预计的 4.25 亿美元，而工期则延迟到 2010 年 6 月，而不是之前承诺的 2009 年末。到 2010 年中，当修改后的期限快要到达时，又再一次传出延迟交付的消息。

缺少语言工作者。整个情报界都“面临着语言工作者大量缺失，无人将获取的数据翻译成有用信息”的问题；其中尤以国家安全局为最。当以本·拉登为首的全球恐怖分子网络代表了对美国最大的恐怖主义威胁时，国家安全局收集了各种语言、甚至方言书写的大量原始数据。但由于缺少信得过的语言工作者将这些资料翻译为英文，这类情报对于分析员和决策者毫无用处。由于翻译高度敏感的情报信息只能托付给拥有高度安全许可的人员，即使是在“9·11”事件发生以后，更多语言工作者的聘用也一直进展缓慢。

综合起来，“9·11”委员会举行的听证会和员工调查证实了所有这些主要问题。但是，也许最关键的结论是“情报共同体”缺少一位对整个共同体具有统一决策权的领导。一位员工谈道：

> 中情局局长在一批连接松散的机构和部门内工作，这些机构和部门之间缺少合作、协作和分享信息的动力，而他还要对这群人负责。和他的前任一样，他将主要精力放在价值可以最大化的地方——中央情报局，国家整体情报能力的一个部分。因此，留下一个问题：到底谁在为情报负责？

也许所有这些问题在“9·11”事件之前都未曾受到过猛烈抨击，因为就像海曼所说，恐怖主义“在国内威胁不大”。这种说法过于自满。“我们关注的是针对境外美国人的恐怖袭击，尽管我们也想象过国内发生恐怖攻击，甚至类似‘9·11’恐怖事件那样的惨案。”

布什政府和国会一致认定：情报相关的各个环节（搜集、协调和分析等）都需要改革。2004年《情报改革和恐怖主义预防法案》（Intelligence Reform and Terrorism Prevention Act）（《公法第108至458页》）通过后，接踵而至的是自1948年实施《国家安全法案》（National Security Act）以来最彻底的一次“情报共同体”重组。

重组“情报共同体”

按照“9·11”委员会的建议，2004年通过的《情报改革和恐怖主义预防法案》设立了国家情报总监这一新的岗位，负责领导和协调多家仍然维持原状的情报机构。中央情报局局长要向国家情报总监汇报。当小布什总统任命约翰·尼葛洛庞帝（John Negroponte）为第一任国家情报总监时，他这样描述这个新的职位及其职能：

> 约翰将会领导统一的“情报共同体”，并将担任总统在情报事务方面的首席顾问。他将有权下令搜集新的情报、确保机构之间分享信息、建立“情报共同体”人员的共同标准。约翰的责任包括决定所有国家情报机构的年度预算，并指导如何使用这些资金。将这些权限授予一个直接向我报告的办公室，将会使我们的情报工作更协调、更有效、更高效。

除了增设国家情报总监和国家情报副总监，该法案还提出建立国家反恐中心。国家反恐中心的成员是从各情报机构抽调的分析师，中心负责计划情报任务，更重要的是协调和分析恐怖袭击及响应的信息。

尽管各机构和部门之间长年无休地进行着权力斗争，国家情报总监和国家反恐中心的负责人及成员却无法推卸他们的重大责任。布什总统选用经验丰富的外交官约翰·尼葛洛庞帝担任首位国家情报总监，任命空军情报官出身的国家安全局主任迈克尔·海登（Michael Hayden）少将担任国家情报副总监，这应当不是巧合。很显然，他们最重要的任务是统一并保持“情报共同体”。国防部对强势的国家情报总监十分反感，因他/她将干涉国防部多个情报机构的工作。这样的反应并不使人意外。毕竟，“情报共同体”80%的资金都拨给了五角大楼并受它管控。另一方面，如果对总的情报经费和人事去留没有决断权，国家情报总监一职就是徒有虚名，并不能有效地监管整个情报系统。但是，2004

年根据《情报改革和恐怖主义预防法案》设立这一职位时，该职位能否获得它应有的权力仍不确定。尽管总统宣称国家情报总监会集中情报搜集权和预算权，但是当他 / 她做如下陈述时，更像是在向“情报共同体”的其他人——尤其是国防部的文职和军事领导层——保证“延续”而不是“变革”：

> 法案设立了约翰（即约翰 · 尼葛洛庞帝）的职位，保留了既有的命令层级，同时将所有的情报机构保留在现有的部门中。我们的军事指挥官们仍能快速获得在战场上赢得胜利所需的情报。

尼葛洛庞帝是职业外交官出身，此前没有任何情报机构工作的经验。2007 年初，上任 19 个月后他便辞去了内阁成员职位，转而担任了属于非正式顾问团副国务卿一职。当时，华盛顿的观察员们还在想：

> 尼葛洛庞帝先生的任期是否够长，是否已为真正的变革奠定了基础？他的离职是否暗示着布什政府对这场总统宣称的“半个世纪以来最重大的美国情报机构重组”并不像说的那么认真。

此外，国家情报总监和国防部的权力斗争还难分胜负，一些观察家谈到尼葛洛庞帝不够强势，无法“掌控五角大楼的情报预算”。至于设立这样一个国家情报沙皇的职位和一个分析评估来自所有谍报机构情报信息的国家反恐中心，是真的增强了美国的反恐能力，还是仅仅在一个庞大的官僚机构上又加了一层（而这个机构原本应为了更好的合作和更高的效率进行改革），还不得而知。布什总统指定经验丰富的情报专员——已退休的海军上将、前国家安全局局长迈克 · 麦康奈尔（Mike McConnell）——来接替尼葛洛庞帝担任国家情报总监一职，这很能说明问题。奥巴马总统在这点上和他的前任颇为一致，他选用的两位国家情报总监都在军队和情报界有杰出表现：第一任是已退休的美国海军上将丹尼斯 · C · 布莱尔（Dennis C. Blair）；在布莱尔因圣诞节未遂炸机案引咎辞职后，继任的是空军少将詹姆斯 · 克拉珀（James Clapper）。

在"9 · 11"委员会看来，诸多方面显示"情报共同体"在实施重大改革时进展缓慢。委员会的最终评估认为，针对以下建议的改革没有或只有较少成效：

创建联邦调查局国家安全工作。联邦调查局向反恐角色的转换还不够规范，存在较大差距。惰性和自满让改革岌岌可危。必须加快改革，否则容易导致夭折。

中央情报局局长的新任务。中情局的改革正在进行，尤其是人力情报运作。若要中情局继续作为国家的有效支持，国会和中情局的领导必须加速改革进程。

信息共享的刺激政策。加大促进信息共享的激励政策方面成效甚微。信息共享项目经理办公室仍在起步阶段，且未能获得政府最高层领导的支持。业界仍有诸多人在抱怨联邦、州、地方政府机构之间缺少信息共享。

政府范围内的信息共享。仅仅指派专人负责信息共享是不够的。他们需要资源、来自总统的积极支持、推进共享的政策和规程到位，以及人员信息共享的绩效评估系统。

领空防御。态势感知和信息共享有所提升。但共享不是常规化和综合性的，缺少一个统一的机构来领导发生领空威胁时的跨机构响应。缺少确保首都外围领空安全的系统计划。

重组之后，情报界拥有 16 个成员单位（见图 13.2）。其中，国家情报总监办公室和中央情报局是仅有的两个不归属内阁部门的机构。国防部拥有最多的情报机构：国防情报局、国家安全局、国家侦察办公室、国家地理空间情报局以及四个军种的情报队伍。换言之，16 个单位中有 8 个归属国防部。因此，国防部分管情报的副部长也被纳为情报界成员之一，因为他“为所有国防部的情报活动提供监管和政策指导”。

考虑到国防部所属情报单位在情报界的份量，对于任何一位国家情报总监来说，领导和协调情报界都不是一件容易的事情。如果国家情报总监与总统或白宫的其他高官关系密切，可能会有所帮助。因为国家情报总监除了负责监管并指导国家情报事务，他还是总统、国家安全委员会、国土安全情报委员会的首席顾问。至于国家反恐中心，2010 年初参议院情报委员会在谈到国家反恐中心时，认为它是“所有恐怖主义相关信息的中央知识库。因此，它是唯一能够获取所有情报数据库和执法信息的情报界机构。它的这一独特角色以及获取信息的能力，使得它非常适合负责整理特定恐怖威胁中的所有情报，并提供综合性的、战略性的恐怖主义评估”。但是该委员会也批评了国家反恐中心未能“与国会意图达成一致态度或清晰定义它的角色和责任以完成赋予它的使命”。

国家情报总监及其办公室
国家情报首席副总监
国防情报部副部长

局级和部门级成员

空军情报局	海岸警卫队情报局
陆军情报局	中央情报局
国防情报局	能源部
海军陆战队情报局	国土安全部
国家地理空间情报局	国务院
国家侦察办公室	财政部
国家安全局	美国缉毒署
海军情报局	联邦调查局

资料来源：美国“情报界”

图 13.2　美国“情报共同体”成员

国际合作

情报的重要性不仅体现在恐怖事件的预防阶段；恐怖事件发生后，执法机构在追捕恐怖事件的实施者、组织者和恐怖组织的支持者时，情报的作用也十分关键。首要目标当然是将罪犯绳之以法，此外，还有一个更为紧要的目标——从被捕的恐怖分子处获得恐怖阴谋、同伙、资金来源和武器供应等信息。至于国际恐怖主义，成功的追查需要各国情报机构和执法机构之间进行紧密而持续的合作。"9 · 11"事件之后，很多美国人容易将预防恐怖袭击与在阿富汗打击"基地"组织及塔利班、在伊拉克反对萨达姆政权的军事行动相联系。但国内情报和执法机构的工作以及出色的国际合作是同样重要的，甚至更加重要。

"9 · 11"事件后，两年内逮捕的嫌疑人超过3000人。尽管有数百人是在阿富汗战争中俘获的，成功抓获"基地"组织的头目及其跟随者还要归功于美国警方和情报机构与外国同行的合作。这使得巴基斯坦和该区域的许多其他国家的人被捕。但是，正如美国国务院在2002年发布的报告《全球恐怖主义模式》一文中描述的："世界其他地方也传来捷报，尤其是西欧，这得益于双边和多边合作。"这一趋势在此后几年内得到延续。此外，"9 · 11"事件及其之后发生的恐怖事件震惊了国际性和地域性组织，迫使他们更加关注并增强防恐能力。

联合国采取措施强制成员国通过实施特别行动防止恐怖主义，例如干扰恐怖主义融资活动。联合国成立了反恐委员会（Counterterrorism Committee），通过一套机制监视各国对共同决议的实施情况。

国际刑警组织（INTERPOL，含181个成员国）大力加强共享反恐和防恐信息及相关执法的力度。尤其是2002年创建的联合反恐任务小组（Fusion Task Force），可以协助成员国的恐怖主义调查活动。"帐篷行动"（Project Tent）是"联合反恐任务小组"的一部分，旨在搜集加入恐怖主义训练营的已知个人信息。

欧洲刑警组织（Europol，即 INTERPOL 的欧洲版）和欧洲司法组织（Eurojust，欧盟范围内的跨国调查机构）设立了相关政策和机制来确保加强信息共享和跨境执法以抵御恐怖主义。

东南欧合作倡议（SECI，在罗马尼亚首都设有中心）、南部非洲发展共同体（SADC）、南部非洲区域政策合作组织（SARPCO）都致力于在所属区域发挥类似欧洲刑警组织和欧洲司法组织的作用。

太平洋项目（Project Pacific），起源于在斯里兰卡举行的亚洲区域会议，旨在使成员国增加主动的、行动上的协作以对抗恐怖主义。

考虑到西方民主国家是“基地”组织以及类似团体、基层组织、甚至个人的主要目标，美国和欧洲国家的合作尤为重要。在一篇介绍“9·11”事件后大西洋两岸合作的政策性文章中，一些著名的专家写道：

> 尽管各国的反恐方式之间存在根本性差异，但美国和欧盟拥有一个共同的目标：确保他们参与的反恐合作成功。过去三年中，双方在许多方面达成了一致意见，例如《货柜安全倡议》和《旅客订座记录》，以及有关恐怖主义资助、共享证据信息、引渡恐怖嫌疑人等等。此前几乎毫无联系的两国政府部门建立了紧密的联系，从一线工作人员到内阁大臣和欧盟委员会专员都参与其中。
>
> 现在摆在美国和欧盟面前的问题是：是否要在已有合作基础上继续合作以确保维系后“9·11”伙伴关系直至未来；以及，如果继续，该如何合作。这不是件容易的事情。立法和其他协议必须得到执行和强制。现有的合作领域必须深化，并探索和开拓新的合作领域。好消息是美国和欧盟已经制定了一套基本的机制以通过定期咨询建立合作，并已成功达成了一些基础协议。

凭借单边活动已经无法击败或控制这个时代的大规模国际恐怖主义，必须建立更多的双边和多边合作，现有合作必须加强。

举例来说，美国的反恐调查人员试图通过跟踪200个国家超过9000家银行及其他金融机构的转账记录来识别恐怖主义组织、个人和支持者。美国反恐调查人员在获取欧洲“环球同业银行金融电讯协会”（SWIFT）转账系统的数据时，华盛顿和欧盟之间出现了一个问题。欧洲的政治家们担忧此举会违反隐私保护，并于2010年投票否决了获取此类数据的提议。但很快，美国和欧盟又在2010年中期达成协议，同意由欧洲刑警组织负责监控美国的请求，以进一步保证数据传输过程的安全。

国会拒绝改变

拒绝改变的不仅仅是情报机构以及它们在行政部门的上级单位，根据“9 · 11”委员会的描述，最难啃的骨头其实是国会。调查委员会指出，国会下辖的委员会和附属委员会中有88个参与了与国土安全相关的监管工作，它建议国会大力提升两院在情报和反恐领域的监管效率。以下是引述“9 · 11”委员会的陈述：

> 国会目前对情报和反恐工作的监管是不正常的。国会应当解决这个问题。我们考虑了两种可选方案：一种是像“原子能联合委员会”（Joint Commission on Atomic Energy）那样的旧模式。另一种是在国会两个议院各设一个专门委员会，合并负责授权和拨款的决策机构。

如果该建议以法案形式通过，国会将卸下它的监管责任，并将国土安全和情报人员从同时向多个委员会汇报的现状中解脱出来。但是，尽管两院通过立法对行政部门进行了改革，却没有迹象显示有类似级别的改革遵循了“9 · 11”委员会建议——在国会设立联合委员会或在两院分别设立一个专门委员会。最多不过在现有结构的基础上进行一些细枝末节的修补。显然，共和党人和民主党人都不愿看到这样剧烈的变动。

时至 2008 年末，情况仍没有任何变化。正如“防止大规模杀伤性武器及其扩散和恐怖主义委员会”（Commission on the Prevention of Weapons of Mass Destruction, Proliferation, and Terrorism）所写：“国会仍未整理好自身以应对核年代（不仅仅是‘后 9 · 11’时代），这是非常麻烦的，亟须行动起来。”委员们注意到：在众议院，仍有 16 个委员会和 40 个附属委员会拥有高于国土安全部的管辖权；在参议院，有 14 个委员会和 18 个附属委员会有相同的相关监管责任。“9 · 11”事件发生十年后，情报和国土安全部门仍拥有 85.4 万名员工，他们享有高级别的安全工作许可。正如一段叙述所言：“负责预防恐怖威胁的政府机构中至少有 20% 是紧随‘9 · 11’恐怖事件之后建立或重组的。一些在‘9 · 11’恐怖事件之前已经存在的机构则扩张到了历史性规模，因为小布什政府和国会拨给他们的款项已经超过了他们的正常花销。”无论是白宫还是国会的各个委员会，都无法有效监管庞大的情报与国土安全机构群。因此，有人呼吁成立一个由两党组成的委员会，对彻底重组这样一个拥有“1271 个政府机构和 1931 个私营企业，服务于遍及美国各地约一万个城市的反恐、国土安全和情报工作”的官僚机构进行调查、评估并给出建议。

第三部分

新闻媒体和互联网

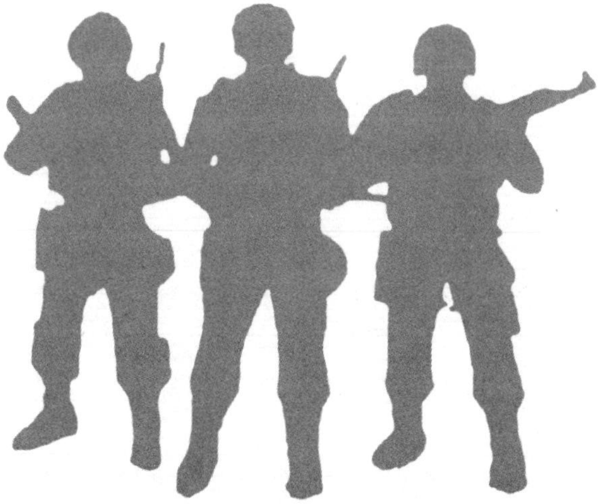

第十四章　恐怖主义传播及媒体

2010 年 7 月，即纽约时代广场爆炸未遂事件后约 10 周，阿拉伯电视台播放了一段视频。视频中，袭击者费萨尔 · 沙赫扎德声称此次袭击美国人事件是为“被压迫的穆斯林”和“所有的圣战士”复仇。他还宣读了一段宗教典籍来威胁美国 :“阿富汗战争已经打了 8 年，你们将看到穆斯林战争才刚刚开始，伊斯兰教将在全世界传播。”很显然，这段视频是在爆炸袭击前精心录制的。已加入美国籍的沙赫扎德身穿传统的巴基斯坦服装，手持一把冲锋枪，展示出圣战主义者的形象。他在曼哈顿的联邦法院服罪时，也称自己为穆斯林战士。

这段长达 40 分钟的视频首先在阿拉伯电视台播出，然后出现在世界各地的电视网和电视台中，并很快登上了阿拉伯网络和全球知名的视频网站 YouTube。同样，广播、纸媒（报刊杂志）、博客等其他媒体也很快报道了这段视频的相关内容。

时代广场爆炸未遂事件发生后，袭击者后续的恐吓、解释及辩护得到了媒体极大的关注。这已经不是稀奇事，因为事实上除了重大的恐怖袭击事件，小型或者未遂的恐怖主义行动也会被报道，甚至被过度报道，而这正是恐怖分子所期望的。

2001年“9 · 11”事件之后，本 · 拉登得意地表示：“在纽约和华盛顿，这些年轻人（圣战主义者）的演讲令世界上其他任何演讲都黯然失色。他们的演讲在阿拉伯和非阿拉伯国家传播，甚至传到了中国。”他还传达了恐怖分子一直信奉的行为准则，即恐怖主义是“以行动做宣传”，这是19世纪无政府主义者提出的。“基地”组织的头目阿布 · 乌贝德 · 古拉什（Abu Ubeid al-Qurashi）将“9 · 11”事件与1972年的慕尼黑奥运会血案对比，宣称“‘9 · 11’恐怖事件是一场更大的宣传战，其宣传力度史无前例”。

研究恐怖主义暴力和传播的学者称，对恐怖分子而言，“直接受害者只是他们蓄意制造更大影响力的工具”。无论有怎样的不满和目标、有多大的规模，或者是否有宗教信仰，几乎所有的恐怖组织都追求最大的媒体影响力。正如本 · 拉登在给塔利班最高领导人毛拉 · 穆罕默德 · 奥马尔（Mullah Mohammad Omar）的信中所说：“显然，媒体是本世纪最强大的武器；事实上，战争准备工作的90%都是为它服务的。”可以肯定的是，一些恐怖组织十分精通媒体传播。巴勒斯坦哈马斯就是精通新闻出版及宣传运作的组织之一，正如下述案例所示：

2003年8月19日，耶路撒冷发生了一起爆炸案，一辆满载乘客的公交汽车被炸得支离破碎。乘客多是从犹太教圣地“哭墙”祈祷归来。现场的惨烈无法形容。此次爆炸造成包括6名儿童在内的20人死亡，100多人受伤。幸存者与目击者都惊魂未定，营救人员在面对这一切时也垂头丧气。爆炸发生后不久，遇难者和受伤人员的身份还尚未确定时，一巴勒斯坦哈马斯组织就发表了书面声明声称对此次袭击负责，同时还发布了“烈士”提前录制的视频。视频中，29岁的雷德 · 阿卜杜勒 · 哈米德 · 米斯克（Raed Abdul Hamid Misk）一手持步枪，一手持《古兰经》，用阿拉伯语和英语声明自己袭击无辜的行为是正义的。米斯克是希伯伦镇一座清真寺的阿訇，他和妻子育有两个孩子，且妻子还有身孕。其妻平静地表示，米斯克“毕生都想证明，自己能够成为烈士”。

在恐怖分子的精心策划下，媒体得到录像带的时间与爆炸发生的时间几乎一致。恐怖分子准确地预测到，曼克斯这个人物将得到媒体的极大关注。因为无论从职业、年龄，还是从家庭情况来看，人们都无法把他与巴勒斯坦人肉炸弹联系起来。因此，在遇难者细节公布之前，曼克斯获得了全世界媒体的关注。在后续的日子里，媒体对这位“面善”的恐怖分子的兴趣只增不减。例如，爆炸案五天后，《纽约时报》讲述了关于自杀性袭击的故事，其中刊登了曼克斯在自杀袭击前三天拍摄的巨幅彩色照片。照片中，这位笑容灿烂的父亲怀抱着 3 岁的儿子和 2 岁的女儿。这样一种慈父的形象使人禁不住要问，到底是什么力量驱使他成为人肉炸弹？而这正是恐怖分子想要的宣传效果。在这个案例中，新闻的推波助澜使这次恐怖主义宣传大获成功，即使是麦迪逊大街的广告精英，也设计不出比这更完美的宣传活动了。

另一起类似的案例发生在俄罗斯首都。2002 年 10 月 21 日，车臣武装分子控制莫斯科一家剧院。随后，其同伙向阿拉伯卫星新闻网半岛电视台的莫斯科分局发送了录像带。他们声称将不惜在“争取车臣自由的道路上”献出生命。世界各地的电视网络和电视台都播放了此视频。数百名人质使用手机与家人和朋友联系，有些人还向俄罗斯公众和总统普京传递绑架者令人发指的信息。绑架者威胁普京政府下令从车臣撤兵，否则他们将炸毁整栋大楼，杀害成百上千的无辜民众。被重重包围之后，绑架者从正在与当地广播台通话的人质手中夺过手机，痛批俄罗斯车臣战争。

尽管当地政客都意识到绑架者深谙媒体之道，但是车臣分子使用的招数并不是创新之举。在 1979 年至 1981 年的伊朗人质危机、20 世纪 80 年代贝鲁特（Beirut）及周边的人质事件中，绑架者多次将美国人质的悲惨处境录成录像带，并将这些录像带提供给西方新闻机构。新闻机构常常心照不宣地将这些录像完整地播放出来，而不做任何剪辑处理。同样，恐怖分子一有机会就通过手机向目标群体传达要求和不满。菲律宾南部的穆斯林分离主义组织“阿布沙耶夫”（Abu Sayyaf）利用手机联系电台，以此来提出释放西方和亚洲人质的条件。

正如英国前首相玛格丽特·撒切尔（Margaret Thatcher）所言：“新闻媒体是恐怖主义的氧气。”恐怖分子始终深谙此道，并采取相应的行动。大约2000年前，约翰内斯·古登堡（Johannes Gutenberg）还没有发明印刷术，在巴勒斯坦的犹太教狂热者起义中，极端教派“匕首党”（Sicarii）专门在宗教节日到闹市刺杀罗马人。以这种方式，“匕首党”确信众多的目击者会散布他们的暴力行动。19世纪的无政府主义者将这种政治暴力行动解释为“以行动做宣传”，并指出他们的恐怖袭击是为了将信息传达给他们的目标受众：他们反抗的政府、想要动摇和推翻现存政权的民众。

任何时候恐怖分子都更愿意直接传递恐怖信息，而不是完全依赖媒体。早期的恐怖分子也有同样的做法。约翰·莫斯特（John Most）以他的无政府主义报刊《自由》（*Freiheit*）为宣传平台，要求其同伙在恐怖行动之前一定要准备宣传海报，解释他们的行动动机，而不是依赖敌人的报纸来传递这些信息。现在，越来越多的恐怖分子开始使用印刷机、移动无线电广播发射机、自建的电视台、手机、录音带、录像带，还有更多则是使用网络。但是，在恐怖分子的宣传策略中，传统的大众媒体，比如报纸、新闻杂志、广播、电视，仍然是最重要的宣传媒介，因为这些媒体仍是信息的主要发源地。即使恐怖分子在自建的网站上发布录像等信息，更多的人还是通过传统媒体来得知这些消息。

自由民主制度保障言论自由和媒体自由，这使它极易受到恐怖主义信息的影响。民主政治下最基本的公民自由恰恰满足了恐怖主义媒体宣传的诉求。但是，随着全球电视网络的迅速发展，即使是对国内新闻采取管制措施的国家，也成为恐怖分子的宣传受众。

媒体宣传：恐怖分子的一致目标

尽管媒体宣传是恐怖分子的一致目标，但这绝不是他们唯一和最终的目的。第八章讲过，恐怖分子有短期和长期的政治野心和目标。但是他们也很清楚，要实现他们最终的政治企图，媒体宣传是必要的手段。在文件和采访中，恐怖分子都表示深知媒体宣传在恐怖计划中的重要作用。莱拉·卡勒德（Leila Khaled），巴勒斯坦人民解放阵线的早期成员，参与过 1969 年和 1970 年的两次劫机事件。在 2000 年，因 30 年前的劫机事件而闻名的她，被巴勒斯坦人民解放阵线的领导层推到媒体前接受采访，向大众宣传这个组织的事业。她说，她告诉巴勒斯坦人民解放阵线的领导者乔治·哈巴什，她害怕跟记者对话。哈巴什觉得很奇怪，一个不怕劫持飞机的人，怎么会害怕与媒体见面呢。哈巴什告诉她，她参与的劫机事件向世界宣传了巴勒斯坦事业，她需要站出来为狱中的战友说话。然后，她才同意面对媒体。

恐怖分子在恐怖事件及后续的行动中，多次证明他们深知大众媒体的重要性。1979 年伊朗人质危机期间，德黑兰发回的报道中称，美国哥伦比亚广播公司（CBS）记者汤姆·芬东（Tom Fenton）发现，自称是学生的绑架者其实是革命卫队的成员。他们非常善于引导媒体报道他们的故事。芬东讲道：

> 人们很快发现这其实是一起媒体事件。这些学生竟然通过提供美国大使馆的机密文件来收买电视网络，只为换取五分钟不加剪辑的播放时间。

为了让新闻传播的范围更广泛，西德的红军派及其后继者会精确计算恐怖袭击的时间：他们的行动时间会选择在新闻版面最大的日子。记者在 1985 年环球航空公司劫机事件中发现，这些劫持者及其在贝鲁特的真主党支持者都十分了解美国媒体覆盖的地理范围、不同媒体的受众规模、记者的工作流程，也深知在早晚新闻黄金时间策划现场访谈的优势。有些记者称，有一些媒体及通信专业的美国大学生为劫持者及恐怖份子谈判代表提供专业咨询。根据专家的建议，恐怖分子优先将信息传递给电视记者，以获取最多的宣传受众。因为他们知道，比起语言或文字，视觉图像对大众的影响更深远、更长久。换言之，他们始终都明白：一张图片胜过千言万语。

事实上，恐怖分子导演的爆炸事件、劫持事件、绑架事件，及其他恐怖行动，都是为了吸引国内外的大众视线，受害者只是他们戏中的棋子。但是与百老汇等剧院的戏剧制作人不同，他们必须引起大量新闻媒体的报道，才能将信息传递给目标受众。

换个角度看恐怖主义：当代恐怖主义不需要媒体宣传

在 20 世纪 70 年代至 80 年代，恐怖分子通常会声称为某袭击事件负责，并说明他们的动机。但是近些年的重大恐怖袭击案中，策划者一般不会及时、明确地声称负责。因此，有专家推断，一种全新的“恐怖表现方式”或“表现性恐怖主义”已经出现。这种新型的“匿名”超级恐怖主义并没有宣传目的，其恐怖分子通常是宗教或邪教的狂热分子。正如阿维夏 · 马格利特（Avishai Margalit）所言，这些恐怖分子没有明显的政治企图，他们只是宣泄对政府的不满和复仇情绪，希望对袭击目标造成最大的伤害。但是这一论点也存在漏洞。表现性恐怖主义理论的支持者，把 1993 年世贸中心的第一起爆炸案视为“里程碑”。但事实上，此次案件的策划者曾给《纽约时报》邮寄了一份打印信件，声明对袭击事件负责并表达对美国的不满。联邦调查局确认了这封信的真实性，找到了打印机的拥有者，并证明这个人是密谋爆炸案的团伙成员之一。

有时候，恐怖分子会留下重要的线索来透露他们的动机。俄克拉荷马城爆炸案的策划者蒂莫西·麦克维及其同伙特里·尼科尔斯并没有向媒体声称为袭击事件负责，但是他们选择在韦科惨案两周年的时候引爆炸弹。在韦科惨案中，美国联邦调查局和其他联邦机构剿杀了全副武装的极端教派——德克萨斯州韦科市的“大卫教派”（Branch Davidians）。他们确信媒体会推测出他们的动机——为韦科惨案复仇。麦克维希望他的恐怖行为得到大量媒体的报道。在 2001 年 6 月被处决之前，他在一次采访中说道："我相信俄克拉荷马城爆炸案会震惊世界。”此外，麦克维说他袭击阿尔弗雷德·P. 默拉（Alfred P. Murrah）联邦办公大楼是因为“该大楼周围有大量空地，可以拍出最好的新闻照片和电视画面”。毫无疑问，他想要“发出最大的声音，他制造了一幅凄凉恐怖的画面，让每一个看到这幅画面的人驻足关注”。预计到逃离爆炸现场之后自己可能被捕或被杀，麦克维在自己的车内留下了一个装满报纸文章和文件的袋子，确保袭击动机可以被全世界知道。

1998 年 8 月，肯尼亚美国大使馆和坦桑尼亚美国大使馆同时发生爆炸，尽管没有人声称为此事件负责，但是媒体报道都称这两起爆炸事件的策划者可能是本·拉登。但在爆炸发生的两个月前，有沙特流亡者告诉记者，美国是“最易受到袭击的目标”，在“近期”会尤为明显。法国社会学家米歇尔·维韦约卡（Michel Wieviorka）指出，有些恐怖分子并没有寻求媒体的关注。但是他发现，无论是否寻求媒体关注，政治暴力的策划者都会被新闻报道。

没有公开发言的恐怖分子看到自己策划的恐怖事件登上新闻头条时会沾沾自喜。为此，戴尔·范·阿塔（Dale Van Atta）认为，在恐怖主义事件的策划中，媒体的角色并没有被削弱。他认为“在劫机和爆炸事件中杀害上百人的行为意味着恐怖分子在寻求轰动性的媒体报道……无论如何，媒体始终都是实现恐怖主义目标不可或缺的部分，因此，要尽可能审慎、负责地报道相关新闻”。普利策奖获得者、《纽约时报》专栏作家托马斯·弗里德曼（Thomas Friedman）指出，由于地缘政治诉求和“基地”组织头目“使用暴力不是为了上头条，而是为了杀死尽可能多的美国人，从而把他们赶出伊斯兰世界并弱化他们的社会关系”，本·拉登已经不是单纯的恐怖主义。但是本·拉登及其同伙否认了这一结论。一份“基地”组织培训手册建议新人将“敏感地标”作为攻击目标，比如纽约的自由女神像、伦敦的大本钟、巴黎的埃菲尔铁塔，因为攻击这些建筑“具有强大的宣传效果”。在阿富汗的“基地”组织训练营中，一个视频制作人员将“基地”宣传材料贩卖到阿拉伯半岛电视台。这样，即使“基地”组织的领导人在逃，恐怖主义仍然可以通过阿拉伯电视网络广为传播。

恐怖主义和三角式互动沟通

为了至少获得部分成功，恐怖分子需要进入所谓的政治沟通三角。该三角的三个顶点由大众媒体、政府决策者和公众构成（见图 14.1）。恐怖分子通过恐怖袭击事件进入沟通三角：媒体报道——过度报道——公众关注，且国家决策者开始注意媒体的狂热和公众的恐惧。虽然恐怖分子首先希望进入国内的沟通三角，但是他们同样乐意进军国际或全球的沟通三角。就恐怖活动的最终和长远目标而言，恐怖主义的历史充满了失败，但是他们用各种方式来损害目标社群，在传播“以行动做宣传”上取得了巨大的成功。当然，政府官员也可以通过沟通三角来回应恐怖行动。

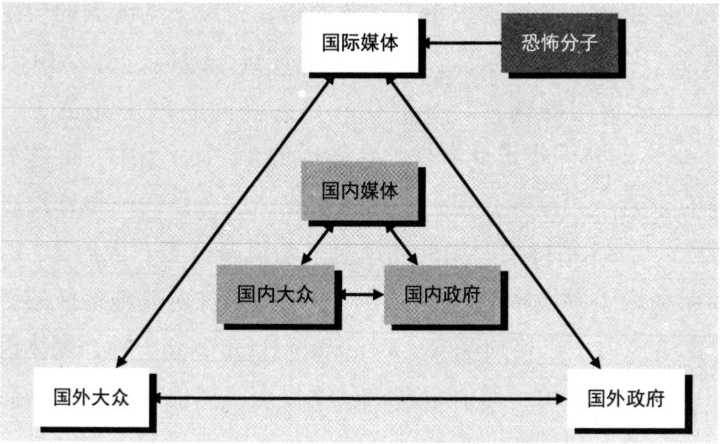

图 14.1　恐怖主义与三角式互动沟通

来源：作者

目标之一：媒体宣传

一般情况下，无论恐怖事件是否推进了其策划者实现短期或长期政治目标，它们都进一步实现了恐怖主义的普遍目标——媒体宣传。通过新闻报道和其他沟通方式，恐怖分子主要有以下三个目标：（1）他们想获得公众的注意；（2）他们希望自己的不满、要求以及目标得到公认；（3）他们想在某些圈子、国家或地区中赢得尊重甚至是获得合法性。当然，最突出的问题是，媒体机构对实现恐怖主义目标起到了多大的促进作用？

目标之二：引发关注

自由媒体最基本的作用是充分告知公众。因此，问题不在于媒体是否应该报道恐怖事件，而在于媒体如何掌控对恐怖事件的报道程度和报道方式。无论是犯罪性质的还是政治性质的，暴力始终都是新闻界的热点。当暴力事件跌宕起伏、骇人听闻时，新闻机构更愿意对这些事件过度报道，并增加大量的情感因素。持续了444天的伊朗人质危机就是一个典型的例子。1979年11月至12月之间，ABC、CBS和NBC三家新闻电视台，分别在各自的晚间新闻中花费了54%、50%和48%的时间报道此事件。在随后的12个月当中，虽然关于人质事件的报道有所减少，但仍占据各大媒体的头条——尽管没有一个人质被杀。1985年持续两周的环球航空劫机事件中，大约2/3的网络晚间新闻报道了黎巴嫩的这场闹剧，以及此事件对其他地区的影响。媒体专家本杰明·巴格迪基安（Benjamin Bagdikian）称，媒体机构的自利和竞争心理导致了对该事件的过度报道，其他重要新闻反而都被忽略了。尽管报刊新闻业未受到类似的指责，但是和电视网络一样，报纸和新闻杂志也对恐怖事件有同样的兴趣。例如，1985年的劫机事件中，《纽约时报》《华盛顿时报》《洛杉矶时报》对该事件的报道量分别达到其国内外新闻总量的19%、18%和15%。然而，不像电视网络有播出时间的限制，报纸往往有足够的空间来报道其他新闻事件。尽管广播网络和报刊媒体已经对恐怖事件大挥笔墨，但是与卫星网络相比，有线电视的报道仍然显得很苍白。

20世纪70年代初，以色列国家队在参加1972年慕尼黑奥运会期间，受到巴勒斯坦“黑色九月”组织的袭击。这场骇人听闻的惨案在当时达到了前所未有的新闻宣传规模，袭击案的策划者利用驻德国的各国媒体传播此事件。据估计，全球约有6亿到8亿人看到了慕尼黑惨案。此次事件后的近30年里，广播网络中又出现了有线电视、卫星电视以及大量的专业频道。美国有线电视新闻网和其他全球性网络被全世界的人观看。不难推断，相比慕尼黑惨案，“9·11”事件的场景传播的人群更为广泛。在美国，电视和广播几乎不分昼夜地对“9·11”事件进行跟踪报道，之间甚至连广告都没有。大部分体育娱乐频道对袭击新闻进行转播，其中很多在全天播报，其余的频道完全停止播报，或者只在屏幕上显示美国国旗。报纸、杂志大多数版面甚至是全部版面都在报道此次事件。国外媒体也投入了大量的时间和空间对此次袭击事件进行报道。

几乎所有的美国人都知道“9 · 11”事件。民意调查显示，99% 的美国人通过电视和广播关注“9 · 11”事件的后续消息。大多数成年人通过电视和电台获取关键信息，其中约 2/3 的人提到互联网也是其信息来源之一。[1] 公众对恐怖事件的关注程度并不会很快减弱。可能受沿美国东海岸炭疽病毒袭击新闻的影响，“9 · 11”事件后，超过 90% 的公众“非常密切”或“密切”地持续关注此事件达六周。[2] 这表明，“9 · 11”事件的策划者在获取公众关注方面已经做得相当完美。此外，外国观众对这起事件的熟知程度也不低于美国人。

通过获取目标受众的关注，恐怖分子达到了另一个目的：恐吓目标社会，并在人群中散播恐惧和焦虑。归根结底，恐怖主义是一种心理战。恐怖分子需要触及目标社会群体的内心。“9 · 11”事件后的民意调查显示，很多美国人在精神上受到了伤害，他们担心自己或自己所爱的人会成为恐怖袭击的牺牲品。许多人因此感到压抑无法入睡。在其他国家，尤其是欧洲，公众表现出了同样的焦虑和恐惧。正如预期那样，

---

[1] 根据《洛杉矶时报》在 2001 年 9 月 13 日至 14 日的电话调查，83% 的受访者表示“非常密切”关注新闻，15% 的人“密切”关注，2% 的人“不太密切”关注，没有人选择“根本不密切”关注。盖洛普在 2001 年 9 月 14 日至 15 日进行了一项调查，调查显示 77% 的公众“非常密切”关注新闻，20% 的选择“有些密切”，2% 选择“不太密切”，1% 的选择“根本不关注”。ABC 新闻和《华盛顿邮报》在 2001 年 9 月 11 日的民意调查中发现，99% 的公众通过电视和无线广播关注新闻。2001 年 9 月 11 日至 12 日的网络成人调查中，“哈里斯民意调查”发现，93% 的人以电视和无线广播作为主要的新闻来源，64% 的人提到互联网也是他们的一种主要的新闻来源。

[2] 根据皮尤研究中心在 2001 年 10 月 17 日至 21 日期间针对人和媒体做的调查显示，78% 的受访者非常密切关注着恐怖主义新闻，22% 的密切关注，5% 的不太密切关注，1% 的没有给出答案。这和 9 月中旬的调查结果类似。当时的调查显示，74% 的受访者非常密切关注恐怖主义新闻，22% 的密切关注。事实上，与 9 月中旬相比，10 月下旬有更多的美国人非常密切关注这类新闻。

公众的焦虑反映了恐怖主义尤其是“9 · 11”事件的新闻量是多么的巨大。在“9 · 11”事件的前几个月里，当美国群众被问及美国面临的最重要的问题是什么，几乎没有人提及恐怖主义。正如图 14.2 所示，在纽约和华盛顿受到袭击后，公众对恐怖主义的感受度提升了。伴随着恐怖主义新闻报道的减少，在接下来的几个月里，恐怖主义在公众心中的威胁感也有所减弱。

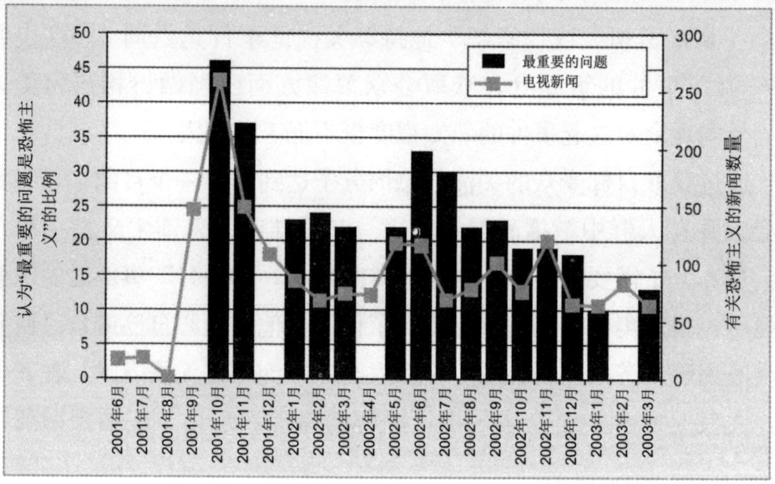

图 14.2　恐怖主义新闻的数量及公众对恐怖主义威胁的感受度

来源：皮帕 · 诺里斯（Pippa Norris）、蒙塔古 · 克恩（Montague Kern）、马里恩 · 贯斯特（Marion Just），《构造恐怖主义：新闻媒体、政府与公众》（纽约：劳特利奇出版社，2003）

目标之三：获得公认

巴勒斯坦人民解放战线的领袖乔治 · 哈巴什曾解释，通过实施政治暴力，他们迫使人们去问：“发生了什么？”一名日本红军派的成员参加了 1972 年特拉维夫（Tel Aviv）机场袭击案，被捕后，他交代了作案动机：他们杀害 28 名无辜的人，是为了将巴勒斯坦人的事业推向世界舞台。这也是同年奥林匹克运动会上“黑色九月”袭击以色列运动员的动机。在这些令人毛骨悚然的事件中，世界各地的人们第一次了解了这个组织和类似的组织，更重要的是，他们了解了恐怖分子的不满和诉求。在伊朗人质危机期间，伊朗绑架者接受美国记者的采访，表述了他们对美国的不满。哥伦比亚广播公司新闻记者汤姆·芬东报道了与一名年轻绑架者的会面：

> 他们痛苦地讲述了已废黜的伊朗国王政权下的腐败和谋杀。他们对美国支持傀儡政权并准许伊朗国王进入美国境内的做法表示不满，他们担心美国政府将试图推翻伊朗的新建政权。

恐怖分子通过暴力、劝导以及获取人质的认同（斯德哥尔摩综合征），迫使人质公开支持其事业、不满和诉求。1985 年环球航空公司劫机案中，一名人质在绑架者的新闻发布会上说：“我们知道以色列持有许多黎巴嫩的人质，毫无疑问，这些人质和我们一样有回家的渴望和权利。”他向参与释放人质谈判的美国政府和官员呼吁“让正义和慈悲来引路”。

媒体机构如此热心，或者说乐意为恐怖分子提供公共言论平台，令政府官员对此十分不满。前国家安全顾问兹比格纽·布热津斯基（Zbigniew Brzezinski）批评电视新闻允许恐怖分子直接和美国公众进行对话的做法。但是记者和新闻媒体相关人士却认为，媒体有责任向公众呈现所有的重要观点，并将恐怖主义新闻放入更大的政治环境当中。汤姆·布罗考（Tom Brokaw）曾说：

> 恐怖主义通常都有政治根源，我们必须应对这种政治根源。一次看似毫无计划的恐怖行动，并不全是为了单纯的恐怖，通常也会包含一些政治目的。我认为我们应该努力把它放入某种政治背景

中，无论这种政治背景是强是弱。

有人对三家网络电视台（ABC、CBS、NBC）在1981年到1986年间的恐怖主义新闻进行了内容分析。分析表明：74%的新闻主要是“事件性”报道（以恐怖分子的个人行动及其影响为主），其余26%是“主题性”报道（将其放入政治问题的大背景下）。这意味着在恐怖主义相关的新闻中，有超过1/4的报道对恐怖暴力的根本原因进行了描述、解释或评论。与此形成对比的是，这项研究发现，在这6年间国内所有犯罪案的新闻报道中，“主题性”报道只占了11%。

和欧洲的媒体同行相比，在“9·11”事件之前，美国大多数新闻机构很少报道国外的新闻。而且，国外新闻主要是以事件本身为主，或者只是关注近期发生的特殊案例，而不会关注事件背后的环境、事件的发展及人们的态度。“9·11”事件之后，对阿拉伯和穆斯林国家的主题性报道和相关报道大幅增加。利用这场骇人听闻的恐怖事件，恐怖分子成功提高了恐怖主义相关新闻的数量和质量，并借此宣泄他们的不满情绪，其影响力波及美国及西方其他地区。突然间，人们开始好奇为何遥远国度的公民想要谋杀美国人。没有人比本·拉登更清楚这种态度上的转变。在一段视频录像中，本·拉登告诉他的追随者：

> “9·11”事件之后的几天，荷兰某地区接受伊斯兰教的人数已经超过过去11年的总和。
>
> 在伊斯兰电台广播中，我听一个在美国办学的人说：“太多的人希望获得伊斯兰相关书籍，我们几乎跟不上他们的需求。”这次事件引发人们去思考，这大大有益于伊斯兰教的发展。

“9·11”事件后，虽然不知道西方有多少人皈依了伊斯兰教，但是由于需求的增加，高校和成人教育机构都增加了关于伊斯兰教和中东的课程。新闻报道也助长了这种突发的兴趣。有人对 10 家美国日报、9 家杂志社和 1 家通讯社（美联社）的宗教新闻报道进行了全面的内容分析，分析表明："9 · 11"事件随后的几周，伊斯兰教和穆斯林成为新闻报道的热点。事实上，70% 的宗教新闻完全是针对伊斯兰教和穆斯林，其余的 30% 则涉及了基督教和基督教徒、多信仰问题、犹太教和犹太人、跨教派问题、佛教和佛教徒等。

"9 · 11"事件后，媒体投入了更多的报刊版面和播报时长来报道穆斯林、阿拉伯和伊斯兰教。但人们希望媒体更多地关注"9 · 11"事件之前的阿拉伯人和穆斯林，而不只是恐怖活动的直接结果。如果说恐怖袭击是为了将他们的不满昭告天下，那本 · 拉登和"基地"组织在实现这一目标上取得了巨大的成功。

目标之四：名望 / 合法性

1990 年 9 月 26 日，1991 年的海湾战争还在酝酿期，巴勒斯坦人民解放阵线领袖乔治 · 哈巴什接受了 ABC 新闻夜间节目记者特德 · 科佩尔（Ted Koppel）的采访。哈巴什威胁道：若美国对伊拉克采取军事行动，他将策划一系列针对美国的恐怖袭击。沙特阿拉伯驻美国大使班达尔 · 本 · 苏丹王子（Bandar bin Sultan）是该节目的另一个受邀嘉宾。科佩尔并没有对两位嘉宾进行区分。因此，有理由下结论，出现了一名公认的恐怖分子和一名可信的外交官同时支持哈巴什地位的情况。2003 年 9 月，反堕胎极端主义者保罗 · 詹宁斯 · 希尔在佛罗里达被执行死刑，9 年前，他在彭萨科拉的一家妇女堕胎诊所杀害了一名医生及其保镖。在 1994 年他杀害约翰 · 布里顿博士之前，他曾把堕胎医生比作阿道夫 · 希特勒，并宣扬要杀掉堕胎医生。他谴责那些堕胎的妇女，称她们为"谋杀案的帮凶"。新闻媒体提供大量机会帮助这位前长老派部长宣传他的圣战。《纽约时报》称：

希尔先生犯罪之前就以暴力反抗堕胎医生及其极端观点获得了广泛关注。1993 年，另一名医生大卫·冈恩（David Gunn）在彭萨科拉的另一个诊所被迈克尔·格里芬（Michael Griffin）枪杀。带着平静的声音和微笑，希尔先生成为这类事业的发言人。冈恩谋杀案后的几个月里，希尔出现在“夜线”（Nightline）和“多纳休”（Donahue）等电视节目上，他认为杀死堕胎医生等同于杀死希特勒。希尔坚称谋杀堕胎医生是“正义谋杀”，他尝试用这种方式为自己辩护，但是法官不准许。

约翰·奥沙利文（John O’ Sullivan）认为：媒体，尤其是电视媒体，仅仅以采访合法政治角色的形式来采访恐怖分子，就可以为恐怖分子赢得尊重，甚至是合法性。同样，记者参加恐怖组织的新闻发布会，或在报道中引用恐怖组织发言人的言论及“公报”，都会为恐怖分子进行正面宣传。“9·11”事件之后，本·拉登及其同伙没有接受过采访，也没有举办过新闻发布会，但是他们通过传真、录音带和录像带来传播信息。“9·11”事件之后的几个月，观众发现电视里到处都是本·拉登的形象。大量的新闻报道，使得本·拉登家喻户晓。可以肯定的是，在美国和许多其他国家，“基地”组织的头目肯定不是正面形象。他们成了头号恶人。但这正中他们的下怀。毕竟恐怖分子不希望成为袭击目标的爱戴者，他们希望制造恐惧感。在他们袭击目标国家的时候，这点尤为明显。备受关注的“9·11”事件使得本·拉登和“基地”组织成为了家喻户晓的词汇，那些他们宣称为之发起圣战的团体也因此对其赞誉有加。经调查和新闻机构报道，从 2005 年起，本·拉登的支持率下降，但“9·11”事件后的几年，他获得了很高的支持率。调查数据揭示了本·拉登及其组织在“9·11”事件后的几年获得持续稳定的支持率。在穆斯林国家，绝大多数人了解到本·拉登和其他“基地”组织头目的不满，且一致认同“所有‘基地’行动的目标都是为了改变美国在穆斯林世界的行动，提升伊斯兰教的统治地位，维护和肯定伊斯兰身份”。

这并不意味着，所有的恐怖组织可以从它们为之奋战的人群中赢得巨大支持。例如，尽管德国的红军派精通媒体，但永远不可能在西德获得实质性的支持，并发展为一项全国性运动。

恐怖主义与媒体的权宜婚姻

总体而言，恐怖分子很清楚地认识到他们依赖于媒体的三个目标：媒体报道使他们获得了公众和上层社会的关注，为他们提供宣扬恐怖主义事业及不满情绪的平台，并为他们赢得尊重甚至是某些圈子里的合法性。在饱受国内外恐怖主义折磨的国家中，这些媒体机构并非有意支持政治暴力组织和个人。以美国为例，美国媒体和恐怖主义并不是同谋，但是他们却存在相互给养的共生关系：媒体需要戏剧性的、骇人听闻和令人惶恐的消息，用以吸引读者、听众和观众，支撑印刷媒体的发行量和电子媒体的排行。恐怖分子则需要宣传其活动，以实现最终的政治企图。换句话说，媒体和恐怖分子之间并没有爱情，他们结成了奇怪的权宜婚姻。

伊朗人质危机后，中东事务评论家加里 · 西克（Gary Sick）评论道，这是“经久不衰的人类利益故事，在电视历史中的生动上演。从商业角度而言，这是一次惊人的成功”。此外，他写道：“由于人质事件的直接影响，人们开始囤积袜子和牙膏等生活用品，我们无从知道具体的销售量，但这一定是个巨大的数字。”自 1981 年早期伊朗人质危机结束后，媒体界发生了很多变化。电视频道越来越多，新兴的互联网成为更有吸引力的新闻源，大媒体公司的作品比严肃的新闻能带来更多的收益。在这种竞争日益激烈的环境中，新闻机构出于财务方面的考虑更加迫切。

在这种情况下，我们无法期望媒体自发地减少对恐怖主义新闻的报道。有人提出，是否可以有一个完全不同的解决方案——在媒体组织的帮助下，从源头阻止恐怖主义的发生。如果恐怖袭击的主要目的是迫使媒体宣传其行为和动机，那么，为什么不在他们诉诸恐怖主义之前就对其不满进行报道呢？这似乎是个令人满意的解决方案，但是新闻媒体会为恐怖分子提供大量的报道，满足他们上头条的愿望吗？显然更不切实际。

几年前，知名记者大卫·布罗德（David Broder）认为："任何有效的反恐政策，其基本因素必须是拒绝恐怖主义进入大众媒体。采取媒体行业的自我约束，还是政府控制，这对信奉公民自由的记者和所有公民来说，是个关键的问题。"在美国媒体界中，大多数同意"第四权"（the fourth estate，指新闻界作为立法、行政、司法之外的第四权）应该发挥关于恐怖主义报道的自制力，很少有人主张政府强制约束。在过去，英国、德国、希腊等民主国家都制定了新闻法来限制对恐怖事件尤其是人质情况的报道。这些法律被用来应对国内恐怖主义。但是考虑到美国宪法第一修正案中的媒体自由，政府监管不太可能出现在美国，也不是理想的解决方案。已故的《华盛顿邮报》出版商凯瑟琳·格雷厄姆（Katharine Graham）曾经说过：

> 媒体宣传是恐怖分子的氧气。但是我要说，新闻是自由的命脉。如果恐怖分子成功地剥夺了我们的自由，那么他们的胜利将远超预期，我们将陷入比恐惧更糟糕的境地。让它永远也不要到来。

媒体和恐怖主义的蔓延

通过对20世纪60年代和70年代的全球恐怖主义事件进行研究，研究人员得出这样有趣的结论：有些恐怖袭击方式（如劫机、绑架、爆炸案）比其他方式（暗杀、抢劫）更具有传播性。研究人员发现，恐怖分子会根据宣传效果来选择他们觉得最有效的袭击方式。正如他们所言："看得见的、不同寻常的暴力行动更具有新闻价值，更容易吸引国际媒体的关注，更有利于实现跨区域、跨文化传播"。

然而，选择最有效的袭击方式并不会制造出恐怖主义，因为恐怖主义组织、团体甚至个人都一直在使用这种伎俩。思想传播才是制造恐怖主义的真凶，才是最令人担忧的。红军派的建立者之一霍尔斯特·马勒曾揭示了"电视新闻如何制造恐慌，进而传播红军派自我解放的思想"。换言之，在电视新闻的帮助下，红军派形成了恐怖主义行动的思想体系，并拥有了其存在的价值。这样的解释并不令人惊奇。研究人员发现，在20世纪70年代，恐怖主义思想已经从第三世界（主要是拉美和巴勒斯坦恐怖主义领袖和组织）传播到西欧。德国及西欧其他地区的极端主义者通过大众媒体接收了这种思想的传播。因此，有学者推断："恐怖主义组织间的直接接触（如红军派与巴勒斯坦组织）是在接受了恐怖主义思想之后，而不是之前。"

马克·塞奇威克在二十多年后写道："传播有两个层面，以两种方式发生。一个是技术层面的模仿，一个是整体战略层面的模仿。这两个层面都可以直接或间接的方式发生。其中最主要的形式是采取整体战略，而不需直接接触。其他传播形式都是次要的。"

这种最新的、最具有毁灭性的、在各地肆意散播的思想病毒，滋生于20世纪80年代阿富汗圣战者与苏联侵略者的战争，更是滋生于"基地"组织的建立及迅速扩张。不难理解，在处于类似文化和宗教背景中的组织和团体中，思想传播的效果更为突出。亲情和友谊使得"基地"组织的成员更加团结，然而大众媒体对思想的传播力量才是"阿富汗浪潮"在"9·11"事件后席卷世界各地的主要推手。美国外交政策研究所的法医精神病学家马克·塞奇曼（Marc Sageman）提到："现在的威胁来自于'基地'组织有组织的幕后操控。他们掌控着大量的资源并发号施令。其追随者则精心策划和执行恐怖事件，前仆后继。"没有全球媒体和交流沟通的大环境，恐怖主义思想的传播不会像现在这么强大。

捍卫媒体

捍卫媒体的人提到，在一些情况下，记者会保留敏感信息，以防美国公民因此受到伤害。例如，1979 年武装组织袭击了美国驻伊朗大使馆，很多记者知道美国大使逃了出来，并藏身于加拿大大使馆。但是在这些美国人离开伊朗之前，并没有人公开报道此事。还有观察者提到，有的新闻机构规定了恐怖事件新闻中可报道和不可报道的事项，尤其是人质情况。事实上，大多数新闻机构都采用了这一规定。问题是，在真实的恐怖事件中，这些规定不完全适用。

对媒体最有效的捍卫应该基于媒体在恐怖事件中的公共服务角色。新闻机构，尤其是广播和电视的网络和站台，在面对恐怖袭击、地震、洪水、飓风、暴乱等自然和人为灾难时，都扮演着同样重要的角色。地方媒体和国家媒体更是如此。以俄克拉荷马爆炸案为例：

> 在受灾的城市和地区，当地广播和有线电台变为政府官员和公民沟通的渠道。例如，帮助官方号召人们在指定地点为伤者献血，告知公众不要进入受害区域，号召公民为营救人员提供保暖衣物等，媒体机构提供了非常有效的公众服务。因为许多处理该事件的官员也在密切关注着新闻进展，这些电台大大降低了协调多部门的难度，有效推进了急救工作的进展。

“9 · 11”事件后的数日，媒体在纽约、华盛顿及宾夕法尼亚扮演了同样令人称赞的角色。有这样一段记录：

> 通过媒体，危机管理者可以告知公众危机的最新进展——告知大家做什么（捐献某种血型、献血的地点和时间），不做什么（如

不要进入曼哈顿，因为所有的桥梁和隧道都封锁了)。在这方面，媒体服务于公众利益，体现了灾难新闻的优良传统。

当人们直接或间接受到某突发事件的影响时，他们会直接向媒体寻求更多的信息。如果没有电源，人们会使用电池供电的收音机。重大灾难发生后，广播和电视的听众和观众数量会达到高峰。一位媒体学者表示，这种情况的原因十分明显：

危机新闻，即使是坏消息，也有降低不确定性、减轻忧虑和安抚人心的作用。收听收看相关报道和评论可以使人们消除疑虑，让人们觉得自己也参与其中，也在“做些什么”。

新闻报道也能给人们带来安慰，让人们一起分担忧伤和恐惧。

电视和广播使危机管理者可以随时与公众直接沟通。第一架飞机撞向世贸大楼的两个小时后，市长鲁迪·朱利安尼（Rudy Giuliani）来到纽约一间演播室——纽约的一个全新闻有线频道。市长表现得镇静而坚定，但是他如实地告诉大家“情况非常非常的糟糕”。新闻机构利用广播、有线电视、报刊等形式，为公众提供了全天候的信息交流平台。在恐怖分子袭击纽约及华盛顿之后的数日，新闻机构有效地服务于公众利益。“9·11”事件之后的几周，公众对媒体的态度有了极大的好转。但是这种新建立起的对媒体的认同感非常短暂，很快就被公众的批评态度取代了。

背叛国家，还是公共服务？

2006年年中，《纽约时报》披露了布什政府为了调查恐怖组织的资金链，通过银行系统操纵现金流的行为，其中包括总部位于比利时的银行协会“环球同业银行金融电讯协会”（SWIFT）系统。政府官员及其他人士谴责《纽约时报》的这一行为阻碍了反恐斗争，为恐怖分子提供了情报。布什总统说："我们正在与数量庞大的敌人进行一场斗争，这些敌人试图伤害美国。泄露这个计划的人，将此计划公布于众的媒体，都对美国造成了伤害。"媒体还披露了美国国家安全局的非法电子监控，扣押恐怖分子嫌犯的国外秘密中情局监狱，以及中情局将在国外抓捕的恐怖分子移交给"因聚集政治囚犯而臭名昭著的第三国家，如埃及、叙利亚、摩洛哥、乌兹别克斯坦等国家"的事实。这些报道使媒体机构招致谴责，甚至被控告为叛国罪。即使是地区级的真相揭露也会引发限制媒体自由的争论。例如，2006 年 12 月，《纽约时报》重点推出了这样一则报道："哈德逊河下的火车隧道对爆炸袭击的抵御能力远远低于公众预期，一次较小规模的爆炸就会导致火车系统瘫痪，几个小时内就会被洪水吞噬。"有很多报道揭露了公共设施的脆弱和保护不周，这些地方往往最可能成为恐怖袭击的目标。关键问题是，这些新闻披露到底是有害于美国国家安全，还是有利于减少在保卫国家和反恐斗争中的错误和疏忽。

判断敏感信息是否应该被公布于众绝非易事。自《纽约时报》披露"哈德逊河隧道经不起一次小型爆炸"，《洛杉矶时报》和《华尔街日报》随后也发表了类似的报道。我们想知道，这种做法是否是唯一且最好的选择？透露这些信息给媒体的人是想促使纽约和新泽西州港务局的相关高层尽快解决这些问题。编辑完全可以将此信息传达给相关机构，而不是公布于众。虽然公众都认为恐怖分子熟知各国各地的薄弱点，但是为什么要为他们指出恐怖袭击的最佳地点呢？

第十五章　网络空间中的恐怖和仇恨

“网络空间的恐怖威胁对21世纪的美国和我们盟国的经济和国家安全形成了最严峻的挑战。越来越多的国家和非国家组织，如恐怖分子和国际犯罪组织，正将目标对准美国公民、商业、关键基础设施和政府。这些行为体具有危害、盗取、改变或完全摧毁信息的能力。”这份评估是专家们应奥巴马总统的要求做出的，是一份综合的《网络政策评估报告》(*Cyberspace Policy Review*)，与其说这份报告是炒作，不如说报告的内容是一种保守的估计。正如白宫前安全、基础设施防护与反恐怖主义国家协调官理查德·A·克拉克（Richard A. Clarke）在报告发布时警告的那样：“网络战争是真实的。网络战争以光速发生。网络战争是全球性的。网络战争不需要战场。网络战争已经打响。”

此外，中情局高级网络专家汤姆·多纳修（Tom Donahue）透露，来路不明的网络袭击者已经入侵了美国以外几个地区的公共事业公司的电脑系统，其中至少一起入侵事件已经导致数个城市的断电，这一消息震惊了政府国际安全专家以及电力、水力、燃油和燃气公司。他说道：“我们不清楚谁实施了这些攻击，也不清楚原因是什么，但都是通过网络入侵造成的。”更令人不安的事实是，黑客们已经入侵了美国空军（U.S. Air Force）航空交通管制系统，并且设法将软件嵌入国家核心电网、通信系统及金融服务电脑系统。尽管还未发现任何破坏行为，但黑客们也许计划着将来对此加以利用，那可能是在一场危机发生的时候——包括一次恐怖行动。

这些入侵行为的实施者到底是谁？是政府和他们派出的特工？或者是非国家组织？目前答案还不清楚。但毋庸置疑的是，一大批国家组织正在准备发起一场全面的网络战争。

与其他专家观点不同的是，理查德·克拉克只担心网络战争，而不是网络恐怖主义。因此，他认为：

> 非常不幸的是，人们常常相信会有“网络恐怖主义”的威胁。网络恐怖主义大体上只是起到转移人们注意力的作用，通常情况下，“网络”和“恐怖主义”这两个词不应该放在一起使用，因为他们会使人们想起本·拉登从他的山洞中发起网络战争。他可能不能这样做，至少目前还没有这样做。

但克拉克也认识到，一个“资金充裕的恐怖组织可能会找到一个技术精湛的黑客俱乐部，为了得到一大笔钱，这些黑客可能会替他们进行网络攻击，但现在这样的事情还没有发生过”。克拉克在这里低估了恐怖组织招募各领域高学位专家的能力，包括高科技领域专家。但正如网络战争的可能性威胁着国家安全网络，恐怖主义的可能性也会危及国家安全。为此，2010年的《国家情报评估》强调：

> 我们面临着各种威胁，包括来自国家、恐怖组织、有组织犯罪团伙、个人和其他网络行为者的威胁，他们可以通过各种形式访问网络，技术老练，并且目的不同。很多人都拥有攻击美国信息基础设施的能力，从而搜集情报、窃取知识产权，或进行破坏行为。恐怖组织和他们的支持者已经对运用网络手段攻击美国和美国公民表

示出了兴趣。

有证据表明，恐怖分子和他们的支持者意识到了网络恐怖主义的潜力。的确，对于虚拟圣战的呼声已经持续了好几年。比如，在一个拥护“基地”组织的网站上（Azzam.com），一幅海报就推荐黑客袭击电脑和具体的重要目标，具体内容如下：

> 黑客袭击的目标应该包括：军事设施情报部门，如：美国国家安全局、美国中央情报局、美国联邦调查局、军情五处（MI5）、摩萨德（Mossad）、美国国家航空航天局（NASA）、民事警察部队和国民警卫队；所谓的“联合国维和部队”，无非就是民主部队，这是属于其他任何与美国一样持怀疑态度的反对穆斯林的国家或组织的部队，这些国家或组织在军事和经济上对穆斯林进行抑制。

2003年夏天，美国东北部发生了一次大规模的停电事件，之后在一个拥护“基地”组织的网站上，一幅海报错误地宣布：本·拉登的支持者应对此次断电负责。这幅海报如是说：

> 按照圣战者指挥官——本·拉登（愿上帝保佑他）下达的袭击美国经济网络的命令，“马斯里旅”（Abu al-Misri Brigades）在美国东部地区袭击了两个重要的发电厂目标，波及美国和加拿大最重要的城市。
>
> 上帝的战士切断了上述城市的电力，使美国人的生活陷入黑暗，正如那些罪犯将伊拉克、阿富汗和巴勒斯坦穆斯林人民的生活陷入黑暗中一样。
>
> 我们要对穆斯林人民宣布，这次袭击不是计划好的。这只是一些小规模的袭击（目的是一点点消磨敌人的战斗力）。

我们要告诉阿富汗和克什米尔的人民，圣战领袖本·拉登正前往白宫。

各种各样的黑客攻击“敌方”的电脑，并且攻陷网站，这一切都是在恐怖主义和反恐怖主义的社会背景下发生的。比如在2000年，以色列黑客和他们在海外的支持者发动了针对以色列军方网站的电子攻击；与此同时，在中东、美国和其他地方，巴勒斯坦人和他们的支持者将袭击目标瞄准以色列和美国的网站。以色列国旗一度占领了黎巴嫩真主党的电视台——灯塔电视台（Al-Manar）长达12个小时，并且无论什么时候只要有人访问真主党电视台的网站，都会听到以色列的国歌。这似乎是宣传主权战役中的一招妙棋。但针对美国的一个游说机构美以公共事务委员会（American Israeli Public Affairs Committee）网站的一次袭击，却造成了非常严重的后果：除了在网站上涂满反以色列的标语，一个巴基斯坦黑客还得到了这个机构在电脑中存储的成千上万个电子邮箱地址和信用卡卡号，他向这些地址发送了反以色列的信息，并将盗取的信用卡信息发布在互联网上。

没人知道这场以牙还牙的网络电子战争的始作俑者究竟是以色列人还是阿拉伯人：双方都入侵了对方的网站，并且发送无数电邮，使得这些网站因超负荷而无法正常运行。以色列黑客使得巴勒斯坦民族权力机构（Palestinian National Authority）、黎巴嫩真主党和哈马斯的网站暂时无法使用；阿拉伯武装分子和其他地区的穆斯林支持者对以色列网站还以颜色，他们袭击了以色列的外交部、以色列国防军、以色列总理、以色列议会（Knesset）、以色列银行和特拉维夫证券交易所（Tel Aviv Stock Exchange）的网站。在双方的呼吁下，大量支持者加入了这些行动。只需轻轻点击鼠标，各网站的访问者就能够触发自动电邮系统，代替他们发出信息。黎巴嫩真主党的网站访问数量从正常情况下每天10万到30万的点击率增加到每天900万的点击率，他们认为，访问者主要来自以色列和美国，还有小部分来自加拿大和南非。

黎巴嫩真主党网络管理员，阿里·阿尤布（Ali Ayoub）援引伊朗阿亚图拉·鲁霍拉·霍梅尼（Ayatollah Ruhollah Khomeini）的话说：这个被巴勒斯坦人称为“网络暴动”、以色列极端分子称为“电子圣战”的概念支持着他们的希望，即互联网给他们提供了一个发挥的场所。阿亚图拉·鲁霍拉·霍梅尼曾假设，如果每个阿拉伯人都向以色列泼一桶水，犹太国家将被淹没。据阿尤布称：“这其实已经发生了，全世界反对派的支持者，包括阿拉伯人和其他国家的人，都正在这么做。”

这些网络攻击没有在真正的中东争端中起到实质作用，但都为双方赢得了传统新闻媒体的关注。在这个层面上，电子袭击和反袭击展示了恐怖主义的另一个维度，并且具有一种令人感到安慰的纠结感：没有人在这场电子战争中丧失生命，没人受伤，与真实的恐怖袭击相比，物质和心理的损伤都很微小。在真实世界中，只有极少数极端主义分子使用和积极倡导大众媒体政治暴力；在网络空间中，更多的支持者愿意点击鼠标并加入网络袭击。毁灭性的网络恐怖主义的可能性是令人不安的。几年前，《纽约时报》专栏作家托马斯·弗里德曼曾这样描述可能出现的恐怖场景：

> 五年之后，随着互联网被运用到越来越多的系统，如果有人能解锁互联网位于美国的转换和访问中心的秘钥（直到最近，所有互联网流量的1/4都要经由美国弗吉尼亚州莫顿牛排店旁边的“泰森角”购物中心），将会发生以下事情：很多火车将会停止运行，很多航空运输将会因此停止，电力供应将无法在地区之间传输，电邮将无法使用，一旦网络崩溃，医生的电脑断层扫描仪由于要通过互联网进行监控，也将无法正常工作。

但美国政府内部和外部的专家担心这并不是最坏的景象。美国分析家已经在“基地”组织的电脑中发现了足够多的证据以得出如下结论：“恐怖分子已经开始利用互联网作为杀戮的一种直接手段。这种新型威胁与人们熟知的通过病毒和蠕虫对金融进行破坏的黑客不同。它开始于计算机之间的交汇点和计算机所控制的实体结构中。”没有证据证实上述发生在2003年8月的美国东北部停电是网络恐怖主义造成的。但针对电网的袭击是反恐专家已经警告过有可能发生的一种威胁。在2002年安全专家会议上，参会专家承认“如果发生网络袭击，他们不知道美国电网将会如何应对”。更糟糕的是，安全专家预计，在即将发生的恐怖事件中，很多人将有可能丧命。巴里·C·柯林斯（Barry C. Collins）已经描述出来的网络恐怖主义可能采取的行动包括：

网络恐怖分子将会远程访问一个麦片生产商的加工处理系统，改变有机铁添加剂的标准，使得吃这些麦片的孩子生病，甚至死亡。同一个恐怖分子也可以在婴儿配方中故技重施。关键是：网络恐怖分子不需要去那个工厂就可以实施这些行为。

一个恐怖分子可以在一座城市放置几个由电脑操控的炸弹，所有炸弹同时发出不同的数据信号，每个炸弹接收彼此的信号。如果一个炸弹停止发送信号，所有炸弹同时引爆。关键是：（1）这个网络恐怖分子不必被绑在任何一个炸弹上；（2）不需要大卡车；（3）可以放置很多炸弹，并且可以放置在城市中的很多地方；（4）由于信号发送是交替的，所以不能预测或匹配这些加密的信号；（5）炸弹的数量很多，因此不能同时将它们拆除。这就意味着，炸弹会被引爆。

网络恐怖分子可以远程改变制药厂的药物配方。潜在致死人数无法估量。

网络恐怖分子还可能远程改变天然气线路中的压力，导致阀门故障，市郊将可能发生爆炸或燃烧。同样，电网也变得越来越脆弱。

柯林斯提出网络恐怖主义可能会导致一个国家的人民无法吃饭、喝水、出行和生活。他强调，他所描述的场景不是取材于科幻小说，所有这些灾难都有可能在现在、在真实世界中发生。

还有这样一个完全不同的案例，是一起真实的网络恐怖行动。一名无辜的以色列少年奥菲尔·劳姆（Ofir Rahum），由于其宗教和种族的原因，被一名巴勒斯坦妇女色诱引入了一个埋伏，最终被杀身亡。也许奥菲尔·劳姆的案例暂时是个案，但是恐怖分子和他们的支持者利用互联网从事各种目的的活动是很普遍的现象。

网络“爱情故事”成为恐怖主义的陷阱

在不止一个案例中，互联网被用来引诱毫无戒备的青少年进入恐怖分子的陷阱。奥菲尔·劳姆，一名和父母生活在阿什克伦（Ashkelon）的16岁以色列少年，恋爱了。他在一个网上聊天室中认识了他的女朋友萨利（Sali），一个25岁的女孩。她说自己住在耶路撒冷，是摩洛哥后裔的以色列人。奥菲尔和萨利不停地通过电子邮件通信。2001年1月中旬，奥菲尔给萨利写道：“你不知道我有多么期待星期三。”星期三是他们约好见面的日子。萨利已经约好奥菲尔去耶路撒冷她的一个女性朋友家中缠绵一番。她曾强烈要求他不要告诉他父母这个计划，他也同意保守秘密。2001年1月18日，奥菲尔没有去上学，他坐公交车去了耶路撒冷，萨利在公交车终点站等着他。他们乘出租车到城市北边她停车的地方。然后他们驱车前往拉姆安拉（Ramallah），但奥菲尔很可能不知道他们的目的地是哪里。突然萨利停下车，一个手持卡拉什尼科夫（Kalashnikov）冲锋枪的男人不知从什么地方跑了出来，命令奥菲尔下车。奥菲尔拒绝下车，那个男人便朝他开了枪。杀手开车带走了尸体。萨利离开杀人现场后和她的一个女性朋友去吃午饭。

三天后，萨利被以色列警察逮捕，警方公布这是一起恐怖分子通过互联网实施绑架的案子。萨利的真实姓名是阿曼那·莫娜（Amana Mona），是一名来自比尔纳巴拉（Bir Naballah）的巴勒斯坦女性，曾做过记者，也曾是“法塔赫”（Al Fatah）组织的一员。她解释道，在报道了一次巴以冲突中死亡的大量巴勒斯坦人的葬礼后，她决定要复仇，并且要让一个以色列家庭承受同样的痛苦。据她母亲说，“看到母亲整天哭泣让她有了这样的想法”。在她被捕并首次出现在耶路撒冷法庭后，《新闻周刊》这样写道：这位年轻的女性来自于一个约旦河西岸的中产阶级家庭，“几乎不符合恐怖分子的身份”。但无论她是否符合人们传统观念上的恐怖分子，阿曼那·莫娜都没有表现出任何遗憾。她告诉记者她为自己的行为自豪，她这么做是为了巴勒斯坦人民。

莫娜被判终身监禁。据以色列消息称，2002 年 7 月，她曾带领二十多个在以色列内韦提尔扎监狱（Neve Tirza）的女性巴勒斯坦服刑人员进行了一次暴动。据以色列报纸《新消息报》称：

> 莫娜在内韦提尔扎监狱里有“个人军队”，控制那些在监狱服刑的巴勒斯坦和以色列阿拉伯妇女的行动。在早晨室外休

息时间，莫娜会组织行军训练，唱民族主义歌曲，进行准军事训练。

但最终，以色列阿拉伯女性服役人员拒绝听从莫娜的命令，两伙人互相攻击，直到狱警出动才将她们分开。此事发生后，莫娜被移交到另一个监狱。

恐怖主义者和最新的通讯技术

恐怖主义者一直都能接收到最新的通讯技术，并将技术运用到已有的媒体中。比如，巴西马克思主义革命者卡洛斯·马里格赫拉（Carlos Marighella）已经成为很多远在拉美的左翼恐怖主义分子的偶像，他在二战后曾推荐使用复印机来复印大量的宣传册子和文章。

由于广播信号传送器变得更加轻便，方便运输，那些与恐怖主义有直接或间接联系的组织建立了自己的广播和电视设施。在20世纪90年代早期，黎巴嫩真主党组织创建了自己的电视台，即灯塔电视台。灯塔电视台的卫星频道在约旦河西岸、加沙地区，以及一些阿拉伯国家的巴勒斯坦家庭中很受欢迎。在哥伦比亚，左翼和右翼恐怖组织已经利用移动式无线电发射器。哥伦比亚革命武装力量已经开始拥有越来越多的频道。电台的音乐节目主持人愿意播放流行音乐，如“游击队女孩”或“伏击说唱”，歌词是关于哥伦比亚革命武装力量事业的。这份音乐上的“凉拌菜”其实还要搭配“浓重口味的”直接宣传。一位该电台的音乐节目主持人解释道：“我们通过电台射击。”

当今，对恐怖分子和仇恨煽动者来说，所有其他形式的通讯工具，包括印刷和广播，给他们提供的机会与网络相比都相形见绌。网络是一个绝佳的载体，用以传播恐怖主义的宣传和仇恨言论，他们可以通过网络赞美他们行动中的“英雄”和“烈士”，加强恐怖分子成员和支持者之间的联系，策划恐怖行动，获取战略和战术情报，招募新成员，还有筹集资金。与其他形式的通讯方式不同，互联网的全球覆盖率使得全世界志趣相投的组织和人们了解彼此的存在并能互相交流。互联网融合了信息技术的各种特性——文字、音频和视频，恐怖组织和仇恨团体利用了所有这些方式。

宣传和英雄崇拜

安瓦尔·奥拉基（Anwar al-Awlaki）是一名出生于也门的美国公民，他曾在也门的藏匿所利用互联网歌颂反美圣战，并招募圣战分子实施在美国境内的袭击事件。他在他命名的网站“Jihad.com”上鼓励其他人效仿他的行为，成为圣战战士。在他的宣传册子《支持圣战的44种方法》中，有这样的内容：“互联网已经成为一个伟大的媒介，用以发布圣战的号召并借此了解圣战者的行为。”关于如何成为网上圣战者，他提出了一些具体的方法：

• 建立论坛，提供发布关于圣战的免费的和自由的媒介。

• 建立电子邮件列表以和有兴趣的兄弟姐妹分享信息。

• 发布或通过电子邮件传递圣战材料和新闻。

• 建立网站来报道圣战具体事项，比如圣战者的新闻、穆斯林战俘、和圣战相关材料。

安瓦尔·奥拉基散发他的小册子作为有效的网上圣战实例之前，已经有很多在全球范围和国家范围内为“基地”组织或相类似组织宣传的网站。众所周知，专业网站会聘请通讯、信息技术、视频、音频、新闻业和语言等各方面专家。圣战最重要的信息发布者很可能就是阿尔法媒体中心（Al-Fajr Media Center）和全球伊斯兰媒体阵线（Global Islamic Media Front）了。这两家媒体都直接面向全球听众和传统媒体。很有特色的一点是，圣战的宣传材料不仅仅包括阿拉伯语和英语版本，也越来越多地开始使用其他西方语言，如法语、德语和意大利语。显然，这么做是为了能够让西欧的穆斯林离散犹太人也能收到他们的信息。就像一份欧盟报告中提到的："2008 年，伊斯兰教极端主义者网站越来越多地使用西方语言，作为影响西方听众的策略。"这种新形势正是那些主要的圣战分子所提倡的。因此，安瓦尔·奥拉基写道："正如我前面提到的一样，大部分圣战材料使用阿拉伯语。那些除了会说阿拉伯语还会说其他语言的兄弟姐妹们应该将最重要的作品翻译为他们的语言。各种变化都是首先从知识变革开始的……我们正见证着一场变革的发生。圣战的复活应该在说各种语言的穆斯林同胞中展开。"

作为圣战宣传机器中的一位领军人物，艾哈迈德·瓦提克·本·里亚（Ahmad al-Wathiq bin Liah）将互联网描述为"研究圣战的大学"，并宣称"'9·11'恐怖事件后，及 2000 年 10 月美国'科尔'号驱逐舰在亚丁湾遭袭后，世界各地成百上千的穆斯林人来到这所大学研究圣战的科学、规则和方法"。

更重要的是，当专业圣战分子在宣传方面已经进展得非常成功时，他们的追随者和支持者正越来越多地使用社会网络的各种便利条件来支持他们的事业。美国国土安全部部长珍妮特·纳波利塔诺（Janet Napolitano）指出："如果'9·11'恐怖事件发生在 Web 1.0 时代的话，那么现在的恐怖分子一定是处于 Web 2.0 时代了。"谈到通讯和信息技术的快速发展时，她补充说："现在制造暴力和混乱的工具唾手可得，就如同在网上购买音乐或补充库存那么简单。"

各种各样的仇恨组织和恐怖分子开发网站和应用社交网络为自己服务。视频网站 YouTube 就是被他们用来进行公开或非公开的宣传工具之一。比如，有一个国际右翼极端音乐组织，制作并发布白人至上的歌曲，鼓吹对非白人的仇恨和暴力。很多这样的视频被发布到 YouTube 和其他受欢迎的网站上。比如，一段由"螺丝刀乐队"（Screwdriver）制作的视频"白色力量"（White Power）展现了三 K 党、一个处私刑的场景和一只带着“大卫之星”（Star of David）标记的猪，摇滚乐手催促欧洲和美国应该及时为了白人而被拯救。伊斯兰极端主义者可能会指责这是颓废的西方流行音乐，但他们也拥有自己标志性的“恐怖饶舌”（Terror Rap）。比如“肮脏的无信仰者谋杀伊拉克平民”这段视频描述了一个美国士兵杀死伊拉克人之后感到快乐的样子。这个组织制作的类似的其他的恐怖饶舌视频在一些最受欢迎的网站上并不难找到，如YouTube、谷歌视频和雅虎视频。尽管很多恐怖组织的网站经常被网络服务商关闭或被黑客攻击，但从不缺乏因为各种原因支持恐怖主义的网站。多年来，德国左、右翼极端主义者已经利用了互联网、论坛和电子邮件来散布他们的仇恨宣传并煽动暴力。这些组织和个人一直通过使用国外的网络服务商来避免他们国家的法律阻止其仇恨言论以及对希特勒世界观的赞颂。德国左翼和右翼网站的负责人匿名管理各自的网站，并且使用防火墙，他们的加密信息、电子公告板和邮箱只对他们信任的同志们开放，并设有密码。“图勒网”（Thule-Netz）是一个新纳粹主义性质的网站，这个网站告诉他们的访问者对信息进行加密的优点，并且推荐相关软件。德国人几乎无法访问国外的新纳粹主义方面的网站或论坛，过去不能，现在依然如此。这是由于德国联邦政府执法机关采取了行动。比如2003年夏天，在美国新纳粹主义组织“风暴前线”（Stormfront）的论坛上，一则帖子抱怨，德国警察的“愚蠢”行动已经关闭了“德国”（Auf Deutsch）论坛——也就是“风暴前线”论坛的德国版块。

多年来，德国当局严重警告那些允许德国人访问新纳粹主义性质网站的网络服务商，有时候也采取法律行动来处理此类问题。同样，在法国，“犹太学生联合会”（Union of Jewish Students）和“反对种族主义和排犹主义联盟”（League against Racism and Anti-Semitism）这两个利益团体在法庭上打赢了与门户网站雅虎的官司，判决结果为：命令美国公司禁止法国网民浏览拍卖纳粹纪念品的网站，同时处罚金1500万美元。雅虎将网站上有争议的拍品统统下架，声称没办法将某一个特定国家的用户过滤掉。但此案并未了结——雅虎在美国加州北区地方法院起诉了这两个法国利益团体，争取使那份法国的判决书在美国无法强制执行，因为这份裁决违反了美国言论自由权利第一修正案。地方法院决定支持雅虎，但美国第九巡回上诉法院却支持上述的两个法国团体。雅虎试图让美国最高法院裁决的努力最终失败：在 2006 年 5 月，最高法院拒绝受理此案。

一些网络服务商已经拒绝给美国和加拿大数百个仇恨网站中最具有攻击性的网站提供服务。因此，一个本部在美国的新纳粹组织在互联网上表达抱怨：雅虎地球村和其他网络主机服务商，其中也包括美国在线公司，“采取一发现倾向于白人的网页就会进行审查的政策”。Kahane.org 是本部位于美国的网站，也是一个犹太极端势力“卡亨”（Kahane）运动的网站，它的政治组织：犹太右翼党派“卡奇”（Kach）和保卫犹太人联盟（Kahane Chai）被美国国务院列入外国恐怖主义组织名单，Kahane.org 网站也被美国服务器切断了。[1] 但这些网站总能找到替代服务器。在过去的几年内，当此类网站的内容得到监视小组的注意后便会消失，而后又会以新的域名出现。很多仇恨网站已经有足够经验，可以防止政治暴力对其产生的影响。然而不难想象，即使是清除对于某些特定组织的长篇演说也可能混淆视听。以下仅仅是一些来自互联网的对于不同民族、种族或宗教团体成员根深蒂固的仇恨。

多年来，宣传白人至上主义的先锋新闻网（Vanguard News Network，VNN）发布了一些新闻、电影、书和音乐评论，表现出对他们所谓的敌人的无法形容的仇恨，他们的敌人包括犹太人、墨西哥人和其他拉丁美洲“入侵者”，以及黑人——后者经常被称为“黑

[1] 服务器“蝎子通讯”取消了它和卡亨组织的合同，“麦克默特里 / 惠特克 & 人脉公司”也在为是否让 Kahane.org 利用它的软件在网上销售商品而犹豫不决。参见迪安 · E · 墨菲：《网上的丑陋不是恐怖主义》，2001 年 1 月 7 日《纽约时报》，“每周回顾”部分。

鬼”。2003 年 9 月，此网站宣布“黑鬼中没有好人，除了死了的”。2002 年，一篇文章写道：“拉丁人和印第安人混血儿的‘文化’正排挤我们的文化。除非白人联合起来并且羞辱那些墨西哥人和波多黎各人，否则什么都不会改变。”网站上的另一篇文章辩称：“犹太人的媒体正努力阻止我们去做应该做的事情……犹太人就是杀手。这与他们表示自己是保守派或者自由派无关，他们一心想要摧毁我们的民族来振兴他们的民族。在他们摧毁我们之前，白人必须联合起来，与他们进行斗争。”网站上也有一条对中国人的恶意攻击，标题为“当中国佬不吃狗肉的时候他们在干什么”。

一个反对堕胎的极端主义网站在巴奈特 · 斯莱皮恩（Barnett Slepian）医生被詹姆斯 · C · 柯普（James C. Kopp）谋杀后的第二年进行了庆祝活动。这个网站谴责巴奈特 · 斯莱皮恩医生，赞扬了恐怖分子的谋杀行为。这个网站的文章甚至这样写道：

> 在这个纪念日，我们应该记住，为别人堕胎的巴奈特 · 斯莱皮恩是罪有应得。堕胎者斯莱皮恩已被告知他是在谋杀儿童，但他并不在意他正在夺走无辜婴儿的生命。斯莱皮恩连续谋杀儿童的行径已经被阻止了。这是值得我们庆祝的。
>
> 我们作为基督徒，有责任保护那些无辜的人，而当我们面临生命危险时，也应该得到同样的保护。

这样的网站并不难找到。在多数情况下，进入一个网站就意味着你可以接触到多个类似的国内或国外的网站，可能是英语网站，也可能是其他语言的。在美国存在时间最长的新纳粹主义网站就是由唐 · 布莱克（Don Black）于 1995 年建立的 Stormfront.org。他曾是三 K 党骑士组织的领导者。这个网站不断更新，提供国际电子邮件列表地址，可以链接到“对白人民族主义感兴趣的新闻组”，可以拨号进入电子公告栏系统，及按字母顺序排列的“白人民族主义 / 白人爱国主义”网站，从这些网站可以得到网络世界最极端和充满仇恨的白人至上的名人录、新纳粹主义名人录和基督徒身份教派名人录。有相当长一段时间，Stormfront 网站提供一个“单身白人”网站，它对这个网站的描述如下：“这是原来的雅利安人相亲网站，这里为所有单身白人的女性和男性免费提供服务。为各位交友或恋爱安排见面的机会。”有时候，以上这些功能消失了，或不明缘由地无法使用了。

具有讽刺意味的是，一些关于新纳粹主义或白人至上主义网站的公然的种族主义的观点，居然出现在最为极端的犹太组织的页面上，或这些网站的论坛上。这些网站最为典型的代表就是犹太特遣部队（JTF）位于纽约的网站。这个组织将自己描述为“我们精神领袖犹太长老伟大遗产的继承者”，他们奋斗的目标为“从第三世界的手中拯救美国白人和以色列犹太人”。与基督徒身份教派、新纳粹主义组织及白人至上运动不同的是，犹太特遣部队将犹太人和信仰基督教的欧洲白人混为一谈，却忽视了与他们目标相同的仇恨团体，如犹太人抨击白人至上组织的极端分子。犹太特遣部队的网站称，他们要求停止外来移民，要求美国从联合国退出。2003 年秋，此网站发布的文章将《古兰经》称为“伊斯兰恐怖主义的圣经”，将小布什称为“乔治 · 瓦哈比 · 布什”，将参议员约瑟夫 · 利伯曼（Joseph Lieberman）称为“卑鄙的犹太族反犹太分子”，将《纽约时报》称为“纽约纳粹时报”。牧师杰西 · 杰克逊（Jesse Jackson）和黑人民权领袖阿尔 · 夏普顿（Al Sharpton）被称为“黑人希特勒”。此网站还称：

> 自由女神像是一个白人女性。你能想象如果她是一个黑人姑娘，有个大鼻子和卷缩发吗？或者是一个用面纱遮住她丑陋面孔的阿拉伯女人，全身被裙子包裹，仅仅露出在她 6 岁时被父亲砍下阴蒂的那部分身体？

> 犹太特遣部队也同样反对国内的第五纵队队员，因为这些人试图破坏美国和以色列想要保卫自己和进行战争的愿望。奥巴马是第五纵队的典型代表。我们已经开始通过暴露奥巴马的本质来让犹太人反对奥巴马。

一个明显的问题是：仇恨言论和行动呼吁会影响这些网站的访问者，使他们采取暴力行动。我们完全有理由相信这些仇恨网站的扩散和网民的数量会影响到更多的心里有仇恨种子的人，这种影响要比互联网出现前的那些传统媒体大得多。这正是《Hate.com：网上极端主义分子》这部纪录片中的观点，这部纪录片由美国 HBO 有线电视网络媒体公司和南方贫困法律中心联合制作。南方贫困法律中心是一个跟踪美国国内仇恨团体的非营利机构。这个节目包含了对约瑟夫·保罗·富兰克林（Joseph Paul Franklin）的访问，他是一个已经被判刑的杀手，也是已故的新纳粹主义 / 白人至上主义领导者威廉·皮尔斯（William Pierce）的追随者。皮尔斯写过几本畅销书，其中一本叫做《猎人》，是关于一个白人至上主义者为了他的民族的纯洁而斗争的故事。而富兰克林就成为了一个现实生活中的"猎人"。他告诉记者，他曾接触过两名搭他车的女性旅行者，当得知其中一人当时正和一个黑人男子约会后，他杀死了那个女性。《透纳日记》是皮尔斯写的另一本书，出版时的署名是他的笔名安德鲁·麦克唐纳。诸如《猎人》和《透纳日记》的书，醒目地在白人至上主义的网站上展示并出售。《透纳日记》描述了美国白人至上主义者如何策划并对非白人种族和"犹太控制的联邦政府"进行的全面战争。众所周知，俄克拉荷马市爆炸案的制造者蒂莫西·麦克维曾经读过《透纳日记》，并运用了书中对于破坏位于华盛顿的美国联邦调查局总部的描写作为蓝本，对位于阿尔弗雷德·P·默拉联邦大楼（Alfred P. Murrah Federal Building）的美国联邦调查局总部进行了炸弹袭击。三个德克萨斯白人殴打一名叫作詹姆士·白伊德的美国黑人并将其斩首，当他们将这个黑人用铁链拖在卡车后面的时候，三人中的一人说道："我们就是按照《透纳日记》来做的。"同时，有消息透露麦克维的同伙特里·尼科尔斯有一本《猎人》。《猎人》和《透纳日记》都是小说，但他们都是关于仇恨思想的，皮尔斯和其他右翼极端主义分子通过网络传播这些思想。

美国右翼仇恨网络的创始人唐·布莱克这样解释他对于互联网的热情："我厌倦了犹太人对新闻媒体和娱乐媒体的垄断，我正努力提供另外一种选择，互联网正是我们一直在寻求的机会。"上述网站并不是网络空间里唯一一个给诸如布莱克提供机会的领域。由媒体机构和互联网门户建立的电子信息公告区，目的在于鼓励公开辩论，但这些功能经常被个人或组织滥用。例如，2003 年 9 月 17 日，雅虎开放了一个讨论区，讨论关于超过一半的黑人顾客都曾投诉过某家连锁餐馆，原因就是歧视。5 天后，超过 1300 条信息被发布出来，其中很多都是对美国黑人粗鲁的种族攻击。同样，网上书商的顾客评论部分也被极端主义利用了。一位顾客给了《透纳日记》五颗星，这是最高的评价，在评价的开头和结尾都用了白人至上主义者在种族圣战时的打招呼方式"RAHOWA"，并且称赞皮尔斯写了一本"非常出色的书，生动地描写了我们很快要面对的不可避免的种族战争"。没办法估计有多少给《透纳日记》等类似的书好评的人来自右翼极端主义核心或来自"全国联盟"（National Alliance），直到皮尔斯 2002 年死去，"全国联盟"一直由他领导。但据称，这些组织的领导人鼓励追随者将他们的宣传发布到聊天室和讨论区去。

仇恨的传教者深知年轻人非常容易被他们的宣传所蒙蔽。一些组织提供专门为儿童设计的网页。Stormfront 的领导者唐·布莱克的儿子称自己为 Stromfront.org 网站中儿童区的管理员，写道：

学校教育白人应该对他们的传统感到羞愧。老师们在 180 天里尽可能多地向你的头脑里灌输正确的政治思想。白人历史上所有的成就都被慢慢遗忘了。因此，我认为现在全球白人应该站起来对抗这些谎言，为我们是白人而骄傲。夺回属于我们的自由，争取最后的胜利，让所有人看见我们白人传统的伟大光辉。

这些为儿童设计的网页提供游戏、音乐和一些宣传白人至上的材料。青少年讨论区包括非常粗暴的图片，里面充斥着针对其他种族和宗教的侮辱性语言。与成年人的讨论区一样，这些青少年的讨论区也有着国际特征，因为来自国外的网站“访问者”也可以参与讨论。埃里克·哈里斯（Eric Harris）和迪伦·克莱伯德（Dylan Klebold）是科罗拉多州立托顿的两名高中生，他们俩人在 1999 年春天杀死了 12 名同学和 1 名老师后自杀。他们曾利用互联网来满足自己对新纳粹主义思想和阿道夫·希特勒的痴迷。[1] 他们也可以从书本、杂志、光盘和电影中获取相同的材料。但事实是，互联网可以让所有年龄阶段的人秘密地得到他们需要的材料。哈里斯和克莱伯德留下了一些视频，记录并解释了他们的动机。

在 20 世纪 90 年代早期，莱昂纳多·埃朗（Leonard Eron）代表美国心理协会（American Psychological Association）在参议院委员会上做关于政府事务的陈述证词时说：

毋庸置疑的是，电视播出过多的暴力镜头是导致社会上攻击行为、犯罪和暴力的原因。实验室和现实的研究都提供了证据。电视暴力影响的年轻人包括所有年纪、包括男孩和女孩、包括来自各个

[1] 很多新闻报道了这两个青少年过度使用互联网，及他们的家长和美国人对网络在屠杀中可能扮演的角色的反应。例如艾米·哈蒙：《家长担心孩子们会在网上迷失自己》，1999 年 4 月 20 日《纽约时报》，A24 版。劳伦斯·H·特赖布：《互联网与第一修正案》，1999 年 4 月 28 日《纽约时报》，A29 版。

社会经济阶层的和所有智力水平的人。

伦理哲学家西塞拉 · 博克（Sissela Bok）在她称作“媒体暴力”的具有启示性的研究中提出，暴力存在于电视娱乐节目、新闻和动作片中，也存在于电脑游戏和互联网中。否认仇恨宣传的影响力是没有道理的。相反，应该说，这种仇恨思想的灌输影响了一些人，但不仅仅是年轻人，影响的后果就是他们设计并实施暴力。

互联网作为计划和实施恐怖行动的工具

恐怖分子利用计算机技术和互联网来计划和协调他们的暴力行动。前美国联邦调查局局长路易斯 · J · 弗里（Louis J. Freeh）告诉纽约的市民犯罪委员会（Citizens Crime Commission）：“当拉姆齐 · 优素福（纽约世贸大厦爆炸案幕后操纵者）在菲律宾被跟踪的时候，他落下一台笔记本电脑，里面逐条记录了在某一特定日前炸毁美国位于西太平洋客机的计划。所有细节和计划都写在那台笔记本电脑里。”[1] 一些信息被加密，很难解码，但这第一次显示出恐怖分子利用电脑来计划行动的精细程度。甚至在“9 · 11”事件前，美国情报机构就已经获悉“基地”组织操纵者利用互联网进行彼此的沟通。有这样一条记录：

> 一些色情网站上的限制级图片中，以及在体育聊天室贴出的评论中，有可能暗含着下次恐怖分子对美国或其盟友进行攻击的加密计划。这听起来不大可信，但美国官员和专家称，这是本 · 拉登和他的同伙运用的最新的沟通方法，以此骗过执法机关。

---

[1] 弗里的演讲发表于 1999 年 10 月 1 日的《当代重要演讲》。文字记录包含一个打印错误，弗里指的是同时袭击“美国一架客机”的一项计划；而正确的数字应该是 11 架客机。关于此次受阻的计划，请同时参见西蒙 · 里夫：《新生豺狼》，波士顿，东北大学出版社，1999，第 4 章。

美国官员透露，本 · 拉登和其他人正“将恐怖分子的活动地图和图片藏匿在体育网站、聊天室、色情公告栏和其他网站上”。现在要解读那些加密的信息和图像变得越来越难，其实光是要在数以百万计的网站、公告栏和聊天室中找到这些加密的信息和图像，就很困难了。据蒂莫西 · L · 托马斯（Timothy L. Thomas）称：“互联网正被恐怖分子当作一个‘网络计划’工具。它可以帮助恐怖分子隐匿身份、提供命令和控制资源，并有大量其他的方法来协调和整合袭击活动。”

美国执法专家发现，参与“9 · 11”事件的恐怖分子利用了互联网来协调他们的行动。他们的电子邮件信息中包含密语，并且从不用明语提及他们真正要做的事情。据一位研究恐怖主义的专家说：“他们非常清楚要做什么。我的意思是，他们去网吧或图书馆后，会删除硬盘上的信息。”“基地”组织的行动首领阿布 · 祖拜达（Abu Zubayda）利用互联网与真正实施这次任务的人进行交流。“基地”组织位于阿富汗的几台电脑被发现，以及 2002 年祖拜达在巴基斯坦被捕后，“基地”组织对于网络交流的依赖程度才被世人了解。假如没有互联网提供的便利，“基地”组织的恐怖主义网络将很难进行有效的命令发布和对下属进行统治。正如托马斯所说：“假如一个组织缺乏行之有效的命令和控制体系，尤其是在宣传和内部协调方面，那么互联网的潜在威力将会大大提升一个组织的有效性。”这位专家强调，互联网上的聊天室是传达命令和进行统治的一种媒介，他还解释道：“一个名叫‘alneda.com’的网站一直在支持‘基地’组织分散兵力，使他们能够独立行动，并通过战略指导、神学论据和道德上的激励来彰显其领导力。”

2008 年 11 月袭击了印度孟买 10 个地方的恐怖分子，在几个不同的地方挟持了人质，最后造成 173 人死亡，数百人受伤，他们正是空前规模地使用了电子时代的信息和通讯技术。他们使用黑莓手机和其他可以随时更换 SIM 卡的移动电话，这使其很难被追踪；他们在全球定位系统（GPS）的引导下从卡拉奇航行到孟买，他们携带着包含袭击目标的高分辨率卫星图像。他们通过电子邮件和卫星电话与行动指挥及同伙进行联系，当政府安全部队努力对几个地方的人质情况作出回应时，恐怖分子正通过电视直播节目了解情况。

在美国参议院国土安全和政府事务委员会谈及从孟买袭击得出的经验教训时，纽约警察署长雷蒙德·凯利（Raymond Kelly）说道，孟买恐怖袭击的操纵者是在袭击地区之外对任务进行控制的，他们使用了手机和其他可移动通讯设备。正如凯利所说："这种现象并不稀奇。过去，警察可以通过切断电源来限制挟持人质的罪犯。但道高一尺魔高一丈，手持通讯设备的广泛使用，将会使警察们无计可施。"

2008 年 11 月挟持人质事件中，孟买恐怖分子和行动指挥者之间的对话节选

泰姬陵酒店，2008 年 11 月 27 日，凌晨 3 点 10 分

接电话者：你好！

打电话者：你好！在你的旅馆有 3 名部长和 1 位内阁大臣。我们不知道在哪个房间。

接电话者：噢！真是好消息！这真是锦上添花。

打电话者：做件事。在海军和警察队伍中扔两个手榴弹，他们都在外面。

接电话者：对不起，我不知道他们在哪。

犹太教中心（纳里曼大楼），2008 年 11 月 27 日，晚上 22 时 26 分

打电话者：兄弟，你必须要战斗。这关乎伊斯兰的声誉。你的战斗将成为榜样。以真主的名义，要坚强。你可能会觉得疲惫或困倦，但伊斯兰战士们为了战斗舍弃了一切。包括他们的母亲、父亲和他们的家庭。兄弟，你必须为了伊斯兰的胜利

而战斗。要坚强。

接电话者：阿门！

奥拜罗酒店，2008年11月27日，凌晨3点53分

打电话者：阿卜杜勒兄弟，媒体将你的行动比作"9·11"恐怖事件。一位高级警官被杀死了。

阿卜杜勒·拉赫曼：我们在第10层和第11层。我们有5名人质。

第二名打电话者：所有行动都被媒体记录下来了。要造成最大程度的破坏。要坚持战斗。不要被活捉。

打电话者：除了两名穆斯林，杀死所有其他人质。打开手机让我们听见枪声。

法赫德·乌拉赫：我们手里有3个外国人，包括1个女人。他们是新加坡人和中国人。

打电话者：杀死他们。（可以听见法赫德·乌拉赫和阿卜杜勒·拉赫曼指挥人质站成一排，让穆斯林人站到旁边去。然后枪声响了。里面传出来欢呼的声音，卡夫卡将电话递给扎拉尔。）

扎拉尔：法赫德，找到下楼的路。

犹太教中心（纳里曼大楼），2008年11月27日，晚上19点45分

瓦西：要记住，如果人质使你们处于危险当中，那么他们就没有什么用处了。假如你们的安全受到威胁，不要顾忌人质，不要让他们成为累赘，立即杀了他们。

接电话者：好的，如果情况允许的话，我们会这样做。

瓦西：军方声称，他们没有伤害任何人质就达到了目的。另外，以色列已经通过外交渠道来解救人质。如果人质被杀，印度和以色列的关系将被破坏。

接电话者：如果情况允许的话，就这样吧。

瓦西：要保持警惕。

信息来源：《纽约时报》

网络和有价值信息的恢复

实际上，富有经验的恐怖组织知道他们能从互联网上找到大量的有用信息。在阿富汗，“基地”组织遗漏了一个培训手册，上面记载着新成员要学会使用开放资源（图书馆、期刊、政府文件、网址等）。因为如手册中显示的，关于敌人弱点的 80% 的信息都可以在以上资源中获得。组织领导同样意识到，这些信息大部分可以从互联网上获得。美国专家在阿富汗找到的“基地”组织电脑硬盘中发现，这个硬盘曾经被用于访问一个法国网站，里面有“破坏手册”，其中一章是关于“行动工具，计划一次袭击，开关装置和仪表，反监督方法和高级技术”。聊天室的参与者曾谈论关于网络袭击的潜在目标。据记录，“恐怖分子曾经讨论的袭击目标包括位于亚特兰大的疾病控制中心（Disease Control and Prevention in Atlanta）、联储电信（FedWire）、由美联储（Federal Reserve Board）负责的结算系统和控制互联网信息流动的设备”。

网上招聘

互联网已经成为恐怖分子和仇恨组织最有效的招聘工具。仅仅通过在网上发布他们的言论，赞扬那些对平民进行政治恐怖袭击的人，及敦促那些访问他们网站的人加入他们的事业，这些组织就能吸引到新的追随者。网上招募有时候会发布在网站的信息布告栏或电子邮件中。“全国联盟”网站上的“浏览器信件”就证实了在网上招募新的支持者的有效性。一名招募来的成员写道：“我是 1999 年 4 月 24 日发现这个网站的。听过‘新世界的秩序’这个节目后，我开始去听这一页面上的所有内容。在此之前，我从没有发现这些问题可以如此言简意赅地解释出来，让人一听即懂。你们说的每一个词都是完全正确的！”一个来自挪威未署名的支持者写来邮件说：他（她）从网络电台中偷听到了“全国联盟”的节目，并且他（她）在网上听这些节目的时候，开始觉醒了。一个写来邮件的人将自己描述为“兼职大学教授”，由于担心丢掉工作，他请求匿名发布消息。他感谢“全国联盟”的领袖皮尔斯（Pierce），将他们的广播在网上发布是个好主意。他补充道：“我要告诉那些想听节目的人来网上听。”还有一名来自加利福尼亚的“公立学校的老师”写道：“我刚刚买了一台电脑，我能收听（原文如此）你们的电台节目了。皮尔斯博士的信息，无论从政治上还是哲学角度来说，都很有说服力，给人以启发，说的都是实话。”

通过网络筹集资金

实际上，所有恐怖分子和仇恨组织都使用互联网来为他们的活动筹集资金。即使是资金充裕的“基地”组织，也使用网站来为其募捐。为此，一些网站公布了为募集资金而在特定银行开通的账户。杰西卡·斯特恩发现，巴基斯坦的“伊斯兰虔诚军”（Lasch-I-Taiba），或“天军”，都在巴基斯坦利用网络来为它的激进行动募集资金。确实，“‘伊斯兰虔诚军’和它的所属组织‘伊斯兰邀请和指导中心’（Markaz ad-Da’wa Irshad）已筹集了很多资金，大部分是来自沙特阿拉伯支持他们的（伊斯兰教）瓦哈比教派（Wahhabis）的教徒，由于拥有足够的资金，据称他们已经计划自建银行”。如果恐怖主义组织不敢指挥他们的筹集资金行动或将目标投向更多的观众来吸引资金，他们会通过互联网上的掩护机构来筹集资金。恐怖分子也曾经使用网络犯罪活动来为他们的行动提供资金，这些罪行之首便是信用卡诈骗。据一位法国主要反恐侦察员所说："很多欧洲和北美的伊斯兰恐怖行动就是通过网络犯罪筹集资金的。"

无论他们的目标是什么，国际和国内恐怖分子及仇恨团体都努力在网上筹集资金。大部分情况下，他们将目标锁定在中产阶级，希望他们能为恐怖分子的事业作出贡献。一个叫作纽伦堡档案（Nuremberg Files）的网络出版商对堕胎服务提供者及其支持者表示认同，并承诺捐款会得到神圣的回报："你们的捐款将变为一种甜美的味道，它将会飘入永生的上帝的鼻孔，上帝会因此赐福于你们。"据联合特别工作组网站的消息，该组织寻求的是"富裕的犹太人或正义的非犹太人，他们拥有成百上千万美元，组织需要这些钱"，以将他们的行动范围扩大。

总之，互联网和其他技术进步一样，有利也有弊。恐怖分子和仇恨组织为了实施他们的阴险计划，已非常迅速地占领了网络空间。

第十六章　新闻中的防恐和反恐

2003 年 12 月，还有四天就是圣诞节，布什政府将恐怖预警的级别升到了橙色预警，级别为“高”，距离最高级别只有一级之差。情报机构认为国际恐怖分子再次计划在美国境内实施恐怖袭击。在电视新闻节目里，华盛顿以及各地相关官员出现在人群中，提示公众保持警惕和冷静。媒体是不会让美国人保持平静生活的；他们大规模的报道看来就像是一场恐怖袭击已经迫在眉睫。无论在机场、街角或在著名的纽约时代广场附近，联播记者和他们当地的同事们都要确保观众及时收到最新的进展——就像他们期待成为恐怖袭击的现场目击者一样。

保险起见，新闻媒体应该在政府发布恐怖预警时及时提醒公众，并对情报机构的保全措施进行解释。但是过于密集和超前的报道，实际上却会使普通民众受到惊吓并造成恐慌，使他们不敢离开电视机。研究表明，在 2001 年 10 月 1 日到 2004 年 12 月 31 日之间，三大电视台，即 ABC、CBS 和 NBC，对于布什政府升高国际恐怖预警等级播报了共 18 次新闻，并对其降低预警等级播报了 15 次新闻。此外，电视台对纽约升高恐怖预警等级播报了 3 次，对其他州类似情况播报了 2 次，其中还有 2 次新闻内容中提到区域性的恐怖预警级别被降低的消息。媒体的喜好就是播报令人震惊、感动或不安的新闻，一共有 23 次关于国际或区域性的恐怖预警居于新闻内容之首。相对地，ABC、CBS 和 NBC 关于恐怖袭击预警级别降低的报道明显很少，只有 13% 是作为头条新闻，其余 87% 只在特别报道中播报。当布什政府升高国际恐怖袭击预警级别时，电视台在每个报道上平均花费 5 分 20 秒；当级别降级时，电视台的平均播报时间只有 1 分 34 秒。有些时候，电视台根本不会播报关于恐怖主义威胁降低的消息。

由于防恐的重要信息和事先防范措施对大多数媒体机构来说没什么趣味性，恐怖袭击和威胁总是会成为大规模报道的材料选择。问题在于广播听众偏好刺激性的新闻，而纸媒则倾向于短小的故事——报道的方式不足以用来解释更加复杂的问题和解决方式。在“9 · 11”事件之前，常见新闻是关于恐怖威胁，尤其是关于生化袭击。一方面来说，某些特例中，这些新闻是以调查工作、对该领域的专家的访谈和一些专业的报告为基础的；但另一方面，媒体极少甚至没有将关注点放在对这些恐怖威胁的防护措施和应急方案上，正如下面的例子所示。

1999 年，美国政府任命了专家委员会来“评估法律、规章、指令、政策和判例，防止并惩罚针对美国的恐怖主义，并对这些法律法规的有效性进行评估，提出改善建议”。对世贸中心和五角大楼的自杀性恐怖袭击发生约三个月前，恐怖主义委员会在报告的结尾总结道：

> 不是所有的恐怖分子都是一样的，但是对于美国来说，这些 10—20 年前还没出现过的组织是最恐怖的：他们看起来就像普通外国人一样，他们的资金支持和联系网是跨国的，不依赖于某个国家的支持，很难使用经济制裁去瓦解。他们既快又保密地尽量利用所有可能的技术和设施进行联系。他们的任务更加极端。这些改变了恐怖袭击手段，抬高了纠正美国反恐政策和实践的门槛。

大多数媒体机构不认为委员会的这些观点和发现有什么新闻价值，他们不会报道这些具有启发性的文件和美国反对恐怖主义工作中的缺陷。律商联讯（LexisNexis）数据库调查统计，在全国几百份报纸中，只有43份提到了委员会的报告——而他们中的多数还将报道控制在几行字之内。以纽约《每日新闻报》(*Daily News*）为例，它对于委员会报告的报道只有两个句子。大多数报纸真正关注的，是那些会引起争论的细节，例如委员会建议将希腊和巴基斯坦加入在反恐运动中不能完全提供合作的国家名单，限制美国的恐怖主义募资活动，监视外国学生，以及在美国境内大型的恐怖袭击事件中使用军事力量。《奥马哈世界先驱报》(*Omaha World-Herald*）一位主编认为，国家恐怖主义委员会“跟真实情况相比，过分夸大了恐怖主义存在的范围和程度”。

该编辑看起来解释了媒体缺乏兴趣的原因：大多数媒体机构只是不同意国际恐怖主义是个严重的威胁，除非政府有特别的预警，比如千年虫（Y2K）预报。[1]电视和广播媒体同样也没兴趣。ABC的“今晚世界新闻”（World News Tonight）和CBS的“晚间新闻”（Evening News）栏目曾经对委员会的观点提出过一次批评，美国有线新闻网（CNN）曾经报道过四次类似的内容。NBC的“今日秀”（Today Show）和“与媒体见面”（Meet the Press）甚至比他们的对手花费更少的时间在这种报道上。

该领域另一个研究机构“21世纪美国国家安全委员会”（USCNS/21）在2001年上半年发布了一个综合性报告，它对恐怖主义提出的警示和应对措施受到了《金融时报》(*Financial Times*）宣称的“审视性的关注”。当两党协调小组副主席，前议员加里·哈特和沃伦·拉德曼，还有前美国议员，委员会成员纽特·金里奇在几个国

[1] 标志着20世纪的结束和21世纪开始的新年庆典所担忧的美国重大恐怖主义行动。“千年虫”威胁在新闻界被广泛报道，人们认为其攻击目标是互联网和计算机系统。

会委员会发言时，大多数新闻媒体都没有对这个报告给予重视。只有CNN的“和格莱塔·范·苏斯特伦分享观点”（The Point with Greta van Susteren）栏目在主要电视频道和网络上对委员会的观点进行了详尽的报道。

直到“9·11”事件之后，新闻界的一小部分成员才意识到媒体对这方面缺乏关注。在一篇题为《恐怖主义报道——我们是怎样搞砸的》的文章中，理查德·科恩（Richard Cohen）写道：“我们（媒体人士）——我的意思是我们中的多数——当时睡着了。”他认识到他和同事们是有线索并且原本可以对恐怖威胁和政府反恐怖措施的弱点进行报道的。媒体对美国针对恐怖袭击事件的准备措施表现出的兴趣更少。在1996年到2000年的5年中，关于这些准备措施，主流电视媒体（ABC、CBS、NBC和CNN）和国家公共广播电台加起来一共播报了48条新闻。这些新闻中大多数是由紧急应对措施演习或者极端情景模拟触发的。无论是在电视上、广播里，还是纸媒上，这种新闻都不讨人喜欢。因此，NBC新闻主播汤姆·布罗考（Tom Brokaw）在一次新闻播报中说道：“在国家的最高级别管理者之间弥漫着一种恐惧，那就是美国还没做好面对这个时代最恐怖的恐怖分子的准备，这是一场生物战。”在《纽约时报》中，朱迪斯·米勒（Judith Miller）报道：“在一段对恐怖主义的恐惧不断增长的时期内，美国国内很多高级官员认为联邦政府对于恐怖主义还未形成一个一致并具有联动性的系统来应对。”虽然也有极少例外，但是多数主流媒体的新闻总是停留在表面上就事论事，而不是关注深埋在这些准备措施或政策之下的根源性问题。

2001年春天，一家小型政治杂志《华盛顿月刊》（*Washington Monthly*）发表了一篇题为《大规模干扰性武器：政治恩惠如何在反恐斗争中压过未雨绸缪》的揭露真相的文章。作者约书亚·格林（Joshua Green）说“花费数十亿美元去应对一次恐怖袭击只创造出了一堆昂贵但不协调的混乱”。格林说道：

> 一场国会内部的讨价还价接踵而至。“这是国会山的一场冲突，”一位无党派国际安全智囊团的高级研究员说，“有上千个机构向立法者表示他们能胜任这个工作，并且相应地，他们尽力使国会选择他们。”

这篇文章没有引起大型新闻机构的注意来跟踪报道格林的观点。他们总是对冲突和违规行为更加有兴趣，尤其是当有政府官员卷入时，大多数媒体总是更加愿意去钻研那些被质疑的行为和真正的失足行为，因为官员更容易知道这些事实或谣言。媒体很难在几秒钟之内讲清楚那些冗长复杂的充满高科技和多方负责人的项目，而且媒体人更倾向于娱乐新闻观众，而不是向公民传达完整重要的公共事件。

回顾“9 · 11”事件前后几个星期内的新闻报道非常有意义。尽管《美国爱国者法案 2001》和其他现行法律对个人自由产生了一定的限制，但是新闻里并没有特别对维持国家安全的需求和公民自由之间难以取得的平衡进行密集报道。电视新闻一般不会对拟定的立法中的重要条款进行任何报道。较长的广播或纸媒报道通常关注某项措施的支持者和反对者之间的政治纠纷。换句话说，从这个意义上讲，这些新闻报道主要关注支持者和反对者之间的政治谋略而不是去解释最终措施的实质内容。

明理的人们会对公众自由和国家安全之间的此消彼长表示不满。但是只要有一个自由而负责任的媒体完整地报道重要的公共问题，民众就可以理解正反双方的观点，并做出明智的判断。尽管这样，大多数新闻机构并没有尽到自己对公众的义务。

媒体和军方对恐怖主义的反应

新闻媒体过度报道偶发的恐怖事件和恐怖威胁，但对反恐怖主义的措施却报道不够——除非这些措施中包括了军方行动或采取了具有主动性或报复性的军事威胁。具有主动性或报复性的军事行动在国际恐怖主义中比较少见。至今为止，美国采取的这种类型的军事行动只有 5 例：1986 年的利比亚爆炸事件，因柏林一家名为拉贝莱（La Belle）的迪斯科舞厅发生爆炸，该舞厅是美国大兵频繁光顾的地方；1993 年轰炸伊拉克的情报局总部，这是对伊拉克意图在美国总统布什当年早些时候访问科威特时对其意图密谋行刺的惩罚措施；1998 年因美国驻肯亚和坦桑尼亚大使馆的爆炸事件而对阿富汗和苏丹因实施的导弹打击；为回应“9 · 11”事件而对“基地”组织和塔利班进行的大型军事行动；2003 春对伊拉克的入侵。那么媒体是怎样报道这些军事措施呢?

利比亚爆炸事件（1986）

1986 年早期，在国外的反美恐怖主义潮延续几年后，里根总统做好了随时应对的准备。在 20 世纪 80 年代，利比亚的卡扎菲对于里根总统来说就好像 2001 年本 · 拉登对于布什总统一样的存在：世界头号恐怖分子以及美国的头号敌人。1986 年 4 月，一枚炸弹在柏林的拉贝莱迪斯科舞厅爆炸并导致两名美国现役军人死亡时，这是一个证实美国政府“建立一个有效的以恐反恐体系”的决定的契机。所以情报机构一旦证实了这次爆炸事件与利比亚特工有关，里根政府就声称有合理的理由来实施“迅速报复”行动，这也是总统在入驻白宫时所承诺过的。

当华盛顿还在花言巧语地描述军事打击正迫在眉睫时，美国媒体机构已在利比亚首都加强了部署。结果是，美国人民在攻击刚刚开始的时候，就从媒体报道中知晓了针对的黎波里和班加西的轰炸，而这比政府通知公众早了很多。例如，在 4 月 14 日 CBS 的“晚间新闻”播报中，通讯记者杰佛里 · 法格（Jeffrey Fager）和艾伦 · 皮泽易（Allen Pizzey）在的黎波里通过电话报道了轰炸打击即将开始。“当——当——”法格说，“如果你能听到背景中的声音，可能比较小——少量的爆炸正在发生。攻击——正式的攻击将已持续了 10 分钟。”

尽管媒体会在新闻中对那些无辜受害者和居民区受到的损害进行联想或描述，使很多观众、听众和读者感到不安，但是绝大多数美国人是支持这场军事打击的——包括新闻媒体。这种情感被当时的《纽约时报》在一篇社论中总结为“即使是最富有同情心的公民也只会对美国对利比亚的打击表示支持并鼓掌”。

轰炸伊拉克的情报局总部（1993）

1993 年 7 月 26 日，美国军方对伊拉克位于首都巴格达的情报局总部发动了一场导弹袭击。很快，数千枚战斧导弹对伊拉克首都进行了突然袭击，当时的总统比尔 · 克林顿在对国民的电视讲话中表示，这次行动是为了报复伊拉克意图在 1993 年前总统小布什访问科威特时对其进行刺杀的阴谋。克林顿总统说，关于这个“阴谋”，美国掌握了“强有力的证据”——“是伊拉克的情报人员策划并意图使用一枚伊拉克制造的具有杀伤力的炸弹”。但是克林顿并没有赢得当年里根总统轰炸利比亚时受到的支持。ABC 新闻的汤姆 · 杰罗尔德（Tom Jerrold）对这次轰炸巴格达背后的政治动机感到困惑，他问道：“难道他认为这次行为对自己的政治道路有益？这是此次行为最能让人联想到的。”《华盛顿时报》虽然支持这次导弹袭击，但是认为这样的反应还不够强烈。一位报纸的主编说：“就像克林顿先生所说的那样，这个抉择背后的原则是采取相应的措施，摧毁一座空的建筑真的能和企图谋杀一个美国领导者相提并论么？”《华盛顿邮报》充分认识到这次导弹打击的有限作用后，对克林顿表示支持：“作为一个最高执行长官，面对伊拉克在去年春天谋杀前任总统布什未遂，他做了该做的。”不过同一篇社论中也说克林顿此次的片面决定与他一直偏好的“多边主义”外交政策背道而驰。《纽约时报》也在一篇社论中提出疑问：“这场军事打击有必要吗？”根据这篇社论所说，没有确凿的证据给出肯定的答案。相对地，该报纸认为“美国人民需要更多的信息来确认克林顿先生这种行为的合理性”。最后，《时代周刊》

对总统的动机提出疑问："任何时候一位陷入政治困境的最高级别的执行长官采取一场戏剧性的军事行动，都要准备好面对一些问题——这次行动是否是为了转移公众的注意力，并赢得公众对总统的支持。"

导弹袭击阿富汗和苏丹（1998）

1998 年 8 月 7 日，恐怖分子使用汽车炸弹袭击了美国驻肯尼亚和坦桑尼亚大使馆，造成近 300 人无辜丧生，其中 12 人为美国人，并使数千人受伤。约两个星期后，美国军方发射了约 79 枚战斧导弹，打击"基地"组织在阿富汗的训练基地和被克林顿总统称为"化学武器相关的设施"。这场以恐反恐的打击仅仅发生在总统与白宫实习生莫妮卡 · 莱温斯基（Monica Lewinsky）有染的事情被公开的三天后。意料之内，一些坚定的克林顿批评者，比如记者、编辑和电视主持人都提出质疑，总统是否为了个人的政治理由而下令进行袭击。在克林顿总统对于此次以恐反恐的行动发布简短的声明后，在五角大楼召开的记者发布会上，国防部大臣威廉 · 科恩就被问到是否知道一部叫作《摇尾狗》（*Wag the Dog*）的电影。该电影讲的是一位总统为了转移公众对他与一名十几岁的少女有染的注意力，编造出一场想象中的战争。发布会上发生了如下对话：

> 问：一些美国人最近在议论这次的事情与电影《摇尾狗》的情节惊人的相似。两个问题：首先，您看过这个电影么？第二，您将如何回应具有这样想法的人？
>
> 科恩：这场行动的唯一动机就是保护美国人民不受恐怖行为的伤害。

《华盛顿邮报》的签约撰稿人也认为克林顿政府的问题在于没有提供"可以证明被流放的沙特阿拉伯百万富翁本 · 拉登就是这两起美国大

使馆爆炸事件的幕后策划者”，但是该报纸并没有质疑克林顿的动机。形成鲜明对比的是,《纽约时报》提到了莱温斯基的事件，并要求总统“对国会及情报委员会提供所有关于本·拉登和这次袭击的信息，并消除一切对他的动机挥之不去的怀疑”。在NBC的“夜间新闻”栏目中，主持人布莱恩·威廉姆斯（Brian Williams）指出克林顿的“双重困境，一个是国家安全事件，另一个是涉及隐私的个人危机”。CNN的周日脱口秀节目“沃尔夫·布利策最后要闻”（Late Edition with Wolf Blitzer）中的观点是“分别看待总统在白宫的性丑闻和针对美国大使馆爆炸的军事打击报复行动”。

多数新闻媒体接受了对本·拉登位于阿富汗的“基地”的军事打击，但是他们中的多数对于苏丹在什法的工厂是否在制造据称可以造成大规模杀伤性化学武器表示怀疑。虽然政府官员向记者提供了一些具有敏感性的情报证据，但是记者们看起来更加倾向于相信苏丹政府官员的说法——这些工厂不具有任何危害性。新闻工作者在拿到新的信息时，一般不会去回顾他们之前的报道和判断。在这个特例中，一位关键的证人在审判中证实了克林顿的声明，即在喀什穆有生产化学武器的设备，大概离什法有几英里的距离，此时克林顿的以恐反恐的军事打击行动已经停止了。但是几乎所有的新闻媒体都忽略了证词中的这点，而是报道了证词中的其他方面，只有两份报纸中的文章提及这份证词。

“9·11”事件后的反恐战争

在电视屏幕和电脑屏幕出现了世界贸易中心被完全摧毁和五角大楼被部分摧毁的现场画面后不久，电视主持人和记者们将其与“偷袭珍珠港”事件相比较，并声称这是一场新战争的开始。在最后一架遇劫飞机坠毁后不到一个小时的时间里，ABC新闻主播彼得·詹宁斯（Peter Jennings）对屏幕上的图片作出了评价并告诉听众：“当你看着这场面时，你可以十分清晰地感觉到你正在看的是处于战争状态中的美国。”NBC 新闻主播汤姆 · 布罗考称：“实际上，在这里，我们正处于战争状态。”CBS 新闻主播丹 · 拉瑟（Dan Rather）称这次袭击为“恐怖主义的珍珠港”并谈及新型的“世界恐怖主义战争”。主持人、记者、政府官员、专家和公众成员们一次又一次地将它们联系起来。确实，在攻击后最初的 14 个小时内，电视新闻便沉迷于战争的比喻、与珍珠港的比较、罪恶与善良的叙述和——最后但同样重要的——军事报复的可能目标的识别。

2001 年 9 月 11 日，在袭击发生后的数小时直至午夜，上述三个电视网络的新闻主播和记者们共使用“战争”一词 57 次、“反恐战争”（*war on terrorism* 或 *war against terrorism*）这一术语 4 次。此外，上述三个电视网络中的其他消息来源提到“战争”一词 21 次。将其与珍珠港进行的比较几乎数不胜数。主持人、记者及他们的采访对象使用“反恐战争”这一术语多达 58 次。在里根政府执政期间，反恐巡回大使保罗 · 布雷默（Paul Bremer）于袭击后的几个小时在 NBC 新闻频道上发表了下述讲话，这也是很多人在广播上讲过的：

> 在很多方面，这次袭击要比珍珠港事件更为恶劣。我认为，我们可能会发现伤亡人数比珍珠港事件更多。在珍珠港时，我们立刻知晓了谁是凶手并得到证实。正是日本！在美国，我们的伤亡人员更多，袭击的来源却了解的更少，因此回应起来也变得更加艰难。但是，我们一定会对此次侵略行为给予强硬的军事反击。

该袭击和行凶者反复地（在上述三家电视网络中总共 16 次）被称为“魔鬼”，并再三地与被作恶者虐待的勇敢、统一和善良的民族形成对比。比如，美众院议长丹尼斯 · 哈斯特德（Dennis Hastert）说：“参议员和众议院的议员们、民主党及共和党成员将同心协力地与在这个国家作恶的魔鬼进行战斗。我们将并肩作战以确保那些引发这种邪恶之事的人付出惨痛代价。”

同时，在袭击后的最初几个小时里，阿富汗这个国家在三家电视网络中被提及 51 次。其中几次讨论了是否需要军事反击。在 ABC 新闻频道，前国务卿劳伦斯 · 伊格尔伯格（Lawrence Eagleburger）发言道：

> 我想今晚，我们将控制那些照管过、管理过恐怖分子的人，他们和恐怖分子一样负有责任。我认为这是很重要的，且的确很重要：我们现在就应该尽可能清楚地努力确认谁是凶手。如果凶手是本 · 拉登，那就顺其自然。这就让我不得不说，阿富汗这个国家和阿富汗政府有着和本 · 拉登一样的责任。
>
> 这就意味着，我认为我们必须对其采取军事行动。我们必须这么做，我觉得，针对那些我们心知肚明、已然存在且有目共睹的国家，他们应该负有和恐怖分子同样的责任。事实上，如果我们轻视——或有任何确凿证据的话，这也就意味着要对很多国家采取军事行动。不是说一定是他们实施了这次袭击，而是他们——日常照管的人——协助和支持了恐怖活动。

恐怖袭击发生后的数小时内，人们还讨论了伊拉克政府是否也参与其中。综合起来，在上述三个电视网络中，主播、记者及其他人提及伊拉克多达 22 次。在 NBS 新闻频道，中东研究专家福阿德 · 阿贾米（Fouad Ajami）说：“我们必须追根溯源。无论是追寻至阿富汗——如果确实是本 · 拉登和塔利班组织的话；还是追寻至巴格达——如果的确是萨达姆牵涉其中。”事已至此，美国在“9 · 11”事件发生后不到两个月内，便在阿富汗展开了对“基地”组织和塔利班的战争；18 个月后，美国便侵袭了伊拉克。

关键是，“9 · 11”事件后的数小时内，电视报道便预言了美国在接下来数月和数年内的反恐政策——其中包括阿富汗战争和伊拉克战争。

同等重要的是，这些广播节目强调国家统一并在骇人听闻的袭击后对总统表示支持，这预示着对美国在“9 · 11”事件后的数月和数年内采取的所有反恐措施的中坚力量和公众支持。前美国能源部长比尔 · 理查森（Bill Richardson）是民主党人，他告诉丹 · 拉瑟：“我认为现在最重要的事情是我们已经聚集在总统周围，像一个国家一样团结在一起。”美国国会参议员约翰 · 麦凯恩是共和党人，他在与主播汤姆 · 布罗考的一次对话中称：“我相信美国人民会支持并与美国总统团结一致。而且我还相信我们会找出行凶者并给予回击。”

针对“基地”组织和塔利班的军事行动（2001）

2001 年 10 月 7 日，美国总统小布什在白宫的现场直播中告诉全国人民：美国军队已经“开始了针对阿富汗‘基地’组织恐怖训练营和塔利班政权的军事设施的攻击”。在这场讲话中，总统只有一次提到“战争”，并解释军事行动只是“我们反对恐怖主义的部分行动”，无需将反对“基地”组织和塔利班的行动定义为战争。因为自纽约和华盛顿发生“9 · 11”事件以来，新闻媒体便不断地引用该隐喻，尤其是全新闻节目网络日复一日地在屏幕字幕上显示“美国新型战争”或“反恐战争”等口号。自“9 · 11”事件至阿富汗战争，ABC 新闻频道已经广播了 86 条包括“战争”和“恐怖主义”字眼的新闻，CBS 新闻频道广播了 96 条类似片段，NBS 新闻频道 133 条，CNN316 条，美国国家公共广播电台（NPR）166 条。律商联讯数据库中的美国报刊新闻界出版了共 5814 篇文章，其中均包含“恐怖主义”和“战争”等词语。

作为阿富汗目标对轰炸的回应，愤怒的反战抗议——一些伴随着暴力行为——于数个阿拉伯和穆斯林国家爆发。美国新闻媒体对此进行了新闻报道，这也是他们的责任和义务。但是通过过度地重播这些抗议的图片，电视传达的印象是世界上这些地区一直在发生针对美国的骚动。中东研究专家马丁 · 因迪克（Martin Indyk）声称事实并非如此。从首次袭击阿富汗目标开始，他追踪了21个阿拉伯国家的示威游行情况。根据调查，第一周共有9次反美游行，第二周有3次，第三周有1次，第四周有2次，第五周为0次，第六周有1次。但是在过度报道国外抗议情况的同时，国内针对军事报复的抗议在主流媒体中要么被严重忽略，要么被谴责。NPR即这样的少数几个新闻组织之一，它们非常详尽地报道了“声势浩大”或“刚刚萌芽”的反战运动及其在大学校园内外遭遇的无法容忍的反应。[1]

最初，美国媒体大多数情况下只能从远端介绍阿富汗的战争，因为塔利班只允许西方媒体通过部分途径来展现真实或所谓的美国袭击造成的破坏。但是阿拉伯电视网络半岛电视台（Al Jazeera）却大肆报道阿富汗的战况并向美国媒体提供美国记者无法获取的信息。基于其中的一些报道，美国的新闻记者得以在五角大楼新闻发布会上提问。但是考虑到国外媒体和大众对阿富汗行动的支持，记者们很少进行持久深入的询问。数月以来，媒体界将阿富汗描绘为以美国为首的联盟下的彻底胜利——虽然本·拉登和主要的塔利班人物都未被捕获且这个国家的重要地区还处于军阀的控制之下。（译者注：2011年5月2日，美国总统奥巴马发表声明，称本·拉登在巴基斯坦的一座蒙宅里被美国海豹突击队第六分队突袭击毙。其尸体于次日海葬于北阿拉伯海。）阿富汗胜利的神话依然盛行且完美地贯穿于布什的整个执政期间。直到奥巴马总统将美国的战争重新聚焦在阿富汗的恐怖主义上并在那里增派一支军队（请见第十章），情况才有所变化。在那个时候，大多数新闻媒体急剧减少了对阿富汗的相关报道。而来自阿富汗的报道也变得日益危险和昂贵。对媒体和公众而言，阿富汗战争成了一场“被遗忘的战争”。

[1] 琳达·韦特海默在2001年9月14日“面面俱到”（All Things Considered）栏目中谈到了“声势浩大”的反战运动和她的同事尼尔·科恩在2001年9月28日“国事评谈”（Talk of the Nation）栏目中提到“刚刚萌芽”的反战运动。

伊拉克战争（2003）

2002 年，布什总统及布什政府其他首脑将注意力从在藏匿处活得逍遥的本·拉登转移到萨达姆身上时，新闻媒体欣然跟随转移了矛头。布什和其他华盛顿官员在 2001 年 10 月 1 日到 2002 年 5 月 1 日 6 个月内提到本·拉登的次数远远超过萨达姆，但是从 2002 年 5 月 1 日到 2002 年 10 月 31 日 6 个月内提到更多的是伊拉克独裁者。在这两个时期，主要新闻机构跟随总统的领导，在第一个时间段大量报道本·拉登，而在第二个时间段大量报道萨达姆。当然这种报道模式涉及了新闻媒体在外国危机期间利用扩大影响力的工具支持总统的做法，这种做法常在危机严重且迟迟不能化解的时候采用。但这不仅仅是向美国总统提供与美国人民沟通的舞台，正如人们所料，媒体允许布什总统制定新闻议程，因此新闻重点才能从头号“恶魔”本·拉登戏剧性地转移至美国最大威胁萨达姆身上。正如恐怖分子利用媒体推进他们的宣传目标（见第十四、十五章），被定为攻击目标国家的总统和其他领导人，也同样利用大众媒体推进他们的议程。

在伊拉克战争的预备阶段，媒体特别是电视煽动了人们的战争情感。银屏上的广告字幕在多数时间向观众展示美国“与伊拉克的决战”或“与萨达姆的决战”。新闻报告描述了军事准备以及士兵们做好准备远离家庭投入到反恐战争的感人肺腑的故事。著名电视明星前往波斯湾地区，在科威特或邻近国家主持他们的节目——尽管主持地点的变更完全不会增强观众对预定入侵的理解。但是接近战场让媒体名人有机会不必西装革履就能登场，向观众讲述他们早早在美国制作室里就编好的故事。当华盛顿将国内恐怖主义警报等级提升到“高”时，美国有线电视新闻网亚伦·布朗（Aaron Brown）站在科威特似乎满腔怒火地夸大报道即将到来的战争，感觉到这一“大事件”是正确的，然后回到了国内。除了大肆宣传预期战区附近的地点、开展即时“投票”、为比较重要的日期和截止日期安排倒计时等伎俩，新闻广播员专心于向伊拉克邻近区域调动军队及设备的事项，热情地向许多军事专家及退休将军打探真实的或想象的战况。总之，这类新闻，特别是全新闻节目网，让公众认为伊拉克战争是一场不可避免的战争。

和反对干涉阿富汗不同，2003 年早期美国国内外反战示威游行规模浩大。同一时期，美国新闻媒体十分关注这些游行事件，它们在印刷媒体居于头版，在电视网络新闻中处于头条。虽然在保卫宪法赋予的新闻自由表达的权利时始终渴望引用第一修正案，但是许多评论员和专栏作家迅速反击，谴责反战抗议人士支持萨达姆。例如，迈克尔·凯利（Michael Kelly）在《华盛顿邮报》的专栏中写道：“这是一次为了推进邪恶而不是消灭邪恶的游行。”有线电视上的主持人和嘉宾们常常将示威者形容成共产主义者、叛徒、狂热分子、反美的和没有爱国心的人。诺贝尔和平奖获得者、前总统吉米·卡特在其发表了反对入侵伊拉克的言论之后就被孤立，并受到了严厉的批评。这些评论家们一般将卡特总统任期描述为“失败的”，谴责他违背了前任总统不应公开反对现任总统的不成文的规则。媒体中几乎没有保护言论自由基本权利和支持美国反战游行的声音。

对于电视网络特别是有线电视网络来讲，与伊拉克冲突的前景是一把双刃剑。一方面，他们拥有一个扩大观众群体的机会——正如 CNN 在 1990—1991 年海湾战争造势和战争期间所做的一样。但从另一方面看，这些组织花费巨资准备伊拉克战争，他们害怕战争报道期间损失广告收入，因为那时广告商会限制插入他们产品的广告。最终，对预定战争报道的投入十分巨大，导致电视需要战争吸引更多的观众。

敌对行动一开始，“嵌入式媒体”模型就付诸实施：当军事部队入侵伊拉克并快速取得胜利时，记者、摄影师和电视工作人员被派往这些军事部队。自 1983 年入侵格林纳达开始，以及在 1987 年入侵巴拿马和 1991 年海湾战争期间，美军直接或间接地拒绝记者随军目睹最初的军事部署。通过将通讯员安插到各个军事部队，国防部和媒体想出一个针对大规模战争报道的解决办法，并欣然付诸实施。另一方面，“嵌入的”通讯员仅仅目睹了全部战区的冰山一角，且与“他们”军事部队的所有人休戚与共。与保护他们的士兵保持一致，意味着新闻界的许多成员在全方位报道这次战争时会感到犹豫——特别是意味着批判美国军队时。

美国难以在伊拉克重建法律和秩序，以及在萨达姆恐怖政权中建立民主体系，新闻报道对此感到十分不满。2003 年秋天，政府官员开始着手公关活动，以应对他们所称的伊拉克新闻偏见。布什政府内外的评论家们指责媒体根本没有或者没有充分报道伊拉克回归正常生活方面取得的重要进展。布什总统告诉一位采访人员：“美国人民似乎没有得知真相。我们在改善伊拉克人民生活方面有重大进展。”毋庸置疑，在此段时间，媒体特别关注日常对以美国为首的军事联盟成员、天然气管道、旅馆、大使馆、联合国总部和伊拉克其他民用设施等软目标的袭击，而对修复的输电线、重开的学校和运行良好的医院报道较少。评论家们那时控诉有关伊拉克的新闻过分强调暴力而几乎不关注各地区的情况改善，这种批评是正确的，但是一旦遇到当地叛乱分子和许多外国恐怖分子实施的致命攻击急剧增长，并推动伊拉克步入血腥的内战，那些批评就变得不再公正了。随着越来越多的美国人和伊拉克人一天天成为什叶派和逊尼派双方暴力冲突的受害者，没有人应该期望新闻媒体低调处理日益恶化的条件，以及美国领导的联盟军队和伊拉克军事和武装力量在控制和恢复秩序方面的失败。2006 年年底，布什总统承认伊拉克的情况比较糟糕，并且替换了国防部长唐纳德·拉姆斯菲尔德，试图制定新策略以扭转局面。但总统夫人劳拉·布什（Laura Bush）把丈夫在民众间的低支持率归咎于新闻媒体对伊拉克报道的偏见。正如 ABC“夜间新闻”报道的：

新闻节目主播布莱恩·威廉姆斯：今天总统夫人劳拉·布什对

于伊拉克战争有一些想说的话。这是在她出席微软全国有线广播电视公司的一个节目期间说的。诺拉·奥唐奈（Norah O’Donnell）向布什夫人问起她认为是什么原因导致我们最近的NBC新闻频道/《华尔街日报》发起的投票中只有两成的美国人赞成总统处理伊拉克战争的方式。布什夫人直接将责任归咎于新闻媒体。

劳拉·布什夫人：我知道有许多正在进行的善事没有公之于众，除非人们碰巧有至亲至爱被分派到那里的，否则媒体是人们了解事实的唯一途径，我认为这是令人沮丧的。

威廉姆斯：布什夫人继续说到她希望未来能有更平衡的新闻覆盖面。但是最近来自伊拉克研究团队的报告明确指出伊拉克暴力被严重漏报。

总的来说，对最令人震惊的、最触动人心的和最具威胁的事件的关注，是新闻媒体对国内外恐怖主义回应的涵盖、完全涵盖和不完全涵盖方式的辨别特征。通常，当总统推进防恐和反恐政策时，这些报道倾向证明是有助于总统的，但在其他时间段，相同的报道模式会忽略、减少甚至有悖于总统想要让美国人民理解的信息。正如新闻媒体过分强调偶然发生的和最致命的、最令人震撼的和最惊人的恐怖主义局面，防恐和反恐新闻也倾向于最具戏剧性的、最致命的和最动荡不安的事件、进展和消息。

伊拉克战争：国外不同的新闻报道

不论是因为美国经历了“9·11”事件还是因为美国和西欧各国媒体的传统不同，美国、英国、德国和其他西欧国家的主要新闻组织在2013年伊拉克战争之前和战争期间，对伊拉克新闻报道具有显著的差异。例如英格丽德·莱曼（Ingrid Lehmann）发现在入侵伊拉克的准备工作期间，德国精英报纸《法兰克福大众报》（*Frankfurter Allgemeine*）发表了“有点失去或动摇了（联合国武装）审议过程的权威性”，而《纽约时报》“对审议感到很不满”。德国新闻媒体可能受到了德国政府批判美国对伊政策和拒绝加入美国领导的军事联盟的影响，但情况在英国有很大不同。英国首相托尼·布莱尔从一开始就是布什政府入侵伊拉克的强力支持者，并且英国军队参与了侵占伊拉克的行动。一项针对全球48个国家新闻组织网站的研究发现，有关伊拉克战争的新闻报道内容，在官方支持入侵行动的国家比反对入侵行动的国家更积极。但英国精英媒体的报道口径与美国媒体相比更加缺少一致性。例如，一项研究发现，“无党派人士似乎对战争更持批判的态度，而《泰晤士报》倾向支持英国政府的立场”。同样，BBC广播节目“与许多爱国的美国网络不同，在声音和风格上的表现是不爱国的”。简而言之，虽然英国军队前往伊拉克参战，但是英国的新闻受众与美国新闻受众不同，前者并不是单纯地接触爱国报道（转移危机到国外的政策），还可以接触到更具批判的声音。因此，英国公众对伊拉克战争和对首相托尼·布莱尔的支持率并不像美国民众对伊拉克战争和总统布什的支持率那么高。

与美国国外新闻媒体网站相比，主流的美国新闻媒体网站给出了发动伊拉克战争的不同原因：“美国媒体常常援引为了伊拉克人民的自由使战争合法化，而这一点在外国网站鲜有提到。”传播学研究已经发现新闻受众会对电视上或印刷媒介上的图片给予特别关注，视觉资料比口头和书面语言更加令人印象深刻。有趣的是，美国媒体在选择视觉材料方面与外国新闻媒体并不相同。正如一项研究发现，美国电视网络“虽然曾公开过联军士兵伤亡的视频图像资料，但数量很少，更倾向于口头提及上述伤亡”。相反，伊拉克士兵伤亡或被逮捕则是真实的报道。

人们仅能猜测为什么美国媒体的新闻报道和构造模式与外国媒体不同：考虑到美国在“共同意志的联盟”的领导角色和战争反对者将大量责任归咎于美国超级强权而不是联盟合作伙伴，美国的新闻组织看起来比其他地方的新闻媒体更加“爱国”。

第十七章　结论：与恐怖主义威胁共存

关于恐怖主义的成因以及如何最有效地回应此类政治暴力，存在着大量的争论。但是关于“恐怖主义作为在合法政治领域或传统战争中无法与其公敌进行斗争的国内外组织或个人所掌控的可选武器是不会消失的”这个关键要点，人们的意见是一致的。根据沃尔特·拉克尔的观点：“即使在不太可能发生的情况下，比如全世界的冲突都得以解决，或全世界所有的政治、社会和经济紧张局势都消失不见，恐怖主义也不一定会终结。”如果以色列从中东地图上消失，那么植根于阿拉伯和穆斯林世界的恐怖主义同样不太可能会消失。这是因为各种其他的国内和国际形势会在该地区招致不满并引发恐怖主义思想和行为。世界上其他地区和国家，也同样如此。毋庸置疑，在可预见的未来，美国仍将成为国际恐怖主义首要的袭击目标。原因正如保罗·皮勒所言：“美国在海外的政策和存在可能会改变，但是美国作为唯一的超级大国、西方国家领导者和现代文化的主要输出者等地位似乎是不可能发生变化的。”

虽然各种恐怖组织终而复始，但相比之前的恐怖活动，当代最为危险的恐怖组织似乎并不受影响。那些受到本·拉登对“十字军和犹太复国主义者”宣战及其在美国恐怖袭击激励的极端主义者们，在追求长期目标时颇具耐心。耐心能显露出这些恐怖分子的长期战略及其运作模式。“基地”组织及其他臭味相投的团体并不急于策划恐怖袭击，而是进行多年的准备和演习。他们意识形态之狂热以及对无限制暴力的认同是毫不含糊的。奥马尔·巴克里·穆罕默德（Omar Bakri Muhammad）是伦敦一个激进穆斯林团体的头目，也是本·拉登的可疑追随者，他告诉采访者：“恐怖是21世纪的语言。如果我想得到什么东西，我就会恐吓你以达到目的。”这种说法正是恐怖哲学的核心思想，它的假设理论是向目标受众施以难以承受的破坏和恐惧。奥马尔·巴克里·穆罕默德及同伙认为：如果你有足够的耐心，暴力会充分地恐吓到你的目标，最终你会得到自己想要的东西。根据穆罕默德所说，本·拉登和“基地”组织有即时的和长期的目标：“他们从事防御性的圣战运动，对抗那些袭击穆斯林的人。从长远来看，他们想要重建穆斯林国度，即阿拉伯帝国。接着，便是改变整个世界的信仰。”无论这些目标是多么的荒谬，它们激励着广大的基层恐怖分子并且产生了一种可以任意杀戮的恐怖主义，以便使他们的目标受众遭受最大程度的心理损害。意欲在纽约时代广场实施恐怖袭击却未遂的投弹手便是一个很好的例子：2010年5月1日于曼哈顿中心，在他试图引爆一颗车载炸弹之前，这个生于巴基斯坦并入籍美国的公民——费萨尔·沙赫扎德——声称自己的动机来自于一个“烈士视频”。该视频由阿拉伯的电台网络阿拉伯卫星电视台（Al Arabiya）播放。沙赫扎德在纽约的联邦特区法庭为自己的罪行辩护时，将自己标榜为“一个穆斯林战士”并于视频中警告道，“直到穆斯林传播至全世界”，否则“穆斯林战争”不会结束。正如类似组织的成员一样，沙赫扎德曾于巴基斯坦受训。他的任务会得到塔利班或“基地”组织成员的资助和支持；也有自发的基层组织和单独行动者，他们与大型的组织及其网络并无直接的人际关系。

但是就独狼恐怖分子和自发的基层组织而言，他们的行动领导人和追随者缺乏丰富经验，却有造成重大伤害的潜力，因此也存在着威胁。

一个典型的例子是2009年5月逮捕的一个犯罪未遂的四人团伙。这些恐怖分子计划炸毁位于纽约市的两个犹太中心，并意欲在纽约州的空中国民警卫队（Air National Guard）基地向多架飞机发射地对空导弹。据报道，该四人相识于狱中，而其中的主谋曾将自己对“参加圣战”有兴趣的想法告知过一个卧底犯人。在众多奔赴清真寺的成员中，不能确定谁才是特别虔诚的穆斯林教徒。这四个人一直在策划三次同时发生的恐怖袭击，目的是报复犹太人和在阿富汗和巴基斯坦杀害穆斯林的美国军队。考虑到“基地”组织、其同道团体、基层组织和支持者的长期目标和耐心，几乎所有的恐怖主义专家都无法预测这场运动是否会终止，以及这类团体是否会灭亡。然而，伦纳德·温伯格（Leonard Weinberg）和威廉·尤班克（William Eubank）这两个主要的恐怖主义学者认为，根据他们最近展开的调查研究，指出：“有证据表明现代恐怖主义（当前的‘第四波’）可能会呈下降趋势。”即使发生这种乐观的情况，也不意味着恐怖主义的终结。相反，正如温伯格和尤班克推断：

> 第四波恐怖主义可能呈下行趋势的预测并不等同于恐怖主义本身即将终结。每个人都不应该忘记恐怖主义是由有着不同主张的团体所实施的一种策略。在21世纪的前十年左右，恐怖主义对那些被孤绝疏远的人和对生活不抱幻想的人而言依然是有吸引力的战略。现在，全球信息系统使得愤愤不平者能够公开他们的事业。换一种说法，很有可能会出现恐怖主义的第五波。其特征属于推测、投机的范畴，且超出识别能力之外。

但是作为推动力量，无论第四波、“基地”组织及其他圣战团体的持久性如何，忽略其他——不仅仅限于国际上的——行动、团体和威胁很可能是个代价高昂的错误。国内恐怖分子进行毁灭性攻击的潜能绝不遥远。专家们一致同意在“9 · 11”事件后几周内便展开袭击的炭疽恐怖分子是个土生土长的行凶者，且他利用了本国国内一家反对美国同胞的杀手机构。然而炭疽恐慌过后的数年内，发信人的身份依然是个未知数，而该事件也几乎被人们忘却了。根据美国联邦调查局报道：2008年12月，在詹姆斯 · 卡明斯（James Cummings）位于缅因州贝尔法斯特的房子里，发现了大量私藏的适合建造“脏弹”的放射性材料，以及一些关于如何制造脏弹的文献著作。卡明斯被妻子杀害，现场却被伪造成自杀的假象。他因是阿道夫 · 希特勒的崇拜者而出名，并且与白人至上主义团体有牵连。据报道，卡明斯对奥巴马在2008年11月的总统选举中获胜感觉到很恼怒。于是他曾在美国总统奥巴马的就职典礼上，告诉妻子和10岁的女儿自己是如何计划在华盛顿袭击中引爆炸弹并杀死他的家人。

2004年8月，66岁的盖尔 · 威廉 · 内特尔斯（Gale William Nettles）一直在策划用一枚汽车炸弹炸毁芝加哥市中心的一座联邦大楼，该炸弹与俄克拉荷马市的投弹手蒂莫西 · 麦克维所用的类似。内特尔斯这个已经被判刑的重犯，曾经从一个地下机构购买了500英镑他自认为的炸药肥料，并租用了一个柜子用以储藏这些制造炸弹的材料。这个爆炸未遂的恐怖分子——内特尔斯——在密西西比州监狱里首次告诉他的狱友：自己计划对联邦政府展开猛烈的报复行动，原因是自己由于造假活动而被控告并监禁。在这种情况下，多亏了那个秘密机构的参与，制造炸弹的肥料实际上是一种温和的材料。

更让人忧虑的是2003年年初一次恐怖阴谋的意外中断，当时联邦调查局特工直奔位于德州乡村的武器库。那里存有大量的枪支、土制铁管炸弹和一个大型“足以杀死3万平方英尺建筑物中的每一个人”的氰化物炸弹。一些观察者指责道该事件几乎没有引起华盛顿反恐组织的关注。一个批评家写道：

> 德州氰化物炸弹的发现应该被看成是敲响了一次警钟：“9·11”事件把我们的注意力集中到来自伊斯兰激进分子的威胁上，但是凶残的右翼狂热分子依然存在。然而，美国司法部的关注点似乎在别的地方。两周前，一名联邦调查局的代表号召一个产业集团协助展开一场针对生态和动物权利极端分子的战斗，他告诉听众，这些人被联邦调查局视为首要的国内恐怖主义威胁。

没有东西像化学武器那么危险——上述的氰化物炸弹——曾经发现为环保和动物权利狂热分子所有。但是正如右翼极端分子可能会引起严重威胁一样，其他的极端分子可能会实施类似的计划。因此，各方面需要引起警觉。通过对反恐战争和公共卫生专家与传染病的斗争进行比较，皮勒推断：

> 有些威胁会逐渐增大；有些威胁会日益减弱。有些威胁是以前存在的；有些威胁是最新形成的。很多挑战和挫折都是来自于一个事实：事情在某一方面发展得顺利——偶尔甚至会特别顺利，以至于困难（天花、红军派）也完全得到解决——而另一方面，一个不同且甚至可能是更危险的问题（艾滋病、“基地”组织）出现。注意力和资源会转移到发生威胁的地方，但是整体的努力永远不会停止。

这样的类比有助于理解国内外竞技场上恐怖威胁的本质。

本书旨在解释说明恐怖主义的错综复杂性，并追踪其对由弱小的非国家行为体主导的政治暴力和恐怖分子及恐怖组织的形成及其战略、策略和组织结构的影响。该想法进一步用于描述和评估目标政府如何回应、媒体如何报道以及恐怖分子和反恐宣传如何针对公众。最为重要的是，问题在于恐怖分子假说是否以及在何种程度上是由他们暴力行为的后果所引起的。结论是毋庸置疑的：当他们实施政治暴力时——尤其当他们的恐怖行动十分引人注目时，即使是小型团体和单独行动者，也可以在强大的民族国家里或偶尔也在国际政治舞台上成为政治因素。恐怖分子强制民族国家作出反应，他们也经常会使得目标社会以违反自己最基本价值观的代价作出过度反应。

接下来的问题便是在不被恐怖分子的心理战压倒的情况下，社会如何处理严重的恐怖威胁。对于此等窘况，目前并无良方。但是人们对自己面临的危险情况了解得越多，在恐怖分子展开真实袭击前他们就越不会被恐惧吓破胆，一旦恐怖分子进行攻击时，他们不会产生恐慌的可能性就越大。政府官员必须提供实事求是的威胁评估；公民必须坚信该评估是基于所能获得的最可靠情报，既不会将危险最小化，也不会将危险最大化。

政治家必须接受这个原则：党派私利绝不能加入到反恐讨论、措施和政策中。恐怖分子意图在他们的目标国家影响其政治和政策。但无论是政治家还是公众，他们都不会给恐怖分子以可乘之机。2004 年 3 月 11 日，如果在马德里引发“3 · 11”连环爆炸案的建筑师是为了影响三日后西班牙全国大选的结果而展开攻击，那么他们成功了。首相何塞 · 玛丽亚 · 阿斯纳尔（José María Aznar）和西班牙大选右派的人民党（Popular Party），即美国入侵和占据伊拉克的支持者被打败了；何塞 · 路易斯 · 罗德里格斯 · 萨帕特罗（José Luis Rodríguez Zapatero）和社会党（Socialist Party），即伊拉克战争的反对方，赢得了选举。然而，西班牙选民们使阿斯纳尔落选是否是因为大量的恐怖袭击，便不得而知了。相反地，观察家认为西班牙人惩罚阿斯纳尔是因为他的政府不顾相反的证据，将轰炸的责任即刻推到巴斯克分离主义分子和减损的伊斯兰极端分子的身上，称其为“可能的行凶者”。

不管阿斯纳尔下台的真正原因为何，华盛顿的政府官员于 2004 年夏季警告道：“基地”组织很可能再次对美国展开袭击，目的是影响总统选举。2005年年初，对于即将到来的选举，英国也发表了类似的宣言。毋庸置疑，在上述两个案例中，恐怖分子可以在选举前后的任意时间再次发动攻击。但是为了将威胁警报和即将进行的选举联系在一起，事实证明本·拉登及其追随者会因为党派政治而扮演强有力的恐怖行动者。实际上，2004年8月初，国土安全部长（Secretary of Homeland Security）汤姆·里奇（Tom Ridge）在11月大选前公开宣布了一条警告信息后，28%的美国公民认为这个特别的警报是“带有政治动机的”，50%的美国公民认为这是基于“真实的情报”，而12%的人觉得上述两种原因可能都存在。纽约市居民在对政府动机的评价中甚至表现得更加具有怀疑性，因为46%的人“强烈地”以及17%的人“稍微地”觉得这次特殊的恐怖主义警报抱有政治目的，且应该会持续于整个选举日。

如果政府官员在缺乏具体证据的情况下发出威胁警报，那么新闻媒体绝不能对此模糊信息进行大肆频繁的报导，以免使公众感到恐慌。恐怖预警正中恐怖分子下怀，因为纯粹的恐怖威胁会像真实的攻击一样对目标受众产生影响。

政府官员、专家、教育工作者及新闻媒体有义务就恐怖主义的错综复杂性对民众进行教育和告知，如此公民才会理解政治暴力的阴谋——对目标社会造成的心理冲击要超过死者和伤者的人数。任何一个死于恐怖事件的人都是一场悲剧，这是完全不必要的损失。但是我们也必须牢牢记住：相比于恐怖活动，每年有更多的人是死于交通事故、犯罪、癌症、心脏病发作和艾滋病。连续多年来，大约有4万美国人仅仅是死于交通事故。相比之下，“9·11”事件中死于世界贸易中心、五角大楼以及宾夕法尼亚州的约为3000人。然而疾病和事故造成的死亡并不会引起普遍的恐惧和沮丧，但是这些重大的恐怖行为却会。目标社会必须察觉到这些事实，并意识到恐怖主义的心理冲击与一个人会成为恐怖袭击受害者的可能性是不成比例的。因此，当恐怖分子出于宣传目的（详见

第十四章）而应用“沟通三角”模型时，聪明的民众和私人资本必须利用同样的沟通工具来传播可靠和有用的信息，从而抵制恐怖分子敌人意欲展开的恐惧战术。

公众有权利知晓——即使真相意味着恐怖分子很可能早晚会获得和使用大规模杀伤性武器。但是只有在群体中做好应急准备状态的同时通知公众，当局对可能恐怖场景的讨论才有意义。同样重要的是，公共部门和私营部门应告知公众如果灾难性的恐怖活动发生，什么行为可取以及什么行为不可取。

消息灵通和准备充分的社会在面对恐怖危机时才不会那么恐慌，与愚蠢的受众相比，才更可能会在国内外选择适当的反恐回应。在预防和准备方面，应果断地逮捕恐怖分子并破坏恐怖行动、招募、训练、教化和融资方案。利用军事力量对抗参与支持恐怖主义或具体恐怖行动的国家是合理合法的，“基地”组织—塔利班联盟便是例证。但是在国内外作出过激反应是不明智的。过度反应暗中破坏了一个社会的道德体系，而且给予了恐怖分子和以暴力为中心的假说以可乘之机。众所周知，如果仅通过对“基地”组织和类似团体增兵，入侵和占领伊拉克的战争并未降低反而会增加恐怖威胁。最近在阿富汗加派军队和实施的反暴动战略可能会造成更多的消极后果，而不是积极的影响。

当恐怖分子可以且确实引起了巨大危害并影响到了国内外的政治和政策时——有时是十分显著地——很少会有人完成自己的最终目标。基于对 28 个恐怖组织的全面研究，马克斯 · 亚伯拉罕（Max Abrahams）发现这些团体“仅在 7% 的执行次数中完成了共计 42 个政策目标”。同样重要的是，这些团体“在平民目标上的袭击次数超过其在军事目标上的袭击次数，不管其本质如何，他们还是未能实现政治目标”。换句话说，恐怖主义行动并不奏效。因为大多数恐怖团体或单独行动者并未完成自己的政治目标！但是通过反应过度，目标社会却伤害了自己本身的利益。“9 · 11”事件后华而不实的情报局 / 国土安全共同体的成立证实了美国政府及其强大利益的过度反应。根据《华盛顿邮报》的记者达纳·普利斯特（Dana Priest）和威廉·M·阿金（William M. Arkin）长达两年的调查报告显示：

- 在美国有约 1271 个政府组织和 1931 个私人企业在全国约 1 万个地点从事着与反恐怖主义、国土安全和情报相关的工作。
- 预计有 85.4 万人，即华盛顿居民数量的 1.5 倍，拥有绝密级的安全审查权。
- 很多安全和情报机构在做着同样的事情，这就造成了冗余和浪费。比如，在 15 个美国城市运行着 51 个联邦组织和军事司令部，以追踪恐怖网络的资金流向。
- 分析师们能理解由国内外间谍活动所取得文件和对话，并通过每年发布 5 万份情报报告——数量如此之大，以至于很多都经常被忽略——来共享判断。

这个过度膨胀的、昂贵的官僚机构并不一定能加强国家预防进一步恐怖袭击和作出有效回应（如果恐怖分子成功袭击的话）的能力。类似胡德堡（Fort Hood）射手事件和未遂的圣诞日炸机事件，揭示出在巨大且分散的系统中决定性的情报会很容易被忽视。

是的，恐怖主义是非常真实的、主要的威胁。但是在进行反恐怖主义时，代价高昂的过度反应也会成为非常真实的主要威胁。考虑到恐怖主义的低成功率，人们并无理由对未来感到悲观和失望。恐怖主义的目标国需要学习在不过度反应的情况下，如何进行反抗和控制威胁。

附录：20 世纪 70 年代早期以来的重大恐怖事件

蓄意针对美国人或美国利益的事件

伊朗人质危机（Iranian Hostage Crisis）（1979—1981 年）

1979 年 11 月 4 日，数百个年轻的伊斯兰好战分子、自称是学生的人、以及伊朗最高统治者阿亚图拉·鲁霍拉·霍梅尼（Ayatollah Ruhollah Khomeini）的追随者，扣押了美国驻德黑兰大使馆的全体人员，烧毁了院中的美国国旗并带走了 62 名美国人质。最初，美国在华盛顿和德黑兰的官员将这次扣押看作一起让人恼火但可控制的事件。当时，在伊斯兰前国王穆罕默德·雷扎·巴列维（Shah Mohammed Reza Pahlavi）政权没落、伊斯兰革命大胜利和流放巴黎的阿亚图拉·霍梅尼的回归后，政治和社会发生了根本性的变化。毕竟，9 个月前的一场类似的抢占大使馆行动，在支持霍梅尼的革命卫队释放了美国人质并撤退了在大使馆的好战分子后，很快便结束了。但是在这次对伊朗政府而言是徒劳的捕获事件中，碰巧身在伊朗外交部的三名美国官员再一次释放了使馆人员。

伊朗的反美情绪显著增长，尤其是在伊斯兰革命的支持者和伊斯兰国家的成立中。因为在大使馆扣押事件发生的前几天，卡特政府已经允许身体状况欠佳的伊朗国王进入美国寻求药物治疗。白宫认为：很多伊朗人会将这种人道主义的姿态看作是美国对在其执政期间曾经残忍地压抑自己不满的人表示支持的另一标志。在这种属于好战伊斯兰元素中的反美歇斯底里症下，美国前总统吉米·卡特——人权的积极倡导者——压迫伊朗国王进行改革就变得无关紧要了。出于国家内部原因，阿亚图拉·霍梅尼即刻意识到了人质危机的作用。他的想法是联合对抗强大的“魔鬼”敌人——美国，也就是他口中的“大撒旦”。因此成功扣押的次日，霍梅尼及他的一些地位显赫的拥护者们公然地支持人质挟持者；他们支持挟持者的各种需求，主要是伊朗国王的回归及其在伊朗的资产的归还。正如控制美国大使馆的好战分子一样，阿亚图拉·霍梅尼替美国的窘况进行辩护，将美国描绘为“间谍”并且将大使馆描述为“间谍巢穴”（只有 13 个主要为妇女和非裔美国人的大使馆职员未被视作间谍并于扣押几周后释放）。霍梅尼很快便采取行动来反对潜在的对手。

在伊朗，阿亚图拉·霍梅尼有能力利用人质僵局来巩固自己的政权；在美国，卡特总统在得到激增的公众支持后，因使得一伙恐怖分子和一个相对弱小的国家掌控了美国的人质而日益受到谴责。谴责者为卡特在共和党的政治对手、民主党成员和日益增多的美国公众。因对自己“无为”政策的批评日益增加，卡特总统命令美国反恐部队三角洲部队（Delta Force）的成员展开一场高度复杂并且冒险的援救行动。大使馆扣押事件发生后不久，三角洲部队便为此任务开始受训。三角洲敢死队被运送至位于伊朗沙漠的约定地点，代号为“沙漠一号”。然后他们搭乘国外直升机飞往德黑兰筹划援救人质的复杂行动。但是行动所需的 6 架直升机中，只有 5 架（总共 8 架）在实际行动中降落在沙漠一号。这次的任务指挥官查尔斯·贝克卫斯（Charles Beckwith），除了取消援救计划外别无选择。造成悲剧的是飞机在起飞前再加燃料时，一架运输机和一架直升机发生碰撞，导致 8 名士兵死亡。该任务的失败，甚至更严重的是沙漠一号的致命灾难，进一步削弱了卡特总统的支持力量。虽然卡特总统在党内克服了挑战并再一次成为民主党候选人，但最终共和党人罗纳德·里根（Ronald Reagan）于 1980 年 11 月赢得了总统选举。

在伊朗国王逝世（夏季在一家开罗医院死于疾病）、卡特总统下台和伊斯兰革命取得成功的背景下，伊朗的人质对于霍梅尼及其拥护者的利用价值减小。经谈判将 800 亿美元的伊朗国王财产转移至伊朗后，伊朗政府于 1981 年 1 月 20 日释放人质——这仅仅发生在吉米·卡特的总统任期结束和罗纳德·里根宣誓就职美国总统的几分钟后。444 天以来，媒体日复一日地提醒美国民众：美国公民被绑架为人质。

黎巴嫩首都贝鲁特的两起毁灭性爆炸事件（1983 年）

1983 年 4 月 18 日，一辆装载着 400 镑炸药的运货卡车加速通过驻贝鲁特美国大使馆前的守卫后，在到达大楼前门廊时发生剧烈爆炸，直接摧毁了大楼的中心部分。63 人（其中包括 17 名美国人）死亡，120 人受伤。美国参谋长联席会议（Joint Chiefs of Staff）将军约翰·维塞（General John Vessey）称这次极为致命的袭击是对美国外交设施“令人费解的畸变”。结果证明，首次反美自杀式爆炸案仅是黎巴嫩什叶派进行连续反美恐怖活动的开始。也就是说，黎巴嫩真主党和黎巴嫩伊斯兰圣战组织（Lebanese Islamic Jihad）受到伊朗革命的鼓舞，并得到伊朗革命卫队（Iranian Revolutionary Guards）和伊朗领导层的支持。虽然军队及其法国和意大利同伙在以色列入侵和搜寻巴勒斯坦解放组织成员之后，开始着手修复法律与秩序，并已经将巴勒斯坦解放组织的领导人亚西尔·阿拉法特（Yassir Arafat）及其追随者们驱逐出黎巴嫩。这些组织和团体最为愤恨的，就是美国海军陆战队（U.S. Marines）和其他占据黎巴嫩领土的国外力量。

更加毁灭性的打击于六个月后到来。1983 年 10 月 23 日，人肉炸弹们同时驾驶装载着炸药的卡车进入位于贝鲁特外的美国海军陆战队和法国军队大院，造成241名美国海军陆战队成员和58名法国军人死亡。里根总统将本次袭击形容为“卑鄙的”行为并表达了自己的“愤怒”。总统在获悉此次大屠杀后，虽然强调即刻在黎巴嫩加强军力，但是里根政府于四个月后却决定从黎巴嫩撤退所有的海军陆战队。恐怖分子实现了自己的目标。

环球航空公司（TWA）劫机和人质事件（1985年）

1985年6月6日，环球航空公司的847次航班从希腊雅典机场起飞时，8名机组人员和145名乘客看起来并没有任何异常。但是刚起飞到空中时，两名全副武装的黎巴嫩真主党成员劫持了波音727，并强制飞行员将原定飞往意大利罗马的航线改飞至贝鲁特。在途中，劫持者残忍地殴打了一名年轻的海军潜水员罗伯特·斯特西姆（Robert Stethem），并寻找持有以色列护照或犹太名字的乘客。在贝鲁特再加燃料后，恐怖分子命令飞行员将飞机开至阿尔及利亚的首都阿尔及尔并在那里释放了部分妇女和儿童，然后返回至贝鲁特机场。在阿尔及尔命令又一次经停和第三次飞往贝鲁特之前，他们杀害了斯特西姆并将他的尸体扔在了停机坪上。最终，纳比·贝里（Nabih Berri）律师代表劫持者进行协商并要求将上百名什叶派成员由以色列监狱释放。17天以后，严峻的考验开始了。贝里、美国、以色列政府、红十字会和恐怖分子们在经过激烈的谈判后，人质得以释放——同时，以色列也将释放囚犯。在幕后，里根政府曾向以色列施压，逼迫其同意该解决方案并违背其“坚决不对恐怖分子让步”的既定政策。

“阿希尔·劳罗”（Achille Lauro）号船只遇劫事件（1985年）

2003年4月，继萨达姆伊拉克政权下台后，美国特种作战部队成员在巴格达界外捕获了默罕默德·阿巴斯（Muhammad Abbas）。

他的别名阿布·阿巴斯更为人们所熟知，一个于20世纪70年代和80年代臭名昭著的恐怖分子领导者。大约18年以前，阿巴斯策划并安排4名巴勒斯坦解放阵线成员实施了史上最残忍的恐怖行动之一。事件发生在1985年10月7日，4名伪装为乘客的荷枪实弹的巴勒斯坦人于埃及海岸夺取了意大利轮船“阿希尔·劳罗”号。[1] 他们要求释放身处以色列监狱中的50名同伙。因为有750名旅客已经在早些时候到亚历山大港上岸游览，所以当时还有不到100名乘客和344名船员在船上。在挑选出美国人和犹太人之后，巴勒斯坦人对人质进行了残酷无情的恐吓控制。在无法形容的残酷行为中，一名恐怖分子杀害了69岁且身体部分瘫痪只能依靠轮椅行动的纽约人莱昂·克林霍福尔（Leon Klinghoffer）。在开枪射击了克林霍福尔的头部和胸部后，恐怖分子强迫船员将他的尸体扔出船外。不久以后，埃及官员承诺允许他们自由通行至自己选择的目的地，从而说服恐怖分子投降。

然而，美国的战斗机中途拦截了搭载着阿布·阿巴斯及其1名副官和4名“阿希尔·劳罗”号劫船犯的埃及客机，强迫其在意大利西格奈拉的北大西洋公约组织基地降落。在那里，意大利军队成功地阻止了美国特种作战部队对巴勒斯坦人的逮捕。相反地，意大利人拘留了4名“阿希尔·劳罗”号的劫船犯并允许阿巴斯及其副官离开意大利。鉴于里根政府的施压，意大利在1986年对不在场的阿巴斯进行审讯并判处终身监禁。

[1] 最初，这4人计划舰只要一到达以色列的阿什杜德港口便挟持人质。但是这时一名船员在清理船舱中的武器时恰巧看见了巴勒斯坦人，于是他们改变了计划并马上采取了行动。

黎巴嫩人质事件（1982—1991 年）

整个 20 世纪 80 年代，外国人经常在贝鲁特内外被激进且与伊朗有密切联系的什叶派成员绑架。各种团体都声称对此事负责，但是人们普遍认为真主党才是大多数人质劫持事件的幕后指使者。自大卫·道奇（David Dodge）和贝鲁特美利坚大学代理校长的绑架事件开始，总共有 17 名美国人被这些团体劫持为人质。其中，有 3 人被残忍地杀害：美国中央情报局贝鲁特站站长威廉·巴克利（William Buckley）、贝鲁特美利坚大学的图书管理员彼得·吉尔伯恩（Peter Kilburn）和美国海军陆战队中校威廉·希金斯（William Higgins）；有 1 名人质得以逃脱；其他人在阴森可怕的环境中度过了长短不一的时间。如果一个人质得到释放，那么其他的人就会被抓获。特里·安德森（Terry Anderson）是一名美联社（Associated Press）的记者，他被囚禁了 2454 天（或将近 7 年），是目前为止被劫持为“黎巴嫩人质”时间最长的人。

他们行动的动机并不总是清晰明了的。比如，有时逮捕者要求释放科威特、以色列和德国的囚犯；在其他情况下，他们又似乎是渴望得到国内外的公共曝光和关注。经过里根政府和伊朗政府之间进行的伊朗门事件交易，一些被长期劫持的美国人质得到释放，但是很快便被别的人所代替。白宫和伊朗官员之间进行的秘密交易，是对里根总统及其政府宣称支持的官方政策的公然违反，即不屈服于恐怖分子的要求且不与恐怖分子做交易。

在伊朗、以色列、美国和联合国的官员进行了漫长的谈判和协商后，人质之一安德森最终于 1991 年后期得到释放。虽然并无任何一方承认要进行补偿，但是据报道，伊朗当局为每个于 1991 年 7 月以后释放的西方人质向劫持犯支付了 100—200 万美元。

泛美世界航空（Pan Am）103 航班爆炸案（1988 年）

1988 年 12 月 21 日，泛美航空 103 号航班从德国的法兰克福市起飞，于伦敦希思罗机场（Heathrow Airport）经停后飞往纽约。飞行途中，飞机爆炸并从苏格兰的洛克比上空滑落天际。机上 259 人全部罹难，其中包括 35 名雪城大学（Syracuse University）的本科生，亦造成地面 11 人死亡。如果不是在希思罗延时，这场爆炸恐怕就要发生在大西洋上空且其爆炸原因永远不会被揭晓。根据地面上所掌握的证据，英国当局确定一小片塑胶炸药被隐藏在一个行李箱内的收音机里。在早期，人们便怀疑轰炸的目的在于针对波斯湾的伊朗民用客机遭到美国海军“文森”号（USS Vincennes）的偶然破坏进行报复，而且伊朗已经与恐怖分子签约才做出这种卑鄙的勾当。人们发现“巴勒斯坦人民阵线总指挥部—总司令部”（PFLP-GC）的成员拥有与当初摧毁泛美航空客机所用类似的爆炸装置，但是最终认定两个利比亚特工为行凶者。这又导致另一怀疑：泛美航空 103 号航班的坠落，是利比亚针对 1986 年美国在的黎波里和班加西引发爆炸案事件迟来的报复。经过美国、联合国数年制裁和泛美航空 103 号航班遇难者家属的持续压力，直到 1999 年，利比亚的统治者穆阿迈尔·卡扎菲才将这两个特工——阿卜杜勒·迈格拉希（Abdelbaset al-Megrahi）和艾敏·菲玛（Al Amin Fhima）——交给荷兰的苏格兰法院进行审讯。2001 年初，迈格拉希被判有罪并在狱中服刑至少 20 年，而菲玛被判无罪释放。

世界贸易中心首次爆炸（1993 年）

纽约世界贸易中心的首次爆炸案发生在 1993 年 2 月 26 日，这标志着反美恐怖主义历史上新篇章的开始。1988 年泛美航空 103 号航班的摧毁可以理解为 20 世纪 90 年代及以后灾难性恐怖主义的先兆，1993 年曼哈顿市中心的爆炸案是美国境内国际恐怖主义的首次重要行动。虽然在华尔街标志建筑物下的停车场引燃了一千多磅的炸药，但是其爆炸威力并没有像犯罪者预想的那样能够至少倾覆 110 层高的双子座中的一座。实际上，炸药的影响伸至远处并超越其预期效果——6 人死亡，1000 多人受伤，并对世界贸易中心造成大规模损害。最严重的后果是对美国精神的冲击，因为“发生在世界贸易中心双子座内脏的爆炸案永远地打破了一个神话：恐怖分子不可能在美国国内上演暴力的壮观场面”。“解放军第五营”（Liberation Army Fifth Battalion）声称要对此次爆炸案负责，并警告道：美国国内更多的目标，其中包括核设施将被袭击。恐怖分子要求美国断绝与以色列的外交关系并改变其中东政策，他们用书面语言证明自己的行动：“美国人必须知道那些（在世界贸易中心爆炸中）受害的老百姓还不如那些死于美国武器和支持力量的人呢。”

一些涉及世界贸易中心爆炸案联合策划和实施的同谋者，是阿富汗反苏联入侵战争的非阿富汗退伍军人，且这个角色得到了美国的巨大支持。但是苏联军队撤离阿富汗后，美国便不再提供任何帮助，于是这些无家可归的圣战者（圣战士）转而开始反对自己曾经的美国施恩者。定居纽约和新泽西区域的圣战者，是反西方、反美的穆斯林牧师谢赫·奥马尔·拉赫曼（Sheik Omar Abdel-Rahman）的追随者。20 世纪 90 年代初，谢赫·奥马尔·拉赫曼在来到美国之前是埃及的极端恐怖主义伊斯兰团体（Islamic Group）的领导者，据称还牵涉埃及总统安瓦尔·萨达特（Anwar Sadat）的刺杀行动。奥马尔·拉赫曼和其他四个人被指控策划了 1993 年的世界贸易中心爆炸案，被判有罪并终身监禁。

世界贸易中心爆炸案的幕后操纵者拉姆齐·阿哈穆德·优素福（Ramzi Ahmed Yousef）在巴基斯坦被逮捕并于 1995 年被引渡到美国。美国联邦调查局的调查员对优素福和本·拉登之间早期的（如果是间接的）联系进行追踪。1997 年，尤塞夫被纽约的陪审团判有罪，在狱中监禁 240 年。

俄克拉荷马城爆炸案（1995年）

1995年4月19日上午9：00刚过，一辆卡车炸弹引燃的巨大爆炸摧毁了美国俄克拉荷马市中心的阿尔弗雷德·P·默拉联邦大楼（Alfred P. Murrah Federal Building）。168人死亡，其中包括在办公楼内托儿所的19名儿童，数百人受伤。这次灾难性恐怖行动的始作俑者是海湾战争的退伍军人蒂莫西·麦克维，他一个人点燃了炸弹，最终被审判、定罪并判处死刑。麦克维的同谋特里·尼科尔斯也被绳之以法。在美国联邦调查局不幸遭袭的两周年庆上袭击位于德克萨斯州东南部韦科市的大卫教派（Branch Davidian）大院时，教派的领导人大卫·柯瑞许（David Koresh）及其80名部下死亡。犯罪者称自己扎根于激进的右翼环境，他们对联邦的憎恨因双方致命的冲突而进一步加强。其中，双方指的（一方面）是联邦执法人员和（另一方面）像生存主义者和白人至上主义民兵领袖兰迪·韦佛（Randy Weaver）等人，以及大卫教派这样的团体。

麦克维刚被确认为嫌疑犯，媒体便开始报道他与极端右翼的瓜葛、他去韦科的大卫教派网站浏览的情况以及这次经历是如何扩大了他对联邦政府的仇恨。《新闻报》还重访了增强自卫队、爱国者和白人至上活动等反政府情绪的另外一个事件：1992年，兰迪·韦佛和在爱达荷州（Idaho）红宝石山脊（Ruby Ridge）的联邦特工致命邂逅。在这期间，韦佛的妻子、儿子和一名联邦警察副局长被杀。当麦克维策划恐怖行动时，这两起事件让他感到忧虑。

麦克维曾放出“豪言”要轰炸俄克拉荷马市的联邦大楼，这言论不仅被全世界听到了，还尤其被联邦政府和联邦执法机构听到了。麦克维便是死于这一罪状。他相信联邦调查局和其他机构在与韦科和红宝石山脊相似的对峙情况下改变了交战规则，更重要的是这些变化是自己恐怖行动的直接后果。

霍巴塔（Khobar Towers）袭击事件（1996年）

1996年6月25日，一辆重载卡车炸弹于美国军方在沙特阿拉伯达兰市的居住区外发生爆炸，导致19名美国人死亡，515人受伤，其中包括240位美国公民。当时达兰设施居住着3000多个执行伊拉克“禁飞区”（No-fly zone）的军人。一些团体声称要对此次袭击负责，但是美国当局相信伊朗曾资助过那些罪魁祸首。美国花费了5年的时间才揭发了13名沙特凶手和1名黎巴嫩凶手。

美国驻肯尼亚和坦桑尼亚大使馆的爆炸事件（1998年）

1998年8月7日，在点燃巨型炸弹前，两名人肉炸弹驾驶装满炸药的汽车行驶到美国驻肯尼亚首都内罗毕和坦桑尼亚首都达累斯萨拉姆大使馆附近。这场爆炸造成内罗毕291人死亡，5000多人受伤；达累斯萨拉姆至少有10人死亡，77人受伤。该袭击是针对美国使馆的，但大多数伤亡者却是肯尼亚人和坦桑尼亚人。一个自称为“伊斯兰军解放圣地”（Islamic Army for the Liberation of Holy Places）的团体宣称要对近乎同时发生的爆炸负责，但是美国调查员立即怀疑本·拉登的“基地”组织应对此次事件负责。作为回应，克林顿总统命令对阿富汗的“基地”组织训练营和苏丹的一家制药厂——美国政府将这里描述为化学武器相关的场所——展开导弹袭击。本·拉登及其部下在转移到阿富汗之前，便曾居住于苏丹。

在接下来的几个月里，纽约南区的美国地方法院（U.S. District Court）指控了十几个人，其中包括本·拉登及其军事行动司令穆罕默德·阿提夫（Muhammad Atef）和涉及两个东非爆炸案的“基地”组织成员。国务院称：“2000年末，1名嫌疑人已经承认自己密谋策划袭击的罪行，5名嫌疑人被拘留在纽约候审，3名嫌疑人身在英国等待引渡到美国，包括本·拉登在内的13名嫌疑人逃亡。”

美国海军舰只“科尔”号爆炸事件（2000年）

2000年10月12日，美国海军“科尔”号驱逐舰的船员准备停驻并在亚丁湾也门港口加油，这时一艘承载两人的小船径直开向“科尔”号并发生了剧烈爆炸。17名水手死亡，39人受伤，船只本身遭到极大损坏。这次自杀式爆炸是骇人听闻的恐怖行动且取得了胜利，因为一艘装载着数百磅炸药的小型玻璃钢船已经与配备着导弹等军械库和先进雷达系统的美国最强大的军舰展开了较量。“科尔”号船体上的巨大破洞和船员不顾一切并最终取得防止军舰下沉的斗争胜利的画面“加强了大卫（David）和歌利亚（Goliath）的比喻：世界最强大的军事超级大国的有力象征被一个在公开战争中根本无法将其战胜的较弱团体所攻陷”。

因为该袭击的大胆风格和本·拉登在也门的渊源，也门和美国的执法部门立即怀疑是“基地”组织策划了这场袭击。两个与恐怖组织有所谓关系的嫌疑人已被逮捕并监禁在也门，但是袭击后的两年多里这两个人和其他8个本·拉登的嫌疑犯同伙成功越狱了。接下来的几个月里，美国的联邦检察官指控嘉麦尔·艾哈迈德·巴达维（Jamal Ahmed al-Badawi）和法德·阿麦德·库索（Fahd al-Quso）策划了袭击“科尔”号的恐怖行动。根据起诉书，这些人被“基地”恐怖组织征募，参加了阿富汗的训练营并策划了之前对海军“沙利文”（*Sullivan*）驱逐舰的袭击。但是“此次袭击因其船只无法承受自身的炸药重量下沉而被迫取消”。

“9·11”事件（2001年）

2001年9月11日，在美国国内外进行了长时间的精心准备后，19个“基地”组织的男性成员准备进行一次当时看来是不可思议的恐怖事件——袭击美国。恐怖分子利用美工刀和小刀攻击机组成员和乘客，在东海岸几乎同时劫持并掌握了四架从机场起飞后不久的飞机。然后恐怖分子控制飞机飞向指定建筑物。事件的过程如下：

1. 5 名恐怖分子劫持了早上 7 点 45 分从波士顿飞往洛杉矶的美国航空 11 号航班。一个小时后，恐怖分子驾驶飞机撞向位于纽约的世界贸易中心北塔（North Tower）。

2. 另外 5 名恐怖分子劫持了早上 7 点 58 分从波士顿起飞，同样飞往洛杉矶的联合航空（United Airlines）175 号航班。1 小时 7 分钟后，该飞机被指挥撞上世贸中心的南塔（South Tower）。不久之后，世贸中心双塔倒塌。造成包括数百名消防员和警察在内的 2800 多人丧生，很多人受伤。[1]

3. 另外 4 名恐怖分子控制了上午 8：01 从纽瓦克市（Newark）飞往洛杉矶的联合航空 93 号航班。当乘客通过手机与他们的家人联系，获知已有两架飞机被劫持并撞上世贸中心双塔后，他们决定反抗劫机者。起飞两个小时后，93 号航班坠毁在宾夕法尼亚州的石质溪乡（Stony Creek Township）。分析认为：恐怖分子本打算控制该飞机飞向华盛顿特区的某个建筑，最有可能的是国会大厦。但是勇敢的乘客阻止了这项计划。

4. 另外 5 名恐怖分子控制了 8 点从华盛顿特区杜勒斯机场（Dulles Airport）飞往旧金山的美国航空 77 号航班。在 29 分钟后，飞机撞上了位于美国首都华盛顿阿灵顿区的五角大楼。造成 189 人丧生，多人受伤，大楼部分被毁。

20 世纪最后几十年以来，国际反美恐怖活动经常使美国公众感到震惊和害怕，其间的几任美国总统都关注相关恐怖活动。但是“9 · 11”事件使得美国领导人和公众相信国际恐怖主义已成为其国家安全和国家利益的头号威胁。根据本 · 拉登在事件前后的通信表明，这

---

[1] “9 · 11”事件一年后，世界贸易中心爆炸案中死亡受害者的官方统计数字为 8823 人。美国疾病预防与控制中心和《发病率和死亡率周报》称：截止到 2002 年 8 月，涉及世界贸易中心袭击的 2726 份死亡证明已经归档。2002 年 9 月 11 日，第 51 号（特刊），16—18 页。详情参见 www.cdc.gov/mmwr/preview/mmwrhtml/mm51SPa6.htm。

正符合他及其智囊团的预期意图。“基地”组织领导人希望冲击美国的心态，以确保其领导人的国内外政策都能作出过度反应。

胡德堡惨案（2009 年）

2009 年 11 月 5 号，美国陆军上校（U.S. Army Major）尼达尔·哈桑（Nidal Hasan）在德克萨斯州的胡德堡基地发动了一起大规模枪击事件，造成 13 死 28 伤。哈桑是一名穆斯林，原本预定在月末被派往阿富汗。哈桑曾与也门裔伊斯兰教士安瓦尔·奥拉基（Anwar al-Awlaki）有过联系，安瓦尔·奥拉基鼓励其追随者杀害美国士兵及平民。

国外其他重大事件

日本，1995 年 3 月 20 日

东京一个拥挤的地铁车站发生沙林毒气袭击，造成 12 人死亡，5700 人受伤。几乎与此同时，在横滨的地铁系统发生了类似的神经毒气袭击。奥姆真理教因发动该袭击而受到谴责，其领导人也被绳之以法。1994 年 6 月，该教派还制造了日本松本的神经毒气袭击，造成 7 人死亡，150 人受伤。在东京地铁发生的致命事件惊动了世界各地民众，人们对恐怖分子会越来越多地使用生物、化学甚至核武器等大规模杀伤性武器的担心更甚。

印度尼西亚，2002 年 10 月 12 日

在印度尼西亚巴厘岛一个最受欢迎的旅游区发生了一起卡车爆炸袭击，事故发生在大多是外国游客经常光顾的夜总会、咖啡馆和酒吧。来自 20 多个国家的 200 多人死亡，其中大多数是澳大利亚人。7 个美国人死于由与伊斯兰极端组织和“基地”组织有关联的恐怖分子发动的爆炸袭击。反恐专家怀疑凶手蓄意伤害西方人，尤其是美国人。

西班牙，2004 年 3 月 11 日

在早上交通高峰时段，短短 15 分钟内总共至少 8 个背包炸弹发生爆炸。爆炸首先发生在马德里阿托查站内的一列短途列车内，然后发生在正在驶入阿托查车站的一个拥挤的短途列车内，最后在距离阿托查车站 9 英里的一列驶向圣尤吉尼亚火车站的列车上也相继发生爆炸。爆炸造成 191 人死亡，1500 人受伤。虽然有不知名的“基地”组织袭击者（Al-Quds al-Arabia）团体声称对这起袭击负责，声称目的是惩罚西班牙参与在伊拉克的“十字军联盟”，但是西班牙官员迅速将巴斯克分裂组织“埃塔”作为主要的嫌疑犯。马德里大屠杀的三天后，何塞·路易斯·罗德里格斯·萨帕特罗（José Luis Rodríguez Zapatero）和他的社会党打败了何塞·玛丽亚·阿斯纳尔（José María Aznar）首相及其保守人民党。阿斯纳尔坚定地支持美国 2003 年入侵伊拉克的行动，曾派遣 1300 名西班牙士兵参加了伊拉克战争。

俄罗斯，2009 年 9 月 1–3 日

一大群全副武装的车臣极端分子占领了南俄罗斯别斯兰（Beslan）的一所学校并挟持了 1200 多名儿童、父母和教师作为人质。事件发生后的第 3 天，劫持犯引燃了之前掩藏在学校内部——尤其是挟持人质最多的体育馆——的炸弹。至少 330 名人质被杀害，其中大约一半都是儿童，很多人受伤。

英国，2005 年 7 月 7 日

伦敦交通系统几乎同时发生 4 次自杀式袭击，造成 56 名受害者死亡，700 多人受伤。其中 3 个炸弹在地铁上爆炸，第 4 个在一辆双层巴士上爆炸。两周后，另一起对一辆巴士和三列地铁的袭击因未能引爆炸弹而失败。两起袭击中，英国公民或居民中的穆斯林被认定为恐怖分子或潜在的恐怖分子。

埃及，2005 年 7 月 23 日

几个汽车炸弹在埃及沙姆沙伊赫发生爆炸，造成 88 人死亡，100 多人受伤。

约旦，2005 年 11 月 9 日

在约旦安曼的 3 家酒店里发生爆炸，造成 60 人死亡和 100 多人受伤。几天之后，约旦当局确定了 3 名自杀式炸弹袭击者，并认定他们与阿布 · 穆萨布 · 扎卡维（Abu Musab al-Zarqawi）领导的“基地”组织附属团体有关系。其中，扎卡维还策划了很多在战后伊拉克的恐怖袭击。

印度，2008 年 11 月 26—29 日

10 名全副武装的恐怖分子在印度孟买的 10 个不同的地点向平民开火，并最终在 2 个酒店和 1 个犹太社区中心劫持了人质。当印度安全部队控制局面时，173 人已经死亡，其中包括 5 名美国人；数百人受伤。只有 1 名恐怖分子在事件中丧生，印度当局认为巴基斯坦恐怖组织虔诚军（Lashkar-e-Taiba）的成员计划并指导了该袭击。

国家安全战略研究丛书

策划：王吉胜　谢寿光

信息安全定密（第一卷）：定密概述、历史和负面影响

〔美〕阿尔文·S·奎斯特　著

信息安全定密（第二卷）：定密原理

〔美〕阿尔文·S·奎斯特　著

政府保密（上中下）

〔德〕马克斯·韦伯 等　著

锁定真相：美国国家安全与情报战略

〔美〕约书亚·瑞夫纳　著

危中求安：如何在动荡的世界寻求安全

〔美〕丹·考德威尔

罗伯特·E·威廉姆斯　著

间谍术：美国中央情报局间谍技术史

〔美〕罗伯特·华莱士 等　著

反恐原理：恐怖主义、反恐与国家安全战略

〔美〕布丽奇特·L·娜克丝　著

美国国家安全局报告：剧变世界中的自由与安全

白宫情报与通信技术审查小组　著

间谍王：我在 CIA 的一生

〔美〕泰德·谢克雷　理查德·A·芬尼　著

美国国家安全局事件：斯诺登与全面监听之路

〔德〕马塞尔·罗森巴赫

霍格尔·施塔克　著

中国城市安全评论（第一卷）

李萌　彭启民　著

中国生态安全评论（第一卷）

李周　孙若梅　著

中国环境安全评论（第一卷）

张晓　等　著

中国土地安全评论（第一卷）

谭荣　著

中国核安全评论（第一卷）

姜振飞　著

中国金融安全评论（第一卷）

何德旭　等　著

中国粮食安全评论（第一卷）

李国祥　著

中国能源安全评论（第一卷）

史丹　著

中国公共安全评论（第一卷）

朱正威　著

中国网络安全评论（第一卷）

荆林波　著

中国文化安全评论（第一卷）

韩源　著